比較教育学の
地平を拓く

多様な学問観と知の共働

山田肖子・森下 稔 編著

東信堂

はしがき

　『比較教育学の地平を拓く』という本書タイトルは、私たち執筆者一同の意気込みを表したものである。先達が数多くの議論と実践をすでに積み上げてきたこの学問分野において、新たな展望を拓くということは、容易ではないことは十分踏まえているつもりである。しかし、この本で敢えてこのタイトルを選んだのは、比較教育学に魅力を感じ、強い思い入れを持ち、その将来に期待も責任も感じている中堅世代の本書執筆陣の心意気や情熱を端的に表すことができるからだ。

　本書をまとめるにあたり、当初の執筆陣からかなりの充実が図られた。序章でも詳しく述べるように、この本の構想の基になっているのは、ある研究プロジェクトの一環として行った比較教育学会員アンケートや、学会誌掲載論文の特色や傾向を分析するための論文のマッピングである。学会員が、この学問分野をどのようなものとして認識し、どのような研究を実践し、研究者としての自分をどのようにとらえているかを知ることは、比較教育学の姿を改めて捉え直すことでもあった。比較教育学は元来、多様な学問観、手法、視座による研究を積極的に内包する学問分野である。アンケートや論文マッピングは、漠然と認識されていた研究に取り組む姿勢に関する裾野の広がりを、目に見える形で見事に示してくれた。この発見は、私たちを知的興奮で満たし、大いに刺激した。そのことは、当初、発展途上国を研究対象としている人々だけの研究プロジェクトとして始まった活動を母胎としながら、より拡大発展させて、包括的、多面的に比較教育学についての認識や実践の在り方を提示する本の出版に導いたのである。

　アンケートや論文マッピングの分析から導き出された研究アプローチを端的に語ってくれる研究者は誰か、執筆陣の確定には、多くの時間、対話、練り直しを必要とした。結果的に多数の同士の協力を得ることができ、その苦

労は報われたと感じている。ともに語り合い、企画を練り上げていくプロセスには多くの同士が積極的に関わり、そこから見えてきたものが非常に多かった。本書のサブタイトル「多様な学問観と知の共働」は、執筆メンバーの一部が合宿形式で議論した際、それぞれの学問観やアプローチは違っても、同じ先を見据えて共に働けば、そこに違いが融合され、新しい可能性が見えるのではないか、という願いから、タイトルを補完する意味で考え出したものである。何かの作業を分担するのでなく、それぞれ主体的に自分の研究をする中での学び合いであるから、「協働」や「共同」とは違う、という強いこだわりがある。実際、この本は、作るプロセスでの学びが非常に大きかったし、出版されるものは、今後実践していく共働の一里塚になるに違いない。

　学界の中堅世代が集まって書いたこの本には、ときに未熟さが垣間見られる部分もあるだろう。全体としてのまとまりという点では物足りなさが感じられるかもしれない。それでもなお、研究者としての根底において比較教育学への深い愛着を感じつつ、新しい展望に向かって行こうとする意欲を示そうとした結果である。そのために、自分たち自身について、時には批判的に過去を振り返り、現在の研究の在り様をできるかぎり客観的に捉えようとしたつもりである。グローバルに躍動する世界の教育を相手にする学問に取り組む私たちの一里塚を、温かく見守っていただければ幸いである。

編者　山田肖子

森下　稔

目次／比較教育学の地平を拓く

はしがき　i

序　章　多面的な比較教育学の認識と実像をとらえる試み（山田肖子）　3
　　はじめに　3
　　1．学問空間としての日本比較教育学界　7
　　2．本書の構成　10

第Ⅰ部　比較教育学にかかる学問観と学会の変遷

第1章　世界の中の日本比較教育学 …（森下稔・黒田一雄・北村友人）　20
　　──学問論と研究実態
　　1．日米欧における比較教育学研究の理論的展開　20
　　2．1990年代の北米における比較・国際教育学をめぐる論争　22
　　3．日本比較教育学会の歩み　27
　　5．日本比較教育学会の活動　33
　　6．比較教育学の理論や方法論をめぐる議論　39

第2章　日本の比較教育学における伝統と多様化（山田肖子・西村幹子）　47
　　──学会員アンケートの傾向分析から
　　はじめに　47
　　1．アンケートに見る学会員の特性　48
　　2．アンケート回答者の研究傾向　50
　　3．日本比較教育学会員の研究動向の要因　63
　　おわりに　68

第3章　学会紀要に見る研究実践の傾向 ……………………（山田肖子）　71
　　──1975年～2011年掲載論文マッピング
　　はじめに　71
　　1．分析対象と手法　72
　　2．学会誌掲載論文に見る研究発表傾向の変遷　75
　　おわりに　94

第4章　比較教育を比較する　…（マリア・マンゾン、マーク・ブレイ）　101
　　　　──世界各国・地域の比較教育学会の成立

はじめに　101

1．WCCESとその活動　101

2．世界比較教育学会（WCCES）加盟学会　103

3．ディシプリンの制度化と学術的ネットワーキング　105

4．学会の名称　111

おわりに　118

第5章　比較・国際・開発教育
　　　　………（ジョン・C・ウェイドマン、W・ジェイムズ・ジェイコブ）　126
　　　　──ローランド・G・ポールストンの研究にみる北米的視座

1．ローランド・ポールストンの社会的地図を描く旅　130

2．道筋を図示する：CIDEの理論的羅針盤　139

第6章　大中華圏における比較教育学学会の変遷、研究課題と近年の発展　……………………………………………（莫　家豪）　145

はじめに　145

1．大中華圏における比較教育学の発展：略史　145

2．組織上の変遷：中華圏における比較教育学会の近年の発展　148

3．研究の焦点と出版物の傾向　154

4．アジアの比較教育学会間の協力の可能性：筆者の見解　159

おわりに　161

●コラム「比較国際教育学」（馬越徹）　166

●コラム「識字、就学率の高さが経済発展のエンジン」（馬越徹）　168

第Ⅱ部　比較教育学の研究視角

第7章　教育学における比較教育学の位置づけ………（杉村美紀）　172
　　　　──教育実践研究の「フィールド」解明のための「比較研究」

はじめに　172

1．教育学においてなぜ「比較研究」が必要なのか　173

2．教育実践研究の「フィールド」の多義性と比較教育学の立ち位置　177

3．比較教育学の目的と方向性　182

おわりに　187

第8章 社会理論と比較教育学 ……………………（浜野隆）192

1．社会理論と比較教育　192
2．教育現象の解釈　198
3．社会理論と実証研究　202
おわりに　205

第9章 定性的手法を用いた比較教育学研究
　　　　……………………（森下稔・服部美奈・鴨川明子）209

1．「定性」という表現　209
2．「定性的」あるいは「定量に重きを過度におかない」研究　210
3．対象へのアプローチ――フィールドに向き合ってきた経験から　214
4．一国・地域の研究から共働の比較教育学へ　220

第10章 定量的手法を用いた比較教育学研究
　　　　………………………………（山内乾史・小川啓一）224

はじめに　224
1．日本における定量的な比較教育学研究　226
2．欧米における定量的な比較教育学研究　234
おわりに　247

●コラム「比較教育断簡」（鈴木愼一）250

第Ⅲ部　比較教育学の研究対象

第11章 比較教育学における教育内容・政策研究……（近藤孝弘）258
　　　――日本における現状と課題

1．現状に関する経験知　258
2．学会誌掲載論文に見られる傾向　259
3．アカデミック・アイデンティティ・ポリティクス　264
おわりに――決断しないという決断　267

第12章 課題型教育研究と比較教育学① ……………（米澤彰純）271
　　　――高等教育グローバル化・領域拡大の中で変化する役割と期待

はじめに　271
1．高等教育研究のプラットフォームと比較国際研究　272

2．高等教育分野における比較研究を支えるステークホルダー　273
　3．歴史を踏まえた文脈理解と政策借用　275
　4．課題と挑戦　282

第13章　課題型教育研究と比較教育学②……（黒田一雄・北村友人）　295
　　　　――開発研究
　1．日本における教育開発研究と比較教育学　295
　2．1990年代の北米における比較・国際教育学をめぐる論争　297
　3．論文レビューによって見える教育開発研究と比較教育学　299
　4．比較教育学者と開発研究　303
　5．国際教育協力における研究と実践　306
　おわりに　309

第14章　比較教育学とジェンダー ……………………（犬塚典子）　314
　1．欧米女子教育研究からジェンダー概念の導入まで　314
　2．アカデミズムと政策におけるジェンダー概念の展開
　　　　――アメリカを中心に　319
　3．教育政策とジェンダーに影響を与える国際規範・比較指標　323
　4．日本の比較教育学とジェンダー　328

●コラム「私にとっての比較教育研究
　　　　――東南アジア教育を中心として」（村田翼夫）　336

第Ⅳ部　地域との関わりを基盤とする比較教育学

第15章　比較教育学とその周辺領域における南アジア教育研究
　　　　………………………………………（日下部達哉）　344
　はじめに　344
　1．日本の地域研究と比較教育学分野における南アジア教育研究の現状　345
　2．「現在学」としての南アジア教育研究
　　　　――Compare掲載論文の南アジア教育研究の分析　353
　3．現地研究者の考える教育学――バングラデシュの事例から　356
　おわりに　358

第16章　欧州・中東をみる比較教育学……………………（丸山英樹）362
　　　──欧州とアジア、または文化の狭間で
　1．「亡霊」は常にそばに　362
　2．異文化間比較の限界と可能性：イーミック（emics）とエティック（etics）から　365
　3．先進国でも途上国でもないトルコ　370
　4．あなたの「亡霊」は？　374

第17章　東アジアをみる比較教育学……………………（小川佳万）380
　はじめに　380
　1．研究室　381
　2．東アジア研究と比較教育学　385
　3．研究成果の発信　392
　おわりに　396

第18章　アフリカをみる比較教育学……………………（山田肖子）398
　　　──新興研究領域の成熟に向けて
　1．日本におけるアフリカ教育研究の歴史的展開　399
　2．欧米、アフリカでのアフリカ教育研究　402
　3．現代のアフリカ教育研究　406
　おわりに──アフリカ教育研究の「場」と今後の展望　411
　●コラム「私の比較教育学研究の途」（望田研吾）418

あとがき ………………………………………………（森下稔）424
事項索引 …………………………………………………………431
人名索引 …………………………………………………………436
執筆者紹介 ………………………………………………………437

比較教育学の地平を拓く

序章　多面的な比較教育学の認識と実像をとらえる試み

山田肖子

はじめに

　この本は、比較教育学という学問分野がどのように認識、実践されているかについて、様々なテーマや地域を様々な手法で研究する比較教育学者の視点を多角的に提示することを目指している。執筆陣は、それなりの期間、比較教育学に関わってきた中堅（30〜40代）の研究者で、この分野のことは今更説明する必要はないだろう。しかし、読者の中には、「比較教育学」という言葉自体に馴染みがない人もおられるかもしれない。

　比較教育学は、研究者自身が属するのとは違う「国や文化圏における教育を、歴史的、現代的な視点から、比較し、また、それぞれのあいだのさまざまな関係や、国、文化圏を越える世界（地球）的な関係などを明らかにし、教育の本質的なあり方を究めようとする学問」（石附 1996：4）とされる。海外の教育制度や実践についての研究を広く包摂する学問分野であるが、教育に関するあらゆる事象を対象としうる上に、特定の手法や理論に根差した学問分野ではなく、研究者が分析しようとする教育事象や、研究のために受けた訓練によって、アプローチが異なる。何が「比較教育学」なのかという定義は、それに関わっている者にとっても厳密な合意がなく、手法や対象、目的を明確にしようという議論が常に起こる半面、学問分野としての境界があいまいだからこそ多くの人を受け入れる懐の深さがあるとも言える。人文科学者のクレインが『学際性（Interdisciplinarity）』という本で、学際研究の特性として、(1) 学問分野の定義があいまいであること、(2) 他分野からの専門家や手法の関与が多く、その分野独自の専門家のアイデンティティが育ちにくいこと、(3) 問題や新しい事象に対応するという形で知を持ち寄るため、学問分野としての中核的言説が生まれにくいこと、の3つを挙げている（Klein

1990：12-13)。比較教育学も、「他国や文化圏の教育」との「比較」という問題対応型の学問領域として、クレインのいう学際性をある程度備えているのだろう。

　この本の構想は、まさに比較教育学の対象領域の広さと、様々なタイプの研究や調査の実践者を受け入れる懐の深さに起因する学問観の多様化を背景としている。日本比較教育学会は、90年代以降の入会者が会員の半数以上を占め、会員総数が1000名を超える規模に急成長しているが、そのことは、伝統的に日本で比較教育学を担ってきた旧帝大や広島、筑波大学等の国立大学及び私立大学の比較教育学者養成の専門教育機関ではない学部・学科の出身者、海外で比較教育学を学んだ者、あるいは専従の研究者だけでなく、国内外の教育現場や行政、国際協力の実務者などが多く参入していることも意味する。この本の執筆者は、90年代以降に日本の比較教育学が多様化・変容していくなかで研究者として成長してきた世代が中心となっている。本書では、比較教育学において、学問の領域や手法、理論の在り方について世代を超えて議論が繰り返されてきたことが様々な角度から論じられているが、90年代までになされてきた議論と本書の執筆者たちを画す要因は、比較教育学の担い手が、国内の専門教育機関出身の、いわば生え抜きの比較教育学者だけではなくなっていること、そして、そうした新手の比較教育学の担い手は、グローバル化や日本の国際社会での位置づけの変化によって、新たに生まれた研究需要を背景に育ったということにあると思う。本書の編者2名は、異なる伝統を背景とした比較教育学者である。山田は、米国で比較教育学を学び、主にアフリカ地域の教育を研究している。森下は、日本の比較教育学講座としては最も歴史が長く、伝統校の一つである九州大学で学び、タイの教育を研究している。この2名が編者であることの意味は、本書を読むなかで追々ご理解いただけるかと思うが、伝統を継承するのでも、打ち破るのでもなく、過去を踏まえて共通の未来を見る、というスタンスで本書を編集した。

　ただし、本書は、急な思いつきで刊行できたものではなく、この本の執筆者も含め、多くの同世代の研究者が、比較教育学という枠組みの中での分断を憂い、中核となる学問論の確立に向けて模索し、議論してきた蓄積がある

ことを忘れてはならない。編者と一部の執筆者は、2009年から、比較教育学の中で、研究者として育ってきた背景や用いる手法、アプローチは異なるものの、「発展途上国を調査対象とする」という共通性を持つ者どうし視点や手法を融合し、それによって従来の研究の枠にとらわれない新しい展望を見出そうと、共同研究プロジェクトを実施してきた[1]。この研究プロジェクトが、本出版の直接的母体となったのであるが、それ以前にも、学会年次大会のラウンドテーブルで、異なるアプローチの共通性を探ろうという動きは行われていた[2]。また、比較教育学において、何を、どのように「比較」するのか、という議論は、比較教育学の中核に関わる問題として、古くから議論されてきたが、その課題に、比較教育学の伝統を踏まえつつ現代の状況に照らして新たに挑戦する努力もなされてきたのである（杉村2011など）。

2009年に開始した上述の研究プロジェクトは、発展途上国に関する研究に焦点を当て、実際に異なる研究手法を持った研究者同士でチームを組んで海外調査を行ってきた。それと同時に、「途上国」と特化せず、我々が関わっている比較教育学という学問分野全体がどのように認識、実践されてきたかを把握する必要があると思われた。そこで、研究の一環として、学問論のレビュー、学会員アンケート、既存研究のマッピングなどを行ったのである。本書は、そうした学問論や研究動向の分析結果を基に、国内外の研究者と意見交換したことを基にしている。2009年11月に学会員699名[3]にアンケートを配布し、研究姿勢やよく使う手法、依拠する理論、調査対象などについて調査し、本書第2章に示すように、いくつかの研究傾向の異なるグループを見出した。この分析結果は、私自身にとっても、今まであまり考えていなかった研究傾向のニュアンスの違いに目を向けるきっかけになった。日本の比較教育学の世界では、制度研究、地域研究、開発研究といった、種類の違う研究があるという認識が広く共有されている。しかし、アンケートや既刊論文の読み込みを進める中で、こういったカテゴリーを所与のものとして受け入れることは、実際に行われている研究の多様性に自ら枠をはめ、ステレオタイプ間の対比に基づく「対話」という、研究実態とは別の位相の議論を作り出している気がした。実際の研究の可能性はもっと広く深いし、実践している人も既にいる、ということをいかにして可視化するかが編者としての

最初の大きなチャレンジだったように思う。

　結果的に、本書は、きっかけとなった研究プロジェクトから独立し、プロジェクトのメンバー以外の多くの方に執筆していただいた。できるだけ多くの視点から比較教育学をとらえたいと思い、第二部では、ディシプリンや手法、第三部では、ジェンダー、開発、高等教育、教育内容、政策といった研究対象、第四部では、研究を行う地域というように、異なる切り口から、比較教育学とそれに関連する分野の研究発展の経緯を、自らの研究スタンスと絡めつつ論じていただいた。各章の執筆者は、編者自身の知識や知己に偏らないよう、いろいろな方にご意見を伺いつつリストアップしていった。学会員アンケートの分析から抽出されたグループを基に、代表的と思われる分野を広く取り上げようとしたが、どのような研究・研究者が「代表的」であるかの認識は見方によって異なる。また、多くの人が適任者として推薦した人も、本人はそのカテゴリーに自分が属していると言われることにしっくり来ない場合もあった。他者や、学会という社会によって形成される研究者像や学問観と研究者自身の自己認識が違うことは、「発展途上国に近代学校制度を普及させることを大義として、その推進のために研究する『開発研究者』」という単純化したイメージで見られがちな私自身の抵抗感とも通底する。類型化しなければ本としてまとまりがなくなってしまうが、そのことは執筆者の自己認識に期せずしてステレオタイプを当てはめてしまうことにもなりかねないというジレンマのなか、執筆者との意見交換に時間をかけた。執筆者との個別の議論のほか、2011年の1月の合宿、6月の比較教育学会、10月の会合も行った。この出版企画は、共通のテーマについて国・地域ごとの事例を提示するといった作業分担をするものではなく、執筆者それぞれに異なる比較教育学観や経験があり、それによって書きぶりが異なることを前提としている。本書のタイトル『比較教育学の地平を拓く：多様な学問観と知の共働』は、合宿の際、異なる学問観を持つ者同士が互いを尊重し、共に議論を深め、研究を行っていく中に、比較教育学の新たな展望を見出そうという、この研究プロジェクトの姿勢を表現するため、参加者全員で議論して決めたものである。このような経緯で作られた本書は、教科書ではない。正統も傍流も、正解も不正解もない中で、しかし、質の高い研究というものはある。

そして、研究の質の高さによって、研究者は自らの学問観を体現するのだと思う。そうした充実した研究を行う人々が、それぞれの立場において比較教育学をどのようにとらえているかを述べることで、比較教育学の今の姿が影絵のように照らし出せるのではないかという願いを込めて、この本を作った。「今の」姿と言ったのは、それが変転していく限りない動きの一時点をとらえたに過ぎないからである。このような動態的な学問分野を担い、つくっていくことの意味を、読者とともに考えられたらと思う。

1．学問空間としての日本比較教育学界

　本書のための研究と対話を続ける中で生まれた疑問は、研究を行う個人、学問空間としての学会や研究室、そして、学問空間や研究者に属性をあたえる学問分野の固有性（手法、主題、アプローチ、理論など）はどのように関係しているのかということだった。日本の比較教育学の学問論は欧米の議論に呼応している部分もあるが、独自の部分も大きい。本書第1章（森下、黒田、北村）、3章（山田）、7章（杉村）等で、日本の比較教育学の学問論の変遷についてそれぞれ論及しているが、英語論文でも学問論は多く扱われており、学会誌で、複数の寄稿による特集を組んだ例だけを見ても、英国 Comparative Education では、1977年（Vol. 13, No. 2）、2000年（Vol. 36, No. 3）、2001年（Vol. 37, No. 4）、2005年（Vol. 41, No. 2）に、米国 Comparative Education Review では1990年（Vol. 34, No. 3）に、国際的環境や社会科学の研究動向の変化を受けて、比較教育学の在り方を回顧、展望する特集が組まれている。日本の比較教育学が欧米研究を中心に始まったことから見ても、こうした英語での言説は当然日本人研究者によって認識され、日本に紹介されている（鈴木1991、アルトバック1991）。しかし、理論化を常に志向する英語の論文に対して、日本では、研究対象の国や社会にいかに接近するかを重視し、当該社会を深く知らないうちに、軽々に提言や一般化をすることを戒める傾向があった（本書9章・森下・服部・鴨川）。こうした違いを説明する要因として、社会科学全体の研究傾向は当然重要である。乱暴にくくることが許されるなら、ヨーロッパは理論志向、アメリカは政策志向、日本は現場密

着志向といったところだろう。

　しかし、日本の比較教育学が「地域研究」を重視するようになっていったのは、日本における比較教育学の位置づけが大きく関係しているように思う。日本の科学研究費ほど採択率の高い研究補助金がないアメリカなどの諸外国の比較教育学者は、自国の政府の補助金だけでなく、民間財団や国際機関などの公募に応募している。こうした資金獲得競争は、研究テーマが現実の政治、外交、経済の関心に強く影響される要因であり（Samoff 1999）、同時に、他の学問分野やディシプリンとも同じ土俵で競争するため、社会科学全体の流れに沿う傾向が強いのではないか。たとえば、近代化論、従属論といった戦後の理論は、当時の国家間の外交や経済関係を説明する枠組みとして生まれたものであり、研究者が、自費でなく、外部からまとまった研究費を獲得しようとすれば、その研究がこれらの時代性を反映した理論やイデオロギーを基盤としたものになりがちなのはうなずける（Steiner-Khamsi 2006; Epstein 1983 and 1991）。現代においても、国際機関や国家の教育政策や実践を、たとえ批判という形でも、全く視野に入れない研究のために補助金を獲得するのは困難であろう。これに対して、日本の比較教育学は、同じ土俵で競うことではなく、接触領域とは違うフィールドを目指すことでアイデンティティを確立しようとしてきたようにも思われる（本書11章・近藤、17章・小川（佳））。つまり、教育学のほかの分野で行う外国研究や比較研究とは違う「比較」である。教育学の多くの分野は、日本の国内の教育政策や実践を主たる研究対象とし、日本についてよりよく理解したり改善したりするための参照として外国事例を扱うことが多いとすれば、比較教育は、日本に軸を置くのでなく、対象社会により接近することで独自領域を開拓しようとしてきたことの意義は極めて高い。結局、「比較教育学＝Comparative Education」と同じ学問分野として扱われるが、日本のそれは、日本の風土と研究環境、研究需要に対応して発展してきたのであり、英語のそれと完全に同じでないのは、当然とも言える。

　ただ、研究空間は別個に存在しても、個々の研究者は、それらの間を行き来する。例えば、アメリカで比較教育学を学んだものが日本の比較教育学会に参加すると、最初は戸惑うかもしれない。しかし、慣れてくると、自分の

中でモードを切り替え、それぞれの場に適した発信をするようになる。また、個々の学問空間についても「日本の」、「アメリカの」、「イギリスの」比較教育学、と固定化することはできず、時代の要請や他の学問領域との関係でそれぞれ流動している。さらに、同じ日本の比較教育学の中でも、立ち位置の取り方によって空間のもつ意味合いは違って見えるだろう。学問の性質が時間、空間によって変わるのに対し、それにある程度固定化した性格を与えようとするのが学会などの組織体ではないか。馬越は、比較教育学研究のための教育研究基盤の必要性について、次のように述べている。

　　ある学問分野が成立するには、まず大学・大学院にその研究領域に関する教育プログラム（日本の場合、講座ないし学科目）が開設され、研究所・研究センターが設立される。さらにその分野の学会が結成され、学会誌（ジャーナル）が発行される等の条件が揃った時に、その学問領域は「制度化」され、学界において一定の「市民権」を得ることになる。

(2007：14)。

　本書の複数の執筆者が、大学院生時代に学会の部会や大学間セミナー、大学の研究室において「研究に対する基本的なアプローチ方法やスタイルを身に付け」た（17章・小川（佳））と述べている。元来、研究とは、徒弟制度に似て、指導者のもとで直接的、技術的な指導を受けるだけでなく、師の背中を見、言葉に接することで学問観も伝授されるものであるが、制度化された研究拠点は、こうしたインフォーマルな学習をより定型化し、その場において奨励される研究姿勢、テーマや手法の選定、発表の作法等を共有し、継承していくのに貢献する。こうした環境は、個々の研究が散逸せず、一定の方向性で蓄積される土壌となり、ひいては研究の質の向上と分野の成熟につながる。
　他方、確立された制度基盤は、学問の固定化と縄張り化につながる危険性も伴う。つまり、一度制度化された学問領域は、そこに固有の文化が生まれ、その文化を維持、再生産することによって、他領域との境界を明確にする傾向を持つ（本書4章・マンゾン&ブレイ）。そのために、従来と違う要因によっ

て、文化が変質することは、その学問領域の安定的存在を脅かすものとして排除される場合がある。

　比較教育学が日本において、今日の発展を見るに至ったのには、先達の制度化、専門性の追求に向けたたゆまぬ努力があったことは論を待たない。しかし、学問領域の発展を静止状態でとらえ、恒久的な枠組みとするのには限界があろう。先にも述べたように、空間と制度は特定の地理的な場所に帰属するが、人は移動する。個々の研究者の学問観が、異なる空間の制度化された伝統のハイブリッドであるならば、ハイブリッド研究者が増えることによって、それぞれの空間と制度も影響を受けるはずである。

　ベッチャーとトロウラーは、ある学問領域において、実際に行われる研究と、研究者がその学問をどのようなものとして認識しているかは、密接に関係しており、行動主体としての個人と構造化された文化は相互に作用していると述べている（Becher and Trowler 1989：1-22）。本書第2章（山田・西村）、3章（山田）で試みたのは、この「個人の研究実践」と「学会で生成される学問論」の関係を明確にすることであった。第11章で近藤も述べているように、ある種の研究は、学会内で取り上げられにくい構造的な条件がありうる。組織化された空間が、個人の活動の一部を切り取り、個人は複数の空間に居場所を求めるか、あるいは、人数や発言力が増せば、空間自体に変更を求める影響力を持ち始める。本書刊行は、ハイブリッド研究者が増加したことで、空間の文化が個人の研究実践を規定するだけでなく、複数の個人の関心が集まって、空間の在り方自体に働きかける作用を持つ一例と考えられるのではないか。比較教育学会のメンバーは、多くの場合、学際的で、比較教育学以外に、(1) 地域、(2) ディシプリン、(3) 手法等について、多重的に他の学会と関わっている。そのことが、学問観の共有や、比較教育学の専門家としてのアイデンティティの形成を困難にする側面はあるが、様々な視点や経験が持ち込まれることは、学問分野の活力源であり、比較教育学独自の資産であろう。

2．本書の構成

　本書は四部構成になっている。第Ⅰ部は「比較教育学にかかる学問観と学

序章　多面的な比較教育学の認識と実像をとらえる試み　11

会の変遷（歴史と現在）」と題して、日本及び海外（主に英語圏）の学問論の変遷（1 章）、学会員アンケートの分析（2 章）、比較教育学会誌に創刊時から刊行された論文の傾向分析（3 章）について論じている。これらの章は、既に述べたように、本書刊行のきっかけとなった研究プロジェクトから生まれたものである。第 1 章（森下・黒田・北村）は、前半が英語圏での比較教育学議論、後半が日本比較教育学会の沿革と、そこで形成されてきた学問論のレビューである。

　続く 4～6 章は、海外の研究者からの寄稿である。プロジェクトを行う中で、日本だけを見ているとその特殊性と一般性が識別できないということもあり、早くから、海外の研究者と国際会議で共同セッションをもち[4]、意見交換をするよう心掛けた。4 章執筆者の一人であるブレイ氏には、2010 年に世界比較教育学会（WCCES）でセッションを行った際のディスカッサントを依頼した。また、6 章執筆者の莫氏とは、2009 年に台湾で行われた国際会議で編者の一人である森下が知り合い、その後、2010 年の北米比較国際教育学会（CIES）と WCCES での企画セッションで共同発表してもらった。第 5 章執筆者のウェイドマン氏とジェイコブ氏は、2011 年に比較教育学の学問論に関する編著を出しており、当方から、先述した研究プロジェクトをもとに 1 章執筆した（Yamada and Liu 2011）。これをきっかけに、ウェイドマン氏は、2011 年 10～12 月には、名古屋大学国際開発研究科に客員教授として滞在した。

　第 4 章は、世界比較教育学会の歴史を軸として、世界比較教育学会のメンバーになっている各国・地域の学会を比較し、学問空間が生成・発展する経緯を分析したもので、マンゾン氏の 2011 年の著書を基に書かれている（Manzon 2011）。第 5 章は、これも、ウェイドマン氏とジェイコブ氏の 2011 年の編著の第 1 章を基にしており、両氏が所属するピッツバーグ大学教育学部に長く所属したローランド・ポールストン（1929-2006）の研究を回顧しつつ、北米の比較教育学研究に見られる思想・理論をマッピングしている（Weidman and Jacob 2011）。比較教育学の学問論の傾向や組織化について分析した近年の代表的な本の編・著者に寄稿してもらえたことは、本書にとって大変喜ばしいことであった。第 6 章は、香港の莫氏が、台湾、中国の研究者とともに、

大中華圏の比較教育学の共働プラットフォームを作るための試みとして行った 2009 年台湾会議での発表を基に、CIES、WCCES における我々との発表を経てまとめられたものである。中華圏のこの 3 つの地域の比較教育学が、それぞれ別個に辿ってきた歴史を共に振り返るという作業は、日本で我々のプロジェクトが目指してきたこととも通底する部分があり、また、同じ東アジアの地域で、比較教育学が異なる目的や対象を持って実践されてきたことは、比較教育学の本質を考えるうえでも興味深い。

　第 II 部「比較教育学の研究視角」は、教育学全体や社会理論との関係における比較教育学の位置、さらに調査手法による分類として、定量、定性手法を使う研究者の視点から論じていただいた。第 7 章は、杉村氏が、教育学研究における「フィールド」に焦点をあてている。杉村氏は、大和洋子、前田美子、阿古智子の三氏とともに訳出したブレイ（本書第 4 章執筆者）、アダムソン、メーソンを編者とする比較教育研究方法論の共訳書のなかで、日本の比較教育の方法論論議では何を「どのように」比較するかという論点があったことを補論として述べており（杉村 2011）、本書では、そうした視角が、教育学において「フィールド」を研究する場合にどう生かされるべきかについて論じている。第 8 章は、教育社会学の分野でも活躍する浜野氏が、比較教育学において社会理論がどのように用いられてきたか、また、教育事象の理論化にどのような可能性があるかを論じている。敢えて理論に縛られた研究をしないという考え方もあるが、理論を用いることで整理できることもあり、また、教育現場での詳細な観察に基づいた分析が、理論化することによって説得力を増す場合も多いであろう。第 9 章は、本書の母体となったプロジェクトの中心メンバーの一翼である「地域研究者」の森下、服部、鴨川氏が担当した。「定量的でない」というだけの漠然とした「定性的手法」の中に含まれる様々な調査アプローチを自らの研究実践の省察とともに提起している。日本の比較教育における「地域研究」は叙述的で理論に関連付けられていないという批判を認識しつつ、フィールドワークにおいて自らの価値観を「越境」することでしか教育という曖昧な対象は捉えられないと論じている。第 10 章は、山内氏、小川啓一氏にお願いした。定量的手法が比較教育学研究でどのように用いられてきたかを日本の比較教育学会紀要と英

文の Comparative Education, Comparative Education Review, Compare, International Journal of Educational Development の掲載論文の分類に基づいて分析している。定性的な手法も多用されるお二人にとって、定量的手法の章を担当するということには違和感もおありだったかと思うが、丁寧にレビューしてくださった。日本か英語圏かを問わず、比較教育学においては多変量解析など、精緻な定量分析はあまり用いられないが、著者は、その利点や課題についても言及している。

　第Ⅲ部は、「比較教育学の研究対象」と題し、特に研究対象にこだわった比較教育学研究——教育内容・政策研究（11章）、高等教育（12章）、開発研究（13章）、ジェンダー（14章）——を取り上げた。第11章の筆者である近藤氏は、日本の比較教育において教育内容に関する研究が少ない構造的条件として、旧帝大での比較教育が、教育行政学、教育社会学といった制度やその社会背景に関心を向ける諸学との協力関係が深く、教育の具体的内容については教科教育の分野として取り扱われることを挙げている。他領域と協力的に棲み分けてきたことは、同時に、比較教育学論文が、日本に言及することなく書かれる傾向をもたらし、それにより日本社会における「現世的価値」を低下させた可能性もあると述べている。第12章の冒頭で、米澤氏は、自らをまず、「高等教育研究」のコミュニティに属する研究者と位置づけている。高等教育研究のステークホルダーとして、高等教育機関の学生やその親、政策立案者や国内の研究者を挙げているが、高等教育研究は、研究者自身の職場や職業、日本の現実に直結しているという意味で、非常に「現世的」な学問領域と言えるかもしれない。一方、米澤氏自身も述べているように、高等教育の国際化、グローバル化の中で、比較教育学と高等教育研究の接点が大きくなっているのではないか。第13章と、続く第14章は、学会員アンケートの結果、研究テーマとして、開発やジェンダーなどの国際アジェンダに強い関心を持っているグループが存在することが分かり、本書で取り上げることとした。13章を執筆したのは、本書の基となった研究プロジェクトの中心グループの一つ、「開発研究者」としての黒田氏、北村氏である。両氏のチームは、開発研究、教育研究、地域研究系の学術誌に掲載された300近い論文を分類した結果に基づき、開発研究系の学術誌には、教育研究系や地域研究

系の学術誌掲載論文に比して、実践への貢献を志向する傾向が強いと述べている。このことは、アンケート結果で、国際アジェンダ型に見られた傾向とも一致し、また、その現実対応性は、第Ⅲ部で取り上げたイシュー中心の研究全体にある程度共通すると思われる。第14章執筆者の犬塚氏は、ジェンダーという概念が英米のアカデミズムで用いられるようになった歴史的背景も踏まえつつ、sex equity, gender equity, sex equality, gender equality のキーワードで、教育データベース ERIC の所収文書の経年変化を分析している。同時に、国際アジェンダとしてのジェンダーの取り上げられ方、日本の比較教育学者によるジェンダー、女子教育研究についても分析し、国内外のジェンダー研究と社会・政治・学問環境の変化を動態的にとらえた重厚な研究となっている。

　第Ⅳ部は、国内の主要な大学の比較教育学講座で研究者としての訓練を受けた者を中心に、「地域研究」を語ることを目的として構想した。15章は南アジア、16章は欧州・中東、17章は東アジア、18章はアフリカ地域を取り上げた。結果的には、国内の大学の比較教育学講座出身でない者（16章の丸山氏と18章の山田）が半分を占めることになったが、特定地域に重点を置く研究者の自己認識や学問観、実践にも様々あり、「地域研究者」としてステレオタイプ化できないことが分かるかと思う。15章執筆者の日下部氏は、研究プロジェクトの立ち上げ時からの中心メンバーである。本章では、南アジアにおいて教育の規模、関心が拡大、多様化する状況を「教育の時代」と認識し、南アジア学会を中心に学際的な研究が行われる様子を詳述している。また、日本の比較教育学における南アジア教育研究では、現地語による調査や資料によって定点観測を行うものが多く、問題意識先行ではなく、「課題発掘型」だと述べている。第16章執筆者の丸山氏は、自身のトルコでのフィールドワークを事例にしつつ、比較すること、外部者として、調査を行う社会の文化に根差した概念や価値を翻訳・解釈することの難しさを省察している。我々は自らの文化や研究者として受けた訓練、自分の置かれた場における通念を「比較」の中に持ち込んで本質を見失っていないか。概念レベルではなく、調査現場での実感からの「比較」への本源的問題提起であろう。第17章で、著者の小川佳万氏は、伝統的比較教育学講座出身者として、どのような指導

序章　多面的な比較教育学の認識と実像をとらえる試み　15

を受け、それがいかに現在の研究姿勢につながったかを示していて興味深い。15章の日下部氏と同様、フィールドとする社会の現地語習得と現地長期滞在について言及していることは、日本での比較教育学者養成の特徴を示している。小川氏は、「どう教えるか（ペダゴジー）」を中心とする教育学に対し、比較教育学の目的は、教育が「どうなっているのか」を解明することだとする。また、比較教育学者の細部に詳しい分析は、地域研究に対しても社会理解の深化に貢献する質の高さがあると述べている。第18章では、私・山田が、アフリカ研究という、日本では新興の分野の担い手の一人として、欧米、アフリカ、日本の研究者によるアフリカ教育研究の歴史を振り返りつつ、今後必要とされる研究アプローチや課題について思うところを述べた。当初、編者として中立であるため、自分の学問上の立場を明らかにしないつもりであったが、他の執筆者が、てらうことなく自らの研究姿勢に正面から向き合って書いているのを見て、最後には私も書くことにした。

　本書の各部の最後には、我々の世代を育てた師、先達のコラムが掲載されている。馬越徹氏（故人）、鈴木慎一氏、村田翼夫氏、望田研吾氏には、本書執筆者の多くが、名古屋大学比較教育学講座、早稲田大学教育学部教育学科、筑波大学教育学系、九州大学比較教育学講座の指導教員としてだけでなく、学会の部会、複数大学の合同ゼミなど、様々な場面で薫陶を受けた。学問論を書くことをお願いするのはおこがましい先達に、研究者として生きて来た道すがらを語ってください、とお願いした。馬越先生は、亡くなられる前に、寄稿を約束してくださった。初めは、ご著書『比較教育学：越境のレッスン』から、学会40年史の章を転載させていただきたいと申し上げたが、先生はあくまで「この本は若い人たちが書きなさい」と言って首を縦に振って下さらなかった。「40年史を諦めるかわりにエッセイを」と厚かましくお願いして、ご快諾いただいた。しっかりして見えたのに、思いのほか早く逝ってしまわれた。先生の原稿がなかったことにはしたくない、と門下生の小川佳万（17章担当）、服部美奈（9章担当）、近田政博の三氏と編者で相談し、最終的には、公刊された文章の中から馬越先生らしいと門下生の薦めるものを転載することとした。先生にはご理解いただけると願っている。

　第4〜6章の翻訳は、3名の大学院生、荻巣崇世氏（ミシガン州立大学）、

川口純氏（早稲田大学）、古川範英氏（インディアナ大学）が担当した。彼らは、第3章の基となる学会論文の分析の初期段階から手伝ってくれ、博士課程進学後の忙しい中でも、3人で協力して丁寧に翻訳を仕上げてくれた。才能溢れる若き研究者たちの今後に期待したい。

注

1 「発展途上国教育研究の再構築：地域研究と開発研究の複合的アプローチ」（科学研究費補助金（基盤A）、平成21～24年度、研究代表者 山田肖子）
2 2006年42回大会ラウンドテーブル『比較教育学と教育開発研究のつながり』（森下稔、黒田一雄、北村友人、日下部達哉、鴨川明子）；2008年44回大会ラウンドテーブル『比較教育学と教育開発の接点：アフリカ開発会議を機に考える』（澤村信英、黒田一雄、山田肖子、小川啓一、西村幹子、吉田和浩、内海成治）など。
3 2007年までの入会者で、個人情報の公開に同意していて、連絡がついた会員。
4 2010年3月9日CIES年次大会(於：シカゴ)企画セッション"Comparative Education and Shifting Academic Boundaries: Asian Perspectives、申請者：山田肖子、ディスカッサント：Heidi Ross (Indiana University)・黒田一雄、発表者：莫家豪、森下稔、川口純；2010年6月16日第16回世界比較教育学会(於：イスタンブール)企画セッション"Comparative Education and Shifting Academic Boundaries: Asian Perspectives、申請者：山田肖子、ディスカッサント：Mark Bray (Hong Kong University)、報告者：莫家豪、黒田一雄、森下稔。

引用文献

アルトバック、P. G.(馬越徹訳)(1991)「比較教育学の動向：アメリカの場合」『比較教育学研究』17号、167-181ページ。

石附実(1996)『比較・国際教育学』東信堂。

馬越徹(2007)『比較教育学：越境のレッスン』東信堂。

杉村美紀(2011)「日本における比較教育研究の方法論をめぐる議論：日本比較教育学会の研究動向を中心に」BRAY, Mark, Bob Adamson and Mark Mason 2007 eds., Comparative Education Research: Approaches and Methods, Comparative Education Research Centre, The University of Hong Kong, Springer. ＝2011 杉村美紀・大和洋子・前田美子・阿古智子『比較教育研究：何をどう比較するか』上智大学出版。

鈴木慎一(1991)「イギリス比較教育の回顧と展望」『比較教育学研究』17号、182-195ページ。

Becher, Tony and Paul R. Trowler (1989) *Academic Tribes and Territories*. Open University Press.

Epstein, Erwin H. (1983) "Currents Left and Right: Ideology in Comparative Education." *Comparative Education Review* 27 (1), pp. 3-29.

―――(1991) "Editorial: Ideological Orthodoxy and Comparative Education." *Comparative Education Review* 35 (3), pp. 401-405.

Klein, Julie Thompson (1990) *Interdisciplinarity: History, Theory, and Practice*. Wayne State University Press.

Manzon, Maria (2011) Comparative Education: The Construction of a Field. Hong Kong: Comparative Education Research Centre, The University of Hong Kong, and Dordrecht: Springer.

Samoff, Joel. (1999) "Institutionalizing International Influence." In *Comparative Education: The Dialectic of the Global and the Local*, ed. Robert F. Arnove and Carlos Alberto Torres. Oxford: Rowman & Littlefield Publishers.

Steiner-Khamsi, Gita, (2006) "The Development Turn in Comparative Education." *European Education* 38 (3), pp. 19-47.

Yamada, Shoko and Jing Liu (2011) "Between Epistemology and Research Practices: Emerging Research Paradigms and the Tradition of Japanese Comparative Education" in Weidman, John and William James Jacobs (Eds). *Beyond the comparative: Advancing Theory and Its Application to Practice A Festschrift in Honor of Rolland Paulston*. Rotterdam: Sense Publishing. pp. 371-393.

Weidman, John C. and W. James Jacob (2011) "Mapping Comparative, International and Development Education: Celebrating the Work of Rolland G. Paulston." In *Beyond the Comparative: Advancing Theory and Its Application to Practice. A Festschrift in Honor of Rolland G. Paulston*, ed. John C. Weidman and W. James Jacob (Chapter 1). Rotterdam: Sense Publishers.

第Ⅰ部

比較教育学にかかる学問観と学会の変遷

―― 歴史と現在 ――

第1章　世界の中の日本比較教育学

——学問論と研究実態

森下稔・黒田一雄・北村友人

1．日米欧における比較教育学研究の理論的展開

　比較教育学の成立過程と発展の歴史を振り返ってみると、異なる社会における教育の理念・制度・実践などを比較検討することを通して、政策科学としての学問領域の確立に対する志向性を色濃くもってきた。フランスのマルク＝アントワーヌ・ジュリアンが比較教育学の端緒を開いた18世紀末から19世紀初頭以降、異なる社会の教育制度などを比較研究する中で、いわゆる「教育借用（educational borrowing）」による自国の教育の充実を目指した試みが積み重ねられてきた。とくに20世紀に入ってからは教育の制度や方法に関する入手可能な資料が量的にも質的にも大幅に向上したため、単なる外国教育研究から徐々に脱するようになり、「比較教育科学」として考えられる学問領域が発達してきた（ヒルカー 1966；石附 1996；馬越 2007）。つまり、比較教育学研究は外国の学校制度の紹介から始まり、自国と他国の教育制度とそこにみられる諸問題に関する地域的・時間的な相違の並列化を試みるようになった。また、各国の教育の伝統を歴史的な関心から説明しようとする視点を中心に、国民性や思想、文化的伝統などへと研究対象を拡げていった。とはいえ、研究の方法論という観点からは、多くの研究が記述的なスタイルに終始しており、学問領域としての多様性に欠けるきらいがあり、「科学」としての比較教育学が十分に確立したとは言い難い状況が続いた（Jones 1971）。

　20世紀の半ばになると、「比較によってのみ可能な知識を獲得する」（原文ママ）（ヒルカー 1966：86）という比較教育学のアイデンティティともいえる研究スタイルが次第に確立されていく。1960年代にはより「科学的」な研究の在り方を模索して、活発な議論が交わされた。そうした議論は、たとえ

ばベレディ（Bereday 1964）、ホームズ（Holmes 1965）、ノアとエクスタイン（Noah and Eckstein 1969）などにみることができる。当時の議論の中では、観察や記述、類型化などの過程でどれだけ「客観的」であるのかといったことや、各国ごとに異なる条件を有している中で、そもそも「比較」という作業が可能なのかといった問題意識が示された。そして、社会科学としての実証的なアプローチの重要性が強調された。

　これらの議論を通して比較教育学は、様々な教育の制度・実践に関する情報を収集し、体系的に整理分析することで、原理や法則性を発見することを目指してきた[1]。そのために、たとえばノアとエクスタインは自然科学における実験の方法とのアナロジーに基づき、次のような5段階の操作的プロセスを経ることで、社会科学における比較の方法も仮説検証の有用な方法になると主張した。すなわち、(1)仮説の定立、(2)概念の明確化と指標の開発、(3)事例となる国の選択、(4)データの収集と比較のための修整、(5)データの操作と仮説の検証、という一連の過程である（Noah and Eckstein 1969；二宮 1996）。

　しかしながら、このような社会科学としての比較教育学を確立しようとする動きは、1970年代以降、一種の停滞状況に陥ることとなった。こうした方法論は「経験的に測定するための数量的指標の開発の困難さ、教育の質的な側面を取り扱う時の困難さや問題など」（二宮 1996：36）があったため十分に発達してこなかった。確かに、比較教育学という学問分野における方法論の確立に関しては、このノアとエクスタインが提唱したアプローチがひとつの限界点としてとらえられる。実際、こうした5段階の操作的プロセスを経た仮説検証法の有用性を示すような実証研究は、ほとんど比較教育学の中で行われてはこなかった。

　ただし、比較教育学の理論的・方法論的なアプローチの深化について、日本の比較教育学と欧米の比較教育学では、異なる展開を経てきたことも見逃すことはできない。すなわち、日本でも日本比較教育学会の紀要である『比較教育学研究』誌の特集号[2]やいくつかの著作（小林・江原 1987、石附 1996、馬越 2007 など）を通じて比較教育学の理論や方法に関する議論が交わされた面もあるが、基本的にはあまり高い関心をもって取り組まれてきたとは

言い難い。それに対して、たとえば北米比較国際教育学会（Comparative and International Education Society: CIES）の学会大会や紀要（*Comparative Education Review*誌）などでは、様々な議論が積み重ねられてきた。

2．1990年代の北米における比較・国際教育学をめぐる論争

　そのような論争の中で、1990年代のCIESで繰り広げられた比較教育学の在り方についての論争はとくに興味深いものであった。口火を切ったのは教育収益率分析の権威である世界銀行の教育エコノミスト、ジョージ・サカロポロスであった。彼は、「万人のための教育（Education for All: EFA）」運動の原点となる万人のための教育世界会議が開催された1990年、CIESの学会紀要である『Comparative Education Review』誌において、次のように比較教育学の現状を批判した。曰く、比較教育学の多くの論文は往々にして叙述的なものが多く、一国の教育事情に関する非定量的な研究である。その結果、多くの場合それらの研究発表は教育行政官・教育援助担当者を助けるという意味では、研究成果を実践に利用できるものは少ない。現実的に解決しなければならない教育開発の課題が山積する中で、比較教育学が単に理論的・思想的論争に終始してしまい、現実とのギャップを拡大してしまうことは問題である。たとえば、ある国の教育事情に「従属論」のレッテルを貼るだけの研究は、比較教育学の専門用語を無意味に増やすだけで、その国が一番必要としている現実的な解決策を見出すものではない、と（Psachalopoulos 1990）。

　このサカロポロスの主張の背景には、1980年代の構造調整の時代に、CIESにおいて吹き荒れた世界銀行批判がある。マクナマラ世銀総裁の最後期に開始された構造調整融資は、それまでのプロジェクトに対する融資とは異なり、借り入れ国に政策的な条件（コンディショナリティ）を課し、これを実行するための資金融資を行うものであった。構造調整政策は、ミルトン・フリードマン等新古典派経済学者の市場至上主義の影響を強く受けており、一般的にその内容は、輸出振興やインフレーションの抑制、「小さな政府」実現による緊縮財政、国営企業の民営化、貿易自由化、通貨の切り下げ、金利の引き上げ等を含む政策パッケージのことを意味する。これは、当時の

累積債務問題が、途上国経済ひいては世界経済を崩壊させかねないとの危機感に基づいた、国際的なマクロ経済を安定させるための緊急的な経済政策であったが、その要諦である財政緊縮策が、国民生活、とくに貧困層の生活状況に深刻な悪影響を与え、教育セクターにおいても、多くの途上国で、その発展過程や規模・質の維持に深刻な爪あとを残した。サブサハラ・アフリカにおいては就学率が低下する国もあったほどで、質や内部効率を示す中途退学率や留年率、教員給与なども悪化した国が多くあった（浜野 1995；Reimers and Tiburcio 1994）。これを比較教育学者は、従属論的な観点から、世界銀行の途上国支配の結果として批判したのである。

　この時期には、一方で、世界銀行の教育部門では、サカロポロスを初めとする教育経済学者が、教育の社会的収益率は他のセクターと比して高いこと、初等教育の社会的収益率が他の教育段階に比べて高いこと、初等教育は所得分配効果や社会開発効果が顕著なことなどを明らかにしていき（Psacharopoulos and Woodhall 1985）、これらの研究結果は、基本的人権として議論されることの多かった基礎教育を、有効な公共投資の対象として、国際社会に認識させた。結果、世界銀行等の国際開発金融機関は基礎教育重視の方向に向かい、途上国政府自身の教育財政のプライオリティにも影響を与えた。つまり「失われた 10 年」とまで言われた構造調整の時期、リソースが有限であることが最も深刻な政策課題であったこの時期に、サカロポロスは、費用対効果を実証する分析手法によって、初等教育の優位性を定量的に示し、途上国の初等教育という基盤的な開発セクターへのリソース分配を守ろうとし、そして成功した、という解釈も可能であろう。彼にとっては、ただ従属論を盾に、世界銀行を批判していた比較教育学者は、途上国の教育の危機的な状況を救うことに何の貢献もしておらず、自らの教育経済学による研究成果こそが、実証的で説得的な政策提言として、結果的に基礎教育を救う公共投資の拡大をもたらしたのだという気概があったようだ（Psacharopoulos 2006）。

　このサカロポロスの問題提議に呼応するように、1992 年の比較国際教育学会の会長演説で、当時同じく世界銀行にいたスティーブ・ハイネマンは次のように CIES の状況を皮肉交じりに批判している。教育行政官や実務者は比較教育学の世界のパラダイム論争に愛想をつかしている。学会や大学など

の中心（Center）では従属論的な価値観に縛られ、研究が停滞している。一方で比較教育学会の周辺（Periphery）においては特定の政策的課題を解決するために、「国際教育学研究」に対する関心と需要は高く、調査・研究活動は活発である。比較教育学は周辺部で生きており元気であるのに、大学などの学界の中心部での「比較教育研究」は死んでいる。これからのCIESは、社会学や経済学などから学び、実務者を含めたより多様な人々を受け入れ、世界の教育的課題の解決に現実的にかつダイナミックに対応できるような学会となっていかなければならない、と（Hynemann 1993）。

　大学ではない、実務機関出身のCIES会長として発せられた、このハイネマンの非常に挑発的な演説は、自らは信じていない従属論の「中心」と「周辺」をCIESの状況を表現するための比喩に使い、皮肉をたっぷりときかせた内容になっている。ハイネマンは後年、ヴァンダービルト大学教授に転身し、彼が批判の対象としていた「中心」に位置する大学側の人となったわけであるが、この会長演説で示したような考え方に変わりはなく、2008年に日本のいくつかの大学を講演旅行された際にも、たとえば、クリースのような従属論的な立場をとる研究者の発言には、容赦のない批判を加えていた（Klees 2008）。ただ、この会長演説での挑発はCIESに議論を巻き起こし、さらなる比較国際教育学の統合的発展を促すための若干意図的なものであったと、筆者に述懐してくれたことがあった。

　ハイネマンのこの意図は、少なくとも議論を巻き起こすという意味では、大きな成果を生んだ。翌年、トロント大学のデービッド・ウィルソンは、彼の会長演説（CIESの会長は毎年交代することが慣例となっている）において、ハイネマンによる比較教育学の中心部である学会や大学は「死んでいる」という主張に、強く反論している。学会や大学は少なくとも、理論的な研究を行う「比較教育学」と、より実践的・応用的な研究を行う「国際教育学」を「混血」させ、多くの優秀な比較・国際教育学研究者・実務者を世に送り出してきた。ハイネマンによれば比較教育学は中心部、国際教育学は周辺部にあることになるが、実際には多くの比較・国際教育学徒は「理論・実践家（academic-practitioner）」として比較教育学の学問研究と国際教育の分野の実践的な活動の両方に従事し、大きな成果をもたらしている。したがって、比較

教育学と国際教育学は常にダイナミックに関わっているのであって、決して両者は切り離して考えることはできない「シャム双生児」なのだと、ウィルソンは論じている（Wilson 1994）。ウィルソンは、この後、世界比較教育学会（World Congress of Comparative Education Societies: WCCES）の会長にも選任されているが、彼はこの演説で、CIES が 1969 年に Comparative Education Society から Comparative and International Education Society と改名して以来の、この学会のアイデンティティに関わる危機を、前向きな方向で乗り越えようとしたと言えるのではないか。

　そして、1996 年、ゲーリー・タイソンが、やはり会長演説において、ウィルソンに呼応し、比較教育学は途上国の教育開発に対して、英知を結集してその問題を構造的に解明し、状況の改善に結びつけていく使命をもっている、と述べた。そのために CIES と比較教育研究者がなさなければならないことは、政府・国際機関・NGO 等の学会外の様々な機関と連帯し、教育協力への諸力を統合すること（Alliance）、学界と教育協力機関との交流を活性化し（Bridge）、誠実に教育開発に取り組むためのお互いの信頼を醸成すること（Confession）で、つまりこの ABC が、CIES が取り組むべき課題だとした。彼は、ウィルソンの比較教育学と国際教育学は切り離して考えることはできない、という意見に賛成しているが、両者の交流・協力は意図的に努力することによって、守り、育てていかなければならないと結論し、ハイネマンの会長演説に対する議論は一応の終息をみた（Thiesen 1997）。

　興味深いことに、後の会長演説では、この「ハイネマン・ウィルソン論争」は、比較国際教育学を統合的に定義する際の礎として論じられることが多く、ハイネマンの隠された意図は、成功したようだ。たとえば、彼が比較国際教育学の二つの源流、つまりは「社会科学」としての比較教育と「平和と文化理解」を達成するための国際教育を、この学会の学問的アイデンティティとして、今一度確認しなければならない、と主張したことを、ロバート・アーノヴは 2002 年の会長演説で再評価しており、「ウィルソンも賛成するだろう」と述べている。そして、アーノヴは、比較国際教育学が「すべての社会と教育システムに影響する超国家的な力を現実的・総合的に理解することに貢献し」、ひいては「世界において国際平和と社会正義」を達成するために貢献できる

し、するべきだと結論している（Arnove 2002）。また、2003年の会長演説で、カレン・ビライマはウィルソンのみならず、ハイネマンの名をともに挙げて、理論と実践、研究者と政策決定者、比較教育と国際教育を単純な対立の構図で理解することに警告を発したCIESの会長として、賞賛している（Biraimah 2003）。

　それでは、この論争はいったい何だったのか。単に、「比較教育学」として表現される学術的、理論的、基礎的研究と「国際教育学」として表現される政策的、実践的、応用的研究の対立と予定された調和の過程だったのか。この背景にあるのは、70年代〜80年代を通じて北米の様々な社会科学の学界で行われてきた近代化論と従属論のパラダイム論争であったのではないか。理論と実践という単純な構図ではなく、近代化論を無批判に受け入れながら、実際の政策に大きな影響力を行使し始めた「国際教育学」と、従属論や世界システム論による世界の教育の歴史的・構造的解釈に自信を持ちながらも、実際の途上国の教育に具体的な処方箋を描けない（もしくは描こうとしない）「比較教育学」の対立であったように考えられる。そして、まさに80年代までのパラダイム論争の呪縛から、CIESが抜け出るために、90年代の「ハイネマン・ウィルソン論争」は必要だった。比較教育学と国際教育学、理論と実践をめぐる予定調和的な議論の過程は、現在から概観すると、あまりに当たり前のことで本当に意味があったのか不可解に感じられるほどである。しかし、90年代のCIESが80年代のパラダイム論争を乗り越えて、「比較国際教育学会」として結束しながら発展していくためには、不可欠な過程だったのではないか。

　時代を経て積み重ねられてきた議論を振り返ってみると、比較教育学としての純粋な方法論の深化に行き詰まりを感じたことは先述の通りであるが、関連する社会科学の諸分野（社会学、政治学、経済学、行政学、心理学など）の理論や方法論について議論する中から、比較教育学のあり方を見出そうとしてきたことがわかる。そのような関心のもとに北米で行われた研究の例としては、比較教育学研究における理論的・方法論的なアプローチの多様性を学問領域に関するマッピングを通して描き出してきたローランド・ポールストン（Paulston 1977; 1999）の一連の研究、フェミニズム理論からの視点を提示

したネリー・ストロムキスト（Stromquist 1990）の研究、ヴァル・ラスト（Rust 1991）によるポストモダニズムの影響についての考察などを挙げることができる。また欧州においても、比較教育学の理論・方法論を体系的かつ包括的にとらえることを試みたレ・タン・コイ（フランス）やユルゲン・シュリーバー（ドイツ）による研究、アンディ・グリーン（イギリス）による近代の国民教育制度をめぐるポストモダン理論とグローバリゼーション理論に対する批判など、日本でも翻訳書を通して紹介されている理論研究の蓄積をみることができる（レ・タン・コイ 1981/1991；シュリーバー 2000；グリーン 2000）。さらには、マーク・ブレイが中心となり香港大学比較教育センターが刊行した方法論に関する著作も訳出されている（ブレイ他 2011）。

　これらの研究の中でも、たとえばレ・タン・コイやシュリーバーによる著作の翻訳書は日本の比較教育研究者たちの間でよく読まれてきたが、従来の比較教育学の概説書が学説史や諸外国の教育制度の紹介を中心としていたのに対して、これらの著作は比較教育学研究における理論的な視座の重要性を強調しており、日本の比較教育研究者たちの間に理論的な枠組みや視座についての関心を高める役割を果たしてきた。しかしながら、それらに触発されて比較教育学の理論研究をさらに発展させようという試みは、日本では限定的にしか行われてこなかった[3]。

（以上、1、2 黒田・北村）

3．日本比較教育学会の歩み

　日本における比較教育学の現在と将来を語るとき、日本比較教育学会の存在を抜きにすることはできない。日本比較教育学会は発足以来、常に研究者が集う場としてばかりでなく、比較教育学における様々な研究を生み出す母胎となり、その研究成果が発表される場である。確かに、比較教育学は他の関連学会でも活動の場をもっているが、最も重要な役割を果たしてきたのはこの学会である。

　以下では、日本における比較教育学の発展に大きく寄与してきた日本比較教育学会について述べることとする。なお、学会についての詳細な記録は、

2004年に『日本比較教育学会40年の歩み』（以下『40年史』）としてまとめられている（日本比較教育学会2004）。また、学会の研究動向がレビューされることがしばしば行われてきたが、本書執筆時において最も直近に公表されたもので、かつきめ細かく包括的にまとめられているものとして、杉村美紀によるものを挙げることができる（杉村2011）。以下では、この2点の資料・論文を主として参照しつつ、世界の中でも特色ある日本の比較教育学（あるいは日本語を用いる比較教育学）が発展してきたことの理解に寄与したい。

　日本比較教育学会は1965年3月に、前身の「比較教育研究会」の第5回会合（広島県・宮島ロッジ）において発足した。創設時の会員名簿には94人が記載され、平塚益徳（国立教育研究所所長）が初代会長となった。1950年代に九州大学、広島大学に比較教育学関連講座が置かれるとともに、東京大学、京都大学などの教育学研究者の間で比較教育学に関心が高まっていた1962年に、九州大学教授であった平塚をはじめ7人の有志による第1回懇談会（谷川岳）が開催されたとされる（馬越2004：5-16）。

　『40年史』では、時代区分が次のように構成されている。すなわち、創設前史、東京で開催された世界比較教育学会（WCCES）までの第Ⅰ期（1965-1980）、その後は1980年代の第Ⅱ期、1990年代以降の第Ⅲ期である。

　第Ⅰ期の最大の特徴は、初代会長の平塚益徳が世界比較教育学会の開催まで学会をリードし続けたことである。周囲の人々の多くが述懐するように、「アカデミック、ベイシック、ロングターム」が平塚のモットーであったという。初代会長としての仕事ぶりにも、このモットーが遺憾なく発揮された。毎年の大会と「会報」の発行を主たる活動としながら学会活動の基盤を築くとともに、平塚及び事務局が置かれた国立教育研究所のもつ内外のネットワークの強みを活かし、海外の比較教育学会との緊密な関係を保っていた。そのことにより、日本比較教育学会はWCCESの創設メンバー5学会の一つとなり、1980年の第4回大会を開催することにつながった。第10回大会(1974年)での議論を踏まえ、学会紀要が創刊されたことも第Ⅰ期の成果であった。（斉藤2004：17-27）

　WCCES東京大会の直後、平塚は現職会長のまま他界、第Ⅱ期になると2

年任期で会長と本部事務局が転々とした。この結果、各地の大学の比較教育学講座や研究所が学会業務を分担することによって、比較教育学の各地のセンター機能が強化されていったと考えられる。平塚益徳ご遺族からの寄付金と会員からの拠出金によって平塚基金が創設され、大会にアジア諸国から比較教育学研究者を招聘する事業は、学会大会の特色となった。さらに、『40年史』では、所属機関をまたがるメンバーによる共同研究発表が多く見られるようになったことが、学会活動の成果として指摘されている。（今井 2004；渋谷 44-61）

第Ⅲ期になると、日本比較教育学会はその内部にも、外的環境にも様々な課題の挑戦を受けることになる。大会における企画や学会紀要をみると危機意識が表れている。しかし、後述のように会員数は増加の一途をたどり、それに比例して、大会発表数の増加、地域別・課題別の部会編成、1994年の第20号から研究論文の完全な自由投稿化による厳格なレフェリー制導入、比較教育学文献のデータベース構築など、教育学関連学会の中でも飛躍的に発展を遂げたと言ってもよいだろう。

それでもなお、学会構成員には様々な危機意識が共有されていた。内部的な課題とは、市川昭午による批判、すなわち日本教育の特色と問題点及びその要因について比較研究によって明らかにしてくれるであろうという期待に、比較教育学は全く応えていない、比較の問題意識さえみえない外国教育学が多いという批判である。外国の教育学者の論を紹介したり、外国教育事情を紹介したりするだけのものは比較教育学とは言えないということでもある（市川 1990）。それに対して、馬越徹は、日本人が外国教育を研究対象とする以上は、論文に明示しないまでも日本との比較を念頭に置いているはずであり、問題は比較教育学における地域研究の脆弱さにあって、むしろ地域研究の質を高めることこそ日本の比較教育学の課題であると主張した（馬越1992）。国際化の時代と言われた1990年代には外国情報の入手は困難ではなく、質の高い地域教育研究を実現するためには、長期の現地滞在もしくは反復的なフィールドワークの必要性が高まっていたと考えられる。

外的環境からの挑戦としては、様々なことが同時に起きていたと考えられる。日本の教育界は、臨時教育審議会が提言する教育改革の助走期にあった。

教育の個性化、生涯学習社会の構築がキーワードになり、また児童生徒の学習意欲を重視した新しい学力観、ゆとり教育政策の時期に当たっていた。受験戦争、落ちこぼれ、校内暴力、いじめ、不登校などいわゆる教育病理と呼ばれる種々の問題に公教育がさらされていた。国内の教育問題に対する処方箋を外国の事例に求めるニーズが高まっていたと言えるだろう。そのニーズによって、教育学の様々な分野で外国教育調査や国際比較研究が取り組まれるようになり、外国の教育を研究対象とすることは比較教育学の専売特許とは言えなくなった。また、1980年代はアジア諸国が日本を追いかけるように高度経済成長を達成した時期でもあった。いわゆる NICs や NIES と呼ばれた東アジア、東南アジアの成長が著しく、日本との経済関係を深めていった。近代化論や人的資本論の延長線上に発展途上国の教育をとらえる見方での研究が、経済学などの教育学ではない立場からも取り組まれた。同時にそれらの国・地域は、第二次世界大戦期に日本が植民地化したり、被害を与えたりした国・地域でもあり、戦後の新たな世代の友好関係を結び信頼関係を構築するという課題があった。加えて、プラザ合意以後、円高が進むとともに航空業界の自由価格競争によって、日本の研究者が研究対象地へと往来しやすくなったこともあり、アジア諸国を対象としてフィールド調査による研究が増えていくこととなった。さらに、1990年の万人のための教育世界宣言（EFA 宣言）以後、日本の国際教育協力が基礎教育へとシフトし、また「留学生受け入れ10万人計画」の推進のために留学送り出し国の教育への理解の必要性が高まったことなどから、アジアを中心とした発展途上国教育の研究に対するニーズと関心が急激に高まったことも特筆されなければならないだろう。これらに留まらず、東側諸国の開放と急速に進んだグローバリゼーションのインパクトも同時発生した。中国やベトナムなど社会主義・共産主義諸国では、現地調査どころか情報収集でさえままならなかった1980年代までとは一変し、1990年代には様々な障壁はありつつも、ともかくも現地に入ることができるようになった。また、グローバリゼーションは、日本教育の国際化を後押しするとともに、日本教育の国際的水準にも世論の関心を高めたと言えよう。その影響で、高等教育の分野での教育交流や留学生問題、海外子女教育や国際児の教育をテーマとする国際教育分野の研究のニーズが

高まった。その他にも社会の急激な変化に伴って様々な追究すべき課題が比較教育学の前に立ち現れた。

『40年史』が刊行されたのは2004年であり、時代区分は第Ⅲ期までである。第Ⅳ期の始期をどの時点にするができるかは、2012年の本章執筆の段階では判断が難しい。しかし、仮説的にではあるが、学会創設40周年を一区切りとして、2005年以降を第Ⅳ期とするのが妥当ではないかと思われる。表1－1は、日本比較教育学会の歴代会長及びその所属機関、在任期間を示している。第12代の馬越徹会長は2期4年在任し、その間に役員任期の2年から3年への変更、学会名称変更問題に関して変更しないという決着、学会紀要の年2回発行など、数々の学会運営上の課題に取り組んだ。その結果、会長任期は3年となり、在任期間中に必要とされる学会運営改革が実行でき

表1－1　日本比較教育学会の歴代会長（設立～2013年）

(敬称略)

	会長	所属（在任当時）	在任年度
初代	平塚　益徳	国立教育研究所	1965年度−1980年度
第2代	益井　重夫	国立教育研究所	1981年度−1982年度
第3代	原田　種雄	国立教育研究所	1983年度−1984年度
第4代	沖原　豊	広島大学	1985年度−1986年度
第5代	小林　哲也	京都大学	1987年度−1988年度
第6代	権藤與志夫	九州大学	1989年度−1990年度
第7代	手塚　武彦	国立教育研究所	1991年度−1992年度
第8代	川野辺　敏	国立教育研究所	1993年度−1994年度
第9代	阿部　洋	福岡県立大学	1995年度−1996年度
第10代	天野　正治	筑波大学	1997年度−1998年度
第11代	石附　実	京都女子大学	1999年度−2000年度
第12代	馬越　徹	名古屋大学・桜美林大学	2001年度−2004年度
第13代	望田　研吾	九州大学	2005年度−2007年度
第14代	大塚　豊	広島大学	2008年度−2013年度（予定）

出所：日本比較教育学会ホームページ

る体制が整えられた。第13代望田研吾会長在任時には、学会紀要年2回発行が始まり、さらに学会が総力を挙げて取り組むこととなった『比較教育学事典』企画の検討が始まった。2006年度の第42回大会（広島大学）では、二宮晧を委員長とする大会準備委員会により、自由研究発表の英語部会が置かれた。さらに、自由研究発表の各部会で行われていた総合討論の時間を廃止して、司会者以外の参加者が部会を移動する方式に改められた。いずれも、その後定着するに至った。余談かもしれないが、この大会の懇親会では参加費がかなり低額に抑えられ、結果として多数の参加があり、通勤電車並みの混雑ぶりであった。大会が学会員相互の交流の場として確実に機能させようとした準備委員会の立てた戦略の賜物であった。第14代大塚豊会長は、事典編集委員会を正式に立ち上げて、この難事業に根気強く取り組んだ。2009年度の第45回大会（東京学芸大学）では、渋谷英章を委員長とする大会準備委員会の企画により、ポスターセッションが導入され、膨らみ続ける自由研究発表数の増加への対応が試みられた。また、2011年度からは会員数の増加に対応して学会事務の外部委託が開始され、事務局を引き受ける大学等の過度の負担が軽減される体制が整備された。

　このように、会長・役員任期が3年になり、学会運営上必要とされる改革や学会紀要年2回発行、事典編纂のような組織を挙げての事業が推進されるようになった点で、2005年以降を第Ⅳ期とする仮説を立てた。手前味噌ではあるが、2006年度の大会で筆者（黒田一雄・森下稔）の企画によるラウンドテーブル「比較教育学と教育開発研究のつながり」は、日本の大学の比較教育学講座で育てられた地域研究的手法をとる研究者と、欧米の大学で学位取得して帰国し、主として国際教育開発の分野で活躍する研究者の間で、対話が始まった画期であった。本書の企画自体、そこからスタートしたと言っても過言ではない。本書の執筆者陣が対話を重ね続けることによって、日本の比較教育学の新たな地平を拓いていきたいとの思いを共有できた。そこで第Ⅳ期を2005年以降として提起したい。

5．日本比較教育学会の活動

　学会の発展をどのような指標によって測るかには種々あるが、学会が会員の自発的な意志によって構成され、その活動資金が会費によってまかなわれることから、会員数の増減は一つの指標となり得る。図１－１は、1965年から2011年まで47年間の会員数の推移を表したものである。会員数は理事会における入退会の承認の度に増減するが、2003年までは『40年史』、2004－11年は各年9月発行の『JCESニュース』によった。一見してわかるとおり、ほとんどの年度に会員数の増加があり、1986年に500人、2001年に800人、2009年に1,000人と伸びている。2011年9月現在では1,085人となっている。この間、比較教育学の名称を冠する講座は、小講座制の解体の流れもあり、増加していない。比較教育学講座からの新規入会者のペースはほぼ一定と言ってよく、グラフに表れているような急激な会員数の増加は、多様な出

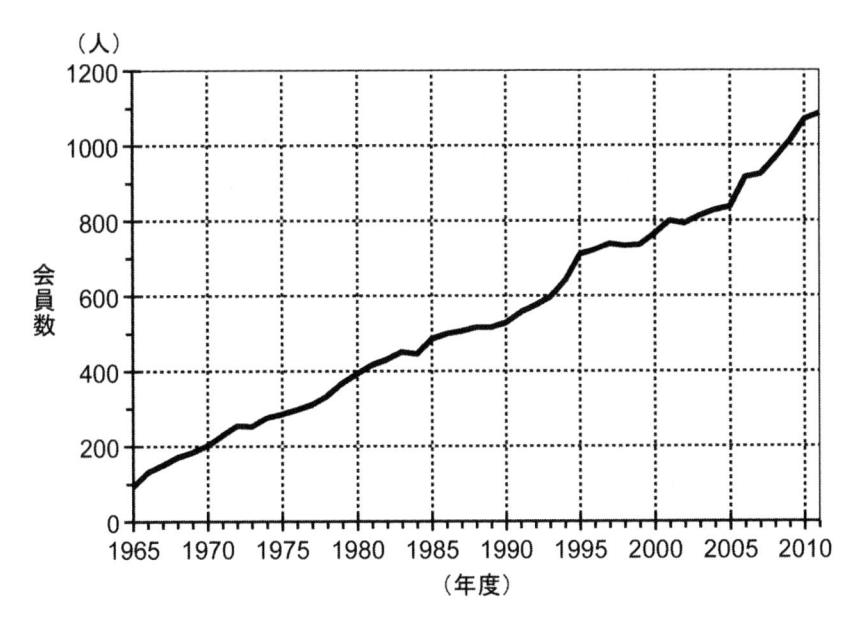

図１－１　日本比較教育学会会員数の推移

出所：日本比較教育学会『日本比較教育学会40年の歩み』東信堂、2004、185ページ。
　　　2004年度以降は各年度9月発行のニューズレター

自の新規入会者を惹きつけているためと考えられる。この学会の目指すところは、会則第2条にあるとおり、「比較教育学の発展と普及に貢献し、研究遂行上必要な連絡と協力をひろく国の内外にわたって促進することを目的」とされている。その目的の達成のための活動として、年次大会の開催、紀要の発行、会員名簿の発行、会報・ニューズレターの発行、内外研究団体との連絡連携などが活発に取り組まれている。

　学会活動の中核は年次大会である。会員による自由研究発表、大会準備委員会の企画によるシンポジウム・課題研究で研究成果が公表される。また、近年は自由な討議の場としてラウンドテーブルがもたれており、研究企画を生み出す機能を果たしている。さらに、学会の最高決議機関である総会が開かれるほか、全国理事会も行われる。加えて、懇親会は会員同士の交流に重要な役割を果たしている。学会発足の場が広島の国民宿舎であったことに象徴されるように、参加者が一カ所に宿泊して交流を深める大会のあり方がかつての日本比較教育学会の特徴であり、会員数の増加にもかかわらず1980年代まで続いた。しかし、大会規模の拡大により、1989年福岡を最後に宿泊施設での大会はなくなった。開催地は、関東地区とそれ以外の地区とで交替で開催地を決める慣例がある。会員数の増加に伴って、自由研究発表数および参加者数が増加の一途をたどっており、2011年の第47回大会（早稲田大学）では、153件の自由研究発表、446人の参加者があった。

　学会の運営は、選挙によって選ばれる理事、理事の互選によって選ばれる会長が担っているが、学会事務は会長が指名する事務局長の下で行われてきた。図1-2は、歴代事務局所在地と第47回大会までの大会開催地を示している。事務局は会長が在職する大学・研究所に置かれるのが通例であるが、事務局を担う事務局長や局員を務める大学院生が確保されない場合には、比較教育学関連講座のある国立大学に置かれてきた。第11代石附実会長の時に私学の佛教大学に事務局が置かれたのが唯一の例外である。事務局が置かれると、日常の事務を担う大学院生にとっては時間をとられるのは確かである。筆者は、1989年、学部生の時に雇い上げで会員名簿と会費納入状況をパソコンで処理できるワープロ文書化した経験がある。前事務局の京都大学から送られてきたデータベースソフトが九州大学ではうまく操作できず、改

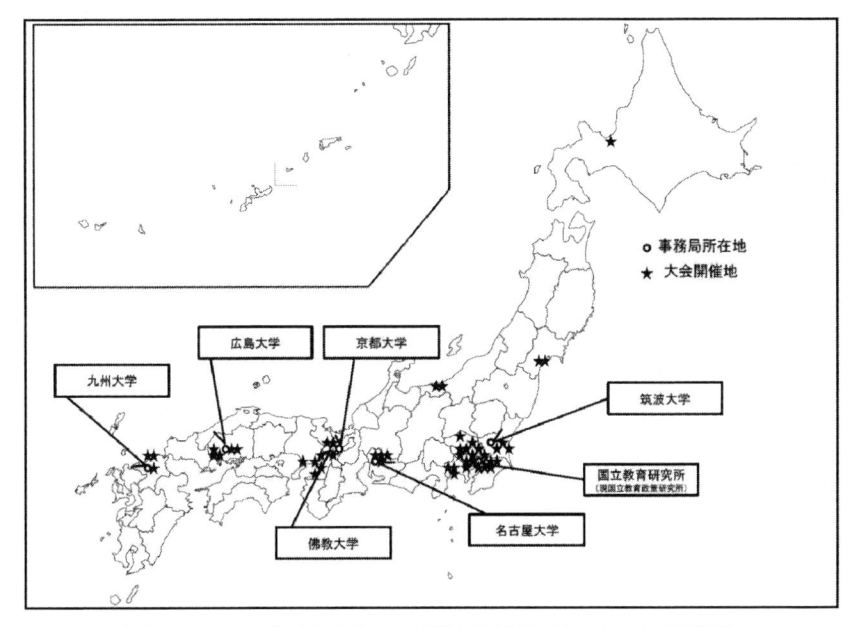

図1−2　日本比較教育学会の歴代事務局所在地および大会開催地

めて紙のカードから一太郎Ver.3に書き写す作業であった。当時の会員数は約500で、一枚の5インチフロッピーディスクにすべての情報を記録することができた。後の1995年に事務局員として学会事務を補助したが、このときには、会員数約700となり日常業務は院生の手には負えず、専従事務員を雇い上げて対応する体制となった。それでも、ひとたび仕事の中身がアカデミックな内容になると大学院生の出番が度々あった。事務局の仕事を担うことは、確かに他の研究室の院生と比べれば、負担が大きく大変なことではある。しかし、学生ながら学会理事会に陪席したり、著名な内外の研究者と事務的な内容ではあれ直接連絡を取り合う機会に恵まれるなど、比較教育学全体がどのように動きつつあるかをリアルタイムで体感できる立場にあることの利も大きい。こうした事務局の業務の経験を積んだ院生が、後に日本比較教育学会を支える中核的な人材として育っていくという意義があると思われる。

　次に取り上げるべき学会としての活動は、学会員の論文・文献情報を集

約する活動である。これは、早くから取り組まれており、学会発足直後の1967年に『会員の研究論文・文献一覧』第1号が発刊され、以後、1980年に第2号、1993年に第3号と続いた。ただし、冊子の形態のため、学会員による論文・文献のうち自己申告の10編以内という制約があり、情報の集約と発信機能の向上のため、科学研究費補助金を得て「比較・国際教育情報データベース（Research Information for International and Comparative Education: RICE）」の構築が1993年から取り組まれた。当初はCD-ROMに収録されたが、2000年から学会ホームページから検索できるようになっている。日本語の教育学データベースとしても随一の存在である。（窪田2004：72-75）

上述の通り、学会発足から10周年を期して、日本比較教育学会では1975年に学会紀要が創刊された。学会紀要の変遷については、第三章に詳述されるのでそちらを参照されたい。なお、紀要の全文が科学技術振興機構のJournal@rchive上で公開されている。

日本比較教育学会には研究委員会が置かれている。研究委員会のメンバーを主体として共同研究チームを構成して科学研究費補助金に申請することと、年次大会において課題研究の一つを企画することが主たる任務である。同委員会の設置は1992年度であるが、学会として共同研究に取り組むことは学会発足当初から行われてきた。一つのテーマに対して、各国の教育を研究する専門家が、それぞれの対象国における状況を報告し、並置することによって比較教育研究とするスタイルは、日本の比較教育学の伝統的手法といってもよいであろう。科研費である以上、その財源は日本の税金であり、テーマ設定にあたっては日本におけるその時々の教育問題を背景としている場合が多い。言い換えると、共同研究のテーマには「教育借用」ないし「教育移植」の意図や意義が込められている。しかし、研究対象とされる国・地域には、かつて日本の先生役であった欧米諸国ばかりでなく、オセアニア、アジア、ラテンアメリカなどが含まれることが多い。そして、報告書のいくつかを見る限り、日本の教育問題に有効な即効薬は何かという視点で書かれたものはないと言っても過言ではない。むしろ、諸外国の教育改革政策について、それぞれの社会文化的背景を踏まえた上で、その功罪を明らかにする

研究内容が主流といえる。

　次いで取り上げる日本比較教育学会の活動として、若手研究者奨励の目的で学会賞が設けられている。前述の平塚基金を基にして、初代会長平塚益徳の名を冠して「平塚賞」と呼び、1991年から毎年の学会大会で審査結果が発表され授与されている。審査には平塚賞運営委員会があたり、毎年1月–12月に公表された著書・論文のうち、学会員から委員会に推薦（自薦・他薦）があったものの中から選考される。受賞者には賞状のほか副賞として平塚賞特別会計から賞金が贈られる。表1−2は第1回から第22回までの受賞者及び受賞作を示している。本賞とは、著書を対象としており、博士論文が公刊されたものが中心である。奨励賞とは、学術雑誌に掲載された論文を対象としており、学会紀要に掲載された論文がこれまで受賞作となったが、規程では学会紀要に対象は限定されていない。受賞作のタイトルから見る限り、アジアを研究対象とし、フィールドワークによって得た資料を駆使する研究が多数を占めている。とりわけ、マレーシア、インドネシア、タイをはじめ、東南アジア諸国が多い。第Ⅲ期における若手が多く、東アジア、東南アジアに研究対象を求めた傾向が明らかに表れている。この賞が若手研究者奨励を目的とされていることから、学会としてアジアにおけるフィールドワーク研究を奨励しているように見ても差し支えないであろう。（江原2004；窪田2000：68-71）

表1−2　平塚賞受賞作・受賞者一覧（第1回：1991年～第22回：2012年）

※氏名・所属は受賞当時

	種別	受賞者（所属）	受賞作	表彰
第1回	本賞	西野節男 （東京大学）	『インドネシアのイスラム教育』 （1990年、勁草書房）	第27回大会 （1991年7月）
第2回	奨励賞	中園優子 （筑波大学・院生）	「タイ国における識字教育の特質と問題点—キットペン政策の分析を通して—」 （学会紀要、第17号、1991年所収）	第28回大会 （1992年6月）
第3回	奨励賞	永岡真波 （九州大学・院生）	「マレーシア人留学生の日本留学選択動機」 （学会紀要、第18号、1992年所収）	第29回大会 （1993年6月）
第4回	本賞	近藤孝弘 （東京学芸大学）	『ドイツ現代史と国際教科書改善—ポスト国民国家の歴史意識—』 （1993年、名古屋大学出版会）	第30回大会 （1994年7月）

回	賞	受賞者（所属）	作品	大会
第5回	奨励賞	小川佳万 （名古屋大学・院生）	「中国における少数民族高等教育政策—『優遇』と『統制』のメカニズム—」 （学会紀要、第20号、1994年所収）	第31回大会 （1995年7月）
第6回	奨励賞	服部美奈 （名古屋大学・院生）	「女子イスラーム教育における『近代性』の創出と展開—インドネシア・西スマトラ州のケース・スタディ—」 （学会紀要、第21号、1995年所収）	第32回大会 （1996年6月）
第7回	奨励賞	鈴木康郎 （筑波大学・院生）	「戦後タイに見られる華人系学校の特質—国民統合政策との関連を中心として—」 （学会紀要、第22号、1996年所収）	第33回大会 （1997年5月）
第8回	本賞	平田諭治 （広島大学・院生）	『教育勅語国際関係史の研究—官定翻訳教育勅語を中心として—』 （1997年、風間書房）	第34回大会 （1998年7月）
第9回	本賞	竹熊尚夫 （九州大学）	『マレーシアの民族教育制度研究』 （1998年、九州大学出版会）	第35回大会 （1999年6月）
第10回	本賞	市川誠 （立教大学）	『フィリピンの公教育と宗教—成立と展開過程』 （1999年、東信堂）	第36回大会 （2000年7月）
第11回	本賞	杉村美紀	『マレーシアの教育政策とマイノリティ—国民統合のなかの華人学校』 （2000年、東京大学出版会）	第37回大会 （2001年6月）
	奨励賞	森下稔 （東京商船大学）	「タイにおける前期中等教育機会拡充後の農村児童の進路選択—農村における学校の多様化を中心として」 （学会紀要、第26号、2000年所収）	第37回大会 （2001年6月）
第12回	本賞	服部美奈 （岐阜聖徳学園大学）	『インドネシアの近代女子教育—イスラーム改革運動のなかの女性—』 （2001年、勁草書房）	第38回大会 （2002年6月）
第13回			該当作品なし	
第14回	本賞	杉本和弘 （広島大学）	『戦後オーストラリアの高等教育改革研究』 （2003年、東信堂）	第40回大会 （2004年6月）
第15回	本賞	乾美紀 （日本学術振興会）	『ラオス少数民族の教育問題』 （2004年、明石書店）	第41回大会 （2005年6月）
第16回	本賞	近田政博 （名古屋大学）	『近代ベトナム高等教育の政策史』 （2005年、多賀出版）	第42回大会 （2006年6月）
第17回			該当作品なし	
第18回	本賞	日下部達哉 （九州大学）	『バングラデシュ農村の初等教育制度受容』 （2007年、東信堂）	第44回大会 （2008年6月）
第19回	本賞	鴨川明子 （早稲田大学）	『マレーシア青年期女性の進路形成』 （2008年、東信堂）	第45回大会 （2009年6月）
第20回	本賞	植村広美 （愛知淑徳大学（非））	『中国における「農民工子女」の教育機会に関する制度と実態』 （2009年、風間書房）	第46回大会 （2010年6月）
第21回			該当作品なし	
第22回	本賞	石川裕之 （畿央大学）	『韓国の才能教育制度—その構造と機能』 （2011年、東信堂）	第48回大会 （2012年6月）

出所：日本比較教育学会ホームページより作成

6．比較教育学の理論や方法論をめぐる議論

　本章の1–2節では、日本の比較教育学においては理論や方法論に関して高い関心があるとは言い難いと指摘した。確かに、北米における議論に比べれば、低調であるかもしれない。しかし、日本の教育学関連諸学会において、これほど紀要や大会のシンポジウム・課題研究の場で学問自体の存在意義や、研究動向のレビューや、方法論について議論してきた学会は他にないとも言える。何度も繰り返し指摘されているように、「比較教育学」という表現自体が、特定の研究対象をもたず、研究方法のみによって規定される教育学であるため、再三再四、比較教育学とは何かについて考え続けなければならない。

　方法論の議論が低調だとすれば、「比較教育学の方法論はこうあるべきだ」というような言説に直面すると、それぞれの研究者が独自にフィールドで切り拓いてきた方法が必ずしも「論」として鍛え上げられたものではなく、言葉を失うからではないだろうか。論理的に組み立てられた「べき」論に対して、真っ向から反論を試みるのでもなく、むしろ心情的には理想像として受け入れられる。その一方で、具体的な方法論は、フィールドでの試行錯誤や調整・妥協、時には仮説の崩壊という挫折でさえも経験しながら絞り出されてくる。「この研究の方法はこういうものである」という「である」論であれば参画できるが、「べき論」になってしまうと発言できることがなくなる。

　日本比較教育学会における方法論の議論については、杉村美紀によるレビューが参考になる（杉村2011）。この中で、杉村は日本比較教育学会における方法論の議論を一つには「何を比較するか」という視点からのものと、もう一つには「どう比較するか」の視点からのものに分類を試みている。

　「何を比較するか」の起点には前述の市川昭午論文が据えられている。「比較しない比較教育学」を批判し、日本の教育システムの特質を明らかにせよとする提言である。日本における比較教育学の草創期には、欧米の教育制度から近代的あるいは先進的教育を学ぼうとする教育借用ないし教育移植の時代があった。その後も、特定国の教育事例をテーマとして取り上げることが比較教育研究に位置づけられてきた。その点について、杉村は、松崎巌の論

を取り上げることによって、「比較しない比較教育学」に対する反省は常にあり、かつ真剣に比較しようとすれば「教育制度実態の違い」や「比較に必要な同種・同質の情報・資料を得ることの困難さ」から簡単には比較できなくなることについて説明する。比較の意識が低いために外国教育事情に留まる研究も存在するには違いないが、意識を高くもった場合にも「安易な」「性急な」「表面的な」比較ができなくなるし、すべきでもないという主張であろう。前述の馬越の議論もその一つで、性急な比較の前に、日本の比較教育学は地域研究としての質を高めることが必要と主張するとともに、真の地域研究にはそれ自体「比較」が方法として組み込まれているという。そこから、フィールドワークに対する関心が高まるとともに「地域教育研究」へと展開し（紀要第27号特集）、さらに大塚豊によるフィールドワークの在り方の議論によって、「方法としてのフィールド」、すなわち、フィールドの中で研究者がそこで得たデータや情報との対話を積み重ねる中で独自の理論を構築するという論に展開した（大塚2005）。「何を比較するか」の別の観点として、1990年代の国際化やグローバル化に伴い、教育の国際関係を扱う「国際教育学」と呼ばれる分野に対する関心が高まったとして、石附実や二宮晧による「比較・国際教育学」の議論が取り上げられる。それに加え、1990年代半ば以降、比較教育研究者が国際教育協力に関わることが増え、「教育開発研究」に対する関心が高まってきたことも取り上げられている。

　「どう比較するか」の起点には、今井重孝の論文（今井1990）が据えられている。杉村は今井の議論を「比較によって何を目指すのか」という問題を提起したととらえている。すなわち、比較という営みには類似性や普遍性を見出そうとする「一般化」を目指す方向性と、特殊性、差異性を見出そうとする「差異化」を目指す方向性があり、比較教育学も方法論の方向性が分かれる。そして相異なる二つの方向性は、並置された情報を一般法則の確認に用いるのか、差異を見いだすのに用いるのかの認識の違いにすぎない。今井は1999年の論文でさらに、一般化志向のニューフロンティアとしてルーマンやシュリーバーのシステム論を規定し、一般化と差異化の二つの流れの区別が社会システム分化によるものとした（今井1999）。今井の議論は、紀要第42号（2011）の特集での地域研究と開発研究の関係性の議論にもつながっ

たと杉村は指摘した。この特集で近田は、地域研究が独自性を発揮しようとすればするほど、対象が繊細化し、一方的な「差異化」へと向かうと論じる（近田 2011）。また、西野は、性急な一般化や形式的で表層的な比較には慎重であるべきで、むしろ差異の丁寧な分析を蓄積していくことの重要性を主張している（西野 2011）。

　以上が杉村によるレビューの一部である。もともと膨大な議論を杉村が簡潔にまとめたものをさらに要約しようと試みたものであるので、拾いきれない論点や理解しづらい議論もあるに違いない。筆者の力量の限界に免じて、読者には原典にあたっていただきたい。ただ、杉村の分類をみると、狭義の方法論と言えるのは後者の「どう比較するか」に限られるという見方もできる。杉村自身もそのように述べている。本章の前半で、日本の比較教育学では、方法論の議論に高い関心が払われていないとしたことは、このこととも関連があるかもしれない。

　以上の方法論上の展開、学会史の展開をみると、第Ⅲ期開始の1990年頃に一つの転換点を見いだすことができる。当時、上述の通り世界の教育をめぐる大きなうねりがあった。同時に、社会諸科学においても、近代化論の見直しからポストモダン論への展開など、「パラダイム転換」論が時流になっていた。その視点から、1991年の第27回大会（北海道教育大学）において「学会の在り方を考える特別部会」が組まれたこと、課題研究において「比較教育学方法論の批判的検討」が企画されたことにも触れておきたい。

　特別部会では馬越徹が提案者となり、日本比較教育学会が会員数の上では拡大・発展してきたと言えるが、そこには遠心力が働いており、求心力の喪失、言い換えると学会アイデンティティの危機であると問題提起された。すなわち、異文化間教育学会（1981年設立）などの関連諸学会が誕生していることや、大学等における比較教育学の講座開設と授業科目として比較教育学関連科目の開設が限定的であることなどである。その解決のために、学会組織・運営上の改革、学会誌・ニュースレターの革新、国際的・地域的ネットワークへの参加協力など望ましい学会の在り方が議論された。これらの改革案は、馬越自身が会長を2期務めた2004年までにおおよその解決が見られたと言えるだろう。

課題研究では、鈴木愼一「比較教育方法論批判の今日的意味」、今井重孝「教育開発論の再検討」、前平泰志「言葉と事物−教育と〈基本的人間ニーズ〉をめぐって」の報告が行われた。鈴木は、近代的国民国家を比較の単位として来たことが、比較教育学を国家論の中に閉じ込めているとして、そこからのパラダイム転換を主張した。発展途上国の教育を見る目が、遅れた国家の教育を先進的な国家日本から見下ろすことになっていないかとも警鐘を鳴らした。今井は、教育開発論において、教育によって近代化を成功させた日本モデルの適用を考えることは、現在の日本の教育が様々な問題に直面していることを考えれば望ましくないことを主張した。前平は、言葉が指し示す事物が語り手によって差異のあるものであっても、その言葉が教育的価値を帯びるときに差異が覆い隠されると指摘した。当時、経済発展に資するために教育を普及させるという人的資本論に対して、教育は Basic Human Needs（基本的人間ニーズ）であるから普及させるべきという言説が国際社会で流通しはじめていたが、この言葉が何を指すかについては合意がないことが俎上に乗せられた。鈴木の主張には、マーク・ブレイらが後に問題化した比較の単位の問題にも通底し、かつ近代化論の超克を基盤とし、さらには比較という営みそのものに潜む自己中心性の徹底的な反省を求めるなど、広範な方法論上の論点が盛り込まれていた。ただ、課題研究の会場にいた筆者の記憶は曖昧で、この大会で会長の任期を終えたばかりの権藤與志夫が、鈴木に対して反論したことぐらいしか留まっていない。権藤の主張は、自身も中心メンバーとなっていた中国新疆ウイグル自治区での九州大学の学際的な調査団を引き合いに出し、決して見下ろしてなどいないし、新疆の大学と対等な学術的な交流を真摯にすすめているが、それをどう評価するのかというものであった。

20年後の現在から振り返れば、このとき発展途上国との向き合い方で対立した権藤と鈴木は、ともにアジアの比較教育学研究者との連携が必要との認識では一致したことに注目しなければならない。学会にアジア太平洋比較教育学会設立準備委員会が立ち上がり、権藤が委員長に就いた。1994年の第30回大会では、中国及び韓国の比較教育学会長を招いての Asia Session がもたれるとともに、同年福岡で開催された国際シンポジウム「アジア・太平洋の発展と教育」にアジア各国・地域から比較教育学会の会長など10名を

招聘し、アジア比較教育学会設立準備委員会を発足させた。翌1995年香港においてアジア比較教育学会（Comparative Education Society of Asia : CESA）が設立された。権藤が初代会長につき、鈴木は1996年の第1回大会（早稲田大学）の実行委員長を務め、両者とも国際学会の設立という難事業に尽力した。

　日本比較教育学会において、アジアの比較教育学者との交流の場を作りたいということは平塚会長時代からの課題であり、CESAの設立は長年の取り組みの延長線上にあったと言える。ただし、学会ができたからと言って方法論上の課題が解決されるわけではない。しかし、鈴木はCIESなどにおいて長年にわたりアジア各地の比較教育学者との交流・連携を深めていたし、権藤も九州大学のもつアジア各国の著名な教育学者との連携を緊密にし、同時に福岡において行政・市民のアジアに開く活動の先頭に立ち、地元財界や個人からの募金を集めて国際シンポジウム開催に結びつけた。彼らの熱意の根底には、比較教育学が研究者同士の出会いと交流によって、より質の高い実りあるものに発展するという強い思いがあったに違いない。

　比較教育学における学会の存在意義は、出会い、互いに高め合える場、さらには共同研究の成果を発表する場であることである。研究者個人としての資質形成は一義的には大学の研究者養成機能が担うべきものであるが、比較教育学においては対象も手法も多様であるため、大学の垣根を越えた協力関係が必要不可欠となる。つまり、指導教員と他の研究者とのネットワークが必要であり、その構築の場は学会である。したがって、多様な研究者の出会いと交流の場としての日本比較教育学会の重要性が存在し、「何でもあり」とまでは言わずとも、比較という視点のみを掲げて間口を広くしておくことの意義は大きい。

　CESAの設立運動は、その出会いと交流の場をアジアに対して拡大していこうとしたものであるとともに、国内学会が存在しない諸国の比較教育学研究者にもWCCES大会への参加資格を生み、世界的な出会いと交流の場を提供していこうとするものでもある。さらには、CESAで構築されたネットワークによる国際共同研究の促進が期待される。実際に、科研費などにおける研究費の使途の制限が緩和されるにつれて、研究対象国の研究者を海外共同研究者として国際共同研究が推進される例の増加が顕著である。

多様な学問観をもつ比較教育学研究者がいかにして異なる他者でありながら出会いと交流によって向き合い、緊張関係を保ちながらも手をつないでいけるのか。言い換えると共働できるのか。学会史の第Ⅳ期にさしかかった現在、多様な出自、関心、経験、対象、方法をもった研究者が比較教育学に結集した現在、どのように多様であるのか、そしてその多様性を最大の資産としながら比較教育学の新たな地平をどのように拓いていくのか、考えるべき時に至っていると考えられる。　　　　　　　　　　（以上、3〜6 森下）

注
1　1970年代初頭までの比較教育学の方法論的な議論の変遷についてはJones（1971）を参照のこと。
2　たとえば、第1号「日本の比較教育学の現状と展望」(1975年)、第17号「比較教育学研究の回顧と展望」(1991年)、第20号「比較教育学研究の30年」(1994年)、第25号「比較教育学の新展開」(1999年)といった特集で、比較教育学の理論や方法について論じた諸論文が掲載されている。
3　日本でも、今井重孝(1990)による研究など比較教育学の理論や方法論に関心をもった研究が行われてきたが、そういった研究の量的な広がりという面では、限定的な取り組みしか行われてこなかったといえる。

参考文献
石附実編(1996)『比較・国際教育学』東信堂。
市川昭午(1990)「比較教育再考—日本的特質解明のための比較研究のすすめ」『比較教育学研究』第16号、5-17ページ。
今井重孝(1990)「比較教育方法論に関する一考察：「一般化」志向と「差異化」志向を軸として」『比較教育学研究』、第16号、19-29ページ。
―――(1999)「比較教育学のニューフロンティア」『比較教育学研究』第25号、5-15ページ。
馬越徹(1992)「「地域研究」と比較教育学」『名古屋大学教育学部紀要(教育学科)』第39巻、第2号、21-29ページ。（馬越2007に再録)馬越徹(2007)『比較教育学—越境のレッスン』東信堂。
大塚豊(2005)「方法としてのフィールド—比較教育学の方法論検討の一視点」『比較教育学研究』第31号、253-263ページ。
北村友人(2011)「政策科学としての比較教育学—教育開発研究における方法論の展開」『教育学研究』第78巻、第4号、361-373ページ。

グリーン，アンディ（大田直子訳）（2000）『教育・グローバリゼーション・国民国家』東京都立大学出版会。

小林哲也・江原武一編（1987）『国際化社会の教育課題：比較教育学的アプローチ』行路社。

シュリーバー，ユルゲン編著（馬越徹・今井重孝監訳）（2000）『比較教育学の理論と方法』東信堂。

二宮晧（1996）「比較・国際教育学の歩み」石附実編『比較・国際教育学』東信堂。

杉村美紀（2011）「日本における比較教育研究の方法論をめぐる論議―日本比較教育学会の研究動向を中心に」マーク・ブレイ、ボブ・アダムソン、マーク・メイソン編、杉村美紀、大和洋子、前田美子、阿古智子訳『比較教育研究―何をどう比較するか』上智大学出版、259-292ページ。

近田政博（2011）「比較教育学研究のジレンマと可能性―地域研究再考」『比較教育学研究』第42号、111-123ページ。

西野節男（2011）「国際教育開発と比較教育学研究の可能性―映画『ラスカル・プランギ』によせて」『比較教育学研究』第42号、124-139ページ。

日本比較教育学会40周年記念誌刊行委員会（2004）『日本比較教育学会40年の歩み』東信堂。

ヒルカー，フランツ（河野重男・森隆夫訳）（1966）『比較教育学』（河野重男・森隆夫訳）福村出版。

ブレイ，マーク、ボブ・アダムソン、マーク・メイソン編著（杉村美紀・大和洋子・前田美子・阿古智子訳）（2011）『比較教育研究―何をどう比較するか』上智大学出版。

レ・タン・コイ（前平泰志他訳）（1981/1991）『比較教育学―グローバルな視座を求めて』行路社。

Arnove, R. (2002) "Comparative and International Education Society (CIES) Facing the Twenty-First Century: Challenges and Contributions." *Comparative Education Review*, 45 (4), pp.477-503.

Bereday, G.Z.F. (1964) *Comparative Method in Education*. New York: Holt, Rinehart & Winston.

Biraimah, K. (2003) "Transforming Education, Transforming Ourselves: Contributions and Lessons Learned." *Comparative Education Review*. 47(4), pp.423-443.

Heyneman,S. (1993) "Quantity, Quality, and Source." *Comparative Education Review*, 37(4), pp.372-388.

Holmes, B. (1965) *Problems in Education: A Comparative Approach*. London: Routledge & Kegan Paul.

Jones, P.E. (1971) *Comparative Education: Purpose and Method*. St. Lucia, Queensland:

University of Queensland Press.
Klees, S. (2008) "Reflections on Theory, Method, and Practice in Comparative and International Education." *Comparative Education Review*, 52(3), pp.301-328.
Noah, H. and Eckstein, M. (1969) *Toward a Science of Comparative Education*. London: Collier Macmillan.
Paulston, R. .(1999) "Mapping Comparative Education After Postmodernity", *Comparative Education Review*, 43(4), pp.438-463.
――― (1977) "Social and Educational Change: Conceptual Frameworks", *Comparative Education Review*, 27(1), pp.370-395.
Psacharopoulos, G.(2006), "World Bank Policy on Education: A Personal Account." *International Journal of Educational Development*, 26(3), pp.329-338.
――― (1990) "Comparative Education: From Theory to Practice, or Are You A: ¥neo.* or B:¥*. ist-" *Comparative Education Review*, 34(3), pp.369-80.
Psacharopoulos, G. and Woodhall, M. (1985) "Education for development: an analysis of investment choices." New York: Published for the World Bank, Oxford University Press.
Reimers, F. and Tiburcio, L, (1994) "Education and structural adjustment in Latin America and sub-Saharan Africa." *International Journal of Educational Development*, 14(2), pp.119-129.
Rust, V. (1991) "Postmodernism and Its Comparative Education Implications", *Comparative Education Review*, 35(4), pp.610-626.
Stromquist, N. (1990) "Gender Inequality in Education: Accounting for Women's Subordination", *British Journal of Sociology of Education*, 11(2), pp.137-154.
Thiesen, G. (1997) "The New ABCs of Comparative and International Education." *Comparative Education Review*, 41(4), pp.397-412.
Wilson, D. (1994) "Comparative and International Education: Fraternal or Siamese Twins- A Preliminary Genealogy of Our Twin Fields." *Comparative Education Review*, 38(4), pp.449-486.

本章の一部は、北村(2011)に加筆修正を行ったものである。

第 2 章　日本の比較教育学における
伝統と多様化
―― 学会員アンケートの傾向分析から [1,2]

山田肖子・西村幹子

はじめに

　本章と続く第 3 章は、日本において、比較教育学がどのような学問として認識され、実践されてきたかを検証することを目的として行われた一連の調査に基づいている。本章は、2009 年に日本比較教育学会員に対して行ったアンケート結果から、現在の学会員が、どのような姿勢で研究に取り組み、何に研究上の関心をもっているかについて、分析したものである。第 3 章では、学会員の個人的な属性や自己認識と対比して、学会誌が実際にはどのような論文を掲載してきたか、時代の変遷を追って分析している。このように分けて検証した理由は、学会員が考える学問観や取り組みたいと思う研究が、論文にそのまま反映されるわけではなく、また、論文が学会誌に掲載されるか否かは、学会誌の特性によって決定づけられる部分もあり、様々な論文発表の場がある中で、一人の研究者の研究行動が、すべて比較教育学会誌に表現されるわけではないからである。

　さて、本章で焦点をあてる学会員であるが、日本比較教育学会が設立された 1965 年には正会員 94 名、学生会員 14 名であった。設立後最初の 10 年（1965-74）で、全会員数（正会員、学生会員含む）が 3 倍に増えた（108 名→307 名）。その後は、伸び率がやや減退したものの、1975 年から 1990 年の 15 年間で、約 2 倍（310 名→601 名）に増加した。90 年代初頭に学会誌創設時の 2 倍の会員数になったことは、学会改革の大きな動機にもなったようである（第 3 章で詳述）。その後、この増加傾向はさらに続き、2010 年 6 月時点での学会員総数は 1153 名で、そのうち 1991 年以降の入会者は全体の 54% を占める（学会事務局提供資料）。会員数が倍になると言っても、300 人が 600 人になるのと、1000 人を超えるのでは、学会の文化や在り方に及ぼす意味合いは全く異な

るであろう。学会誌『比較教育学研究』を読み返すと、1975年の創刊号から、「比較教育学とは何であるか」につき、現状把握、将来展望、再考、回顧、などと銘打った特集・課題研究が数多く組まれている。このように、自らの学問的アイデンティティを問い続けることは、日本の比較教育の一つの特徴と考えられるが、中でも、こうした自己確認的な特集・課題研究の多くは90年代以降に集中している（第3章で詳述）。このように90年代以降に学問認識に関わる議論が高まった理由の一つとして、この頃から学会員が急速に増加し、今までとは違うタイプの研究者や研究需要が生まれてきたという事実を無視することは出来ないだろう。

　序章並びに本書の多くの章で論じているように、日本比較教育学会において、従来とは違う属性や研究傾向をもつ人々が増えている、という認識は、ここ何年も学会員の間で語られてきたことである。しかし、その異なる研究傾向や伝統が一体何なのかは、印象でしかなく、実証的な検証はなされてこなかった。そこで、我々は、個々の学会員が、比較教育学をどのような学問だと認識し、いかに研究を実践しているかを明らかにするため、2009年11月に学会員にアンケートを配布した。アンケートは、2007年までに入会し、個人情報の公開に同意していて、連絡がついた699名に配布され、264名から回答を得た（回収率38%）。すべての年代の学会員に配布したにもかかわらず、回答者の73.8%が91年以降の入会者であり、20～40代が80.7%を占めている。その意味では、アンケートは、まさに学会員が増加した90年代以降に入会した比較的若手の動向を強く反映すると思われる。

1．アンケートに見る学会員の特性

　表2－1に示したように、アンケートの回答者の多くは、入会して20年以内の20～40代の若手・中堅である。まず、研究者の属性についてみると、92.4%は日本在住の日本人で、それ以外は、日本について研究している外国籍の研究者、留学生、海外在住の日本人となっている。会員の属性を入会年ごとに比較してみると、90年代以降、新規入会者に占める女性と外国人の割合が増加していることが分かる。外国人会員については、1991～95年度

入会者に占める割合は 6.2% であったのが、2006～9 年には 19% となっており、会員全体に占める人数は少ないながら、明らかな増加傾向を示している。一方、女性入会者の増加率は目覚ましく、2001 年以降の入会者の過半数は女性である（古くからの会員も含めた回答者全体では、男性が 58・9% と過半数を占める）。このことは、従来、男性研究者中心だった比較教育学の分野の人口構成が変化しつつあることを示している。また、アンケートでは、回答者が最終学位を取得した大学の所在地についても質問している。これは、近年、開発研究など、従来とは異なるアプローチを取る比較教育学会員の中に、海外での学位取得者が多いのではないかという想定があったためである。実際には、学位取得に至るまでに何らかの形で留学・海外研修等を行っている可能性は否定できないながら、回答者の 80% 以上が日本の大学で学位を取得している。外国での学位取得者のうち、米、英、オーストラリアといった英語圏の国の大学出身者は回答者全体の 15% 程度を占める。90 年代以前は、おそらく自分の調査対象国である北米及び西欧（非英語圏も含む）の国で学位を取得したと思われる者が若干名いるが、調査対象国のいかんにかかわらず、学位を英語圏で取得するのは 90 年代以降の傾向である。英語圏のほかは、中国、香港、韓国といった近隣国・地域の大学が 4%、1 名のみドイツとの回答があった。

表2－1　アンケート回答者の年代と入会年の分布

1965-70	1971-75	1976-80	1981-85	1986-90	1991-95	1996-2000	2001-05	2006-07
5.8%	1.5%	3.9%	8.5%	6.6%	13.1%	14.3%	28.6%	17.8%

20代以下	30代	40代	50代	60代以上
35.9%	29.7%	20.1%	9.3%	5.0%

出所：筆者作成

　また、学部時代の専攻にも時代の変遷が見られる。60～80 年代には教育学部（及び文学部教育学科）出身者が大多数であったが、各年代での入会者に占める教育学部出身者は、1986～90 年 86.7%、1991～95 年 66.7%、1996～2000 年 51.4%、2001～5 年 31.9%、2006～9 年 29.5% と漸減傾向にある。年代間での違いはあるが、平均すると、アンケート回答者の半数（50%）は、学部時代に教育学を専攻としていない。このことから、90 年代以降、比較

教育学の分野には、教育以外の専攻からの流入が多いと言えるが、とくに近年は、教育、文学、法学、経済学といった伝統的な学部ではない、「その他」の専攻が増えている[3]。2001年以降の入会者の3割以上が、その他の学部の出身者で、2000年代全体を通してみると、僅差だが、減少傾向にある教育学部出身者の数を凌駕している。「その他」を選んだ回答者には、具体的な専攻名を記入してもらっており、その内訳は、「総合政策」「グローバルスタディーズ」「国際関係」といった、比較的新しく、国際的なテーマや語学系の学部、学科が多く含まれている。近年、比較教育学に関わる人々のかなりの部分が、教育学を学ぶ中で、分野を絞り込んで比較教育学に入ったのではなく、国際関係や国際的な課題に対する関心がまずあり、そうした国際的な関心の延長で、教育をテーマとして選ぶという経緯を経ていることが分かる。このように、アンケートに回答した会員全体の属性を見ていくと、多数派は、男性で日本の大学を卒業し、大学等で研究に専念している教育学部出身者であるが、いまだ少数派とはいえ、女性、外国人、海外での学位取得者、非伝統的な学部・学科出身者が増えつつあり、その傾向は年々強まっていると言える。また、従来は、ほぼすべての学会員が大学や研究機関に所属する専従の研究者であったが、90年代に入り、研究職以外の大学職員、行政機関、公的開発援助機関、コンサルタント会社といった教育及び援助の実施機関の実務者や大学以外（小、中、高校など）の教育機関の教員と思われる会員などが出てきている[4]。

　ここまで、アンケート結果から、学会員の所属先やもともとの専攻、性別や国籍といった属性が徐々に多様化していることを示した。では、このように変化している日本比較教育学会員の属性は、会員がもつ研究に対する姿勢や実践にどのような違いをもたらしているのだろうか。

2．アンケート回答者の研究傾向

　従来、わが国の比較教育学研究は米、英、独、仏をはじめとする欧米中心の傾向があり、それに加えて東アジアの教育研究の伝統もあると見られる（詳細は第3章参照）。市川（1990）によれば、これは、詳細な情報や信頼できる

統計資料を入手できる国が限られており、必然的に、OECDなどの国際機関で情報が整備されている先進諸国か、比較的馴染みのあるアジア・太平洋諸国などを中心にした比較にならざるを得なかったためだという。このことは、当初、日本における比較教育学は、とくに欧米の先進的な教育制度や実践から学ぶことや、日本との関わりの深い国の教育事情を日本に紹介する役割を担っていたことを示している。こうした成り立ちを反映して、現在でも、日本比較教育学会員が研究対象としている地域のうち、西欧、東アジア、北米は半分以上（52%）を占める。アンケート回答者が重点を置いている地域を、入会年度ごとに比較してみると、東アジア研究者は安定して20%程度で推移しているのに対し、北米、西欧の研究者が占める割合は漸減しており、1960～80年代の入会者の間では、北米は、東アジアや西欧と並んで学会員の研究地域の4分の1から3割を占めていたが、直近の2006～9年度の入会者を見ると、70年代から安定的に増加してきた東南アジア研究者と減少傾向にある北米研究者の割合はほぼ同じ（約16%）である。一方、入会年が90年代以降の研究者の間で急激に増加している研究対象地域は、サブサハラ・アフリカと南アジアである。この2地域は、全体に対しては少数派とは言え、急速に存在感を増している。そのほかの中央アジア・コーカサス、中東・北アフリカ、北欧、オセアニア、中南米といった地域は、年代による増減もなく、人数も限られているが、各年代で必ず研究者がいる様子が見て取れる。80年代以降に東南アジア研究、90年代以降にサブサハラ・アフリカ、南アジア研究が増加したことは、学会員が研究上、重点を置く地域が多様化していることを示唆している。同時に、これら、従来とは異なる地域を研究する人々は、比較教育学研究を行う動機や対象、調査アプローチにおいても、それまで主流になっていたものとは異なる可能性がある。

　そこで、学会所属研究者の重点調査対象地域の多様化から想定されるこうした研究志向の分化をさらに検証するため、アンケートで質問した6つの項目──①主に扱う研究テーマ、②データ収集手法、③研究で焦点を当てる教育段階、④研究でよく使う分析単位、⑤研究によってどのような対象に影響を及ぼしたいか、⑥依拠・参考にする理論──について詳しく見ていくことにする。アンケートでは、これらの項目について、選択肢を提示し、それぞ

れの選択肢について、使う頻度や思う度合いの高さによって5段階（5：よく使う〜1：全く使わない、5：とてもそう思う〜1：全く思わない）のリッカートスケールで評価してもらった。表2-2①〜⑥の左の列に列挙したものが、各項目についてアンケートで挙げた選択肢である。これらの調査項目は、一人の回答者が複数の手法や視点を組み合わせて調査・分析することを前提に、どの手法や分析アプローチが親和性が高いのか、志向性のパターンを把握することを目的としたものである。表2-2①〜⑥は、これら5つの項目から、学会員の研究手法やアプローチの決定に潜在的に影響している要因を抽出するため、因子分析を行った結果である。表2-2で示した数値は、因子得点

表2-2　調査分析手法の因子分析結果（主因子法・バリマックス回転）
①研究で扱うテーマ

扱う研究テーマ	成分Ⅰ 政策・制度型	成分Ⅱ 教育と社会型	成分Ⅲ 教師・教授法型	成分Ⅳ 国際アジェンダ型	成分Ⅴ 学問論・手法分析型	因子抽出後の共通性
政治	0.86	0.14	0.07	-0.08	-0.01	0.72
政策	0.81	0.30	-0.07	-0.07	0.08	0.84
社会変化	0.81	-0.08	0.05	0.27	0.04	0.77
教育行政（国などマクロレベル）	0.80	-0.10	0.05	0.31	0.09	0.78
労働市場	0.57	0.55	-0.01	-0.05	0.25	0.73
教育財政（国、地方レベル含む）	0.48	0.21	-0.05	0.36	0.24	0.75
地方教育行政	-0.06	0.82	0	-0.07	0.17	0.76
マイノリティ	0.04	0.76	0.24	0.07	-0.12	0.69
教育と宗教	0.20	0.75	0.00	-0.02	0.21	0.46
言語と教育	0.03	0.67	0.01	0.33	0.06	0.66
文化と教育	0.19	0.57	-0.07	0.31	0.02	0.64
教授法	-0.12	0.04	0.90	0.04	0.12	0.72
教授－学習過程	-0.09	0.05	0.85	0.13	0.13	0.56
カリキュラム	0.07	0.23	0.77	-0.25	0.03	0.75
教員養成	0.21	-0.03	0.66	0.13	-0.05	0.50
援助動向	0.05	0.40	-0.03	0.76	0.00	0.47
ジェンダー	0.21	-0.01	0.16	0.73	0.20	0.75
比較教育学などの学問分野の研究動向	0.00	0.08	0.11	0.28	0.82	0.65
研究手法の在り方	0.25	0.18	0.09	-0.04	0.81	0.76
負荷量平方和	18.42	17.43	14.25	9.67	8.53	

②データ収集方法

データ収集方法	成分I 実証型	成分II 観察型	成分III 二次資料型	因子抽出後の共通性
実験	0.82	-0.02	-0.13	0.77
フォーカスグループ・ディスカッション	0.73	0.31	0.00	0.62
質問票	0.67	0.30	0.18	0.72
インタビュー	0.08	0.86	0.16	0.69
参与観察	0.25	0.81	-0.07	0.58
文献（文字媒体）収集	-0.30	0.17	0.77	0.74
二次的データ（数量）収集	0.44	-0.09	0.73	0.71
負荷量平方和	28.69	23.06	17.12	

③研究で焦点を当てる教育段階

焦点を当てる教育段階	成分I 基礎教育型	成分II 制度外教育型	成分III 中・高等教育型	因子抽出後の共通性
基礎教育（初等＋前期中等）	0.90	0.08	-0.20	0.33
初等教育	0.87	0.11	-0.21	0.86
前期中等教育	0.86	-0.01	0.23	0.82
ノンフォーマル教育、社会教育	0.02	0.86	0.01	0.79
インフォーマル教育、家庭教育	0.12	0.83	-0.01	0.76
生涯教育	-0.12	0.75	0.24	0.70
徒弟制度、学校外職業教育	0.01	0.65	0.52	0.67
就学前教育	0.34	0.44	0.15	0.69
高等教育（大学、ポリテク、その他）	-0.19	0.00	0.81	0.74
職業技術教育（教育制度内）	-0.03	0.36	0.74	0.64
後期中等教育	0.61	-0.05	0.61	0.34
教育システム全体	0.22	0.36	0.40	0.70
負荷量平方和	24.32	23.95	18.60	

出所：筆者作成

係数といい、アンケート回答者の回答から見出された潜在的な共通性（因子）に対して、それぞれの構成要素がどのくらいの重みで影響しているかを示したものである。1〜−1の間に分布し、1に近いほど正の重みが大きく、−1に近いほど負の重みが大きい。

　因子分析の結果、よく取り扱う研究テーマに関して、5つの因子が抽出された。まず、国の政策、政治、行政、労働市場の状況などを大局的に取り扱う「政策・制度型」、次に、マイノリティや宗教、言語、文化といった社会

的なテーマと教育の関わりを取り扱う「教育と社会型」、教師、教授法、カリキュラムといった教育内容・プロセスに関心のある「教師・教授法型」、ジェンダー、援助動向に関心が集中している「国際アジェンダ型」、最後に比較教育学などの学問分野の研究動向や手法を研究テーマとする「学問論・手法分析型」である。次に、研究に際してデータ収集する方法については、三つのタイプがあることが分かった。すなわち、実験、フォーカスグループ・ディスカッション、質問票など構造化された手法によって実証的な調査を行う傾向が強い「実証型」、インタビューや参与観察など、構造化された調査ツールを使わず、観察や対話から帰納的に結論を導き出す「観察型」、二次資料に依拠する「二次資料型」である（表2－2②）。更に、同様の分析プロセスを経て、焦点を当てる教育段階では、「基礎教育型」「制度外教育型」「中・高等教育型」が抽出された（表2－2③）。研究で用いる分析単位は、個人や教室レベルの事象に焦点を当てて研究を行う「ミクロ型」、国際比較や、世界全体を見る「マクロ比較型」、そして、教室レベルまで行かず、一つの国全体から学校レベルまでをカバーする「1カ国メソ分析型」に分かれた（表2－2④）。研究で調査対象国・地域や日本の政策や教育実践、研究に影響を及ぼしたいかを訊ねた項（表2－2⑤）では、相手国の政策や、その国に対する日本の外交・援助政策等に積極的な強い関与を志向する「相手国積極関与型」と調査対象地に影響を及ぼすことにはむしろ否定的で、日本の教育

④研究で用いる分析単位

用いる分析単位	成分Ⅰ ミクロ型	成分Ⅱ マクロ比較型	成分Ⅲ 1か国メソ型	因子抽出後の 共通性
個人（教師）	0.88	0.12	0.10	0.75
個人（子供）	0.86	0.06	0.07	0.71
個人（家族・親）	0.83	0.10	0.14	0.80
教室	0.75	0.03	0.14	0.58
地域（国際）比較	0.07	0.88	0.14	0.58
複数の国の比較	0.05	0.84	0.15	0.61
世界全体	0.12	0.78	0.05	0.72
国の中の地域	0.11	0.08	0.84	0.53
地域社会	0.33	0.09	0.70	0.73
単一の国	-0.15	0.23	0.68	0.80
学校・教育機関	0.41	0.01	0.64	0.63
負荷量平方和	28.18	19.95	19.68	

⑤研究で社会的影響を及ぼしたいか

研究を何に活かしたいか	成分I 相手国積極型	成分II 相手国消極・国内型	因子抽出後の共通性
調査を行う国・地域の教育政策に対して影響を及ぼしたい（実際に及ぼしている）と思う	0.86	-0.05	0.74
調査を行う国・地域に関わる日本の外交・援助政策に影響を及ぼしたい（実際に及ぼしている）と思う	0.83	-0.06	0.69
論文結論には対象国に関わる外部者（援助機関等）への提言を含める	0.68	0.22	0.54
論文結論には対象国の政策や教育実践への含意を含める	0.62	0.44	0.58
自分の研究成果を実践に活かしたいと思う	0.57	0.46	0.66
論文結論には日本の政策や教育実践への含意を含める	0.05	0.81	0.51
論文結論には調査の学術的貢献を含める	0.04	0.57	0.32
負荷量平方和	37.25	20.63	

⑥研究の際、依拠・参考にする理論

依拠・参考にする理論	成分I 社会理論系	成分II 計量系	成分III	因子抽出後の共通性
従属理論	0.82	0.02	-0.15	0.80
世界システム論	0.78	-0.05	-0.29	0.79
ポストコロニアリズム	0.76	-0.31	0.08	0.59
内発的発展論	0.73	0.16	0.28	0.69
ポストモダニズム	0.71	-0.38	-0.08	0.70
近代化論	0.66	0.00	-0.39	0.66
統計的仮説検証法	0.22	0.86	-0.01	0.68
要因分析法	0.26	0.85	-0.06	0.84
ジェンダー論	0.64	-0.01	0.66	0.63
負荷量平方和	31.92	20.01	18.91	

出所：筆者作成

政策や実践への含意を重視する「相手国消極・国内型」の2つに分かれた。最後に、研究の際に依拠・参考にする理論に関する質問からは、従属理論、世界システム論、ポストコロニアリズム論、内発的発展論、ポストモダニズム論、近代化論、ジェンダー論といった社会理論を重視する「社会理論系」、統計的仮説検証法や要因分析法を用いる「計量系」の2つの因子が抽出された（表2-2⑥）。

このアンケート調査では、データ収集や分析の手法、テーマの選定、分析単位等について個別に把握するだけでなく、それぞれの項目について一定の傾向がある研究者が、全体としてどういう志向性を持っているのかを総合的に知ることを目的としていた。そのため、上記で抽出した6分野での因子について、さらに相関分析を行い、因子間の関係を調べた（表2-3）。相関係数が特に有意なものは、数字に網かけしてある。テーマを中心に見ていくと、政策や制度を研究対象とする研究者（「政策・制度型」）は、研究手法としては、二次資料を使うものが圧倒的に多く、実験や質問票などを使った実証的なデータ収集法は使わない。つまり、学校現場に入るよりは資料から制度分析をするタイプであることから、分析単位は1国のメソレベルで、中・高等教育に最も関心が高く、基礎教育（初等＋前期中等）に対する関心がそれに続いている。この、一国の政策・制度を分析するタイプの研究者は、自分の研究で相手国に影響を与えたり、日本のその国に対する外交や援助政策に関与したりすることは望まないどころか否定的であり、他方、日本の政策や教育実践に対する含意は非常に重視する傾向がある。この「政策・制度型」の研究者は、4分の1（24%）は、調査で最もよく訪れる地域として西欧を挙げている（表2-4）[5]。西欧を訪問地の1位に挙げている人が全体に占める割合が高いのは、「政策・制度型」のほかに「学問論・手法分析型」の研究者のみである。これらの政策・制度型では、西欧に次いで東アジアも多くなっており、本節冒頭で引用した市川（1990）の指摘のように、日本の比較教育学に最も古くからある西欧や近隣の東アジアの国々の教育事情を紹介し、日本に対する示唆を得ようとする「教育借用」的な研究の流れを汲んでいると思われる。

　これに対して、宗教や言語、エスニシティなどに関心がある「教育と社会」型の研究者は、学校教育の制度だけでなく、家庭での教育や、ノンフォーマル教育、徒弟などを含む学校外での職業訓練といった、多様な学習の場に興味があるようである。この型の研究者は、相手国、日本どちらの政策や実践に対しても影響を及ぼすことを嫌い、不干渉の意思が明確である。また、表2-3には示していないが、この「教育と社会」型は、従属理論や近代化論といった社会理論にも、要因分析法や仮説検証法といった実証的理論にも依拠

表2-3 因子間の相関係数

		研究テーマ				
		政策・制度型	教育と社会型	教師・教授法型	国際アジェンダ型	学問論・手法分析型
データ収集法	実証型	-0.032	-0.132*	0.289**	0.400**	0.080
	観察型	0.124	0.183**	0.253**	0.087	-0.056
	二次資料型	0.437**	0.118	-0.092	0.054	0.057
研究テーマ	政策・制度型	1	0.000	0.000	0.000	0.000
	教育と社会型	0.000	1	0.000	0.000	0.000
	教師・教授法型	0.000	0.000	1	0.000	0.000
	国際アジェンダ型	0.000	0.000	0.000	1	0.000
	学問論・手法分析型	0.000	0.000	0.000	0.000	1
教育段階	基礎教育型	0.186**	0.104	0.259**	-0.020	-0.038
	制度外教育型	0.146*	0.321**	0.121	0.374**	0.178**
	中・高等教育型	0.366**	0.122	0.081	0.026	0.119
分析単位	ミクロ型	-0.061	0.036	0.403**	0.360**	0.177**
	マクロ比較型	0.196**	0.112	0.014	0.198**	0.326**
	国内メソ型	0.511**	0.374**	0.071	-0.012	0.017
社会的影響	相手国積極型	-0.026	-0.022	0.211**	0.459**	-0.058
	相手国消極・国内型	0.219**	-0.026	0.338**	-0.077	0.159*

* 相関係数は5%水準で有意（両側）であることを示す。
** 相関係数は1%水準で有意（両側）であることを示す。
出所：筆者作成

しない「叙述系」グループとも有意な相関関係がある（相関係数＝.24）。学会誌『比較教育学研究』の特集では、日本の比較教育学研究には、特定の国の教育を詳細に叙述する外国研究に集中するあまり、「比較」の視点が欠如しており、自国の教育との相対化が不足しているという指摘が繰り返しなされている（市川1990；石附1996；竹熊2001；渋谷2001）。このことは、同時に、自らが調査する国の教育を、日本にとって学ぶべきものがあるかどうかといった観点ではなく、その社会自体の営みの一要素として位置づけ、理解しようとする「教育と社会」型の研究者が、学会の中で強い存在感を持っていることも示している。馬越（2007）は、事前に設定した仮

表2-4 テーマの因子と最もよく訪れる調査地のクロス集計結果

	政策・制度型	教育と社会型	教師・教授法型	国際アジェンダ型	学問論・手法分析型
中東・北アフリカ	4.0	5.2	0.0	3.8	0.0
中・東欧	2.0	1.7	1.9	1.9	2.1
北欧	2.0	5.2	5.8	1.9	6.3
西欧	24.0	12.1	13.5	3.8	22.9
南アジア	0.0	3.4	3.8	11.5	2.1
中央アジア・コーカサス	0.0	3.4	0.0	5.8	0.0
東アジア	22.0	22.4	13.5	15.4	16.7
東南アジア	14.0	17.2	23.1	21.2	16.7
オセアニア	8.0	5.2	5.8	1.9	4.2
北アメリカ	16.0	13.8	17.3	11.5	16.7
中南米	4.0	6.9	3.8	5.8	2.1
サブサハラ・アフリカ	4.0	3.4	11.5	15.4	10.4
	100.0	100.0	100.0	100.0	100.0

カイ二乗独立性検定 p=.000
出所:筆者作成

説を実証するタイプの研究に対置して、予断を持たず、まず社会自体を深く知ろうとし、そこから仮説を導き、理論化するという「仮説提示型」の研究の意義を説いている。こうした研究姿勢は、データ収集手法にも表れており、「教育と社会」型の研究者は、インタビューや参与観察といった観察型の手法を用い、実験などの実証的手法は用いない傾向が強い。大塚は、「先進諸国の研究成果への絶対的信頼や依存」、先進例から学ぼうとする姿勢には日本の研究者の隷属意識が垣間見えるとし、既存の資料の読み込みによる分析ではなく、フィールドにおいて調査者が学び、そこから独自の資料が作り上げられることの意義を説いている（大塚2005；Otsuka 2009；西野2001も参照）。尚、この「教育と社会」型の因子としての負荷量平方和[6]は「制度・政策型」に次いで大きいため、このタイプの研究をする者は学会内でも多いと考えられる。また、地域的には、東アジアに次いで東南アジアが多く、伝統的な「教育借用」的な研究とは一線を画すと言えよう。

研究テーマによる3つ目のカテゴリーは「教師・教授法」型である。このグループの特徴は、制度・政策や社会と教育の関係にはあまり関心を払わず、学校教育の中で何が教えられるか、教師はいかに教えているかに注目していると言える。このタイプは、教室内での実践に焦点を当てているため、分析単位はミクロ的で、初等、前期中等教育レベルに関心が集中している。二次

資料はほとんど使わないが、調査に当たっては、観察も実験も行い、実態を把握するために様々な手法を組み合わせている様子がうかがえる。このタイプは地域的な偏りは少なく、東南アジアを筆頭に、北米、西欧、東アジア、サブサハラ・アフリカでも調査を行っている。研究によって社会的影響を及ぼしたいかどうかを尋ねた質問項目に対して（表2−2⑤）、「政策・制度」型は相手国ではなく日本に対して影響を与えることを望んでおり、「教育と社会」型は逆にどちらに対しても提言的な意図を持たなかったが、この「教師・教授法」型は、政策や実践に影響を及ぼすことについては、総じて積極的で、相手国も日本も対象としている。おそらく、この「教師・教授法」型は、教科やカリキュラムの専門家が、海外にも関心を広げていったというタイプ、あるいは教育内容に関わる特定の課題について、各国の事例を日本のために参照するというタイプが含まれるであろう。サブサハラ・アフリカなど、学会内でも調査対象にする会員が最近まで少なかった地域での研究者が含まれるのは、日本のODAプロジェクトで、教科教育や教員養成の活動が多いことが背景にあると思われる。特定の専門性、関心を持って海外での調査を行っているという意味では、地域研究者として、その社会の教育を包括的に把握しようとする「教育と社会」型や、二次資料を中心に外国の教育政策や制度を調べる「政策・制度」型とは異なるアプローチから比較教育研究に入っていることが窺える。

　第四のカテゴリーは「国際アジェンダ」型である。このグループは、援助動向とジェンダーに関心が集中している（表2−2①）。負荷量が9.67%とさほど高くないことからしても、人数的にはいまだ小グループだが、表2−3の因子間の相関係数を見ると、有意性が高いものとそうでないものの差がはっきりしており、このグループに属する研究者同士がかなり似た研究傾向を持っていることが窺える。まず、実験、フォーカスグループ・ディスカッション、質問票といった系統的な調査手法を用いる傾向が非常に強い。さらに、相手国及び相手国に対する日本の外交・援助政策に影響を与えたいという意思が非常に明確である半面、日本の国内政策や教育実践に影響を及ぼすことはあまり考えていない。地域的には、北アメリカの11.5%を除くと、10%以上を占めるのは、アジア、アフリカの諸地域である。

1990年に、タイ国ジョムティエンで「万人のための教育（Education for All: EFA）」世界会議が開催され、世界銀行、UNICEF、UNESCO、UNDPなどの国連機関を中心に、世界155カ国150機関が参加して発展途上国の教育開発について共通の達成目標に合意した。この会議以降、欧米での比較教育学の研究は、「開発」という国際的課題に大きく影響されるようになった。同時に、日本の比較教育学会においても、1990年代以降、「開発」は、グローバリゼーションやジェンダーとともに、新しい課題として認識されるようになった（これらの新しいテーマを学会誌でどのように取り上げたかは第3章で詳述）。発展途上国に対する日本の政府開発援助（ODA）は、アジアへの戦後賠償として始まったこともあり、戦後、長きにわたり、教育分野、とくにカリキュラムや教員養成など、国民の価値形成に直接かかわるような内容への関与を忌避し、インフラ整備や職業技術教育などに専念していた（斉藤2009）。しかし、1989年に、日本が世界最大の援助供与国になり、外交上も大きな役割を果たすべき立場を自認するようになったのと、教育援助の国際的潮流の変化はほぼ同時に起こった。そこで、日本は、初等教育を中心に、途上国の教育政策やカリキュラムなどの内容にかかわる積極的な援助に方向転換をし、それとともに、こうした援助を行う人材や、それに関連する研究を必要とするようになったのである。

このように、90年代には、開発などの国際アジェンダを推進するために何をすればよいか、どのような問題が目標達成の阻害要因になっているかを特定し、政策提言をするタイプの研究が出てきた（黒田2007）。また、この時期から、学会員数も大幅に増加しだしたことは既に指摘した通りである。国際アジェンダ型の研究者は、学会員全体に占める割合は決して多くないが、研究傾向や主張が明確であるため、このタイプの研究者は、「開発研究者」という、従来の日本の比較教育学の研究者の間では異質な存在として受け止められたように思われる。但し、今回のアンケートの結果を見ると、「国際アジェンダ」型は、開発や援助に関心があるだけでなく、ジェンダーも強い因子として働いている。前述の通り、90年代以降、新規入会者に占める女性の割合が著しく増加していることや、研究に際してほとんど理論を使わない叙述系の研究者でも、ジェンダー論に対してはかなり積極的な関心を示し

ているという因子分析の結果から、ジェンダー、女性という切り口から独自のアプローチで研究しているグループがあることが想像される。課題主導型（「国際アジェンダ」型）の研究者を「開発研究者」として、単純にカテゴリー分けしてしまい、そこに含まれる多様性を見過ごさないよう、注意が必要であろう。

　最後に、「学問論・手法分析」型の研究であるが、このタイプは、学問領域としての比較教育学の在り方やその手法自体を研究対象としている。因子分析は、アンケートの回答者（サンプル）をひとつのカテゴリーだけに分類するのではないため、一人の研究者が異なる傾向の研究を並行して行っている可能性を排除しない。例えば、著者自身も本章に代表されるように、比較教育学という学問自体の在り方にも関心があるが、それは、著者の研究者としてのアイデンティティを明確にするという意味での作業であって、本来の専門は別にある。このように、「学問論・手法分析」型の研究は、二次的な研究として関わっている者を多く含むカテゴリーであることが想像される。また、実際の教育政策や事象を研究対象とするよりは、抽象的な概念や国際的な学問論の動向などを議論するため、分析単位がマクロ的になる。このタイプの研究者は、西欧、北アメリカ、東アジア、東南アジア等の地域によく調査に行くが、この地域的分布は、歴史が古いと思われる「政策・制度」型に近いことから、「学問論・手法分析」型も、日本の比較教育学研究では古くから関心が持たれてきた分野であると考えられる。

　さて、これまで見てきて分かるように、ある研究者が、何のために研究を行い、その成果を発信するかということは、研究姿勢全体に大きく関わっている。研究者である以上、同分野の研究者に評価されるような論文を書きたいと思うのは一般的であろうが、そのほかに、その論文が誰かにとって実益があることを望むかという点で、比較教育学者は大きく分かれるようである。すなわち、表２－２⑤にあるように、調査対象国及びその国への日本の外交・援助政策に影響を及ぼしたいと考える研究者（相手国積極型）と、調査対象国に影響を及ぼすことには否定的で、日本へのインパクトを重視する研究者（相手国消極・国内型）に二分されるのである。そこで、本節の最後に、研究の社会的インパクトについて、研究者のスタンスをカテゴリーごとに見てい

くことにする。

まず、研究によって相手国及び相手国に対する日本の政策に影響を及ぼしたいタイプの研究者は、90年代に入って急速に増加している。また、図2－1は、研究の社会的インパクトについての考え方と最もよく行く調査地の関係性を示したものであるが、これによると、相手国に影響を及ぼすことには否定的で、日本に対する示唆を重視するタイプの研究者の調査地は、北米、西欧、東アジアに集中している。相手国に影響を及ぼすことに積極的な人々が、西欧にはあまり行かず、東アジア、東南アジア、南アジア、サブサハラ・アフリカなど、非西欧の多様な地域に足を向けていることと対照的である。先に、研究テーマが「政策・制度」型の人々を中心に、日本の比較教育学は、西欧や近隣諸国の教育政策や実践を紹介し、日本に示唆を得る「教育借用」として始まった側面が強いことを述べた。こうした教育借用型の研究は、日本人研究者が相手国に何か働きかけるなどといったことは考えず、

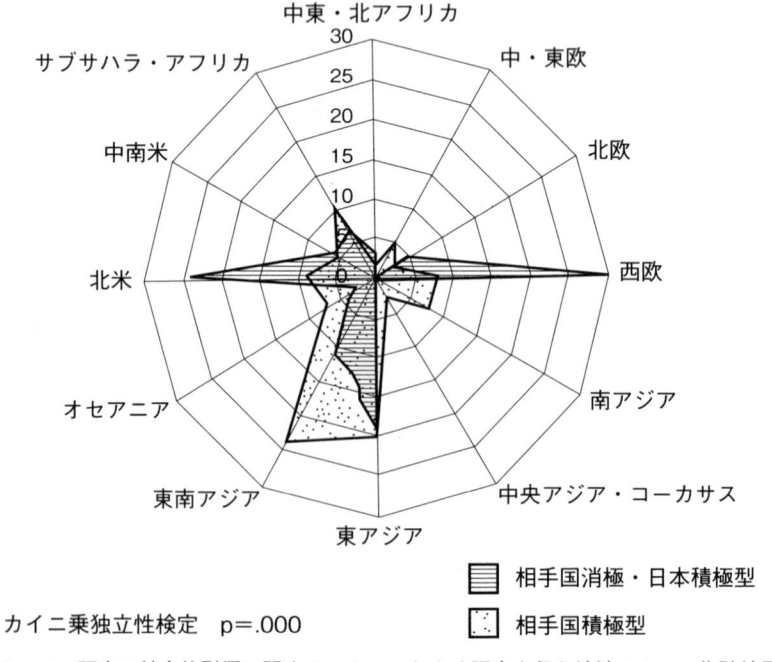

図2－1　研究の社会的影響に関するスタンスとよく調査を行う地域のクロス集計結果
出所：筆者作成

外国の教育に関する研究が国内で活用されることを重視したのであろう。これに対し、相手国及び相手国に対する日本の外交・援助政策に影響を与えたいと考える傾向は、「国際アジェンダ」型の研究者に極めて強く見られる。日本が観察対象の社会から学ぶというよりも、国際アジェンダの達成のために研究を通じて提言するという立場で、調査対象地が非西欧であるだけでなく、対象国の経済レベルで見ても、発展途上国を対象とする研究者にこの「相手国積極」型の研究者が多いのが特徴である。北村（2005）は、比較教育学における開発研究の意義を指摘し、研究者が相手国の政策や教育実態の向上のために行動する「コミットメント・アプローチ」を提唱しているが、これはまさに「国際アジェンダ」型に見られる姿勢といえる。これらの中間で、日本にも相手国にも研究で影響を与える意思がない、むしろ影響を与えることを忌避しているのが「教育と社会」型である。

3．日本比較教育学会員の研究動向の要因

前項までの分析は、日本比較教育学会員の特性やその変化、また研究傾向について多くの示唆を与えるものである。しかし、観察された研究傾向がどのような要因によって影響されているのかについては明らかになっていない。そこで本項では、アンケートで得られた情報を基に、最小二乗法（OLS）重回帰分析を用いて、研究傾向の規定要因について更なる分析を試みる。分析に当たっては、研究の社会的影響に対する態度や研究内容に関する会員自身の意識に注目し、そのような態度や意識が、個人の属性、社会的地位、学問的背景、研究傾向によってどのように影響を受けているのかを分析する。

まず、研究の社会的影響に対する態度に関しては、前項で述べた「相手国積極型」、「相手国消極・国内型」の因子得点に加え、論文や報告書を書く際に、調査を行う国・地域の教育政策に対して影響を及ぼしたい（実際に及ぼしている）と思う度合を5つのリッカートスケールによって測定したものを被説明変数とした。また、研究内容に関する会員の意識に関しては、4つの内容項目（対象国の政策や教育実践への含意、日本の政策や教育実践への含意、対象国に関わる外部者（援助機関等）への提言、調査の学術的貢献）について、論文

や報告書の結論部分にどの程度含めたい、あるいは含めるようにしているか、に関して五つのリッカートスケールを用いてそれぞれ測定したものを被説明変数とした。

説明変数としては、本人の属性、社会的地位、学問的背景、研究傾向をそれぞれ構成する変数を選択して用いた。具体的には、本人の属性として性別、年代、国籍、社会的地位を示すものとして博士号の有無、職位（研究者か否か）、学問的背景として主専攻、学部時代の専攻、学歴取得地、研究対象国の経済レベルを用いた。研究傾向に関しては、前項で概説した研究テーマ、分析単位、理論、データ収集法について因子分析した結果の因子得点を用いて分析した。

表2−5は、説明変数間の様々な組み合わせで分析したもののうち、最もモデルの適合度の高かったものをそれぞれ掲載したものである。研究傾向の変数はモデルによって異なっているが、これはサンプル数との調整で限定的な説明変数を用いざるを得なかったこと、および適合度の最も良いモデルをそれぞれの被説明変数に対して掲載していることによる。

まず、表2-5の左から3つのコラム（①〜③と表示）に示しているとおり、研究の社会的影響に関する態度については、「相手国積極型」、「相手国消極型」、「対象国の政策や実践への影響への意識度合」のそれぞれについて異なった要因が影響していることが分かる。まず、「相手国積極型」の傾向に統計的に有意な正の影響を及ぼしている（標準化係数の値がプラスかつ有意水準5％未満で統計的に有意である記号＊が付してあるもの）のは、実証型のデータ収集方法である。逆に有意な負の影響を及ぼしている（標準化係数の値がマイナスかつ有意水準5％未満で統計的に有意である記号＊が付してあるもの）のが学歴および経済レベルである。つまり、データ収集方法が実証型であること、学歴取得地が日本ではなく海外であること、研究対象国の経済レベルが低いことが、調査対象国及びその国への日本の外交・援助政策に影響を及ぼしたいという「相手国積極型」の傾向を強めていることが分かった。次に、調査対象国に影響を及ぼすことには否定的で、日本へのインパクトを重視する「相手国消極・国内型」に統計的に有意な正の影響を及ぼしている要因は、性別（男

第 2 章　日本の比較教育学における伝統と多様化　65

表2−5　分析結果要約表

		研究の社会的影響に関する態度			研究結論に含めたいと思う内容			
		①積極型相手国	②消極型相手国・国内	③対象国の政策や実践への影響意識	④対象国・政策・実践への含意	⑤日本の政策や教育実践への含意	⑥外部者への提言	⑦学術的貢献
本人属性	性別（男性＝1）	-.122 (-1.583)	.206** (2.693)	-.155* (-2.111)	-.026 (-.327)	.181* (2.290)	.072 (.981)	-.043 (-.524)
	年代（1〜7）	.006 (.082)	-.172* (-2.236)	.022 (.300)	-.173* (-2.220)	-.094 (-1.211)	-.001 (-.015)	-.205* (-2.463)
	国籍（日本国籍＝1）	-.050 (-.724)	-.052 (-.758)	-.136* (-2.018)	-.075 (-1.052)	-.010 (-.136)	-.028 (-.423)	.030 (.389)
社会的地位	博士号の有無（有＝1）	.015 (.202)	.056 (.754)	.073 (1.023)	.074 (.973)	-.062 -.827	-.007 (-.104)	.230** (2.862)
	職位（研究者＝1）	-.030 (-.416)	-.049 (-.678)	-.048 (-.697)	-.062 (-.827)	.076 (1.041)	-.017 (-247)	-.099 (-1.250)
学問的背景	主専攻（教育学＝1）	-.054 (-.738)	-.140 (-1.895)	-.008 (-.108)	-.099 (1.311)	-.035 (-.471)	.020 (.285)	-.139 (-1.755)
	学部専攻（教育学＝1）	-.034 (-.444)	.080 (1.045)	.024 (.325)	-.013 (-.167)	.172* (2.211)	-.013 (-.172)	.107 (1.289)
	学歴取得地（日本＝1）	-.163* (-2.320)	.014 (.202)	-.054 (-.793)	-.030 (-.414)	-.028 (-.394)	-.172* (-2.517)	.030 (.389)
	研究対象国の経済レベル（1〜5）	-.190* (-2.428)	.295** (3.578)	-.221** (-2.968)	.067 (.825)	.365** (4.614)	-.102 (-1.280)	.162 (1.907)
研究傾向	テーマ政策・制度型		.284** (4.155)			.239** (3.458)		.191* (2.584)
	教育と社会型		.030 (.438)					
	教師・教授法型	.111 (1.484)	.305** (4.539)		.294** (3.851)			
	国際アジェンダ型		.072 (.906)				.269* (3.277)	
分析単位	ミクロ型	.096 (1.257)			.217** (2.753)	.146 (1.942)	.012 (.163)	
	国内メソ型							
理論	社会理論系							
	計量系	.034 (.441)			.127 (1.630)		.110 (1.534)	
データ収集法	実証型	.327** (3.717)		.345** (4.807)	.138 (1.559)	.273** (3.492)	.110** (3.865)	.266** (3.205)
	観察型			.077 (1.104)				
R 二乗値		.381	.305	.315	.332	.315	.428	.174
調整済み R 二乗値		.325	.248	.271	.272	.260	.376	.116
ケース数（N）		155	171	179	158	162	156	168

注　係数は標準化係数、括弧内の数値はt値、有意水準 5% レベル *、有意水準 1% レベル **
出所:筆者作成

性)、研究対象国の経済レベル、制度・政策型と教師・教授法型の研究傾向、負の影響を及ぼしている要因は年代である。つまり、男性であるほど、年代が若いほど、また研究対象国の経済レベルが高いほど相手国消極・国内志向型の傾向が強い。さらに、研究テーマとしては、政策・制度型と教師・教授法型によりこの傾向が強いことが分かった。最後に、「対象国の政策や実践への自分が及ぼしたいと思う影響力」の度合い（表 2-5 中に③と表示）については、性別（男性）、国籍（日本人）、経済対象国の経済レベルが負の影響要因、実証型のデータ収集方法が正の影響要因となっている。これらは、男性よりも女性が、そして日本人よりも外国人が研究対象国の政策や実践へ影響を及ぼしたいと考える傾向にあることを示している。また実証型のデータ収集手法を取っている者ほどこの傾向が強く表れていることが分かる。

　次に表 2-5 の右の 4 つのコラム（④〜⑦と表示）に示すとおり、研究内容への含意について研究者の意識に影響している要因をみると、内容によって規定要因が異なっており、会員間にかなり明確な特徴があることが分かる。まず、対象国の政策・実践への含意に関しては、より若い年代で、教師・教授法型の研究テーマ、ミクロ型の分析単位を有している者が、より強く意識していることが分かる。先にみた相手国消極・国内型の影響要因であった若い年代や教師・教授法型は、影響を及ぼそうというほどの積極的な意思はないが、実際には研究内容として研究対象国の政策や日本の外交・援助政策への示唆を盛り込もうとしていることが示唆されている。

　次に、表 2-5 の⑤のコラムに示すとおり、日本の政策や教育実践への含意を研究結論に含めようとする意識には、性別（男性）、学部専攻が教育学であること、学歴取得地が日本であること、研究テーマとしては、政策・制度型であること、実証型のデータ収集方法を用いていることが統計的に有意な正の影響を及ぼしている。つまり、これらの特徴をもった者ほど、日本の政策や教育実践への含意を研究結論に含めようとする傾向がある。前項で見たとおり、ここにおいても、政策・制度型の研究志向を持つ会員は、研究対象国よりも日本の政策や教育実践への含意をより強く意識して研究していることが確認できる。また、男性や日本の教育学部が研究内容や姿勢において国内志向が強いことも示唆されている。

対象国に関わる外部者（援助機関等）への提言をどれだけ研究内容に盛り込みたいか（表2-5、コラム⑥参照）を規定する要因としては、学歴取得地が日本ではなく海外であること、研究テーマが国際アジェンダ型であること、データ収集法が実証型であることが挙げられる。この結果は、先にみた相手国積極型の傾向と類似しているが、ここでは、相手国の経済レベルの変数は要因としては強く影響しておらず、実証型・国際アジェンダ型研究という研究指向性がより色濃く影響している。

最後に、学術的貢献への意識（表2-5、コラム⑦参照）であるが、若い年代ほど、また博士号を取得している者ほどこの意識が強い。また、政策・制度型の研究テーマを扱う者や実証型のデータ収集法を採用している者もこの意識が強いことが分かった。

以上の分析結果より、主に5つの示唆を得ることができる。第一に、専攻よりも学歴取得地が、相手国あるいは外部者への態度に影響しているという点である。地域研究者か開発研究者か、あるいは教育学者か社会科学者かという違いよりも、最終学歴を日本国内で取得したか海外で取得したかにより、対外的なスタンスに違いがあることは興味深い点である。第二に、専攻や学歴取得地よりも、研究対象国の経済レベルが、国内外の研究の影響力志向性をより強く規定しているという点である。途上国研究をしている者ほど対外的な政策に影響を及ぼそうとしているのに対し、先進国研究をしている者ほど国内の政策や制度をより強く意識している。この傾向は、先述の通り、「教育借用」の傾向を反映しているものと考えられる。つまり、先進国から「学ぼう」とする姿勢と、途上国を「支援したい」という姿勢が研究者の姿勢や意識に色濃く反映されているのである。第三に、実証型研究を行う者が、全体を通して、研究の実践的・学問的影響力を及ぼそうとする傾向が強いことである。海外、国内に依らず、政策・制度型の研究テーマを追究する者は、実践志向は弱く、学術志向が強いのに対して、実証型研究者は国内外への実践的・学術的発信を強く意識しているようである。第四に、性別による違いである。男性がより国内の政策や教育実践を意識しているのに対し、女性は研究対象国の政策や実践への影響をより強く意識している。研究傾向や学問的背景を制御した上で性別による傾向が明確に現れている点は、日本社会の

あり方とも関連して興味深い点である。最後に、学部の専攻が教育学であることが国内志向性を規定している点である。大学院ではなく学部の専攻が研究者の志向性を規定するという点をどのように捉えたらよいだろうか。これについては、今後、比較教育研究における日本国内の教育学部や大学院のあり方についての議論を喚起する出発点となろう。

おわりに

　本章では、90年代以降に増加した学会員の中に、日本の比較教育学の伝統的研究分野やアプローチとは異なるタイプが増えてきているのではないか、という認識から、学会員へのアンケート分析を行った結果を報告した。学会員が増加するということは、研究分野自体の成長と活気を示しており、喜ばしいことである。その半面、新たにその分野に関わるようになった人々が、どういうバックグラウンドを持って、研究関心がどこにあるのか、といったことがはっきり分からないのは、研究分野としての不安定感が生まれる要因になる。同時に、よく知られているように見える「伝統的」で「主流」なものも、変化し続けている。本章で紹介した学会員アンケートは、こうした「伝統」「新興」という色分けの中に埋没しがちな、より多様で実体を伴った研究者像に基づいて、日本における比較教育学を構成している要素を、学問体系や組織の観点からでなく、人の側からとらえ直す試みであったと言えよう。「政策・制度型」「教育と社会型」「教師・教授法型」「国際アジェンダ型」「学問論・手法分析型」という5つの研究テーマの因子をはじめ、データ収集方法、研究で焦点を当てる教育段階、分析単位、依拠・参考にする理論、研究の活用方法に関する考え方、調査対象地域など、様々な要因が、立体的に重なり合って示す学会員の姿は、予想を裏付ける部分も多々ありつつ、見過ごされてきた側面を改めて照らし出しもした。日本の比較教育学は、「比較教育学」として脈々として育てられてきた研究の流れに、カリキュラムや教授法など、教育学の他の領域の研究が海外に目を向けたような実践、いわゆる新興の国際アジェンダ型の研究、それに、国内で関心が高まっているテーマ（高等教育など）の事例収集・比較などが、時に担い手が重なりあったり入れ

替わったりしながら融通無碍に展開している。

　本章では、特定の研究志向に偏ることなく、客観的に状況分析を提示することを心がけた。それは、本章の目的が、日本の比較教育学が今後向かうべき方向について結論めいたことを述べることではなく、異なる立場の研究者の姿を明らかにすることによって、議論の土台となることだと考えたためである。多くの学会員が忌憚なく学問論を戦わす材料となれば幸いである。

注
1　本章は、下記の論文を元に、加筆、修正したものである。
　　山田肖子（2010）「日本の比較教育学における伝統と多様化：学会員アンケートと学会誌掲載論文の傾向分析から」『比較教育学研究』42号、140-158ページ。
2　本論の調査は、「発展途上国教育研究の再構築：地域研究と開発研究の複合的アプローチ」という研究プロジェクトの一環として行われた。アンケートの作成に当たっては、研究メンバー間で度重なる意見交換が行われた。また、アンケート実施に当たっては、学会理事会及び事務局のご理解、ご協力をたまわった。ここに示す分析は筆者自身によるもので、内容について一切の責任を負うが、ここにいたるプロセスでの関係各位のご支援に心から感謝の意を表する。
3　アンケートで用いた学部時代の専攻に関する選択項目は、教育学、文学、法学、経済学、政治学、工学、理学、その他である。
4　ただし、公・私立大学及び研究機関での専従研究者が回答者の中で最も多く、全体の67.8%を占める。また、入会年の古い回答者は、退職、転職を経た結果、「その他」の職業を選択していると想定され、現役時の実情を完全に把握できるわけではない。また、回答者の11.6%は学生である。
5　因子分析の結果をクロス集計するにあたり、抽出された各成分（I～V）の因子得点（負荷量）が高いほうから25%のサンプルを、各成分を代表するサンプルとした。本章で因子分析結果（表2-2①～⑥）と他の変数のクロス集計をしたものは、全て同じ手順に依っている。
6　因子分析によって抽出された各成分が、データ全体の傾向を説明している度合いを示す。例えば、表2-2①成分I「政策・制度」型は、アンケート回答者の研究で扱うテーマの傾向の18.42%を説明していると考える。

引用文献
市川昭午（1990）「比較教育再考――日本的特質改名のための比較研究のすすめ」『比較教育学研究』16号、5-18ページ。
石附実（1996）「戦後50年の教育研究と比較教育学」『比較教育学研究』23号、132-

133 ページ。

馬越徹(2007)『比較教育学──越境のレッスン』東信堂。

大塚豊(2005)「方法としてのフィールド──比較教育学の方法論検討の一視点」『比較教育学研究』31号、253-265ページ。

黒田則博(2007)「日本における国際教育協力研究の展開」『比較教育学研究』31号、3-14ページ。

北村友人(2005)「比較教育学と開発研究の関わり」『比較教育学研究』31号、241-252ページ。

斎藤泰雄(2008)「わが国の基礎教育援助タブー論の歴史的ルーツ」『国際教育協力論集』11巻2号、113-127ページ。

渋谷英章(2001)「地域教育研究の可能性──『地域教育事情』からの脱皮」『比較教育学研究』27号、16-28ページ。

竹熊尚夫(2001)「比較教育学と地域教育研究の課題」『比較教育学研究』27号、5-15ページ。

西野節男(2001)「『イスラーム文化圏』の教育研究」『比較教育学研究』27号、41-54ページ。

Otsuka, Yutaka (2009) "The Challenges of Fieldwork in Comparative Education Studies in Japan: A Methodological Consideration." *Educational Studies in Japan*, 4, pp. 37-51.

第3章　学会紀要に見る研究実践の傾向
——1975年〜2011年掲載論文マッピング

山田肖子

はじめに

　前章では、2009年11月に実施した学会員アンケートを元に、会員の属性や研究に関する認識を分析した。アンケート分析からは、研究者自身が、研究に対してどのような考え方をもっているか、自らをどういう分野に位置づけるか、といった自己認識が把握できる。他方、このような研究者の自己認識が研究実践にどのように反映されているかは、実際に発表された研究成果を見なければならない。また、研究者個人の研究活動のすべてが比較教育学の分野で発表されているとは言えず、多くの場合、研究者自身が「比較教育学会向き」と判断した内容や切り口で学会発表を行ったり、論文を投稿していると思われる。そこで、「比較教育学会的」なものの本質を知るため、本章では、比較教育学会誌に掲載された論文の傾向を、アンケート結果との比較で論じることとしたい。意識的、系統的に行われるかはともかく、学会誌は、特集や課題研究のテーマや執筆者の選定、投稿論文の審査において、研究の方向づけをする機能をもつ。そこで示される掲載の傾向（記述スタイル、内容、分析手法など）は、学会員の研究発表に有形・無形の影響を及ぼす。こうした学会誌掲載論文や年次大会等での口頭発表は、執筆要領などを除き、明示的な方向づけはほとんどなされないが、既存の発表のやり方を他の発表者が踏襲し、論文や口頭発表の形にすることで、実態を伴う伝統となっていくのであろう。

　本章は、学会誌発表論文を分析することにより、漠然と共有されている「伝統」の在りかを探ることを目指している。そうすることで、「比較教育学会向け」に切り取られている学会員の研究の側面を照らし出すとともに、そこに反映されていない裾野の広がりを認識でき、今後の展開を検討する一助に

もなると思うからである。

1．分析対象と手法

1　学会誌の変遷

　1975年の創刊以来、日本比較教育学会誌は、3度名称が変わっている。第一期は、1975年から1987年までで、雑誌は、その名の通り、『日本比較教育学会紀要』であった。創刊されたのは学会設立から11年目のことであり、その時点の学会員数は285名であった（平塚1975：1）。創刊号は、前年に開催された第10回大会における課題研究「比較教育学の研究方法上の諸課題」の発表を中心に編集されている。その後、1987年の13号まで課題研究を中心とする刊行方針は継続された。1976年に理事会承認された刊行規定によると、編集方針は「年次大会における課題研究・シンポジウム・個人研究に自由投稿を加え、編集委員会[1]の合議により掲載論文を決定する」とされ、大会での発表を基本としていた（望田2004：64）。また、この当時、大会における個人発表からの掲載は、部会司会者による推薦に基づいており、紙面の多くが課題研究やシンポジウム登壇者による寄稿に割かれていたことも併せて、完全なる自由投稿は制限されていた。課題研究やシンポジウムの原稿は総じて2〜5ページと短く、本数が多い。他方、一般研究論文は「個人研究」「共同研究」の2つのカテゴリーに分類され、ページ数は企画物の原稿より長く、本数は少ない傾向にある（図3－1参照）。

　さて、1988〜89年という短い期間、雑誌は『比較教育学』と名を変える。1988年14号の学会長の巻頭言によると、この号から、紀要は市販化されることとなり、それを期に名称も変更された。この時点で学会員は500名を越え、学会としての体制を整備するとともに、研究の質を高め、社会的責任を果たす必要性が訴えられている（小林1988：2）。また、14号以降、編集委員会が決定したテーマにより、原稿依頼をして特集を組む方式が導入され、それは現在まで継承されている（望田2004：65）[2]。尚、紀要のページ数は、創刊時の60ページ超から漸次増加しており、10号では100ページ超、15号で

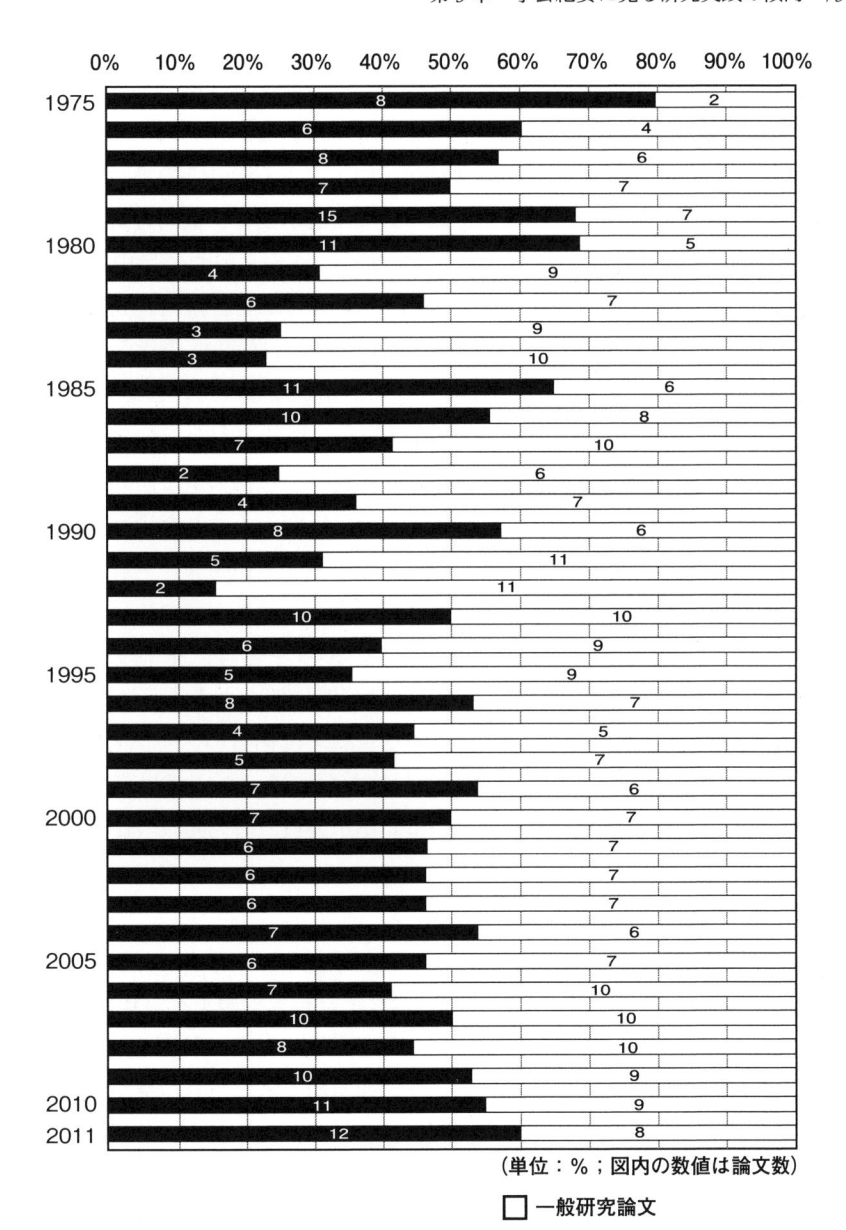

第 3 章　学会紀要に見る研究実践の傾向　73

図 3 − 1　紀要における企画物と一般研究論文の比率

（単位：％；図内の数値は論文数）

□ 一般研究論文
■ 特集・課題論文等

出所：筆者作成

は200ページになった。現在まで、A5判、200ページ前後の体裁は継続している。

　紀要が『比較教育学』と呼ばれた短い期間ののち、1990年に、名称は、現在の『比較教育学研究』に変更された。望田によると、この当時から、自由投稿論文を学会紀要で重視すべきだという議論が出て、推薦方式の見直しがなされた（望田2004：65-66）。そして、毎号、2～3編ずつ自由投稿論文が掲載されるという移行期を経て、1994年の20号から、自由研究論文はすべて投稿方式による審査に変わったのである。学会発足30周年かつ紀要刊行20周年のこの年は、学会の体制に大きな改革がなされたときでもあった。図3-1からは、90年代初頭に、一般研究論文の掲載率が全体の7～8割という高い水準になっていることが分かる。これは、投稿による研究の活発化を図ろうという努力が反映されたものと思われるが、こうした極端な一般研究論文中心の紀要構成は一過性のもので、その後、依頼論文と一般研究論文の割合も4～5割で安定するようになっている。

　学会誌の歴史のもう一つの段階として、2006年以降、年1号から2号発行に変わったことが指摘できる。これは、既に述べたように、学会員が1990年代以降、急激に増加したことから、論文投稿者のニーズに対して、年1号では不十分となったためである。したがって、2006年以降、年間に発行される論文数は増えており、そのことが学会員の研究発表の仕方や内容に影響を与えた可能性がある。

2　分析手法

　本章の分析に用いたのは、日本比較教育学会紀要の第1号（1975年刊行）から43号（2011年）に掲載された551本の著作である。特集、課題研究、シンポジウムなどの特定テーマに関する依頼原稿と大会発表に基づく推薦や自由投稿によって掲載された一般研究論文を対象としており、書評や他学会に参加した報告などは、執筆者の学問的な見解が表明されている著述ではなく、学会の研究動向を知るという本調査の目的には資さないと判断し、外している。論文は、①論文で取り上げているテーマ、②データ収集方法、③論文で取り上げている教育段階、④論文で用いている比較分析の単位、⑤論文

で取り上げている国の地域、⑥その国の経済レベル、⑦引用文献の数（日本語、英語、英語以外の外国語）について分類し、統計分析を行った[3]。一つの論文の中でも、複数の手法やテーマ、国などを取り上げている例が多い。そのため、⑦以外の分類項目は、すべて複数選択（各項目、最大3つまで分類可）になっている。尚、第2章の学会員アンケートとの連続性を高めるため、論文の分類に用いた選択肢は、アンケートにおけるそれと可能な限り同じにしてある。すなわち、第2章の表2-2①から表2-2④において、それぞれ左端の列に書かれている①研究テーマ、②データ収集方法、③研究で焦点を当てる教育段階、④研究で用いる分析単位の各項目は、本章で示す論文の分類でも同様に用いられている。

また、上述の通り、学会誌の歴史には、大きく分けて1975－87年（『日本比較教育学会紀要』）、1988－89年（『比較教育学』）、1990－1993年（『比較教育学研究』一般研究論文の推薦方式による掲載）、1994－2005年（『比較教育学研究』一般研究論文の自由投稿方式による掲載）、2006年以降（『比較教育学研究』年2回刊行）という編集方針の違う時期がある。ただし、こうした編集方針の変化が直ちに掲載論文の書きぶりやテーマに影響するわけではないことは、分析を試みる中で分かってきた。むしろ、長さの異なる期間を比較の単位とすることの不都合が生じたため、本章での分析は、編集方針による年代区分ではなく、10年を単位として比較を行うこととした[4]。

2．学会誌掲載論文に見る研究発表傾向の変遷

本章で分析対象としているのは依頼論文と一般研究論文であるが、特集や課題研究といった企画物の依頼論文は、紀要編集委員会及び学会執行部において、どのような事柄やテーマが学会の組織的な取り組みを必要とするものと認識されたかを反映していると言える。一方、一般研究論文は、執筆者の主体的判断で書くものであり、直接的に学会誌の編集方針の影響を受けてはいないと想定される。もちろん、一般研究論文であっても、学会の雰囲気を反映して、依頼原稿と近いパターンをたどるという可能性もある。そこで、特集・課題研究と一般研究論文の違いと類似性を明らかにするため、本節で

はまず、依頼論文と一般研究論文を分け、それぞれの傾向を年代別に分析することとする。

表3－1は、学会誌に掲載された依頼論文（特集、課題研究、シンポジウム）と一般研究論文における研究テーマ（上記で①〜④に示した分類項目の①）の分布を年代別に比較したものである[5]。同じ時期の依頼論文と一般研究論文を比較して、あるテーマを扱う割合が依頼論文の方が高ければ、正の数値、一般研究論文の方が高ければ負の数値になっており、依頼論文と一般研究論文の割合の間の差が5％以上ある研究テーマについては、正の場合（依頼論文の方が一般研究論文より割合が高い）は薄い灰色、負の場合（一般研究論文の方が依頼論文より割合が高い）は濃い灰色の斜線で網かけしてある。

表3－1　一般研究論文に対する依頼論文の研究テーマごとの割合

発行年代	1975〜1980	1981〜1990	1991〜2000	2001〜2011	全年代
カリキュラム	6.7	4.1	2.3	-4.7	0.2
教授法	-3.6	-0.8	0.0	-1.0	-0.9
教授・学習過程	0.2	3.0	-1.0	-1.3	0.3
教育行政（国などマクロレベル）	3.7	-0.4	-2.6	0.4	0.3
地方教育行政	-0.7	-3.2	-2.5	-1.8	-2.0
教育財政（国レベル、地方レベル含む）	-3.0	0.2	-0.5	2.6	0.5
政策	-3.0	-0.5	-6.2	7.6	0.4
政治	-3.7	0.5	-2.6	2.1	-0.9
労働市場	-5.3	1.1	-0.5	-2.9	-1.6
言語と教育	0.0	-2.3	-4.5	3.1	-0.9
社会変化	-16.6	3.2	4.3	-3.7	-2.9
文化と教育	-4.7	-1.2	-4.6	-1.8	-2.1
教育と宗教	2.6	0.2	-3.0	-4.4	-1.7
ジェンダー	0.0	-1.7	2.5	-2.0	-0.8
援助動向	-1.4	-0.2	1.0	4.6	1.5
研究アプローチ	7.6	-0.6	11.9	3.0	5.3
教員養成	9.1	-2.9	-1.0	-1.4	0.7
マイノリティ	1.6	0.4	-2.5	-0.9	-0.8
学問分野の動向	10.5	1.1	9.9	2.6	5.3

カイ二乗独立性検定　p=.000
出所：筆者作成

表 3-1 からは、総じて、「研究アプローチ」と「学問分野の動向」は依頼論文が多いことが分かる。これらは、一般の会員が、自らの研究テーマとして学問の在り方そのものに関心をもつことは多くなく、むしろ、学会が設立の節目や時代の変化に直面して、学問の在り方を問い直す作業を繰り返しているからであろう。一方、時期によってばらつきはあるものの、「社会変化」、「文化と教育」、「労働市場」といった研究テーマが他に比べて負の数値が高い傾向が見られる。これらの項目は、第 2 章で見出した「教育と社会型」の研究因子の構成要素であり（表 2-2 ①）、この型の研究が、特集等の依頼論文よりも一般論文のカテゴリーで比較的多く掲載されていることを示している。また、「地方教育行政」を扱った論文が一般研究論文に多く、ある国の地方に視点を置いた微視的な研究が好まれることが窺われる。特集・課題研究として掲載される依頼論文と一般研究論文は、数の上ではほぼ同じだが[7]、これら異なる種類の論文を一緒にして分析すると、特徴がぼけて実態がつかみにくくなるため、次節ではまず依頼論文（1）、次いで一般研究論文（2）を見ていくこととする。

1　特集・課題研究——「比較」の意味論議と研究潮流を映す鏡
①　創刊から 1980 年代
　学会誌を読み返すと、創刊時より、「比較教育学とは何であるか」につき、現状把握、将来展望、再考、回顧、などと銘打った特集が数多く組まれていることが分かる。その一方で、このような特集は、1975 年の創刊号で行われたあとは 90 年までなく、ほとんどが 90 年代以降に集中[8]している。こうした傾向は、表 3-1 からも読み取れる。「研究アプローチ」及び「学問分野の動向」は、1975 〜 80 年代と 1991 〜 2000 年代に多くなっている。1975 〜 80 年代を見ると、2 号以降、このカテゴリーに入っている論文はほとんどなく、この時期に「研究アプローチ」と「学問分野の動向」に分類された依頼論文が多い理由は、創刊号にある。
　1975 年の号は、創刊号にふさわしく、平塚益徳会長の回顧的序文に始まり、教育学、歴史学、教育社会学、文化人類学、哲学、地域研究等、異なるアプローチの研究者による比較教育学の研究方法や展望に関する議論が展開されてい

る[9]。興味深いことは、比較教育学の「方法論」に関する議論が、70年代に既に活発に行われ[10]、他の教育学で行われる比較研究とは異なる比較教育学としての方法論が模索されている。「複数の外国教育を方法的、体系的に比較することによって初めて比較教育学の研究となる」（新堀1975：18）という発想がそこにはあり、方法論に関する欧米の著作の分析が熱心に行われ、そこから日本なりの比較教育学の方法論を見出そうとしていたことが窺える。

　池田は、創刊号の特集の中で、「ひとは常になんらかの総合的見地に立つべく比較研究を行い、比較するだけにとどまっているのではない。…要するに比較操作は媒介過程にすぎない。」と述べ、哲学的、歴史的、社会的・世界展望的な諸視点が重なり合うことによる総合に比較教育の展望を求めている（1975：7）。こうした総合的な社会理解を重視する姿勢は、その後の比較教育学で常に存在していた、調査の対象たる社会に寄り添い、歴史的・社会的・政治的なコンテクストの深い理解に基づいて分析しようとする流れにつながるものであろう。

　しかし、「比較の方法論」や「比較から総合へ」の深化が謳われる一方で、この時期、多くの依頼論文は、特定テーマに関する各国事例紹介である。テーマは「研究体制（第2、3号）」、「教師教育（第2、3、4、5号）」、「道徳教育（第5、6、8号）」、「教育課程（第11、15号）」、「学力問題（12号）」など、その都度異なるものの、寄せられている論文は、「○○国の場合」「○○地域を中心に」「○○国における」といったタイトルが並ぶ。そして、そこで取り上げられる国も、フランス、英国、米国、西ドイツといったOECD諸国に、時折、ソ連が加わるといった感じであった。こうした各国紹介的な依頼論文の中に欧米以外を取り上げたものも稀に含まれているが、それらは、韓国、中国などの近隣国を除くと、「アジア地域」「中南米地域」といった広域にわたる概観的な内容であった（新井1977；弘中1978、1985；皆川1985；権藤1985）。1989年の「教育課程」に関する特集で、初めて「第三世界」という地域区分が用いられたことは特筆に値する（平田1989）。有志による「第三世界の教育研究会」が開催されるようになったのが1983年であるが、東アジア近隣国でも欧米でもない地域への関心が比較教育学会で徐々に認知されていく過程を見ることができる。

1970年代には、課題研究で教師教育が複数回、取り上げられている。また、1970～80年代を通して、道徳教育や学力といった、カリキュラムに関わる外国事例の報告も多く、これらの研究テーマにおいて、依頼論文が一般研究論文よりも高い割合を示している（表3-1）。依頼論文は編集委員会の研究動向への意識が反映される傾向があるが、国際的な到達度テストなどの影響もあり、カリキュラムや学校教育の内容への関心は、80年代の国際的な流行であったことを沖原・小澤が指摘している（1991：161）。学会という組織は、個々の研究者よりも国際的研究動向に敏感であるとも考えられる。

なお、表3-1の分類項目にはないが、この時期に多いテーマとして、「教育の国際交流」「国際理解教育」「留学生」がある[11]。一般の人々が日常的に外国人や外国と接する機会が増えだしたことで、教育の中で国際理解をどのように教えるか、いかに交流するか、留学生はどう思っているのか、といったことが研究課題になったのであろう。日本の大学にいる留学生へのアンケートや、諸外国の教育・行政機関などに対して、アンケートを配布するといった規模の大きい共同研究が行われた例も、一般研究論文を含めて少なくなく（阿部ほか1976；阿部ほか1977；小林ほか1978；新井ほか1979；中島ほか1980など）、研究手法においても、後年とは違った傾向が見られる。

② 1990年代

90年代に入り、比較教育を取り巻く状況は大きく変化した。その代表的なものは、冷戦構造の崩壊とグローバル化である。1970～80年代には、カリキュラムや教授・学習過程の諸課題について、外国事情を報告する内容が、依頼論文の中心を占めていたのに対し、90年代に入ると、突如として、比較教育学の学問論に関する依頼論文の数が多くなる。91年の課題研究「比較教育学研究の回顧と展望」において、沖原と小澤は、戦前からの比較教育学研究を欧米の研究動向との関連において整理し、比較教育学研究の将来を展望している。沖原・小澤は、75年の池田論文を引用しつつ、改めて、比較教育学においては、いたずらに他のディシプリンの既成の方法論を借用するより、「あくまで教育学に足を置いて総合化を試みようとする姿勢」が必要だと強調している（17号：164）。この課題研究では、海外での比較教育学

の歴史的展開をレビューした論文として、イギリス（鈴木慎一）、中国（大塚豊）、米国（アルトバック：馬越徹訳）も収蔵されている。これらは、それぞれの国での比較教育学を歴史的背景や他国での研究実践と対比し、その特徴を明らかにしようとしており、90年代を迎え、日本の比較教育学の在り方を国際的、歴史的なコンテクストの中で根本的に見つめ直そうという姿勢を感じさせる。

　93年には、「比較教育学を教える」という視点から、大学教員へのアンケート調査及び教材の事例報告からなる課題研究「比較教育学教育——その内容・方法を考える」が組まれている。さらに翌年94年には、特集「比較教育学研究の30年——その研究動向と今後の展望」と題し、「理論と方法（佐々木）」、「国際関係（江淵）」、「並置比較（木村・宮腰）」、「地域研究（金子－主に西洋；大塚－主に非西洋）」等、複数の切り口で既存研究の整理、傾向分析を行っている。なお、91年の課題研究に先立ち、90年には、一般研究論文としてであるが、市川昭午及び今井重孝が、学問の在り方及び方法論について論考を発表している。

　また、少し間が空くが、1999年には、ダメ押しのように特集「比較教育学の新展開——その可能性と展開」（25号）が組まれている[12]。特集を組んだ理由として、編集委員長の馬越は「日本比較教育学会は、このところ会員数こそ増加傾向にあるが、それに見合った成果を目に見える形で世に問うているとは必ずしも言えない」ため、「将来展望を拓く」必要があることを述べている。比較教育学が成果を出せない理由として、馬越は①ポストモダン状況に直面しつつ、「近代」を読み解いてきた理論（枠組み）に代わる方法論が見出せていない、②比較教育学会と関連学会の境界が今まで以上に曖昧になり、アイデンティティが揺らいでいる、③日本と世界の比較教育学研究の課題認識に隔たりがある、④大学改革（学部・学科の再編成）の中で、比較教育学研究の研究基盤（インフラ）が、弱体化しつつある、といった点を挙げている（25号：4）。

　70年代には、まだ教育学の派生領域として議論されていた感のある比較教育学の学問論も90年代には独自の分野としての実践者と訓練の場と実績とを備えた学問領域になってきている。学会員が500名を越え、学会として

確固たる規模を備えたという自負が、90年代初頭の紀要の市販化や一般研究論文の自由投稿化といった研究活動促進・普及のための改革につながったとともに、時代の変化に見合った学問の在り方を模索する一連の特集・課題研究になったのではないかと思われる。その一方で、拡大と変化は研究分野としての比較教育学を不安定化させる側面もあり、右肩上がりに会員数が増えていた1999年に、危機感をもって再度、「新展開」を目指す特集が組まれているのは象徴的でもある。

　これまでいなかったタイプの学会員が増えた90年代には、比較教育学が扱う研究領域についての議論の必要性が認識されるようになった。1996年の特集「女性・開発・教育〔比較教育学の課題を考える〕」（22号）は、こうした時代の流れに対応したものと思われる。表3−1で、「ジェンダー」や「援助動向」の項目において、数値がプラスに転じているのは、これらのテーマが特集で取り上げられつつも、一般研究論文にはその動きがまだ反映されていないことを示している。このほか、90年代特有の課題として、「社会主義」をテーマとした課題研究が、1992年と1996年に2度掲載されている[13]。

③　2000年代

　2000年代に入ると、特集・課題研究は多様化する。70〜80年代によく見られた「カリキュラム」や「教授・学習過程」といった、教育の内容に関する依頼論文は減少し、その代りに国家の教育行財政や政治、政策、援助動向といった、マクロレベルのテーマを取り上げることが多くなる。「義務教育をめぐる意思決定と費用負担」（2006年33号特集）、「義務教育制度の弾力化と質保証」（2010年41号特集）は、義務教育制度の弾力化や受益者負担、分権化など、世界的な教育改革の波をもたらしたネオリベラリズムに対する各国制度の対応を取り上げている。こうした、グローバルな潮流に対する各国制度・政策の対応を扱った特集は2000年代には多く、「ポスト・ネオリベラルの教育設計」（2009年39号特集）「国境を越える高等教育プログラム」（2011年43号）、「教育における公私協働」（2007年34号課題研究）、「公立学校改革の新動向——国際比較」（2002年28号特集）などもこの類であろう。

　同じくグローバル化の影響があると同時に、比較教育学者を取り巻く国内

状況の変化に直結していると思われるテーマとして、この時期急増しているのが高等教育関係の特集・課題研究である。従来から、比較教育学者の中に、高等教育を研究対象とするものは多いが、高等教育を扱った特集・課題研究は、1980年代以降なく[14]、90年代は、タイトル自体で教育段階を限定したものは少ないながら、初等・中等教育か教育制度全般を対象としていると思われるものが多かった。それが、2000年代に入って、高等教育に関する特集・課題研究は飛躍的に増えている。「法人化、民営化」という日本でまさに国立大学が直面した問題が2004年30号で特集されたほか、「高等教育におけるグローバル化と市場化」（2006年32号シンポジウム）、「高等教育ラーニングアウトカムの質保証」（2009年38号シンポジウム）、「国境を越える高等教育プログラム」（2011年43号特集）等、グローバル化が進む中で、高等教育が、国際的な消費財となり、国際競争力を獲得するために、日本の大学が直面した様々な課題が取り上げられている。

　こうした新しいテーマと並行して、「国際教育協力」、「開発」は、90年代に引き続き、何度か取り上げられた[15]。特集や課題研究として取り上げられるには、編集委員会がその課題の意義を認識し、適任者に執筆依頼をする必要がある。そうした人材のネットワークと課題としての認知度、そのテーマを取り上げる編集委員の存在が特集・課題研究の動向に影響するだろう。その意味で、学会員アンケートでは、ジェンダーなどとともに「アジェンダ型」研究にグループされる「開発研究」が（第2章参照）、他の国際アジェンダよりも頻繁に特集・課題研究で取り上げられているのは、開発研究を行う教育研究拠点があり、人材がネットワークされていること、これらの拠点が恒常的に新しい研究者を輩出していること、その結果、まとまった研究グループとして認知されやすいこと、などが影響しているのではないだろうか。対照的に、女子や性差に焦点を当てた論文は、一般研究論文としては掲載されているにも関わらず、「ジェンダー」が特集・課題研究で取り上げられることは90年代以降あまりない（数値がマイナス）。

　最後に、時代を越えて創刊時から行われてきた比較教育学の在り方の議論についても触れておこう。2001年27号の特集「地域教育研究のフロンティア」は、90年代に行われた学問論の特集（特に1999年のもの）を継承しつつ、地

域研究に焦点を当てている（江原：4）。比較教育学の展望の議論の先に地域研究があるという特集の組み方は、日本の比較教育学の中枢を担ってきた（少なくとも一部の）人々の学問観を象徴的に示していると考えることもできる。"比較教育学とは、まずつぶさに対象たる社会を見、一面的に切り取るのではなく、歴史や文化、政治、社会、世界的動向など、様々な視点を重ね合わせることによって社会を総合的に理解することだ"というメッセージは、一貫した流れとして、1975 年の創刊時からある。これは、「日本の教育改革や日本の教育課題を理解するために比較研究すべき」（市川 1990：7）といった考えや、反復可能な手法を用いて仮説を検証するために国を事例として取り上げる研究アプローチとはあまり馴染まない。異論があっても、いわゆる「地域研究」（この言葉自体が、日本の比較教育学特有の使われ方をしているが）が主流とされる土壌が、日本の比較教育学分野には脈々と存在しているのであろう。さて、2011 年 42 号では、再び「比較教育学とはどのような学問か」という特集が組まれている。この特集は、本書が刊行されるに至った経緯と切っても切り離せない、ここ数年の動きを反映している。この 2011 年の特集は、90 年代からの一連の比較教育学についての特集・課題研究とは、議論の担い手が変わっているが、それについては、序章で詳しく述べているので割愛する。

2　一般研究論文――学会紀要に選び取られた会員の研究

　さて、特集・課題研究は、編集委員会で重要と認識されたテーマについて、原稿を依頼するものであるが、これに対して一般研究論文は、個々の研究者や研究チームが、自らテーマを設定し、調査・分析を行った結果に基づいている。したがって、個々の論文は、学会の方針や意向を直接的に反映してはいない。もちろん、同じ学会で活動していて、周囲の影響を受けないはずはないし、とくに、自由投稿ではなく、推薦制で一般研究論文の掲載も決められていた創刊から 90 年代初頭までの時期は、指導教員や年次大会の部会のリーダーの裁量は大きかったのである。こうした選考方法の変遷も含め、学会員の研究がどのように取り上げられてきたかを知るため、本節では、一般研究論文に分類された 281 本に絞り込んで議論したい。前述の通り、論文

マッピングに用いた分類項目は、2章で論じた学会員アンケートで提示した選択肢と基本的に同じである。そこで、一般研究論文の傾向分析の結果は、アンケートで示された学会員の研究志向とも関連づけながら提示することとする。

第2章で述べたように、学会員に対するアンケートでは、研究テーマ、データ収集方法、論文で取り上げている教育段階、比較分析の単位について、選択肢を提示し、それぞれの選択肢について、使う頻度や思う度合いの高さによって5段階（5：よく使う～1：全く使わない、5：とてもそう思う～1：全く思わない）で評価してもらった。すなわち、表2-2①～⑥の左の行に列挙した項目に対して、各回答者は1～5の得点をつけている。それに対し、論文マッピングでは、分類者は、執筆者本人ではないので、使われている手法やアプローチ、テーマなどを特定することはできても、それがその論文の中でどの程度重要であるかを得点化することは難しい。そこで、論文の分類に際しては、重要度ではなく、当てはまると思われる項目を選ぶ（複数選択可）という形にした。

このように、項目は同じでも、分類方法が異なるアンケートと論文マッピングのデータを比較可能とするため、アンケート結果は、各選択肢の合計得点を出し、項目全体の合計得点を母数として、各選択肢が占める割合を算出した。たとえば、「研究テーマ」という項目に対しては、「政治」、「政策」、「社会変化」等、19の選択肢があるが、アンケートの5段階評価で、高得点を付けた回答者が多い選択肢は、得点合計が高くなり、「研究テーマ」に関する得点をすべて合計した母数に占める割合も高くなる。こうして算出された、選択肢ごとの割合ポイントは、論文が各項目に分類された回数と比較する際、期待値として設定した。つまり、表3-2であれば、論文マッピングでは、281本の論文を645回分類している（複数選択）。各選択肢に実際に分類された論文の数は観測値であり、これらが、アンケート結果から得られた割合（期待値）に近い分布をしていれば、学会誌に掲載されている論文の傾向は、学会員の志向性と近く、期待値との差が大きければ、学会誌は、学会員の志向性とは異なる傾向を持っていることになる。表3-3～3-6の一番下の列に「アンケートでの人気度との差」として示してある数値は、期待値と観測値の差

第3章　学会紀要に見る研究実践の傾向　85

表3-2　一般研究論文における研究テーマの動向

学問論・手法分析型	国際アジェンダ型	教師・教授法型	教育と社会型	政策・制度型	発行年代\分数	1975〜1980 度数	割合(%)	1981〜1990 度数	割合(%)	1991〜2000 度数	割合(%)	2001〜2011 度数	割合(%)	合計 度数	割合(%)	アンケートでの人気度との差
				政策・制度型	政治	3	5	11	6	13	7	3	1	30	5	-5.8
					政策	11	17	29	17	40	20	38	19	118	18	86.5
					社会変化	12	18	22	13	25	13	19	9	78	12	46.5
			教育と社会型		教育行政（国などマクロレベル）	5	8	14	8	19	10	25	12	63	10	19.7
					労働市場	4	6	6	3	5	3	8	4	23	4	-10.8
					教育財政（国レベル、地方レベル）	2	3	1	1	3	2	7	3	13	2	-21.0
					地方教育行政	1	2	7	4	5	3	16	8	29	4	-15.8
					マイノリティ	0	0	2	1	9	5	8	4	19	3	-17.3
					教育と宗教	2	3	5	3	10	5	10	5	27	4	-1.6
					言語と教育	0	0	4	2	11	6	7	3	22	3	-10.7
					言語と宗教	0	0	4	2	11	6	7	3	22	3	-10.7
					文化と教育	10	15	23	13	15	8	12	6	60	9	19.9
		教師・教授法型			教授法	4	6	4	2	4	2	3	1	15	2	-25.3
					教授・学習過程	2	3	4	2	4	2	11	5	21	3	-9.7
					カリキュラム	3	5	22	13	25	13	23	11	73	11	45.9
					教員養成	2	3	5	3	4	2	4	2	15	2	-19.4
	国際アジェンダ型				援助動向	2	3	2	1	4	2	2	1	10	2	-22.5
					ジェンダー	0	0	3	2	3	2	4	2	10	2	-22.5
学問論・手法分析型					学問分野の動向	0	0	6	3	0	0	3	1	9	1	-15.9
					研究アプローチ	3	5	3	0	0	0	2	1	10	2	-20.4
					合計	66	100	175	100	199	100	205	100	645	100	

カイ二乗独立性検定　p=.000

出所：筆者作成

で、観測値が期待値を上回る選択肢は、正の数値になっている。

① 研究テーマ

　創刊時から現在まで、4つに区切った期間のすべてを通じて、学会誌に掲載された論文が扱っている研究テーマの散らばりのパターンはおおむね一定しており、常に全体の2割前後を占めているのが「政策」で、次いで「社会変化」、「教育行政（国などマクロレベル）」、「カリキュラム」が多い。表3-2には、第2章で、アンケート結果を因子分析して得た5つの研究テーマの型（「政策・制度型」、「教育と社会型」、「教師・教授法型」、「国際アジェンダ型」、「学問論・手法分析型」）を構成する要素に準じて学会誌に掲載された論文の研究テーマを並べてある。全ての時期を通じて論文の掲載数が多い「政策」、「社会変化」、「教育行政」は、学会員の多くが関心を示した「政策・制度型」（因子の説明力を示す負荷量平方和が18.42）を構成する変数である。つまり、アンケートでも一般研究論文でもこれらの研究テーマは重要度が高く、多くの研究者・論文が関わっている。しかし、その一方で、同じく「政策・制度型」でも、アンケートでは強い因子得点が付いている「政治」がアンケート結果から期待される分布と比べると論文の数が少ない（アンケートでの人気度との差が−5.8）。表3-2からは、アンケートの期待値よりも実際の掲載論文が多い分野（アンケートでの人気度との差が正の数値）なのは、「政策」、「社会変化」、「教育行政」、「文化と教育」、「カリキュラム」の4つだけで、他はすべて、アンケートで学会員が示した興味の度合いと比べると、低い論文掲載傾向にあることが分かる。また、このように期待値より観測値が大きい分野は、学会員の興味との比較だけでなく、実際に掲載された論文の数と割合において、他の分野を大きく超えている。つまり、学会誌創刊当初から、これらの分野は常に一般研究論文で多く取り上げられているため、研究者もこの分野の研究を行う傾向は強いのだが、そうした掲載パターンに連動した学会員の志向性の偏りを勘案してもなお、これらの分野が学会誌の一般研究論文で取り上げられる度合いが高いのである。ただし、このように一貫して論文掲載数が多い分野でも、「文化と教育」型の一般研究論文の割合は漸減傾向にあり、分野のばらつきが広がりつつあるとも考えられる。

② 研究対象国

次に、一般研究論文で取り上げている国の経済レベルと地域について見て行くこととする。表3-3は、一般研究論文が対象としている地域の変遷を示したものである。全年代を通じて、「東アジア・パシフィック」と「北アメリカ・西欧」が、それぞれ全体の44%、43%を占めており、時代によって増減はあっても圧倒的にこの地域の論文が多い[17]。また、学会員へのアンケートと比べると、学会紀要に掲載される論文には強い地域の偏りがある。表3-3の一番下の列にある「アンケートでの人気度の差」をみると、学会員が自己申告した関心地域の分布に比べて、「東アジア・パシフィック（23.7）」と「北アメリカ・西欧（17.9）」に関する論文が突出して多いことが分かる。それ以外の地域は、すべて学会員の関心に比して掲載数が少ない。人気度と掲載の差がとくに大きいのは、サブサハラ・アフリカ（-15.6）、中・東部ヨーロッパ（-10.3）である。

依頼論文と一般研究論文の間には、対象地域に関して大きな差はみられない（表3-3「特集・課題論文との差」）。ただ、中・東部ヨーロッパで、両者の差が-14.7と、他の地域と比べると大きくなっているのは、社会主義、民族、

表3-3　一般研究論文における研究対象地域の傾向

発行年		アラブ諸国	中・東部ヨーロッパ	南・西アジア	中央アジア	東アジア・パシフィック	北アメリカ・西欧	ラテンアメリカ・カリビアン	サブサハラ・アフリカ	合計
1975-1980	度数	1	1	2	0	23	19	0	1	47
	残差*	0.6	0.5	0.2	-0.4	2.5	-1.4	-1.4	-0.6	
1981-1990	度数	0	1	3	0	45	59	3	1	112
	残差	-0.9	-0.2	-1.3	-0.9	-3.9	10.4	-0.4	-2.7	
1991-2000	度数	1	1	3	1	51	38	0	1	96
	残差	0.2	-0.1	-0.7	0.2	9.1	-3.6	-2.9	-2.2	
2001-2011	度数	1	1	6	2	39	41	8	9	107
	残差	0.1	-0.2	1.9	1.1	-7.7	-5.4	4.7	5.5	
合計	度数	3	4	14	3	158	157	11	12	362
特集・課題論文との差		-0.3	-14.7	5.2	0.8	-2.6	6.3	0.0	5.4	0.0
アンケートでの人気度との差		-5.6	-10.3	-3.1	-5.6	23.7	17.9	-1.4	-15.6	0.0

* 残差=期待値と観測値の差
（カイ二乗独立性検定　p=.02）
出所：筆者作成

言語等の絡みで、特集で取り上げられることが多いのに比して、一般研究論文を発表する者が少ないことを示している。

　最後に、研究対象の地域が時代ごとにどのように変遷してきたかをみてみよう。表3-3で「残差」として示した数値は、すべての年代の合計を基準として期待値を設定し、その期待値に対して対象地域の年代ごとの分布がどのように異なるかを検証したものである。これにより、全体の傾向に対して、ある時期に突出して掲載割合が高かった／低かった地域が分かる。この残差をみると、1981〜90年には、北アメリカ・西欧に関する一般研究論文が他を圧倒している。もともと他地域より掲載数が多いにも関わらず、この時期には、さらに期待値を大きく上回っている。しかし、90年代に入ると、東アジア・パシフィック地域の論文が期待値を上回る。これは、90年代前半に自由投稿制に移行するのと期を一にして、マレーシア、タイ、シンガポール、インドネシアといった東南アジアの国々に関する論文がほぼ毎回掲載されるようになった状況を反映している。掲載論文のタイトルだけ追っても、この時期の論文の対象地域の変化はみてとれる。これに呼応して、北アメリカ・西欧の残差はマイナスに転じる。残差がマイナスだからといって、論文数が少ないわけではないが、主に「東アジア・パシフィック」の成長に押されて比率が減ったということであろう。2000年代に入ると、一般研究論文が対象とする地域は多様化してくる。それまでマイナスだった「サブサハラ・アフリカ」、「ラテンアメリカ・カリビアン」、「南・西アジア」の残差がプラスに転じ、その分、「東アジア・パシフィック」、「北アメリカ・西欧」はマイナスになっている。

　表3-4は、論文で取り上げている国々の経済レベルについて、対象地域（表3-3）と同様の比較を試みたものである。論文数からいうと、OECD加盟高所得国が全体の68%を占めている。その次に多いのが「低中所得国」の19%である。表3-4での傾向と併せると、OECD加盟高所得国が「北アメリカ・西欧」地域とほぼ重なる傾向を示している（80年代までは多いが、その後マイナスに転じる）他、低中所得国の残差がプラスに転じた1990年代は、「東アジア・パシフィック」（とくに東南アジア）地域の論文が急増した時期に重なる。2000年代に入って、低所得国の残差が大きくプラスに転じたのと

表3－4　一般研究論文における研究対象国の経済レベルの傾向

発行年		低所得国	低中所得国	高中所得国	高所得国-OECD加盟国	高所得国-非OECD加盟国	合計
1975-1980	度数	0	6	3	30	1	40
	残差	-2.3	-1.6	0.6	2.9	0.3	
1981-1990	度数	1	14	6	90	1	112
	残差	-5.3	-7.2	-0.6	14.1	-0.9	
1991-2000	度数	3	25	5	62	1	96
	残差	-2.4	6.8	-0.7	-3.1	-0.6	
2001-2011	度数	16	22	7	58	3	106
	残差	10.0	1.9	0.7	-13.9	1.2	
合計	度数	20	67	21	240	6	354
特集・課題論文との差		8.9	33.8	-15.5	-25.5	-1.7	0.0
アンケートでの人気度との差		-39.3	-2.6	-10.8	64.7	-2.6	0.0

（カイ二乗独立性検定　p=.02）
出所：筆者作成

呼応して、OECD加盟高所得国が大きく後退している。もともとは皆無に近かった低所得国に関する論文が、2000年代だけで16件と、1975年以来掲載された、このカテゴリーの論文総数の80%を占めている。従来、比較教育学者が研究対象国を選ぶに当たって、欧米諸国から学ぶという「教育移転」的な目的のもの以外は、経済レベルの高低は重要な判断要因ではなかっただろう。しかし、2000年代に入って、低所得国であることが論文の内容や書きぶりに影響するようになってくる。これは、2章で抽出した「国際アジェンダ型」の研究者、とくに開発研究者が増加してきたことを反映しているといえよう。また、国の経済レベルは、一般研究論文と特集・課題論文の目的や性格の違いも反映している。一般研究論文では、アジアやアフリカ、中南米の所得レベルの低い国を扱ったものが特集・課題論文を凌駕している。一方、特集・課題論文は、高中所得国（-15.5）、OECD加盟高所得国（-25.5）、OECD非加盟高所得国（-1.7）と、経済レベルの高い国を多く取り上げる傾向がある。このことは、何かのテーマに関して、事例を比較することの多い特集では、教育改革など類似の状況が発生していたり、日本が直面している課題について経験が蓄積されている国などが取り上げられる傾向があることを示している。また、特集・課題研究では、国を設定しないで理論や学説などを概観するような場合も少なくないが、理論の背景に欧米の教育事情や研

究がある場合なども欧米諸国に関する研究と分類されており、そのことが特集・課題研究における高所得国の度数を上げている要因であろう。

さて、残差をみると大きく変化したようにみえる論文の対象国の傾向も、アンケートの人気度と比較すると、学会員の志向性とは隔たりがあることがみて取れる。OECD加盟高所得国以外は、アンケートの人気度に比して、紀要で取り上げられた論文数は少ない。とくに低所得国、高中所得国など、紀要で取り上げられる一般研究論文の数では全体の5～6%程度でしかない地域が、学会員の人気度では、全体の17%と9%になっている。とくに低所得国に関心がある学会員には、若手研究者や学生が多く、関心層の増加に対して、学会誌が従来通りの掲載傾向であり続けるなら、会員の関心とのギャップが広がらないとも限らない。

③ 教育段階

論文で扱っている教育段階は、基礎教育（初等及び前期中等）が最も多く（40%）、次いで後期中等教育（23%）、高等教育（18%）となっている（表3-5）。すなわち、80%以上の論文は、初等以降のフォーマル教育を対象としており、制度外教育や就学年齢に満たない、あるいは越えた人々の教育はめったに取り上げられない。表3-5の上に示した3つの型（基礎教育型、制度外教育型、中・高等教育型）は、第2章の表2-2③に示した因子分析から抽出したものである。学会誌では、基礎教育型と中・高等教育型が中心で、制度外教育型は、アンケートでの人気度に比して、学会誌にはほとんど反映されていないことが分かる。

ほとんどの論文がフォーマル教育を扱っているが、その中でも時代の傾向を読み取ることはできる。高等教育への関心は、1975～80年の38%をピークに、年々割合が減少しており、2001-2011年には、11%にすぎない。2000年代には、前述のように、高等教育に関する特集・課題研究は非常に多いのであるが、一般研究論文にはその影響はあまり出ていないようである。ただし、内容面では、専門職大学院、教員養成、ポリテクニックなどの制度、カリキュラムを分析したオーソドックスなものに加え、高等教育の質保証（梅宮2008）や競争的資金配分（井手2007）といった、特集で扱っているテーマに

表3-5　一般研究論文で取り上げている教育段階の傾向

発行年		基礎教育型			制度外教育型			中・高等教育型			合計
		基礎教育(初等+前期中等)	ノンフォーマル教育、社会教育	インフォーマル教育、家庭教育	生涯教育	徒弟制度、学校外職業教育	就学前教育	職業技術教育(教育制度内)	高等教育(大学、ポリテク、ポストセカンダリー)	後期中等	教育システム全体	
1975-1980	論文数	9	0	1	1	0	0	0	14	11	1	37
	割合(%)	24%	0%	3%	3%	0%	0%	0%	38%	30%	3%	100%
1981-1990	論文数	36	5	2	0	0	3	1	14	36	11	108
	割合(%)	33%	5%	2%	0%	0%	3%	1%	13%	33%	10%	100%
1991-2000	論文数	39	6	1	2	1	2	3	24	11	12	101
	割合(%)	39%	6%	1%	2%	1%	2%	3%	24%	11%	12%	100%
2001-2011	論文数	63	3	4	1	0	1	2	14	27	7	122
	割合(%)	52%	2%	3%	1%	0%	1%	2%	11%	22%	6%	100%
合計	論文数	148	14	8	4	1	6	6	67	86	31	371
	割合(%)	40%	4%	2%	1%	0%	2%	2%	18%	23%	8%	100%
アンケートでの人気度との差		34.1	-12.4	-16.3	-21.1	-21.8	-17.7	-20.1	31.8	49.8	-6.3	

(カイ二乗独立性検定　p=.000)
出所：筆者作成

関連のあるものも出てきている。後期中等教育は、ある程度の年齢に達して自らの意見や経験が形成された生徒に聞き取りをする必要がある場合や、カリキュラム、制度や文化、階層、人格の形成に及ぼす影響をみる場合などに多く取り上げられる教育段階のようである。なお、基礎教育（初等＋前期中等）を取り上げた論文は、もともと多かったが、2000年代に急増し、半数以上(52%)を占めるに至っている。この教育段階に焦点を当てた論文では、学校運営への地域参加（星井2009、Kobayashi 2009、正楽2008）、教育の質の向上（Nakamuro 2010）、不就学・退学（展2009）など、EFA（Education for All）開発目標のような「国際アジェンダ」に関係するものが、従来からあるカリキュラムや制度の研究、宗教や文化、社会変化と学校の関わりなどに関する研究に新たに加わっている。

④　分析単位

分析単位に関しては、単一の国を扱ったものが最も多く（31%）、次いで、学校・教育機関（21%）、国の中の地域（16%）である。創刊から現在まで、分析単位間の比率に大きな変化はなく、この傾向は一貫している（表3-6）。

なお、アンケートでの人気は、必ずしもこの3つの単位に集中しているわけではないため、「個人（子ども以外）」、「教室」、「地域社会」、「地域（国際）比較」、「世界全体」で、アンケートから得た期待値よりかなり低い掲載水準になっている。研究者本人の関心がそのまま論文に反映されるわけではなく、また、論文の分類は第三者が行っているため、執筆者の意図の細かいニュアンスまでは組み取れない可能性はあるが、分析単位においても、他の項目と同じように、紀要掲載論文は、学会員の多様な関心を必ずしも網羅してはいないと言える。

⑤ 引用文献の言語

最後に、引用文献について触れておこう。比較教育学の多くが、海外の教育制度や教育実践について研究している以上、研究活動において、外国語を用いることはほぼ前提といってよいだろう。むしろ、調査対象国の言語を学ぶことは、その社会を知るための極めて重要な要素だという認識は日本の比較教育学会では広く共有されている（本書第Ⅳ部）。また、英語などの国際言語で書かれた国際機関や政府の報告書や統計資料に頼らず、現地語を用い、現地に身を置いてじっくり取り組まなければ手に入らない資料や、自らが

表3-6 一般研究論文で用いている分析単位の傾向

発行年		個人(子ども)	個人(家族、親、教員、研究者)	教室	学校・教育機関	地域社会	国の中の地域	単一の国	複数の国の比較	地域(国際)比較	世界全体	合計
1975-1980	論文数	7	2	0	10	2	3	15	8	3	4	54
	割合(%)	13%	4%	0%	19%	4%	6%	28%	15%	6%	7%	100%
1981-1990	論文数	6	13	0	22	7	12	45	13	1	1	120
	割合(%)	5%	11%	0%	18%	6%	10%	38%	11%	1%	1%	100%
1991-2000	論文数	10	5	1	34	3	27	43	8	4	2	137
	割合(%)	7%	4%	1%	25%	2%	20%	31%	6%	3%	1%	100%
2001-2011	論文数	10	11	1	29	8	29	38	13	2	0	14
	割合(%)	7%	8%	1%	21%	6%	21%	27%	9%	1%	0%	100%
合計	論文数	33	31	2	95	20	71	141	42	10	7	452
	割合(%)	7%	7%	0%	21%	4%	16%	31%	9%	2%	2%	100%
アンケートでの人気度との差		-4.2	-44.9	-35.5	43.6	-22.8	26.2	89.5	-0.2	-28.7	-23.0	

（カイ二乗独立性検定　p=.000）
出所：筆者作成

フィールドワークを行うことで得られる知識や理解を重視する傾向が見られる。そこで、そのような伝統が学会誌に採用された論文の研究実践に反映されているかを検証するために、論文で引用された文献の日本語－外国語比率及び、外国語に占める非英語文献の割合を調べた。

図３－２が示すように、全時代を通じて、引用文献数の75％以上が外国語文献である論文が半数を越えている。この比率は、依頼論文も含めた掲載論文全体でみると少し低くなる。それは、依頼論文では、新たに独自の調査をするというより、著者自身の過去の論文や、日本の他の研究者の論文に言及することで、既存の研究を整理し、与えられたテーマに関する意見を表明するタイプのものが多いからである。しかし、一般研究論文に限定すると、外国語の文献を多く用いることは、日本の比較教育学では、学会誌創刊当初から一般的であることが分かる。

外国語文献の中でも、とくに非英語の文献を用いる割合を示したのが図３－３である。1975-80年は、非英語文献が、外国語文献数の4分の3以上を占めたケースは12％に過ぎなかったが、非英語文献の割合は年を追うごとに増加し、2001-2011年では、掲載論文の43％において、外国語引用文献

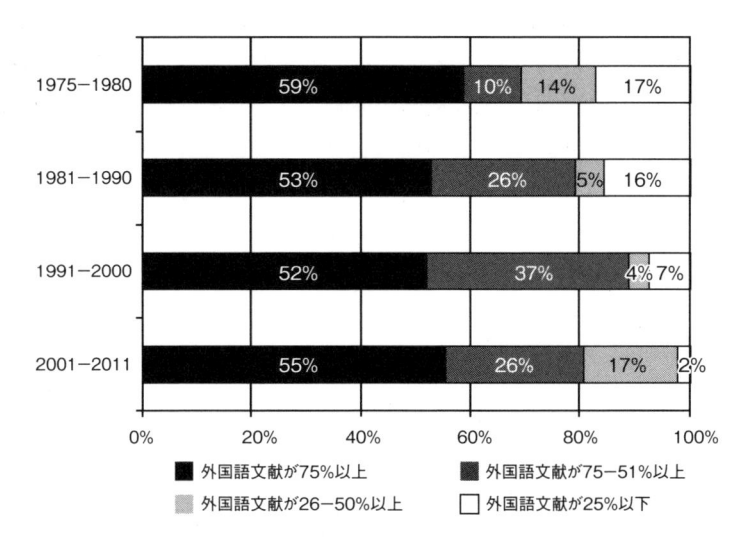

期間	外国語文献が75％以上	外国語文献が75-51％以上	外国語文献が26-50％以上	外国語文献が25％以下
1975-1980	59%	10%	14%	17%
1981-1990	53%	26%	5%	16%
1991-2000	52%	37%	4%	7%
2001-2011	55%	26%	17%	2%

図３－２　一般研究論文における全引用文献に占める外国語文献の割合
出所:筆者作成

```
                              1975-1980  │ 12% │0%│        88%
                              1981-1990  │  28%  │4%│4%│     67%
                              1991-2000  │   36%   │3%│4%│    58%
                              2001-2011  │    43%    │4%│6%│   47%
```

☐ 外国語文献に占める非英語の割合が75%以上　　■ 外国語文献に占める非英語の割合が75-51%
■ 外国語文献に占める非英語の割合が26-50%以上　■ 外国語文献に占める非英語の割合が0-25%

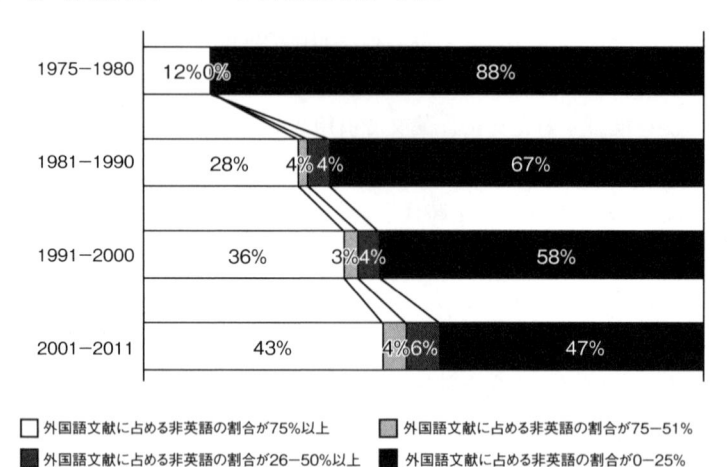

図3-3　引用されている外国語文献に占める英語以外の言語の割合
出所：筆者作成

の75%以上が非英語であった。このことから、調査地の多様化に伴い、使用言語も多様化しているといえる。ただし、仏語圏アフリカのフランス語、ラテンアメリカのスペイン語など旧宗主国の言語や、アラビア語のような広域語も非英語として分類されている。言語の多様化＝現地語での調査とはいえないことには注意が必要である。また、近年増加している「国際アジェンダ型」の研究では、政府や国際機関が英語・フランス語などの国際語で出している文献に頼る傾向が強いといわれるが、そのような傾向が必ずしもすべての「国際アジェンダ型」論文に当てはまるわけではなく、また、そもそもこの型の論文掲載数は、全体の傾向に影響を与えるほど多くはないとも言える。

おわりに

本章では、創刊時から学会誌に掲載された論文551本を、特集や課題研究における依頼原稿と一般研究論文に分け、その傾向を分析した。特集や課題研究では、とくに90年代以降、比較教育学の在り方についての議論が活発に行われたが、それは、学会員の増加に伴って、学会としての体勢を整

え、研究の方向性を見極めようとする学会中枢の前向きな意欲の表れであるとともに、様々な研究志向をもった会員が増えることによる拡散への危機感もあったであろう。特集・課題研究は、時代の流行を映す鏡でもある。1970〜80年代には、カリキュラムや教授－学習過程や教育制度に関する欧米事例紹介が多かった。同時に留学生や帰国子女といった国際化に伴う課題も表出していることが分かる。90年代に入ると、グローバル化と冷戦構造の崩壊によるテーマの変化がみられた。旧ソ連、社会主義といった特集とともに、開発、ジェンダーといった新しいキーワードが登場するのはこの時期である。さらに、2000年代は、テーマの多様化が一層明確になった。以前のような教師や教授・学習過程に焦点を当てた特集・課題研究は減り、国家の教育行財政や政治、政策、援助動向といった、マクロレベルのテーマが多くなった。グローバル化と国内の改革を受け、内外からの変化にさらされる高等教育を取り上げた特集・課題研究が急増したのもこの時期の特徴であろう。

　さて、このように、特集は時代の変遷を経てきているが、一般研究論文は、主流において大きな変化がないように思われる。研究テーマについては、創刊時より、「制度・政策型」と「教育と社会型」のテーマが、他を凌駕しており、アンケートでの学会員の志向性と比較すると、大きく偏りがある。地域に関しては、東アジア・パシフィックと北米・西欧が比率としては減少傾向にあるものの、掲載論文数では、2000年代においても8割を占めており、アンケートで学会員が関心を示した地域のばらつきと比較すると、これらの地域の論文が取り上げられる傾向が強いことは否定できない。高所得OECD諸国を扱っている論文が多いことも、他地域との格差は狭まりつつあるものの、アンケートでの人気度と比較すると、学会員全体の関心を代表しているとは言いがたい状況である。単一の国を取り上げて、その中で地域や学校を事例とする書きぶりは、比較教育学会の35年の歴史を通じてほぼ変化のない一貫した傾向である。

　このように、学会員の属性や関心がこの10～15年で大きく変化・多様化したのに対して、学会誌の一般研究論文の変化のペースはゆっくりとしており、学会員の関心と学会誌掲載傾向との差は広がっているといわざるを得ないかもしれない。しかし、そうした中でも、今まで掲載されることがほとん

どなかった地域や経済レベルの国や研究テーマを扱う論文も微量ながら掲載されるようになってきている。また、英語だけでなく様々な言語の文献を引用して書かれた論文が年を追って増えていることも、比較教育学研究の本質が深まっていることを示しているといえるだろう。2000年代に学会誌掲載論文の傾向は少しずつ変わってきている。学会誌編集委員会のメンバー構成にも研究手法や地域などのばらつきが出ないように配慮されていると思われる。学会誌が今まで掲載されてこなかったタイプの論文を柔軟に前向きに評価することで、学会員の研究活動も活発かつ創造的になっていくのであろう。

　尚、バブル経済崩壊後も経済大国として世界に存在を示してきた日本も、2000年代半ば以降、ODA拠出額は減少傾向にあり、さらに東日本大震災などを経て、比較教育学を含めた人文・社会科学への研究需要が変化していく可能性がある。途上国も含めた多様な国々に積極的に関心を持って研究する時代から、グローバル化によって必然的に巻き込まれる事象に対応するためのモデル探し、すなわち教育借用型の研究が再び注目される時代になることも考えられる。

注
1　編集委員会の構成は10名以内（再任可）で、任期は2年とされた。
2　14号以降、特集が組まれていない数少ない号でも、課題研究論文集は掲載されており、ほとんどの号で、何らかの形で編集委員会が必要と判断したテーマでの依頼原稿が集められてきたと言える。
3　紀要掲載論文の分類に当たっては、2009年に、名古屋大学の大学院生（当時）の荻巣崇世氏、古川範英氏、劉靖氏（以上、国際開発研究科）、呉屋淳子氏（教育発達科学研究科）と植村広美氏（現・県立広島大学准教授、当時・日本学術振興会特別研究員）の多大なご尽力をいただいた（1990年から2008年分）。分類に際して、複数の調査者がいる場合には、分類基準にばらつきが出ることが考えられる。そのため、当初、7〜10日に一度会合を行い、分類基準のすり合わせを行った。しかし、分類に関わった学生の多くが卒業するなど、分類基準の理解を共有したチームを維持することが困難となったことから、2011年に分類作業を再開した際には、当初の分類基準に照らし、著者1名で作業を行った。
4　1975－1980年は、設立初期の特色がかなり明確に出るため、10年には満たないが、第一期として独立させた。第二期は1981－1990年、第三期は1990－2000年、第四期は2001－2011年である。

5 依頼論文をAグループ、一般研究論文をBグループとすると、AグループとBグループは、論文数も観測数も異なるため、A、Bのそれぞれについて、年代ごとの観測数を母数として、各研究テーマが占める割合を算出した。更に、異なるグループ間の研究テーマの分布の違いを知るため、各項目のグループ間の値の差（AマイナスB）を計算した。但し、ここで注意が必要なのは、表3-1は、相対的な割合を示すものの、各テーマが論文で扱われる絶対的頻度は表していないことである。
7 依頼論文261本、一般研究論文281本、その他（文献目録など）9本。
8 それぞれの特集・課題研究論文のタイトルは下記の通りである。
17号（1991）「比較教育学研究の回顧と展望」；19号（1993）「比較教育学教育：その内容・方法を考える」；20号（1994）「比較教育学研究の30年：その研究動向と今後の展望」；22号（1996）「女性・開発・教育（比較教育学の課題を考える）」；25号（1999）「比較教育学の新展開：その可能性と展望」；26号（2000）「比較教育学研究における国際教育協力の位置の検討」；27号（2001）「地域教育研究のフロンティア」；42号（2011）「比較教育学とはどのような学問か」
9 第一号の『特集：日本の比較教育学の現状と展望』及び「課題研究：日本の比較教育学の研究方法上の諸問題」には下記の著者による論文が収蔵されている。
　　・特集－平塚益徳、池田進
　　・課題研究－小林哲也（序論）、江藤恭二（歴史的アプローチ）、新堀通也（教育社会学的アプローチ）、綾部恒雄（文化人類学的アプローチ）、田浦武雄（哲学的アプローチ、天野正治（地域研究－ドイツの場合）、権藤與志夫（東南アジア・東アジアにおける国際理解の教育に関する比較研究）
10 小林は、創刊号の中で、75年以前にも方法論についての著作が少なくなかったことを以下のように指摘している。「松崎巖、石川昌子編『比較教育学文献目録』によれば、1945-1965の20年間に25点の比較教育学関係の著書・論文がわが国の研究者によって公刊されているが、そのうちで方法論についての論文が13点、方法論を含む著書が4点の多きにのぼっている（小林1975：10）。」
11 「国際理解教育に関する総合的比較研究」（1978年4号課題研究）、「教育の国際交流の改善に関する研究」（1982年8号課題研究）、「教育の国際交流の改善に関する研究」（1983年9号課題研究）、「教育の国際交流及び援助に関する総合的比較研究」（1984年10号課題研究）など。
12 25号（1999）特集「比較教育学の新展開――その可能性と展望」には下記の論文が所収されている。
馬越徹「特集の趣旨」；今井重孝「比較教育学のニューフロンティア」；石附実「教育学研究における比較・国際教育学の役割」；鈴木慎一「比較教育学会の課題と方向：国家学を越えて－国際会議の経験から」；二宮晧「比較教育学の研究基盤

（インフラ）の現状と課題」；村田翼夫・渋谷恵「比較教育学と地域研究(1)－東南アジア地域研究の立場から」；笹森健「比較教育学と地域研究(2)－オセアニア地域研究の立場から」

13　18 号(1992)「社会主義の現状と教育の将来――ソ連を中心として」；22 号(1996)「社会主義教育を再考する」

14　80 年代には以下の課題研究がある。「1980 年代半ばからの高等教育」(1985 年 11 号シンポジウム)、「高等教育の構造改革」(1986 年 12 号課題研究)、「大学入学者の多様化とその構造変容」(1987 年 13 号課題研究)

15　「国際教育協力の現状と課題」(2005 年 31 号特集)、「国際教育協力における日本型教育実践の応用可能性」(2008 年 36 号課題研究)

17　但し、東アジア・パシフィックには、東南アジアも含まれており、古くからある、中国、韓国などの近隣諸国の研究と、80 年代後半ぐらいから増えてきた東南アジア研究の両方の傾向が反映されていることに注意が必要である。

引用文献

阿部洋・村田翼夫・山田達雄・堀和郎(1976)「日本におけるアジア人留学生」『日本比較教育学会紀要』2 号、31-45 ページ。

阿部洋・馬越徹・稲葉継雄(1977)「日本留学帰国者の社会的位置――韓国の場合」『日本比較教育学会紀要』3 号、53-62 ページ。

新井郁男(1977)「アジア地域における国際的教育研究体制」(「課題研究：各国の教育研究体制に関する比較研究」収蔵)『日本比較教育学会紀要』3 号、12-15 ページ。

新井郁男・村田翼夫・ウイチャイ　ピアヌコチョ(1979)「大国大学生の意識と就職状況」『日本比較教育学会紀要』5 号、56-69 ページ。

アルトバック、P.G.(1991)「比較教育学の動向：アメリカの場合」『比較教育学研究』17 号、167-181 ページ。

池田進(1975)「比較教育学から総合教育学へ―比較教育学へのひとつの助言」『日本比較教育学会紀要』1 号、7-9 ページ。

市川昭午(1990)「比較教育再考：日本的特質解明のための比較研究のすすめ」『比較教育学研究』16 号、5-18 ページ。

井手弘人(2007)「韓国高等教育における競争的資金配分事業と地方国立大学：統合・再編事業への国家『介入』過程とその意味」『比較教育学研究』35 号、107-127 ページ。

今井重孝(1990)「比較教育学方法論に関する一考察：「一般化」志向と「差異化」志向を軸として」『比較教育学研究』16 号、19-30 ページ。

馬越徹(1999)「特集の趣旨」(特集：『比較教育学の新展開――その可能性と展望』)「比較教育学研究』25 号、4 ページ。

梅宮直樹(2008)「東南アジアにおける高等教育の質の保証への地域的な取り組み：その特徴と原動力」『比較教育学研究』37号、91-111ページ。
江原武一(2001)「特集の趣旨」(特集：「地域教育研究のフロンティア」)『比較教育学研究』27号、4ページ。
江淵一公(1994)「教育の国際関係」『比較教育学研究』20号、15-24ページ。
大塚豊(1991)「中国における比較教育学の回顧と展望」『比較教育学研究』17号、196-207ページ。
―――(1994)「教育の地域研究(主に非西洋)」『比較教育学研究』20号、41-48ページ。
沖原豊・小澤周三(1991)「比較教育学研究の回顧と展望」『比較教育学研究』17号155-166ページ。
金子忠史(1994)「教育の地域研究(主に西洋)」『比較教育学研究』20号、35-40ページ。
木村力雄・宮腰英一(1991)「教育の並置比較」『比較教育学研究』20号、25-34ページ。
小林哲也(1975)「日本の比較教育学の研究方法上の諸問題――序論」『日本比較教育学会紀要』1号、10-12ページ。
―――(1988)「巻頭言『比較教育学』14号刊行にあたって」『比較教育学』14号、ii-iiiページ。
小林哲也・関口礼子・小島勝・太田晴雄(1978)「在外・帰国子女の適応に関する調査」『日本比較教育学会紀要』4号、41-51ページ。
権藤與志夫(1985)「東南アジア地域を中心に」(課題研究「国際化と教育」収蔵)『日本比較教育学会紀要』11号、24-26ページ。
佐々木毅(1994)「比較教育学の理論と方法」『比較教育学研究』20号、7-14ページ。
正楽藍(2008)「カンボジアにおける学校教育へのコミュニティ参加：コンポンチナン州の小学校における保護者の参加を中心として」『比較教育学研究』36号、3-24ページ。
鈴木慎一(1991)「イギリス比較教育の回顧と展望」『比較教育学研究』17号、182-195ページ。
展偉静(2009)「中国農村中学校の高退学率現象と生徒および農村の学校教育観：東北部農村地区での実態調査に基づいて」『比較教育学研究』38号、67-86ページ。
中島直忠・豊福直子・山田達雄(1980)「日米両国における大学生の学園生活の目標・期待に対する比較研究」『日本比較教育学会紀要』6号、52-63ページ。
平田利文(1989)「第三世界のカリキュラム改革」『比較教育学』15号、47-61ページ。
平塚益徳(1975)「創刊の辞」『日本比較教育学会紀要』1号、1ページ。
弘中和彦(1978)「アジアにおける教師教育政策の課題と動向――インドを例にして」(シンポジウム「教師教育政策の課題と同行に関する比較研究」収蔵)『日本比較教育学会紀要』4号、26-29ページ。

―――(1985)「アジア――インドを中心に」(課題研究「教育課程の基準に関する比較研究」)『日本比較教育学会紀要』11 号、40-42 ページ。

星井直子(2009)「タイにおける学校委員会の機能：学校や地域社会の特質との関係に着目して」『比較教育学研究』39 号、151-169 ページ。

皆川卓三(1985)「中南米地域を中心に」(課題研究「国際化と教育」収蔵)『日本比較教育学会紀要』11 号、18-23 ページ。

新堀通也(1975)「日本の比較教育学の研究方法上の諸問題――教育社会学的アプローチ」『日本比較教育学会紀要』1 号、17-22 ページ。

望田研吾(2004)「紀要編集委員会の記録」日本比較教育学会編『日本比較教育学会 40 年の歩み』64-67 ページ。

Kobayashi, Tomoko (2009) "What Can Community Participation Bring About?: Lessons from Two Primary Education Programmes in India."『比較教育学研究』39 号、109-130 ページ。

Nakamuro, Makiko (2010) "What Kinds of Educational Inputs Foster the Completion of Primary Education?: The Case of the Kagera Region of the United Republic of Tanzania."『比較教育学研究』40 号、24-43 ページ。

第4章　比較教育を比較する
――世界各国・地域の比較教育学会の成立
マリア・マンゾン、マーク・ブレイ

はじめに

　比較教育学は、他の学問分野と同様に多くの専門組織によって支えられている。これらの組織は、その性格と活動は世界各地で異なるものの、比較教育学を具現化し、学問分野としての輪郭を描いている。

　本章では、世界比較教育学会(World Council of Comparative Education Societies, 以下 WCCES)に加盟している各学会の歴史を紐解くこととする(Masemann et al. 2007)。本論で示した分析の一部は、マンゾン(Manzon 2011)に詳しく述べている。以下、第1節では、WCCESの起源と活動の特徴を明らかにし、次に個々の学会について述べる。第2節では、学問分野の制度化や学術的ネットワークがいかにして構築されるかにつき、まずは概念を整理し、続いて、比較教育学の分野で、それらが構築された様子を検討する。また、認識論(学問論)の観点から、比較教育学の諸学会が名称を設定した経緯、そこに国際教育学などの隣接分野をどの程度包括しようとしたかについても考えることは有益であろう。

1．WCCESとその活動

　WCCESは1970年にカナダのオタワで設立された。これは、ブリティッシュ・コロンビア大学のジョセフ・カッツを中心に1968年に開催された比較教育学国際委員会(International Committee of Comparative Education)が発展したものであり、当初、四つの国単位の比較教育学会と一つの地域比較教育学会が加盟した(Bray 2005：4)。その後数十年間で加盟学会数は増加し、2011年の時点で37を数えた。

WCCES の会則（WCCES 1996, Section 2）は、学会としての目標を以下のように定めている。

- 平和、異文化間協力、相互理解、人権の遵守を希求する立場から、国際理解のために教育の進歩を図る
- 教育を受ける権利をすべての人が享受できるよう、教育システムの向上を図る

会則はまた、二つのより専門的な目的を定めている。

- 比較・国際教育研究を世界中に広め、学問分野としての地位向上を図る。
- 世界各地の専門家間の協調を促し、主要な教育課題に対する比較教育学の有用性を高める。

これらの目的を達成するために、WCCES は、

- 比較教育学の教授及び研究を奨励する。
- 教育課題に対する比較分析アプローチの開発のために学際的な協力を促進する。
- 各国及び地域の比較教育研究者間の協力を促進し、専門組織やグループの設立を促進する。
- 国際的な教育プロジェクトが直面する主要な問題ついて比較研究者の注意を喚起し（研究を促すことにより）、そうしたプロジェクトやその実施機関をサポートする。
- とくに研究の必要性が高い課題に関して研究プロジェクトを企画運営し、そして、
- 比較教育学の研究成果及び新しい研究方法についての情報交流を盛んにする。

WCCES は数十年間にわたり、これらの目標を様々な方法で達成してきた。学会設立初期には会報とニュースレターを定期的に発行し、これらは後にウェブサイトへと移行した。また、研究費助成や専門家会合の開催を通じて研究を奨励し、様々な書籍の刊行を支援してきた。なかでも重要なのが加

盟学会が持ち回りで開催する世界大会である。**表4－1**は1970年から2010年までの世界大会の開催地及びテーマをまとめたものである。

表4－1　WCCES大会

No.	年	開催地	テーマ
1.	1970	オタワ（カナダ）	教育と教職の形成 発展途上国への教育支援
2.	1974	ジュネーブ（スイス）	中等教育における効率と非効率
3.	1977	ロンドン（英国）	教育における統合と多様性
4.	1980	東京（日本）	教育における伝統と革新
5.	1984	パリ（フランス）	教育における依存と相互依存：比較教育学の役割
6.	1987	リオデジャネイロ（ブラジル）	教育、危機と変化
7.	1989	モントリオール（カナダ）	開発、コミュニケーションと言語
8.	1992	プラハ（チェコスロバキア）	教育と民主主義
9.	1996	シドニー（オーストラリア）	伝統、近代とポスト近代
10.	1998	ケープタウン（南アフリカ）	教育、公正と変容
11.	2001	清州（韓国）	新たなる挑戦、新たなるパラダイム：21世紀の教育に向けて
12.	2004	ハバナ（キューバ）	教育と社会正義
13.	2007	サラエボ（ボスニア・ヘルツェゴビナ）	共生：教育と異文化間対話
14.	2010	イスタンブール（トルコ）	教育と社会における境界の在り方と新たな可能性

2．世界比較教育学会（WCCES）加盟学会

1970年のWCCES設立に携わったのは以下の五つの学会である。
- 北米比較国際教育学会（CIES）
- 欧州比較教育学会（CESE）
- 日本比較教育学会（JCES）
- カナダ比較・国際教育学会（CIESC）
- 韓国比較教育学会（KCES）

表4－2は2011年時点の37の加盟学会の一覧である。29の学会が国（たとえば中国やポーランド）か国内の一地区（たとえば香港）を単位とする学会であった。六つが地域（たとえばアジア、ヨーロッパと地中海）、そして二つが言

語(フランス語、オランダ語話者の学会)を単位とする学会である。

これらの学会の活動目的は WCCES のものと類似している。各学会は比較

表4－2　WCCES 加盟学会

キューバ教育学会（比較教育部会）（APC-SEC）
フランス比較教育学・交流発展連盟（AFDECE）
フランス語圏比較教育学連盟（AFEC）
オーストラリア・ニュージーランド比較国際教育学会（ANZCIES）
英国国際比較教育学連盟（BAICE）
ブルガリア比較教育学会（BCES）
中国比較教育学会（CCES）
台湾比較教育学会（CCES-T）
チェコ教授法学会比較教育学部会（CES-CPS）
アジア比較教育学会（CESA）
欧州比較教育学会（CESE）
香港比較教育学会（CESHK）
インド比較教育学会（CESI）
フィリピン比較教育学会（CESP）
北米比較国際教育学会（CIES）
カナダ比較・国際教育学会（CIESC）
カザフスタン比較教育学委員会（CCEK）
エジプト比較教育・教育行政学会（ECEEAS）
ギリシャ比較教育学会（GCES）
ハンガリー教授法学会（比較教育学部会）（HPS-CES）
イスラエル比較教育学会（ICES）
日本比較教育学会（JCES）
韓国比較教育学会（KCES）
地中海比較教育学会（MESCE）
オランダ語圏比較教育学会（NGVO）
北欧比較教育学会（NOCIES）
ポーランド比較教育学会（PCES）
ロシア比較教育委員会（RCCE）
ドイツ教育科学連盟、国際・異文化間比較教育科学部会　（SIIVEDGE）
ヨーロッパ比較教育学会イタリア部会（SICESE）
アルゼンチン比較教育学会（SAECE）
スペイン比較教育学会（SEEC）
メキシコ比較教育学会（SOMEC）
ブラジル比較教育学会（SBEC）
南部アフリカ比較・教育史学会（SACHES）
トルコ比較教育学会（TUKED）
ウクライナ比較教育学会（UCES）

教育研究を広め、世界各地の研究者間の対話を促進するために存在している。なかには政策立案やアドボカシーへの貢献などをその活動目的に加えている学会もある。会員の数は、少ない学会では数十名、多い学会では数千名に及ぶ。WCCES加盟学会の多くは独立した組織だが、より規模の大きい学会の特別部会として存在している場合もある。いくつかの加盟学会は学術雑誌を発行し、またその多くは定期的に大会を開催している。

表4－3は、37の加盟学会を地理(言語を単位とする学会の場合はその運営母体が存在する地域に振り分けた)及び種類ごとに分類したものである。この表から、ヨーロッパとアジアに最も多く学会が存在していることがわかった。オーストラリアとニュージーランドを対象とする学会が一つある以外、南洋州とその周辺地域からの加盟学会はなかった。アフリカからの加盟学会も僅かであり、また南アメリカ・カリブ海地域からは三つの学会が参加しているにすぎない。こうした地理的な比重は言語及び文化的比重と関連しており、グローバルな学問分野としての比較教育学の性格を考えるうえで示唆に富んでいる。

表4－3 WCCES加盟学会（地域・種類別類型）

種類	数	％	地域	数	％
国・国内の特定地区	29	78％	ヨーロッパ	17	45％
			アジア	11	30％
地域	6	17％	北アメリカ	3	8％
言語	2	5％	南アメリカおよびカリブ海地域	3	8％
合計	37	100％	アフリカ	2	6％
			南洋州	1	3％
			合計	37	100％

注：2011年1月時点の加盟学会数に基づく。

3．ディシプリンの制度化と学術的ネットワーキング

1　既存研究にみられる諸概念

研究者の間では(もちろん一般化はできないが)、比較教育学はディシプリンとしてではなく学問分野として認識されることが多いが、ディシプリンの制度化の特徴とその目的に関する概念を理解することは比較教育学について考

察するうえでも有益である。ベッチャーとトロウラー (Becher and Trouler 2001) によれば、ディシプリン間の境界の考察には、認識論及び現象学の観点が重要となる。「部族 (tribes)」と「領域 (territories)」という比喩を用いて、ベッチャーとトロウラーは、研究者コミュニティー内（部族）に特有の文化と、研究者が使用する概念によって規定される領域の存在を論じている。彼らは、ディシプリンの認識論とは、「あるディシプリンの中で、『実際に』知識がどのような形を取り、何に焦点を当てているか」に関するものであるのに対し、知の現象学は「実際に研究を行う者が、自らのディシプリン（及びその他のディシプリン）をどのようなものと捉えているか」に関するものとして定義している(23)。さらに、認識論と現象学は不可分であり、ディシプリンは、その文化を規定する認識論の構造的な影響力と、認識と現象を媒介する行動主体としての個人と集団のキャパシティーとの相互作用の結果であると考えた (Becher and Trowler 2001：23-24)。ワグナーとウィットロック (Wagner and Wittrock 1991b) は、社会科学系ディシプリンを制度化するということは「独立した学問研究領域の構築」を意味すると論じている。さらに、制度化は以下のような特徴をもつという。

- 必ずしも学問的な形態をとるわけではない
- 必ずしも明確な理論的、方法論的方向性が共有されるわけではない
- 時間や場所を超えて完全に固定されたものではなく、地域的特色を示し、知の在り方も多様であり、変化するものである

　新興のディシプリンは通常、研究対象に関する素人の説明とも、より歴史のある隣接学問分野とも一線を画そうとする。社会科学全般、そしてまたその他の分野においても、変化というものは往々にして様々な場所で時間をかけて徐々に展開するものであり、同じ分野においても、変化は均質ではなく、場所によって発展の形と程度は非常に異なる (Wagner and Wittrock 1991b：349-350)。ディシプリンの制度化は、必ずしも学科や学部といったアカデミックな組織内での公式な認知や位置付けに限ったことではなく、研究やコンサルティングなど実務的な貢献を通して、学術以外の舞台で関係を構築すること

なども含まれる。

　様々な研究者が学会の形成をディシプリンの制度化の一側面として捉えてきた（例えば Coser 1965；Manicas 1990）。クラーク（Clark 1987：233）は、ディシプリンごとの学会は「研究生活において専門性を強化し、外部からディシプリン全体を支える役割を果たし、組織の境界を超えて専門性を高めていくための方法でもあった」と述べている。また、学会は、研究主題ごとのさらなる細分化の兆しともなる、分離しようとする力と統一しようとする力のせめぎ合いを映し出す鏡でもあるとしている(238)。彼はまた、学会には（学際的な性格をもつものを含めて）以下の三つのタイプがあると指摘している。

- 「統括団体」は加盟する国ごとの学会によって形成される国際的な組織などの大規模な混成組織をさす。
- 「クモの巣状のグループ」は規模の大きい全国レベルの学会の周辺を取り巻くように、その全国学会と同じ都市で大会を開催し、大会中またはその前後に自らのプログラムを行う。
- 「ピラミッド型ネットワーク」は各国学会を構成する、各ディシプリン内のより小規模な地区レベルの団体を含む。これらは国際的な組織の土台となり、その参加メンバーの出身母体ともなる。

　クラークは「どの比喩を用いても部分的にしか捉えることのできない複雑な形で、学会は組織を超えたものとしての研究職を形作っている」とし(1987：241)、「任意に基づく学会の形成は、知の在り方に従って仕組みを作るための優れた方法である」と述べている(253)。

　研究者間のコミュニケーション・ネットワークについてはマギン編集の一冊で論じられている（McGinn 1996）。この本でラウグロは、共通の興味関心をもつ人々が集団を形成するという、ネットワークの「自然史」について論じた。ラウグロの観察によれば、集団の規模が大きくなるに従ってニュースレターの発行、フォーラムの開催がなされ、そしてネットワークが正式な集団として組織されるようになる。専門家の集団と研究者のネットワークに関するワトソンの章では、ネットワークの形成を三段階に分けて説明している。(1)

専門組織を通じた個人あるいは研究者としての繋がり (2) 組織の発展、そして (3) 政治的圧力団体の形成である。このうち、本章に関連する第一段階を図4－1に示す。

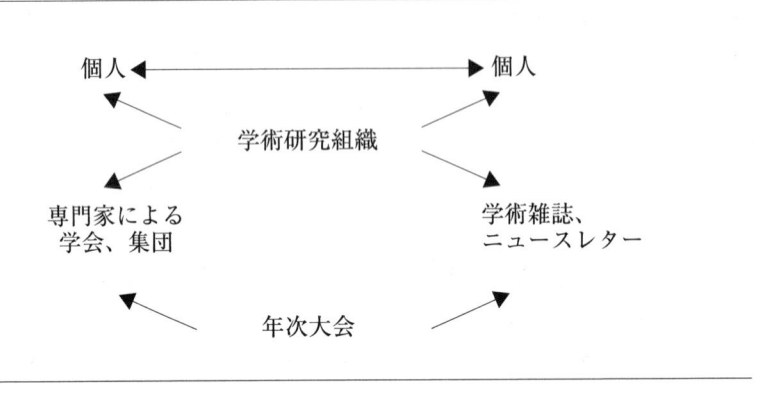

```
            個人 ◄─────────► 個人
              ▲               ▲
              │   学術研究組織  │
              ▼               ▼
        専門家による        学術雑誌、
        学会、集団         ニュースレター
              ▲               ▲
              └──── 年次大会 ───┘
```

図4－1　研究者のネットワーク

出典：Watson（1996：130）

　学問分野とは、特定の研究目的や研究の対象となる現象、または実践に関して形成される知識の集合体であり、複数のディシプリンに根ざしているという特徴をもつ（Hirst 1974）。ディシプリン横断的な分野では、関連するディシプリンの間で共通の目的を追求するための協調がみられる（Jantsch 1972）。クレインによれば、学問分野の存在感とその重要度は大学の学科や学部として組織されるディシプリンとは異なり、その可視性によって決定する部分が大きく、またそれには少なくとも二つの形があるという。一つは統括的な団体や学際的な大学院プログラム等のような明確な学際的組織であり、もう一つは研究会、シンポジウム、学会の年次大会、出版物や研究所など、よりゆるやかな形での分野間の対話を志向するものである。こうした傾向は比較教育学のようなディシプリン横断的な学問にとくに当てはまる。学際的分野は、複数のディシプリンに根ざしているために共通の認識論的な土台をもたない。そのため、研究者間のネットワークは学問分野において「知の在り方とその知に携わるコミュニティーとの関係性に形と実体を与える」という重

要な役割を担っている(Becher and Trowler 2001：104)。

2　比較教育学への適用

　ディシプリン横断的な分野として、比較教育学はすき間に存在する学問である(Epstein 1981：270)。世界各地の様々なディシプリンの伝統から生まれたため、比較教育学は共通の認識論的な核をもっていない。比較教育学会などの学術的ネットワークは、研究者の部族と領域を結ぶ重要な役割を果たす。コーウェン(Cowen 1990：333)は、比較教育学の基盤は「知の領域としての『比較教育学』の定義、創造と再編、そして伝達」に専門的に従事するネットワークにあるとした。「様々な形態の比較教育学の発信」に関わっている人々や機関としては、学術的ネットワーク、政府機関、学会、各大学のセンター、専門の学術雑誌、出版業と教育活動が挙げられる。コーウェンによれば(322)、

> 　比較教育学の認識論的な核と組織としての中心が不明確であることは、ネットワークを構成する細かな要素のそれぞれが極めて重要な意味をもつことを意味する。ネットワークにおける変化(新たな研究センター、学術雑誌や学会など)は、比較教育学が何であるかの一つのものさしであり、世界規模での比較教育学の定義、需要と供給の一つの指標なのである。

　続いてコーウェンは、一連の問いを投げかけ、いくつかの課題を浮き彫りにしている。比較教育学の地盤が歴史的に規模の大きな中心部から周辺部へと推移していった点と新たな学会の設立に関して、コーウェンは以下のように問う(1990：322)。

> 　国単位の学会が国際・比較教育学にとって常に最もふさわしい形態なのだろうか？国を超えた学会の意義とその目的とは何であろうか？比較教育学の国家間の相互作用とはいかなるものであろうか？我々が自らの学問分野を構築することには、どのような政治的性格が伴うのであろうか？

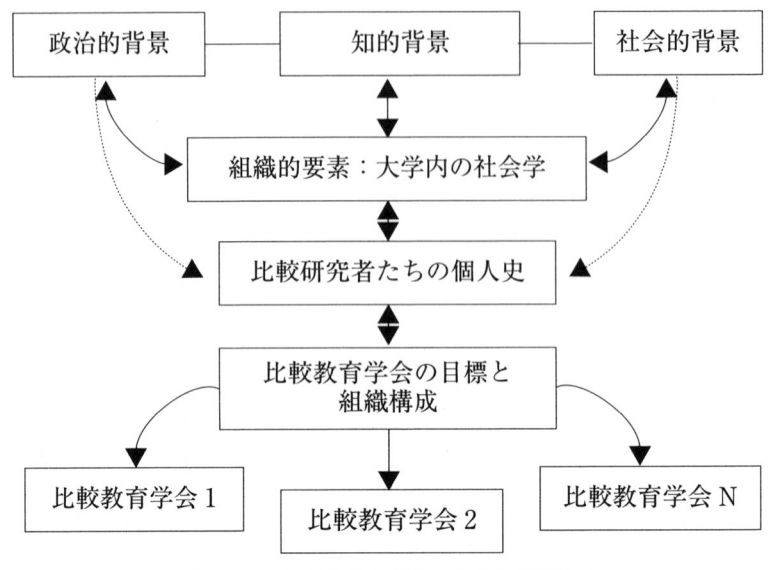

```
                    政治的背景 ── 知的背景 ── 社会的背景
                            ↘      ↓      ↙
                         組織的要素：大学内の社会学
                                   ↕
                         比較研究者たちの個人史
                                   ↕
                         比較教育学会の目標と
                              組織構成
                          ↙       ↓       ↘
                  比較教育学会1  比較教育学会2  比較教育学会N
```

図4－2　各比較教育学会の社会的位置付け

結論として、コーウェンは一つの研究課題を提示している(343)。

　我々はどういった人々が[比較教育学を]中心的に支えているか知っているだろうか。今日それは比較教育学の専門家であるのか、もしくは単に国外で教育を受けた経験を共有しているだけであろうか？海外の専門学会の形態を模倣しているのか、もしくは教育に関して異国から影響を受けることを拒むことも必要だと、経験に基づいて認識しているのか、あるいは少なくともそうした影響を受けることの本質を深く理解しているのか？…[我々は]比較教育学の組織化が世界規模で進むことを希望する一方で、それを達成するうえで最も効率的な手段や目的についてはよくわかっていない。また、そうした世界的な拡散がもたらす可能性のある政治的、認識論的な代償についての理解も不十分である。

　比較教育の諸学会は、知と探求の領域としての比較教育学を広めていくことを目的とする専門組織であるが、比較教育学を形作るその他の組織と切り

離して分析されるべきではない。さらに言えば、学術的ネットワークそれ自体が社会的に構築されるものである。比較教育学を構成する知のコミュニティーはグローバル、ローカルなレベルの様々な文化的、政治的、経済的そして認識論的な社会背景の中に存在し、それらによって形作られるのである(Cowen 2009; Manzon 2011)。こうした関係のいくつかを図4－2に示す。

4．学会の名称

表4-2にある37のWCCES加盟学会のすべてが、その名称に比較教育に関連した言葉を用いていた。六つの学会が関連分野である国際教育をその名称に含んでおり、一つの学会が比較教育を教育行政と(エジプト)、別の一学会が教育史と(南部アフリカ)、さらに一つの学会が多文化教育を比較・国際教育と(ドイツ)結びつけていた。学会の在り方とその目的の時系列的な変化も顕著であり、特に三つのカテゴリーにおける変化はより詳細な検討に値する。具体的には、比較教育から比較・国際教育への変化、比較教授法(comparative pedagogy)から比較教育(comparative education)への変化、そして外国教育から比較教育への変化である。

1　比較から比較・国際教育へ

2011年の時点でその名称に国際教育を含むWCCES加盟学会は以下の六つである。

- 北米比較国際教育学会(CIES)
- ドイツ教育科学連盟、国際・異文化間比較教育科学部会(SIIVEDGE)
- 英国比較国際教育学連盟(BAICE)
- カナダ比較・国際教育学会(CIESC)
- オーストラリア・ニュージーランド比較国際教育学会(ANZCIES)
- 北欧比較国際教育学会(NOCIES)

CIESCでは、国際教育の要素は設立当初から認知されていた。その他に唯一学会設立時から「比較・国際教育」を名称に含んでいたのが1992年設立

の北欧比較国際教育学会である。さらに歴史のある四つの学会——米国、ドイツ、英国、オーストラリア——の名称の歴史的変遷には興味深いパターンがある。以下、それらを学会名の変更が行われた年の順に論じていく。

　現在、北米比較国際教育学会（CIES）と呼ばれている米国の団体は、1956年に比較教育学会（CES）として誕生した（Wilson 2005; Swing 2007）。学会名が変更されたのは1968年である。この変更は、理論構築と現象の説明に焦点を当てた比較教育研究に関心をもつ研究者の優位という初期の状態から一線を画し、応用分野である国際教育学を志向する会員が増加したという学会の構成の変化によるものである。皮肉にも、CESがCIESへと名称を変更した頃には、海外への研修旅行の開催などに象徴される「国際教育」の要素はそれほど目立たないものになっていた。名称の変更はむしろ、「国際」をその名に加えることで研究費を獲得できるであろうという現実的な思惑に促されたといえる。したがってそれは研究分野の優位性というよりも現実の利便性に基づいた変化であった。

　英国では、1966年に欧州比較教育学会の英国部会という形でスタートした。次第に母体である欧州比較教育学会から離脱し、国際的、開発的側面を強め、1979年に英国比較教育学会として独立した。アメリカの場合と同様、英国でも比較教育と国際教育に携わる者の間で研究関心の二分化が起こった。これについてサザーランドらは以下のように説明している（Sutherland et al. 2007：160）。

> 　二つの独立しながらも平行の関係にある研究分野が生まれようとしていた……比較教育学は理論、方法論、そして先進国における研究を、一方で教育と開発に関わる者は途上国における教育計画、政策と実践の改善を重視するようになった。

　学会の構成の二元性をより反映するため、英国比較教育学会は1983年に英国比較国際教育学会へと名称を変更した。14年後には教育をとりまく環境の変化に反応するかたちで英国海外教育研究教師・研究者協会（BATROE）と合併し、英国比較国際教育学連盟（BAICE）が設立されたが、国際と比較は

ともに学会名に残った。

　英国でみられたような、大きな流れに対する反応としての学会の分離と再統合という現象は、同時期にドイツにも起きた(Waterkamp 2007)。1966年に、ドイツ教育学会の比較教育学部会も兼ねるかたちで欧州比較教育学会のドイツ支部が発足した。これは後にドイツ教育科学連盟比較教育科学委員会(KVEDGE)となった。1978年には、米英における国際教育研究の盛り上がりに共鳴するように、第三世界の教育のための委員会がドイツ教育学会の比較教育研究グループに付属するかたちで設立された。1992年には、移民とその高等教育に対する影響への研究関心の高まりを反映して、国際教育研究のためのユニットもドイツ教育学会内に発足した。1998年、これら三つの団体は国際・異文化間比較教育研究部会(SIIVE)、あるいはSIIVEDGEとして知られる団体へと統合された。こうした変革は、当時見られた研究関心の変化と研究機会の充実に触発されたものであった。委員会や部会の氾濫に見られる初期の研究分野の細分化と分裂は、後に一つのセクションへの統合というかたちで収束をみた。これは、世界はばらばらなパーツとしてでなく、一つの世界(One World)としてみるべきだというパラダイム・シフトが比較・国際教育研究にも波及したためである。

　オーストラリア・ニュージーランド比較国際教育学会(ANZCIES)も興味深いケースである。1973年にオーストラリア比較教育学会(ACES)として発足し、その後10年間で三度名称を変更した。1975年にはオーストラリア国際比較教育学会(AICES)となり、1976年にオーストラリア比較国際教育学会(ACIES)に、そして最終的に1983年に、二国間にまたがる(周辺地域も含む)オーストラリア・ニュージーランド比較国際教育学会(ANZCIES)となった。1990年代には、ANZCIESは「比較を離れて文化の分析へと焦点を当てる」ことを呼びかけ、自らのアイデンティティーを問い続けた(Fox 2007：204)。

　学会及び学問分野の名称と活動目的をめぐる議論は依然活発である(たとえばBray 2010)。上記の各例は、学会名の変遷が、その学問領域に棲息する研究者の人口密度に象徴されるように、平行して起こる研究目的や研究関心の変遷を反映することを示している。その一方で、研究者たちは自らの棲息空間において、領域の形と境界に影響を及ぼすより大きな力(国際政治、組織

の力学、研究費に関する方針、知的分野での動向、移民など)に反応するのである。

　時系列的にみると(表4－4)、時間上の近接したパターンが浮かび上がってくる。変革の広まりに関する類型を当てはめてみると(Rogers 2003)、北米が1960年代後半をリードしたことがわかる。カナダによる革新があり、アメリカはそれを早い段階で採用した。オーストラリアと英国がこれに続いたが、これら四つの学会すべてが英語圏の国のものであったこと(あるいはジョセフ・カッツが言うように、四つの学会が広く流布していた命名法に沿っていたこと)は軽視できない点であろう。ドイツと北欧への拡大は多様化をもたらしたが、それはまた国際的な学術的言説の言語としての英語の権威とそれに付随する価値が高まっていったことの反映とも考えられる。そしてそれは各国政府の国際援助への関わりの深化とも関連していた。

　その他、スペインはCIESにならって学会名を決定する流れであったが、この案は実現しなかった(Naya and Ferrer 2007)。これと同様、ホスト国である日本が積極的に国際開発援助に関わっていた日本比較教育学会も、1990年代半ばにその名称に国際を加える可能性を議論したが、この動きは既に存在していた日本国際教育学会との間に混乱と重複を招くことになるとの認識から失速した(日本比較教育学会 2004;Ninomiya 2007)。隣国の中国でも、研究者たちは組織名に「国際教育」を加えることを希望した。1995年顧明遠(Gu Mingyuan)氏のリーダーシップにより、北京師範大学の比較教育研究所は名

表4－4　学会名称における「国際教育」の登場

1950年代	1960年代	1970年代	1980年代	1990年代
CES (1956)	CIESC (1967) → CIES (1968)			
	British Section of CESE (1966)	→ BCES (1979)	→ BCIES (1983)	→ BAICE (1997)
	KVEDGE [ドイツ] (1966)	→		→ SIIVEDGE (1998)
		ACES [オーストラリア] (1973);　AICES (1975);　ACIES (1976) →	ANZCIES (1983)	NOCIES (1992)

称を国際・比較教育研究所へと変更した(Gu and Gui 2007：231)。他方、驚くべきことに、中国の全国学会は中国比較教育学会の名を維持することになった。グ(Gu 2005)はその理由を、WCCESがその名を変えなかったのと同じく、中国にもその必要がなかったからであるとしている。しかしながら、2005年に設立されWCCESへの加盟を奨励されたタイ比較・国際教育学会は、国際教育と比較教育を公式に共存させるという流れに属していたようである。また、その他30のWCCES加盟学会がどれも国際という言葉をその名称に採用しなかったことは、国際教育が一様に比較教育と組み合わされるわけではないこと、さらに国際教育が、比較教育と並べるだけの、それ自体の強みをもった一つの学問分野として、認知されているとは限らないことを示した。その他考えられる説明として、国際教育を担う人々の集まりが、国際教育計画学会など、独立した学会として存在している場合もある。

　さらに留意すべき点は、WCCES加盟学会のすべてが比較教育をその名に掲げていたものの、学会のメンバーであることを自認する者の研究と、その研究者が支えるはずの学問分野との間に乖離がみられたことである。比較という特徴は、それを名称に掲げる学会の研究成果に必ずしも明確にあらわれるわけではない(Rust et al. 1999; Bray 2011)。多くの研究で分析の単位／場所は一つのみであり、それらは外国教育研究、海外の教育研究といった分野により当てはまるものであった。比較教育研究の名は広く用いられたが、乱用もされていた。

2　比較教授学(Comparative Pedagogy)から比較教育学(Comparative Education)へ

　ヨーロッパのいくつかの学会では、「比較教授学」と「比較教育学」という用語の使われ方に大きな歴史的変化がみられる。たとえば、ドイツでは学会名に「比較教授学」を使用しなかったが、学問分野としての性格には変化があった。ウォーターカンプは次のように説明している(Watercamp 2007：144)。

　　　教授法(Pädagogik)とは、研究者と政治家のみならず、教師とその他の実践家にとっても意義のある知の集合を意味する。教授法とい

う言葉を用いるその他の教育分野のディシプリンと同じく、比較教授学は実践科学であり続けることを目指す。対照的に、比較教育学（Vergleichende Erziehungswissenschaft）は特定ディシプリン内やディシプリンをまたがる教育科学としての議論形成を志向している。

ウォーターカンプによれば、1960年代まで、冷戦によって分断されたドイツでは東西ともに古い学術用語である「比較教授学」（Vergleichende Pädagogik）を使用していた。しかしその後、バーガー（Berger 1976）による教科書『比較教育学 Vergleichende Erziehungswissenschaft』の影響もあり、多くの西ドイツ研究者が「比較教育学」という表現に移行し、教授学を「教育の科学」として再定義するよう唱えた。

ドイツの学会名に関する東西分裂は、冷戦期のグローバルな対立の縮図であった。「教授学 pedagogy」と「比較教授学 comparative pedagogy」はソビエト連邦と東ヨーロッパ、またスペイン、キューバ、ギリシャで広く用いられた。比較教授学（comparative pedagogy）は以下の学会の名称に使用されている。

- スペイン比較教授学会（Sociedad Española de Pedagogía Comparada, SEPC）
- ロシア比較教授会議（Russian Council of Comparative Pedagogics, RCCP）
- チェコ教育学会比較教授研究部会（Comparative Education Section of the Czech Pedagogical Society, CES-CPS）
- ハンガリー教育学会比較教育研究部会（Hungarian Pedagogical Society, Comparative Education Section, HPS-CES）
- キューバ教育学会比較教育研究部会、（Asociación de Pedagogos de Cuba, Sección de Educación Comparada, APC-SEC）

スペインでは、もともと学問分野の名称として比較教授学（Pedagogía Comparada）が使用されていた。その結果、学会を含めて、この学問分野に関わる組織の多くはこの用語を用いた。早くも1980年には、ヨーロッパの研究者たちによる議論を反映して（たとえば Martinez 2003）、Sociedad Española de Pedagogía Comparada（SEPC）から Sociedad Española de Educación Comparada

(SEEC)(スペイン比較教育学会)へと学会名を変更しようとする動きが起こった。しかし、この名称が採用されるには、1994年までかかった。学会名変更のための最後の決め手は、スペイン語の出版物で「比較教育学 comparative education」がより広く用いられるようになったことと、比較教育学を教育学の学位取得のための必修科目とするという政府の政治的指示であった(Naya and Ferrer 2007：220)。

　ロシア比較教育学委員会(RCCE)についてはコメントすべき点が二つある(Borevskaya 2007)。まず、1988年にソヴィエト連邦内で結成された学会は比較教授学に関する科学委員会(Scientific Council on Comparative Pedagogics, SCCP)と名付けられた。その後「ソヴィエト比較教育委員会(Soviet Council of Comparative Education, SCCE)」という英語名称で1989年にWCCESに加盟を認められたが、ソヴィエト連邦の崩壊後に活動を停止した。後継団体であるロシア比較教授学委員会(Russian Council of Comparative Pedagogics, RCCP)は1996年にWCCESへの加盟を許可された。その後WCCES内で、前身のSCCEに倣ってRCCE(ロシア比較教育委員会)の英語名が採用されたが、これはロシア国内ではこの分野を指す標準的な用語ではなかった。この二度目の学会名の変更は、英語では、比較教育学という名称がより好まれることを示し、各国に根ざした言説よりも、支配的な国際的言説を反映したものであったと考えられる。

3　外国教育から比較教育へ

　ドイツと中国は、「外国教育」という用語の使用を比較教育と対照的に考察するうえでさらに興味深い事例である。1950年代後期、ドイツ民主共和国(東ドイツ)は西ドイツを外国とはみなさず、その他の諸外国と区別していた。しかしながら、当時行われていた研究のほとんどは描写的か、もしくは外国の研究者による研究の翻訳だったため、「比較教育」という言葉は用いられていなかった。1963年から1974年にかけて、東ベルリンのドイツ中央教育研究所内に比較教育研究部門が置かれ、東西ドイツに関する比較研究が花開いた。1974年にこの期間が終了すると、権力者たちは再び、比較研究を行うことをイデオロギーの観点から危険視するようになり、比較教育は外国教育に取って代わられた。1990年にようやく、比較が再登場したが、当初は比

較教育学（Comparative Education）ではなく比較教授学（Comparative Pedagogy）の名においてであった。

　中国の事例もこれに関連している。中国では、学会は中国の教育分野で最大規模の学会である中国教育学会の外国教育小分科会として始まった。1983年、小分科会はその名を外国教育から比較教育へと変更した。グとチン（Gu and Qin 2007）が説明するように、これは教育科学の一分野としての比較教育研究の本質に対する理解の変化と、比較研究を通して教育の発展に関する一般的法則を見極め、自国の教育改革に有用な情報を提供するという願望によるものであった。比較教育研究の本質とその目的に関する新たな理解は、関連するすべての場所から知識を取り入れ、国家の発展を加速させるという目的をもつ門戸開放政策を背景とするものであった。こうした新たな展開の結果の一部として、いくつかの外国教育研究所が比較教育研究所へと名称を変更した。しかしながら、グとチンによれば、実際に中国で行われている研究の多くは新しい名称（比較教育）よりも以前のもの（外国教育）により適合するという。

おわりに

　ディシプリンの組織化と学術的なネットワークに関する先行研究は、本章で論じた比較教育の学問分野形成のパターンを説明する際に有効である。ベッチャーとトロウラーは部族と領域の比喩を用いてディシプリンが形成されるプロセスを描き出した。また社会科学に関してワグナーとウィトロックが示した（1991b：349-350）、ディシプリンの制度化が通時的に起こり、場所によってその程度やあり方が大きく異なるという特徴は、比較教育学にもみられるものである。比較教育学は、自らの学問分野としてのアイデンティティーの確立を求め、個々の集団と世界規模の組織がそのプロセスを支えてきた。しかしながら、他の分野と同様に、それは平坦な道のりではなかったのである。

　学問分野の発展プロセスが不均衡である理由の一つは、比較教育学が社会的に構築されたものだということである。本章では、国、地域、言語による

グループ、そして WCCES という世界規模の組織に至るまで、グローバル及びローカルな力が様々な形で諸学会の在り方を形作ってきた様子を描いた。表4–2に示した分析枠組みでは、政治学的、認識論的、社会学的要因がマクロ、メソ、そしてミクロのレベルで互いに作用する様子を示した。これは各比較教育学会(comparative education societies)によって具体化された複数形の比較教育学(comparative educations)の形成に至る様々な道のりをさすものであった。その一方で、これらの諸学会は WCCES を形作る。そしてその構成が歴史的に示すように、国際学会は「国、そして国際レベルの比較教育研究の在り方が最も明確な形で交差する場」なのである(Cowen 1990：339)。WCCES とその大会では、国レベルと国際レベルの比較教育研究の弁証法的な交わりが継続的に起きている。こうした交わりが、この学問分野の外側に位置しながら、様々な姿の比較教育学(comparative educations)を形作り、それらに働きかける力をもたらすのである。コーウェンがこの点を明らかにしている。彼は WCCES の世界大会を分析対象としたが、それによって、WCCES 自体についても示唆を与えている。

　　世界大会それ自体が、比較教育学の外に存在する経済的な力と政治的な影響のネットワークを凝縮した形で映し出してきた。これらの外的な緊張関係は、WCCES 内の力学に表面化する傾向がある。言い換えれば、WCCES とその世界大会は、我々の専門家としてのアイデンティティーの中のナショナルな要素とインターナショナルな要素が最も明らかなかたちで出会う場所なのである。

　認識論的、また政治的な緊張は各学会にも存在している。最も規模が大きく力のある CIES でさえ、学会としての使命と権限に関わる葛藤と向き合い続けている。CIES は様々な志向の研究を広く包括する団体となることを選択したが、この方針は学会の成長を助ける一方で、組織の内的一貫性を確保することを難しくもした。一方、限られた人々の特権的な学会になる道を選んだ小規模の学会においても、活動の在り方に関して葛藤を重ねてきている。こうした様々な事例は比較教育学の世界的拡大の政治的、認識論的な代償の

表出とも言える(Cowen 1990; Manzon 2011)。

　クラーク(1987)の分類法に従えば、学術団体は統括団体(WCCESはこれに当たる)、クモの巣状のグループ、そしていくつかのピラミッド型のネットワークに大別される。本章では比較教育学の系譜と名称の変遷についても述べた。学会名に関する共通の問いは「名前に何が含まれているか」であった。これに対する回答は「多くのもの」となるかもしれない。マイケル・サドラーの国家教育システムに関する記述を繰り返すならば(Sadler原版 1990、再版 1964：310)、専門家の集団とは「生きものであり、忘れ去られた困難と『いにしえの戦い』」の結果であり、そこには「国家の在り方が秘められているのである。」学会名の歴史変遷を検討することで、学会の生きものとしての側面、そして「いにしえの戦い」の様子が浮かび上がってくるのである。学会名は、それが体現する現実の本質を示すものである。学会名が研究者たちの向かい合う現実を捉える一方で、ディシプリン及び学問分野の名称は、それらが自らの領域とみなす分野の本質を要約するものである。知及びその社会的な構成はともに動的なプロセスであり、学会と学問分野全体の名称は変化し続けるだろう。

　この章では、学術団体がもつ、友情を育み学術交流を推進するソーシャル・ネットワーキング的な役割を明らかにした。これらのネットワークは「国境を超えてディシプリンをより確固たるものにする」(Schriewer 2005)。ネットワーキングが成功すれば、学会は新しい世代の研究者、新しい血を惹きつけることができる。その意味でWCCESは、個々の学会がそれへの加入を目的として結成されるというインセンティブとして機能しており、アリストテレスの言う目的因(そのために何かが為されること)としての固有の役割を果たしている。世界大会はまた、政治的、認識論的緊張を抱えつつも、研究者の仲間意識を育み、各学会において今後具現化していくであろう国、言語、地域的なアイデンティティーの目覚めを促す豊かな苗床となっている。また、グローバルな組織が目に見える形で活動することで、新しいメンバーや懐疑的な傍観者の比較教育研究への参加を促すことができるかもしれない。

　しかし、こうした一般的には良好な兆しが比較教育学にとって必ずしも好ましいとは限らない。学会数は増加しているが、規模、内部の統一性、研究

の熟達度、そして国内、地域の科学的学術研究コミュニティー内での立場など、各学会は多様であり、楽観はできない。非常に複雑かつ様々な解釈が可能なパターンが存在しているのである。

また本章では、各比較教育学会の特徴と活動形態の多様性を強調した。いくつかの団体は規模も大きく多様性に富むが、小規模でエリート主義的なものも存在する。長い歴史をもつものもあれば、比較的新しい団体もある。強力な運営管理体制をもつ団体とそうでないものがある。これらの団体をまとめる要素の一つがWCCESへの加盟なのである。WCCES内にはいくつもの相反する流れが存在しているが、比較教育学の言説の形成に確実に貢献していると言える。

カザミアス (Kazamias 2001; 2009) は、比較教育学を人間味ある学問分野とするために、比較教育学の歴史分析の再生が必要だと説いている。本章も収録されている、各比較教育学会の歴史を扱った一冊は (Masemann et al. 2007)、こうした要請に応えるものであり、これによって歴史研究がより盛んになることが編者一同の希望であった。歴史とは性格上、過去のパターンを叙述し、それらを現在の視点から解釈する、回顧的記録である。しかしそれは同時に未来への道標ともなりうる。先述の一冊は不確かな要素と同時によりポジティブな側面の存在を描き出した。本章ではさらに、組織や研究分野がより大きな外的環境に影響を受けうる状況について論じた。また、比較教育学が特定の場所で特定の時期に力強く成長した理由についても考察した。さらに比較教育研究と学会組織への参加を意義深い経験とする要因についても示している。

注：本章はマンゾン、ブレイ (Manzon and Bray 2007) に加筆、修正を加えたものである。出版社の承諾のもと、変更、翻訳した形でここに再収録する。

参考文献

日本比較教育学会編 (2004)『日本比較教育学会40年の歩み』東信堂。

Becher, Tony and Paul R. Trowler (2001) *Academic Tribes and Territories: Intellectual Enquiry and the Cultures of Disciplines*. 2nd edition. Buckingham: The Society for Research into Higher Education and Open University Press.

Berger, Walter (1976) *Die Vergleichende Erziehungswissenschaft: Einführung – Forschungsskizzen – Methoden.* Wien: Jugend und Volk Verlag.

Borevskaya, Nina (2007) "The Russian Council of Comparative Education (RCCE)". In Masemann, Vandra; Bray, Mark and Manzon, Maria (eds.), *Common Interests, Uncommon Goals: Histories of the World Council of Comparative Education Societies and its Members*, Hong Kong: Comparative Education Research Centre, The University of Hong Kong, and Dordrecht: Springer, pp.299–308.

Bray, Mark (2005) "Tradition, Change, and the Role of the World Council of Comparative Education Societies", In Bray, Mark (ed.), translated by Umakoshi, Toru and Otsuka, Yutaka, *Comparative Education: Continuing Traditions, New Challenges, and New Paradigms.* Tokyo: Toshindo, pp.3–20 =2005 マーク・ブレイ『世界比較教育学会の伝統、変化、役割』、馬越徹・大塚豊監訳『比較教育学―伝統・挑戦・新しいパラダイムを求めて』東信堂。

―――― (2010) "Comparative Education and International Education in the History of Compare: Boundaries, Overlaps and Ambiguities." *Compare: A Journal of Comparative and International Education.* 40(6), pp.711–725.

―――― (2011) "Scholarly Enquiry and the Field of Comparative Education". In Bray, Mark; Adamson, Bob and Mason, Mark (eds.), translated under the direction of Sugimura, Miki, *Comparative Education Research: Approaches and Methods.* Sophia: Sophia University Press = 2011 マーク・ブレイ、マーク・メイソン、ボブ・アダムソン『比較教育研究―何をどう比較するか』杉村美紀・大和洋子・前田美子・阿古智子訳、上智大学出版。

Clark, Burton R. (1987) *The Academic Life: Small Worlds, Different Worlds.* Princeton: The Carnegie Foundation for the Advancement of Teaching.

Coser, Lewis (1965) *Men of Ideas.* New York: Free Press of Glencoe.

Cowen, Robert (1990) "The National and International Impact of Comparative Education Infrastructures". In Halls, W.D. (ed.), *Comparative Education: Contemporary Issues and Trends.* Paris: UNESCO and London: Jessica Kingsley, pp.321–352.

―――― (2009) "Then and Now: Unit Ideas and Comparative Education". in Cowen, Robert and Kazamias, Andreas M. (eds.), *International Handbook of Comparative Education.* Dordrecht: Springer, pp.1277–1294.

Epstein, Erwin H. (1981) "Toward the Internationalization of Comparative Education: A Report on the World Council of Comparative Education Societies". *Comparative Education Review.* Vol.25, No.2, pp.261–271.

Fox, Christine (2007) "The Australian and New Zealand Comparative and International Education Society (ANZCIES)". In Masemann, Vandra; Bray, Mark and Manzon, Maria (eds.), *Common Interests, Uncommon Goals: Histories of the World Council of Comparative Education Societies and its Members*. Hong Kong: Comparative Education Research Centre, The University of Hong Kong, and Dordrecht: Springer, pp.200-209.

Gu, Mingyuan (2005) Interview by Maria Manzon, Beijing Normal University, Beijing, China, 23 August.

Gu, Mingyuan and Gui Qin (2007) "The Chinese Comparative Education Society (CCES)". In Masemann, Vandra; Bray, Mark and Manzon, Maria (eds.), *Common Interests, Uncommon Goals: Histories of the World Council of Comparative Education Societies and its Members*, Hong Kong: Comparative Education Research Centre, The University of Hong Kong, and Dordrecht: Springer, pp.225-239.

Hirst, Paul (1974) "Liberal Education and the Nature of Knowledge". In Hirst, Paul, *Knowledge and the Curriculum: A Collection of Philosophical Papers*. London & Boston: Routledge & Kegan Paul, pp.30-53.

Jantsch, Erich (1972) "Towards Interdisciplinarity and Transdisciplinarity in Education and Innovation". In CERI (Center for Educational Research and Innovation), *Interdisciplinarity: Problems of Teaching and Research in Universities*. Paris: CERI, Organisation for Economic Co-operation & Development, pp.97-121.

Kazamias, Andreas M. (2001) "Re-inventing the Historical in Comparative Education: Reflections on a Protean Episteme by a Contemporary Player". *Comparative Education*. 37(4), pp.439-449.

―――― (2009) "Reclaiming a Lost Legacy: The Historical Humanist Vision in Comparative Education". In Cowen, Robert and Kazamias, Andreas M. (eds.), *International Handbook of Comparative Education*. Dordrecht: Springer, pp.1267-1276.

Klein, Julie Thompson (1990) *Interdisciplinarity: History, Theory, and Practice*. Detroit: Wayne State University Press.

Lauglo, Jon (1996) "Evolution of Networks: Evolution from Networks". In McGinn, Noel (ed.), *Crossing Lines: Research and Policy Networks for Developing Country Education*. Westport: Praeger, pp.7-10.

Manicas, Peter T. (1990) "The Social Science Disciplines: The American Model". In Wagner, Peter; Wittrock, Björn and Whitley, Richard (eds.), *Discourses on Society: The Shaping of the Social Science Disciplines*. Dordrecht: Kluwer Academic Publishers, pp.45-72.

Manzon, Maria (2011) *Comparative Education: The Construction of a Field*. Hong Kong: Comparative Education Research Centre, The University of Hong Kong, and Dordrecht: Springer.

Manzon, Maria and Mark Bray (2007) "Comparing the Comparers: Patterns, Themes and Interpretations". In Masemann, Vandra; Bray, Mark and Manzon, Maria (eds.), *Common*

Interests, Uncommon Goals: Histories of the World Council of Comparative Education Societies and its Members. Hong Kong: Comparative Education Research Centre, The University of Hong Kong, and Dordrecht: Springer, pp.336-363.

Martínez, María Jesús (2003) *Educación Comparada: Nuevos Retos, Renovados Desafíos*. Madrid: La Muralla.

Masemann, Vandra, Mark Bray and Maria Manzon (eds.) (2007) *Common Interests, Uncommon Goals: Histories of the World Council of Comparative Education Societies and its Members*. Hong Kong: Comparative Education Research Centre, The University of Hong Kong, and Dordrecht: Springer.

McGinn, Noel F. (ed.) (1996) *Crossing Lines: Research and Policy Networks for Developing Country Education*. Westport: Praeger.

Naya, Luis M. and Ferran Ferrer (2007) "The Spanish Comparative Education Society". In Masemann, Vandra; Bray, Mark and Manzon, Maria (eds.), *Common Interests, Uncommon Goals: Histories of the World Council of Comparative Education Societies and its Members*. Hong Kong: Comparative Education Research Centre, The University of Hong Kong, and Dordrecht: Springer, pp.214-224.

Ninomiya, Akira (2007) "The Japan Comparative Education Society (JCES)". In Masemann, Vandra; Bray, Mark and Manzon, Maria (eds.), *Common Interests, Uncommon Goals: Histories of the World Council of Comparative Education Societies and its Members*. Hong Kong: Comparative Education Research Centre, The University of Hong Kong, and Dordrecht: Springer, pp.128-138.

Rogers, Everett M. (2003) *Diffusion of Innovations*. 5th edition. New York: Free Press.

Rust, Val; Soumaré, Aminata; Pescador, Octavio and Shibuya, Megumi (1999): "Research Strategies in Comparative Education". *Comparative Education Review*, 43(1), pp.86-109.

Sadler, Michael (1964 reprint [original 1900]) "How Far Can We Learn Anything of Practical Value from the Study of Foreign Systems of Education?". *Comparative Education Review*, 7(3), pp.307-314.

Schriewer, Jürgen (2005) Interview by Maria Manzon, Beijing, China, 23 August.

Sutherland, Margaret, Keith Watson and Michael Crossley (2007) "The British Association for International and Comparative Education (BAICE)". In Masemann, Vandra; Bray, Mark and Manzon, Maria (eds.), *Common Interests, Uncommon Goals: Histories of the World Council of Comparative Education Societies and its Members*. Hong Kong: Comparative Education Research Centre, The University of Hong Kong, and Dordrecht: Springer, pp.155-169.

Swing, Elizabeth Sherman (2007) "The Comparative and International Education Society (CIES)". In Masemann, Vandra; Bray, Mark and Manzon, Maria (eds.), *Common Interests,*

Uncommon Goals: Histories of the World Council of Comparative Education Societies and its Members. Hong Kong: Comparative Education Research Centre, The University of Hong Kong, and Dordrecht: Springer, pp.94-115.

Wagner, Peter and Björn Wittrock (1991a) "Analyzing Social Science: On the Possibility of a Sociology of the Social Sciences". In Wagner, Peter; Wittrock, Björn and Whitley, Richard (eds.), *Discourses on Society: The Shaping of the Social Science Disciplines*. Dordrecht: Kluwer Academic Publishers, pp.3-22.

Wagner, Peter and Björn Wittrock (1991b) "States, Institutions, and Discourses: A Comparative Perspective on the Structuration of the Social Sciences"., in Wagner, Peter; Wittrock, Björn and Whitley, Richard (eds.), *Discourses on Society: The Shaping of the Social Science Disciplines*. Dordrecht: Kluwer Academic Publishers, pp.331-357.

Watson, Keith (1996) "Professional Associations and Academic Networks: Some Observations for the United Kingdom". In McGinn, Noel (ed.), *Crossing Lines: Research and Policy Networks for Developing Country Education*. Westport: Praeger, pp.129-133.

Wilson, David N. (2005) "The Future of Comparative and International Education in a Globalised World". in Bray, Mark (ed.), translated by Umakoshi, Toru and Otsuka, Yutaka, *Comparative Education: Continuing Traditions, New Challenges, and New Paradigms*. Tokyo: Toshindo, pp.23-48 = 2005 デヴィッド・ウィルソン「グローバル化した世界における比較・国際教育学の未来」馬越徹・大塚豊監訳『比較教育学―伝統・挑戦・新しいパラダイムを求めて』東信堂。

WCCES (1996) "Statutes". World Council of Comparative Education Societies. Available on www.wcces.net.

Waterkamp, Dietmar (2007) "The Section for International and Intercultural Comparative Education in the German Society for Education (SIIVEDGE)". In Masemann, Vandra; Bray, Mark and Manzon, Maria (eds.), *Common Interests, Uncommon Goals: Histories of the World Council of Comparative Education Societies and its Members*. Hong Kong: Comparative Education Research Centre, The University of Hong Kong, and Dordrecht: Springer, pp.139-154.

第5章　比較・国際・開発教育
―ローランド・G・ポールストンの研究にみる北米的視座[1]

ジョン・C・ウェイドマン、W・ジェイムズ・ジェイコブ

　本章はローランド・G・ポールストン（Rolland, G. Paulston）による比較教育学の概念的、認識論的枠組みに対する貢献を、その概念的にも表象的にも示唆に富み、かつ高度に分析的なアプローチに焦点を当てながら考察する。近年ではマンゾン（Manzon 2011）の最近の著書、及びエプスタインとキャロル（Epstein and Carroll 2011）において、ポールストンが比較教育学の社会的地図化を試みた際に分析枠組みとしてポストモダニズムを用いたことについて批判的考察を行っているが、我々は、そうしたポールストンの業績の意義に関する議論をさらに展開してみることとする。北米の文脈に本議論を位置付けるため、まず、当該地域における比較教育学の専門分野としての起源を以下で簡潔に述べる。

　北米での比較教育学の専門団体は、1956年4月にニューヨーク大学で行われた会議の際に設立されたことに端を発しており、当初は比較教育学会（Comparative Education Society：CES）と称されていた。学会の設立理念は以下のように記されている（Swing 2007）：

> 　CESへの加入資格は「比較教育学やその他教育原理を研究する教員や学生、大学以外の機関で比較教育に携わる者、教職にある者、さらに、他のディシプリンに属していても比較教育に関心をもつ人に対して開かれていなければならない」（Gerald Read, Minutes, 27 April 1956）。その目標は、野心的であった。たとえば、大学における比較教育学についての教育を推進し、向上すること、この分野での学術的な研究を奨励するとともに、あらゆる分野の研究者がそれぞれの専門領域で比較・国際的側面に関心をもつようにすること、教育者同士の交流と世界中の学校教育システム

の現場レベルでの研究を促進し、他分野の専門家との協力を通じてより広い文化的な文脈で教育発展の解釈を試みること、比較教育に関する研究及び最新の情報を出版し、比較教育の専門家の間で研究、資料や教育実践に関する現場の情報交換を奨励すること、ユネスコ、国際教育機関 (International Institute of Education) や米州機構 (Organization of American States) などの機関と可能な限り連携することを目指す。

　CESには、創立当初から、米国とカナダ両国からの会員がいたため、ここでは北米の団体と位置付けている。しかし、その後時を経て、会員は世界中へと広がっていった。1957年、まだ歴史の浅かったこの団体は、比較教育学において後に非常に重要な国際的学術雑誌の一つとなるComparative Education Reviewを創刊した。そして、1968年には、学会の名称を今日知られている北米比較国際教育学会 (Comparative and International Education Society: CIES) へと変更した。関心のある読者は、CIESのウェブサイトに「公式」な資料として掲載されているスウィング (Swing 2007) による詳細なCIESの歴史と、エプスタイン (Epstein 2008) による、CIESの視点からみた比較国際教育の考察を参照されたい。

　1977年、Comparative Education Reviewは、創刊20周年記念として、「最先端：比較教育学の二十年 "The State of the Art: Twenty Years of Comparative Education"」を刊行した。その際に編集者であったカザミアスとシュヴァルツ (Kazamias and Schwartz 1977：152) は、本特集の目的を以下のように説明している。

　1970年代には、学問分野としてさらなる洗練と統合に対する喫緊のニーズが高まったと同時に、新たな潮流による1960年代の伝統に対する挑戦がみられた。教授法や学校現場のエスノグラフィー、多文化教育やノンフォーマル教育、葛藤理論に基づく分析モデルや比較研究のイデオロギー的前提条件に以前に増して関心が集まるようになった。我々は、こうした諸傾向は比較教育学の新時代の幕開けを告げるものであると考える。本特集号の目的は、比較教育学の現状を批判的に認識することで、新たな道のりを歩み出すための一助とすることである。

特集号の執筆者やテーマの選択について、カザミアスとシュヴァルツ (1977：152)は以下のように述べている。

> 執筆陣は、本特集が検討する期間に北米比較国際教育学会の会員及び Comparative Education Review 掲載論文の著者を数多く輩出したという理由から、アメリカとカナダの比較教育研究者の中から選抜した。扱うテーマは、これまで学会の事務局に関わった者、Comparative Education Review の編集委員、顧問編集委員、編集委員会のメンバー、各大学の比較教育学プログラムを担ってきた研究者たちとの長い議論を経て選ばれた。

ローランド・ポールストン(Paulston 1977)は、この特集号の中で、その後の比較国際教育学関連の学術的研究の社会的地図を描く研究の基礎となる論文を発表した。この論文は、ポールストンが、比較国際教育研究の分野に存在する多様な理論的視座、認識論、研究枠組みの間の関係性の理解に関する第一人者として発表する様々な論文の基礎となった（1993, 1994, 1996, 1997, 1999, 2000a, 2000b）。ポールストンの経歴の様々な側面については、彼の元博士課程学生の一人であるエスター・ゴトリーブ(Gottlieb 2009)に詳しいため、ここでは繰り返さない。本章ではむしろ、ポールストンによる各種パラダイム、概念、認識論と比較国際開発教育(Comparative, international, and development education: CIDE)分野の研究者のマッピングに関する研究に注目する。ここでは比較教育学を、応用研究も基礎理論研究も含み、特定の国々の教育を叙述するものから、時に国家間の比較なしに、教育の国際開発への貢献に関するような理論的研究までを包括するものとして、敢えて広義に捉えることとした。ポールストンの研究はこうした多様な側面を繋ぐものであり、キャリアの初期に携わったラテンアメリカでの重要なプロジェクトの影響を受けていた。我々の意図はポールストンが取り組んだテーマやアプローチに関する言説を前進させ、可能であれば、CIDE の新しい方向性を導き出すことである。

本章の次のセクションでは、比較国際教育学の社会地図化に関する研究

の主な側面に焦点を当てながら、ポールストンの思考がどのように深まっていったかを検討することとする (Paulston 1977)。彼の業績は、まず、理論的視座と各種パラダイムのマッピング研究 (Paulston 1994) に始まり、「知識形成に関する研究者の立ち位置と彼らが形成するコミュニティー」のマッピング (Paulston 1999)、そして最終的に「表象の様式と形態」のマッピング (Paulston 2000b) へと展開していく。表象の様式と形態は、特定の概念枠組みに根差した方法論的アプローチにも反映されるものとして捉えられている。本章では、ポールストンの視座と学術的表現の方法が、社会学に代表されるような社会科学の比較的狭いパラダイムに基づく非常に構造的かつ限定的な境界を持つ類型や図表から、よりゆるやかな境界と雲のような漠然とした集合体になり、さらに学術分野としてのCIDEの視覚的演出についての広範な検討がなされた奇抜なマップへといかに展開していったのかを示す。

我々は、ポールストンが用いたポストモダン的視点は、CIDEを様々な声(歴史的に沈黙を余儀なくされてきたものも含めて)や視座へと開放し、また彼の同僚や学生に対する励ましにみられるように、研究の地平を拡大し、翼を広げてより困難な研究課題に積極的に取り組み、様々な方向へと研究を発展させていくための実験的な装置として捉えることができると考えている。また、ローランド・ポールストンのライフワークは、他者について考察する際に、比較・国際教育学の研究者と実務家もまた自らが参照している認識の枠組みとそこに反映される理論、人々や社会構造に関する想定を明確に理解していなければならないという、今日ますます重要となっている警告を我々に思い出させてくれる。筆者は、ポールストンの研究に触発されたCIDEの「理論的コンパス」を使って、読者が自らの道のりを描いてみることを提案したい。

ポールストンは、常にその考察を「微調整」していたのであり、「地図」も含めてときに似通った論文や章を様々な場所で発表していた (例えばPaulston 1993, 1994, 1997, 2000a; Paulston and Liebman 1994, 1996-2000)。ポールストンが自らの考えを発表することに力を注いでいたのは、学会誌の電子版へのアクセス拡大が起こる少し前の時代のことであった。ガーランド社が1996年以降、ハードカバー版の『社会的地図 Social Cartography』を増刷しなかったため、彼は1999年に出版権を買い取り、同書をペーパーバック版としてピッツバー

グ大学出版会から出版した。これらの本は表紙が異なることを除いて同一のものであるため、どちらを引用するかによって二つの出版年が(1996年と2000年)出てくる。ポールストンは仕事にコンピューターを使用せず、鉛筆による手書きを好んだが、電子版の引用・参考文献データベースの重要性を予見しており、29もの図やチャートを含めた長編の研究(Paulston 2000a：1997年Compare所収)をフリーアクセスのオンラインデータベース、Education Resources Information Center (ERIC)に登録するよう手配をしていた。

1．ローランド・ポールストンの社会的地図を描く旅

ポールストンの社会的地図や視覚表現に対する飽くことなき興味の土台は、カリフォルニア大学ロサンゼルス校の学部生として、地理と美術史を専攻しながら、メキシコ大学で1年間人類学を学びフィールドワークを行った時代に築かれたものであったと言える。その後、経済地理学の修士号をストックホルム大学で習得し、その後ロサンゼルスの公立学校で3年間、モロッコのタンジール・アメリカン・ハイスクールで3年間の計6年間、社会科を教えた。

1966年、コロンビア大学のティーチャーズカレッジにて教育博士を取得し、客員助教及び研究助手としてラテンアメリカ教育研究センターに、1968年にピッツバーグ大学教育学部の国際教育開発プログラム(International and Development Education Program)へ助教として異動するまで在籍した。その後、急速な昇格を経て、1972年に教授に就任した。1975年、ポールストンはIDEPでの同僚であったドン・アダムス(1965年、その後シラキュース大学へ異動)やウィリアム・ジョンソン(1959-1960)に次いで、比較国際教育学会の会長となった。次節では30年以上に及んだポールストンのCIDEの認識論、パラダイム、研究視座に関する研究を、時代ごとに検討していく。

1　1970年代の理論的分類と類型の発展

ポールストンが初めて本格的にCIDEの社会地図化を試みたのは、1970年代であろう。飽くことのない読書家だったポールストンは、世界銀行の

ために二つの大きな先行文献レビューに取り組んだ。一つ目は社会と教育の変化に関する理論を主要なテーマや視点によってまとめたものである(Paulston 1975)。こうした背景をみれば、ポールストンがIDEPで「社会及び教育変化の理論」という、今日に至るまでピッツバーグ大学で比較国際開発教育学を専攻するすべての博士課程学生の必修科目となっている講義を計画、担当したのも驚くことではあるまい。世界銀行のための二つ目の研究(Paulston 1978)は上記の研究をさらに発展させたもので、理論のみに重点を置かず、プロジェクトや、教育システムの変革に関連するその他のフィールド経験をも論じたものとなった。これは膨大な作業であり、1978年版のみで、レターサイズ(約22センチ×28センチ)の用紙にシングルスペースで527ページもあった！

　ポールストンが考案したこの分析枠組みを論じた初の主要学術論文は、「最先端：比較教育学の二十年」と題されたComparative Education Reviewの二巻組特集号(1977, Vol. 21, nos. 2-3)に掲載された。この論文(Paulston 1977, Figure 1: 372-373)では、社会変化に関する、それぞれが四つの一般理論を含む2つの「パラダイム」が提示された：(1) 均衡パラダイムとそれに関連する諸理論(進化論、新進化論、構造機能主義、システム論)、(2) 葛藤パラダイムとそれに関連する諸理論(マルクス主義、新マルクス主義、文化的再生理論, 無政府主義者的ユートピア論)。

　ポールストンは、この二つのパラダイムに基づく枠組みをより詳細なものとし、社会科学系ディシプリン——とくに社会学——に由来する理論はいかにして様々な国家の状況での教育変化／改革を描写するために用いることが可能かを示した。ポールストンが論文の中で示した「図1」はマスの中に文字のみが書いてあり、図と言うよりは表だったが、当時はこうした名称が一般的であった。このマトリックスが20年後に再出版された際には、名称は「表1」へと変更された(Paulston 1999：443)。

2　比較教育学の諸理論のマッピング：1990年代初頭

　自らの研究についての自伝的な回想の中で、ポールストンは、彼の比較教育研究のフィールドの最初の「地図」へとつながった出来事について述べてい

る。

　1991 年の夏、私は「未知のフロンティア」への旅が、知を表象し差異を視覚化するための新しいアイデアを呼び起こしてくれるのではないかと期待して、バンクーバーにあるブリティッシュコロンビア大学へ客員教授として赴いた。冷戦構造がその対立的な物語たちとともに崩壊し、ポスト構造主義、ポストモダン・フェミニストやポスト植民地主義研究などにみられる刺激的かつ新しい視点が登場したことで、我々の住むこの世界について再考し、醜く古い地図に別れを告げる機会にあふれた、生き生きとした時代が訪れたように思われた。

　その後、秋にピッツバーグ大学に戻ると、私は比較研究の空間的変化が、明示的な理論や何が真実かに関する主張にはさほど重きが置かれず、むしろ、移りゆく世界の中で人々に体現され、特定の場で構築される、相反しながらも補完し合う諸々の見解として、知識を偶然性の中で捉えることに関心が集まっていることに徐々に気づいていった。

　この頃、ドン・アダムスから教育学国際事典の「比較教育学：パラダイムと理論」(Paulston 1994) という項目の執筆をしないかとの誘いを受けた。私はそれがポスト・パラダイム論的なものになる、すなわちますます複雑になっていく、研究分野を構成する主要な言説コミュニティー間の概念的関係性に関する私の見解を遠近法を用いて「地図化」するという条件で引き受けた。1992 年 7 月、私は比較を差異の並置と捉えたこの研究を、プラハにあるチャールズ大学で開催された、第 8 回世界比較教育学会 (World Congress of Comparative Education Societies) にて「理論的地平のマッピング：知的フィールドとしての比較教育」という、私好みのタイトルで発表した (Paulston 2000a：309-310, 312)。

　ポールストンがプラハで発表した"比較国際教育研究のテキストに見るパラダイムと理論"の"地図"(図 5−1 参照) は、その後数回にわたって出版

第5章　比較・国際・開発教育　133

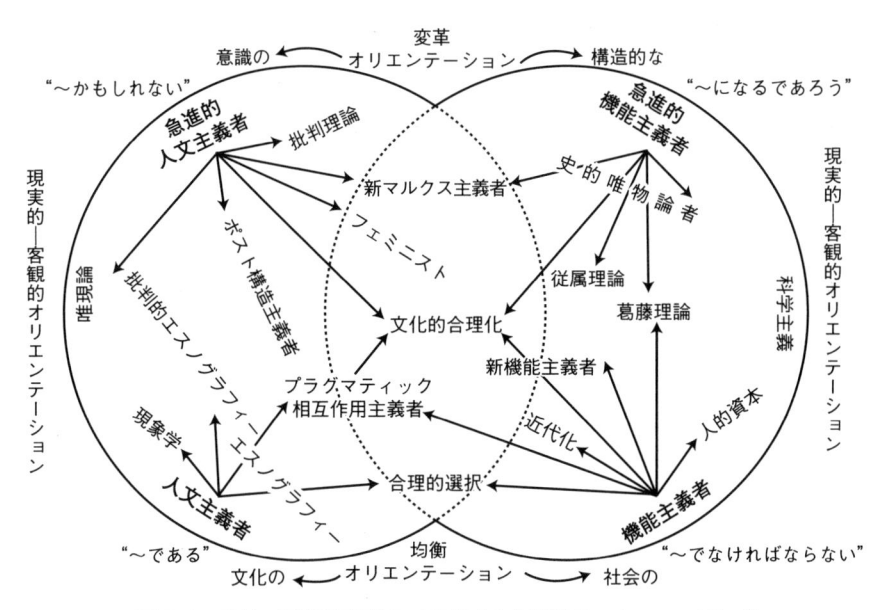

図5-1　比較・国際教育学のパラダイムと理論のマクロマッピング
出所：Paulston（1994：931）の再版（Elsevier の認可済）

された（Paulston 1993, 1994, 1997, 2000a; Paulston and Liebman 1994, 1996–2000）。

　この新しい地図で、ポールストンは初期の根本的に「客観」的な次元描写に「主観」的な側面を加えることで、1977年の Comparative Education Review 掲載の論文で発表した従来の「客観」的分類方法を超えた。バレルとモルガン（Burrell and Morgan 1979：27）の研究に依拠しながら、ポールストン（1993：109）は初期の2パラダイムによる分類を「比較国際教育研究のテキストにおける知的視座の実験的分類法」と自ら名付けた4パラダイムに基づくフレームワークへと発展させた。ラストとケンデル（Rust and Kendere 2011）は、バレルとモルガン（1979）による2×2のオリジナルの類型も含めて、ポールストンが見出し、使用した社会科学系パラダイムに彼がどのようにアプローチしたかを分析している。

　ラスト（Rust 1991）の CIES 会長演説に刺激を受け、ポールストンと彼の博士

課程の学生であるリーブマンは、「ポストモダン的思考」を称揚し、それによって、ディシプリンを跨いで影響力を増しているように思われたポストモダン的視座を考えるうえでの複数の概念的枠組みに関する考察の口火を切ったのだった(Paulston and Liebman 1994：216)。反対意見も存在するが(Epstein and Carroll 2011; Manzon 2011)、ポールストンとリーブマン(1994：216)は、ポストモダニズムを比較教育研究内の探求を促進し、概念マップでの視覚を用いた表象に象徴されるような、複数の視点に関する幅の広い考察ための素材の一つと考えていると述べ、同胞の研究者に対してこう呼びかけた。

　　それぞれの学問分野をポストモダン的に統合させ、より説明力を高め、比較に基づいた、多様な志向性に開かれた、ポストモダン的学問ディスコースにしていくこと(が必要である)。これはポストモダニズムを促進しようとするものではなく、社会的地図を適切に、思慮深くかつ巧みに描いていくこととその活用を通して、比較を用いる研究領域の知識基盤を拡大する可能性を示唆しているのである。ポストモダンは、社会的地図を描く作業に道を開く。

　こうした考察の成果物である「地図」は、長期に渡る構造／機能主義の優位を乗りこえることで、比較教育学分野に議論を提起することになった。この図の元になっている概念的枠組みは、バレルとモルガン(1979)の4つの「根源的パラダイムまたは世界観」の枠組みが反映されている。しかしながら、実際の研究者が書いたテクストの事例分析に基づいて、ポールストンは4つのパラダイムのそれぞれに「(パラダイムから)派生した『学説』」を当てはめていった。

1. 機能主義(「〜しなければならない」)
　　・近代化論及び人的資本論
　　・新機能主義
　　・合理選択論、ミクロ−マクロ理論
　　・葛藤理論
2. 急進的機能主義(「〜するであろう」)

・従属論
・歴史的唯物論
・新マルクス主義、ポストマルクス主義
3. 急進的人文主義(「〜することができる」)
・批判理論及び批判的エスノグラフィー
・フェミニスト
・ポスト構造主義及びポスト近代化論
4. 人文主義者(「〜である」)
・実用的相互作用主義者
・エスノグラフィー(民族誌)及び民族学
・現象学、エスノメソドロジー(Paulston 1993, Table II: 109)

　この図は、バレルとモルガンの、あらかじめ決められた型に分類していく類型学的な枠組みから重要な発展をみている。4つのパラダイムは、2つの同心円によって表され、その中に「派生した学説」が図示されている。円の外部の境界は実線で示されているが、重なっている箇所の境界は点線で示されており、これは学説間の共通性や共有(「相互借用」)による概念どうしが関わり合っている可能性や流動性を示唆している。ポールストンは、この図について以下のように述べている(1993：106)。

　　この4つのパラダイムの結節点は、テクスト内及びテクスト間の分析結果から導き出されている。分野内のテクストを分類、配置するにあたり、テクストの社会的及び教育的変化に関する志向性(縦軸)と、現実の解釈に対する志向性(横軸)を座標として用いた。矢印が示しているのは、相互借用と相互作用の方向と度合いである……(中略)　この図が意図するところは……(中略)　大きな動きの中で当該分野における意味や出来事、対象物を記述し直し、位置づけ直すことである……．(中略)　今や比較教育学は、早い時代の基礎をなすテクストに示されたような対象化されたイメージよりは、知識コミュニティーが多岐に渡って複雑に絡み合う、発見的な地図としてみることができる。

3　知識の形勢とコミュニティーの図示：1990年代中頃以降

　1990年代後半までに、ポールストン（1999、2000b）は、比較教育学の学説とテクストを同心円で表した彼の図の根底にある、高度に体系化されたパラダイムの見方をさらに発展させていた。彼は、1999年に初版が出た本の中で図示されているように、CIDEのディスコースの中の多様な観点を歓迎し、受け入れるため、ポストモダニズムを探索的方法として使用する試みをさらに押し進めた（図5-2を参照）。ポールストンは、自分の地図に用いたラベルに決して満足することなく、常に見直し、改良を加えていた。最終的に、この図が2000年に再版された際には、図のタイトルに「くもの巣状の図….」という言葉を付け加え、元の説明文を修正し、比較教育学者への挑戦とした。そして、彼はいつものように答えではなく、疑問提起によって論考を締めくくった。

　　　テクスト間の空白のスペースを可視化したこの図では、矢印は知識の流れを示し、挙げられている名前は論文の筆者個人をさすのではなく、論文に引用されているテクストの筆者を示している。モダニストの文章で好まれるユートピア（現実には存在しない場）とは対照的に、この図は、ミシェル・フーコーの「異所形成（ヘテロトピア）」の概念に影響を受けている（Foucault 1968：25）。これらは、神話であると同時に日常の、さまざまな視点が競合する場として描かれている。ポストモダニストの文章で上述のように異所形成が好まれるのは、ポストモダニストは「現実の中で、いくつかの空間、いくつかの場を同時に併存させることができる」ためである。比較教育学の未来は、異所形成の概念の中に見出すことができるのか、それともユートピアなのか、もしくは両方か、それともどちらにも見出せないのであろうか。

　この図では、ポールストンは実線の境界を用いず、透過性のある、点線を用いて雲のように不揃いの図形を描き、「知識の位置づけとコミュニティ」を示した。この図の横軸は、社会の性質についての仮説やイデオロギーといったものを示しており、従来の図にあった「現実主義―客観主義的な志向性」を

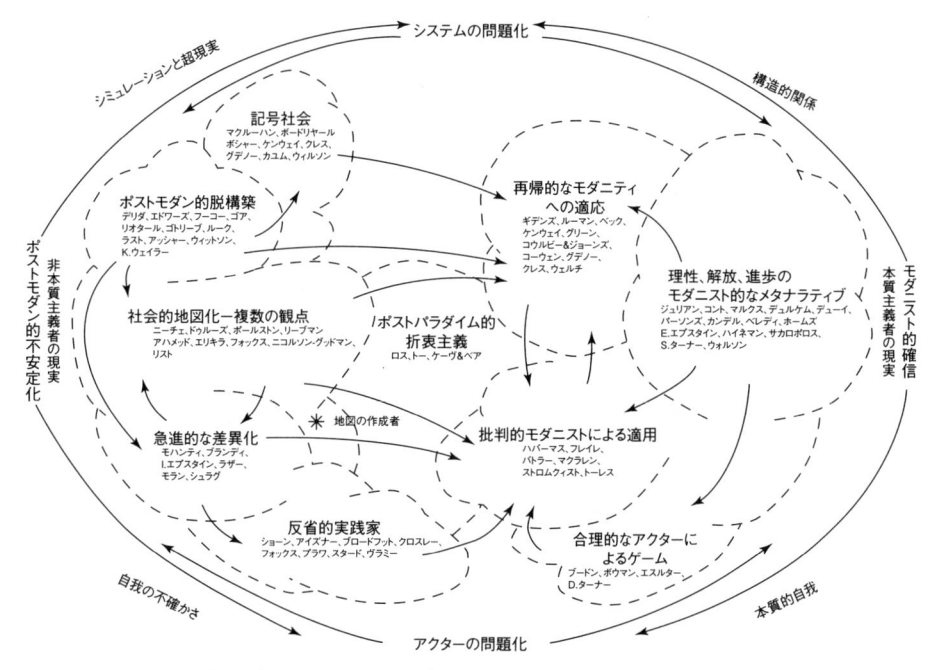

図 5-2 比較教育学（とそれに関連する）分野におけるポストモダニティー言説を構成する知識の位置づけとコミュニティを表すくもの巣状の図
出所：Paulston（1999, 445）の再版（Comparative Education Review の許可済）

「モダニスト的な確実さ」に、「理想主義―主観主義的な志向性」を「ポストモダン的な不安定さ」に置き換えている。縦軸は、調査や実践を行う際の重点がどこに置かれているか、社会構造（「システムを問題視する」）か、人々（「アクターを問題視する」）か、を表わしている。全体では、十の「知識コミュニティー」が座標軸上のそれぞれの位置に従って、互いに重なり合いながら雲のように配置されている。

　この図は、ポールストンが引き続き発展させてきた「比較教育学の言説」の概念化であり、地図的な叙述である。この図はまた、分野の流動性とともに、彼が前に「相互借用」と呼んだ（Paulston: 1993）、様々な視点が互いに重なりあう様を描いている。さらに、ポールストンは自分自身の研究を代表的なテク

ストとして位置づけ(中央の少し左、「Mapper(地図作製者)」)、自ら省察してみせることで、比較教育学者や実践家に対して、自分自身の考え方が、「競合する現実を比較する」という自らの研究にどのように影響するかを認識することの重要性を強調している(Paulston 2000b)。彼はここでも、この図を特定の研究を固定的、絶対的に分類したものとしてではなく、探索の道具とみなすよう促している。

4 比較国際開発教育の言説における「表象的ジャンル」(手法)の地図化
—1990年代半ば以降

　ポールストンの地図化作業の最終段階として、彼は、学問上の認識や理論が表現される様々な形態を考察することによって、認識論的、理論的な視点の研究を拡大させた。図5-3はそうして生まれた地図である。

　この図では、横軸には概念／認識論のスペクトル(図の左側に解釈主義者、右側に本質論者)を置き、縦軸には表象のスペクトル(図の上部に視覚的表象、下部に言語的表象)を置いている。図の真ん中は、ポールストンが「コーラ：潜在的な新生形態のスペース」と名付けた新しい表象形態の空間になっている。「コーラ」は、CIDEが新しいアイデアや視点の進化を広く受け入れるようになる、という可能性(ポールストンからすればまさしく義務である)のシンボルである。また、この図は、明らかにフェミニストの志向性をもっている。このマップの中央の周りに重なりあって、様々な情報／データ／根拠を提示する様々な方法がそれぞれの概念の関連性に基づいて雲のような形態で表現され、並べられている。

　我々は、この図はとくに、社会科学や教育研究における理論と方法論の間の複雑な関係性を理解する手助けとして利用できると考えている。この図の「視覚的表象」や「言語的表象」の形態は、右側(本質論／客観主義)に行くほど量的アプローチを、左側(解釈論／主観主義)に行くほど質的アプローチを表し、一般的に使用される研究手法として理解されよう。ポールストンは過去5年間のCIDEの言説の進展を知れば喜ばしく思うだろうと確信しているが、それにつけても、彼のこの分野に対する忠告を繰り返すことには意味があるだ

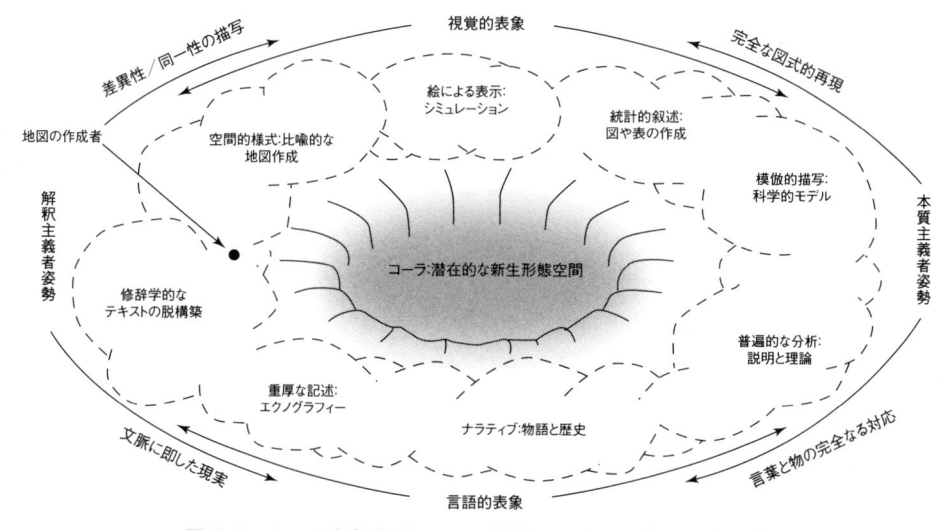

図5-3　8つの表象的ジャンル／形態のテクスト間マッピング
出典：Paulston（2000b：364）より抜粋（Compare の許可済）

ろう。

　我々比較教育学者は、自らが選び取る考え方や表現形態によって、現実が構築、解釈され、意味や価値が創造され、それらがさもなければ不規則な世界に当てはめられる方法やそれに対する我々自身の考え方に影響を与えていることを認識し、その意味について考察しなければならない時期が来ている。（Paulston 2000b：364）

2．道筋を図示する：CIDE の理論的羅針盤

　地図製作者は長い間、地形の現実をできる限り正確に表現できるように様々な道具を使ってきた。座標を設定したり、距離を測定したり、地形を識別するのには異なる道具が使用される。羅針盤は方向を確認し、座標を設定するための必須の道具であり、地図製作において、おそらく他のどの道具よりも重要であろう。羅針盤は地図を製作する者

やのちにその地図を使う者を導く道具でもある。信頼できる羅針盤によって未知の領域への航海が可能になるのであり、何世代にもわたって、探検家や航海士たちを導いてきたナビゲーション・ツールなのである。

　羅針盤はCIDEにおける社会理論や社会地図製作にも使える道具である。社会的羅針盤の比喩は、ポールストン(1993)の同心円状の図を応用した図5-4に示すことができる。この理論的羅針盤の比喩は、CIDEという学問領域の独自で豊かな伝統に基づき、エプスタインとキャロル(2011)が「先祖(ancestors)」と呼んだ、従来の研究者たち——地球上のすべての地域出身の研究者たち——によって築かれた、かけがえのない基礎に支えられている。

　CIDEの理論的羅針盤は、その中心に核を持つ球体であり、個々の研究者が研究の状況や環境、ニーズ、文脈に応じて一つもしくは複数の理論に研究の基礎を置くことの重要性を強調するため、「理論」という言葉が書かれている。CIDEの理論的羅針盤は、理論を選択したり、創造したりするのに用いることもできるし、特定の視点(自分の視点や他の人の視点)を位置づけるための手引きとしても用いられよう。

1　計画、ニーズ、文脈に基づいた理論の選択

　理論的枠組みを選択することは、研究や教育改革、新たな国家教育政策イニシアチブなどをデザインする際に必要であり、その選択は実施される事業の目標や目的に応じてなされる。研究者や政策立案者、実務家のニーズに見合う概念枠組みを選んだり作ったりするのに必要な柔軟性を担保するため、理論の選択は多くの場合開放的で、折衷的なアプローチで行うのがよい。

　理論的な道筋を図示することは容易ではない。大学院生はよく、自身の研究を導いてくれる適切な理論を特定するのに苦労している。経験のある研究者ですら、適した枠組みを作り出すのには苦労している。教育プログラムや政策の定期的な評価は、理論とともに実践の知識に裏打ちされていなければならない。さらに、教育実践への裏付けや根拠が理論的な視点からもたらされることもある。ポールストンが提起したように、研究者は、自分の視点がどのように研究の結論やそこから導き出される提言に影響しているのかを認

図5-4　CIDEの理論的羅針盤

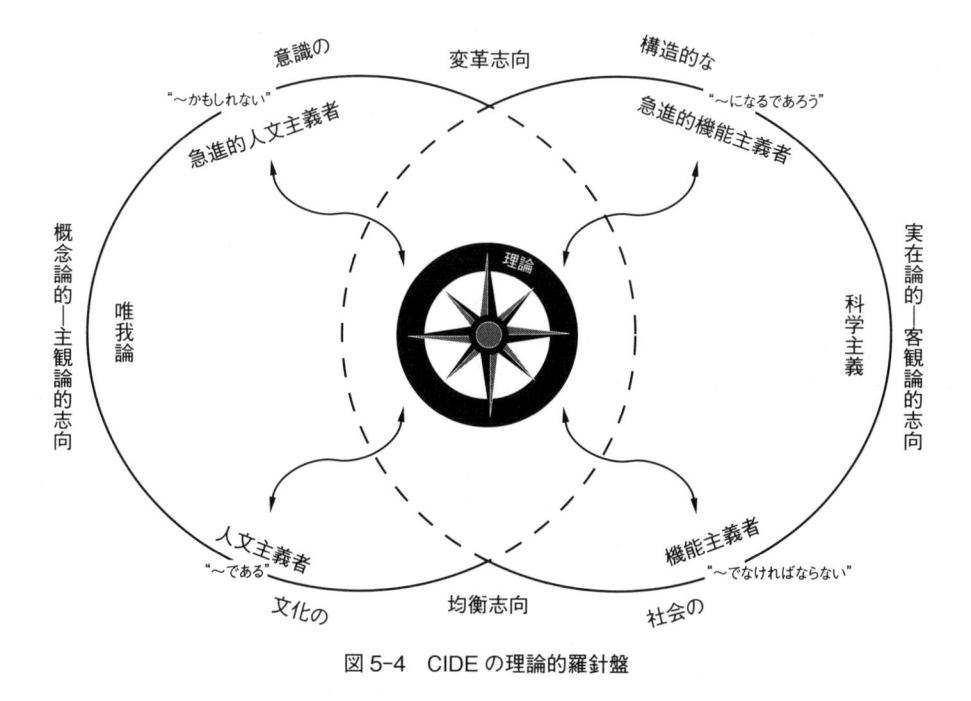

識するために、自身の準拠する枠組み(frame of reference)の位置づけを知るべきである(し、実際そうする義務がある)。

2　CIDE研究における理論生成の継続的必要性

　CIDEの現象を十分に説明できる既存の理論が存在しない中、CIDEの理論的羅針盤は理論生成のプロセスを通してこの未知の領域を探求するのにも利用できる。これには、理論的なギャップがどこにあるのかを特定し、元となった考えや理論的アプローチを詳細に説明する綿密な文献レビューが必要である。理論生成は、綿密な概念化と同時に、異なる視点に開かれた余地がある場合にしか成しえない。様々な側面での多様性——視点、観点、認識論、理論、手法、イデオロギー、言語、文化、アイデンティティ、民族など——を認識し、それを受け入れることは、CIDE研究における持続的な理論生成と、政策や事業の展開に不可欠である。

CIDE 研究における多様な、または異なる理論的視点に対して沈黙することは、当分野が成しうることの可能性を制限することである。我々は、ある種の CIDE 研究を流行させるような、気まぐれで偶発的な見解で、既存の理論を置き換えようと言っているのではない。むしろ、我々は、CIDE 研究者は、たとえ個人の「快適ゾーン」を超えなければならないとしても、自分の研究に使える理論枠組みを幅広く考慮する開放性が必要であると述べているのである。時にはこれは、理論を自ら形成することをも意味する。新しい理論や異なる理論は、パラダイム的な、広く受け入れられている考え方を脅かすかもしれないが、それらは今日の教育が直面する大きな変化や、まだ見ぬ明日の新たな課題に対応するためには不可欠のものである。

　我々は比較教育、国際教育、開発教育の分野に携わるすべての人々に、新たな課題や挑戦と今後の言説に対する開放性を保ちつつ、適切な理論的観点に根差した道筋を描き出すことを推奨する。さらに、我々は CIDE の研究の根底にある枠組みや視点を、反省的に、明確に認識する必要についても強調したい。ポールストンが発表した様々な図は、CIDE の分野を発展させるのに役立ったのと同じくらい、今後それらに基づいて新たな試みをしたり、他の目的のために使用したりするのにも役に立つものである。ポールストンは 6 年前に他界したが、今後、ポールストンにならって CIDE の教育、研究、政策改革、行政、学習観などについての自分の立場を図示していくのは我々である。理論と実践という新たな領域への、刺激的で実りある旅の方角は、CIDE の理論的羅針盤が、いやまたは今後生み出される何か他のものが、導いてくれるであろう。

　1　この章の多くの部分は、出版社の許可を得て、Weidman and Jacob (2011) に基づいている。

引用文献

　Burrell, Gibson and Gareth Morgan (1979) *Sociological Paradigms and Organisational Analysis*. Burlington, VT: Ashgate Publishing Co.
　Epstein, Erwin H (2008) "Crucial Benchmarks in the Professionalization of Comparative Education." In *Comparative Education at Universities World Wide*. Second Edition. ed. Charl Wolhuter, Nikolay Popov, Maria Manzon and Bruno Leutwyler (pp. 9-24). World Council

of Comparative Education Societies, Bureau for Educational Services. Retrieved from http://www.cies.us/history.htm

Epstein, Erwin H. and Katherine T. Carroll (2011) "Erasing Ancestry: A Critique of Critiques of the Postmodern Deviation in Comparative Education." In *Beyond the Comparative: Advancing Theory and Its Application to Practice. A Festschrift in Honor of Rolland G. Paulston*, ed. John C. Weidman and W. James Jacob (Chapter 3). Rotterdam: Sense Publishers.

Foucault, Michel (1968) "Of Other Spaces." *Diacritics*, 16 (1), pp.22–28.

Gottlieb, Esther E (2009) " 'Somewhere Better Than This Place/Nowhere Better Than This Place': The Lifemap of Rolland G. Paulston." *Prospects*, 39 (1), pp. 91–101.

Kazamias, Andreas M. and Karl Schwartz (1977) "Introduction." Special Issue, "The State of the Art: Twenty Years of Comparative Education." *Comparative Education Review*, 21 (No. 2/3), pp. 151–152.

Manzon, Maria (2011) *Comparative Education: The Construction of a Field*. CERC Studies in Comparative Education 29. Springer: Comparative Education Research Centre, The University of Hong Kong.

Paulston, Rolland G (1975) *Conflicting Theories of Social and Educational Change*. Washington, DC: The World Bank.

———— (1977) "Social and Educational Change: Conceptual Frameworks." *Comparative Education Review*, 21 (No. 2/3), pp. 370–395.

———— (1978) *Changing Education Systems: A Review of Theory and Experience*. Document RPO 671–19. Washington, DC: The World Bank.

———— (1993) "Mapping Discourse in Comparative Education Texts." *Compare*, 23 (2), pp. 101–114.

———— (1994) "Comparative Education: Paradigms and Theories." In *International Encyclopedia of Education*. ed. Torsten Husèn and T. Neville Postlethwaite (pp. 923–933). New York: Elsevier Science.

———— ed. (1996-2000) *Social Cartography: Mapping Ways of Seeing Social and Educational Change*. New York: Garland (1996, hardback only); Pittsburgh, PA: University of Pittsburgh Book Center (2000, paperback only).

———— (1997) "Mapping Visual Culture in Comparative Education Discourse." *Compare*, 27 (2), pp. 117–152.

———— (1999) "Mapping Comparative Education after Postmodernity." *Comparative Education Review*, 43 (4), pp. 438–463.

———— (2000a) "A Spatial Turn in Comparative Education? Constructing a Social Cartography of Difference." In *Discourse Formation in Comparative Education*. ed. Jürgen

Schriewer (pp. 297-354). Frankfurt: Peter Lang. Available online at: http://www.eric.ed.gov, Accession Number: ED442711.

―――― (2000b) "Imagining Comparative Education: Past, Present, Future." *Compare*, 30 (2), pp. 353-367.

Paulston, Rolland G. and Martin Liebman (1996-2000) "Social Cartography: A New Metaphor/Tool for Comparative Studies." In *Social Cartography: Mapping Ways of Seeing Social and Educational Change*. ed. Rolland G. Paulston (pp. 7-28). New York: Garland (1996, hardback only); Pittsburgh, PA: University of Pittsburgh Book Center (2000, paperback only).

―――― (1994) "An Invitation to Postmodern Social Cartography." *Comparative Education Review*, 38 (2), pp. 215-232.

Rust, Val D. (1991) "Postmodernism and Its Comparative Education Implications." *Comparative Education Review*, 35 (4), pp. 610-626.

Rust, Val D. and Amanda Kenderes (2011) "Paulston and Paradigms." In *Beyond the Comparative: Advancing Theory and Its Application to Practice*. A Festschrift in Honor of Rolland G. Paulston, ed. John C. Weidman and W. James Jacob (Chapter 2). Rotterdam: Sense Publishers.

Swing, Elizabeth Sherman (2007) "The Comparative and International Education Society (CIES)." In *Common Interests, Uncommon Goals: Histories of the World Council of Comparative Education Societies and Its Members*. eds. Vandra Masemann, Mark Bray, and Maria Manzon (pp. 94-115). Hong Kong: Comparative Education Research Centre, University of Hong Kong.) Retrieved from http://www.cies.us/history.htm

Weidman, John C. and W. James Jacob (2011) "Mapping Comparative, International and Development Education: Celebrating the Work of Rolland G. Paulston." In *Beyond the Comparative: Advancing Theory and Its Application to Practice*. A Festschrift in Honor of Rolland G. Paulston, ed. John C. Weidman and W. James Jacob (Chapter 1). Rotterdam: Sense Publishers.

第6章　大中華圏における比較教育学
学会の変遷、研究課題と近年の発展

莫 家豪（MOK, Ka Ho）

はじめに

　教育研究において、比較教育研究はますます重要な領域になってきている。比較教育学は、多様な地域の教育制度についての情報収集、比較・検討を通して、教育思想や教育経験を学び合うことを目的としている。比較教育研究の対象は広範囲に及ぶ。たとえば、研究トピックは教授・学習から、組織、運営、財政、質の保証、公平性の問題に及び、職業技術教育やノンフォーマル教育も研究対象となる。本章では、大中華圏における比較教育学の発展を、中国、台湾、香港の比較教育学会の組織的変遷と、比較教育研究の主な研究課題と近年の動向から検討する。本章は3節から構成される。第1節では、まず中国・台湾・香港における比較教育学の歴史的背景を紹介する。続いて第2節では、大中華圏の三つの主要な比較教育学会の組織としての変遷について述べる。第3節では、これらの中華社会での比較教育研究の近年の研究課題と刊行物の傾向について論じる。最後に、比較教育研究における地域間協力の可能性について、筆者のこれまでの経験に基づいて述べることとする。

1．大中華圏における比較教育学の発展：略史

1　中国

　中国の比較教育の萌芽は、漢王朝（紀元前206年～220年）や唐王朝（618年～906年）の時代、たとえば教育へのインド仏教の導入などにみることができるだろう。教育思想と教育実践の輸入は、世界との接触、とくに西洋との接触が増えるにつれて拡大し、中国共産党が政権を握り新たに中華人民共和国を建国するまで続いた（Bray and Qui 2001：454）。1950年代と1960年代初頭には、

比較教育とは主にソヴィエトの教育理論と実践を学ぶことをさしていた。この頃、大学内に比較教育学の講座や研究室が創設され、『Education Translation Series（外國教育譯叢）』や『Foreign Education Developments（外國教育動態）』などの学術誌が創刊された。しかしながら、これらはすべて文化大革命――教育機関は閉鎖され教育者は共産主義に与するよう「再教育」された――の際に廃止された（Jing and Zhou 1985：241-242）。

　1970年代後半に門戸開放政策が採られた後、比較教育学も再開されたが、当時の研究は、実際には複数の国や地域を比較したり、中国への示唆を導こうとする「比較教育」研究というよりはむしろ、単一の国の教育発展を紹介することに重きを置いた「外国教育」研究だった。『Foreign Education Developments（外國教育動態）』、『Foreign Education（外國教育）』、『Foreign Education: Information and Reference（外國教育資料）』、『Studies of Foreign Education（外國教育研究）』の四誌が比較教育学の主な学術誌であった。これらの雑誌の研究課題としては、1979年から1989年の掲載論文のうち、「比較教育」の論文は1％から5％を少し上回る程度の極めて少数を占めるに留まっている（Chen 1994）。北京師範大学が刊行していた『Foreign Education Conditions（外国教育动态）』が1992年に『Comparative Education Review（比較教育研究）』に名前を変えた後、発行部数が一万部から五千部に激減したことは、比較研究の洗練されたアプローチよりも外国の教育について知ることに重きを置いていた当時の学界の潮流を反映した事例として、注目に値するであろう（Bray and Qui 2001：457）。

　中国は1980年代から門戸開放し、外の世界との関わりを深めてきたが、中国と外の世界、とくに西洋との間における知識の流れは偏ったものであった。ブレイによれば、「西洋の研究者が中国の伝統に影響される以上に中国の研究者は西洋の伝統に影響を受けており、中国語から英語に翻訳されている本の数は英語から中国語に翻訳されたものよりもはるかに少ない」（Bray 2005：43）。このような不均衡の一因として、金銭的な理由や支援体制の不足によって、中国人研究者が国際舞台に出ていくのが難しいことが挙げられる（Gu 2003）。また、中国の比較教育学に英語の出版物が少ないことも原因である。英語の学術論文であっても、中国出身の研究者ではなく、ほとんど

が海外あるいは香港の中国研究者によって書かれているのが現状である。

2　台湾

　中華民国における比較教育学の歴史は、大学で関連の授業が開講され始め、研究者たちが学術書の執筆や編集を始めた1930年代に遡る。1960年代には学術書の翻訳が出版され始め、1980年代になると台湾で実施された研究が多数みられるようになった(Yang and Shen 1996：385-387)。比較教育学の講座は、1990年代初めまでは国立台湾師範大学、国立高雄師範大学など少数の師範大学と、国立生時大学教育学部にのみ設置されており、比較教育のプログラムに在籍する学生もわずかであった(Yang 1996：198)。このような状況が変化したのは、国立暨南大学が比較教育大学院を新たに設置した1995年以降のことである。ブレイとシン(2001：460)は「先進国を主な対象としていた師範大学における比較教育研究に比べて、この大学院は先進国及びアジアの発展途上国を対象とし、比較教育学研究において、台湾独自の特色を作り出すことを目指している」と述べている。その後、同大学院には、修士課程が1995年、博士課程が1998年にそれぞれ設立されている。

　これらの教育機関における比較教育学の着実な発展をよそに、1946年から1998年の間に主な学術誌に掲載されたいわゆる「比較教育」研究は、外国の教育に関する基本情報の記述にとどまっている、と失望を示す研究者もあった(Lee 1999参照)。また、ヤンとシェンは、台湾の比較教育学の発展には二つの課題があると指摘している。第一の課題は十分な力量を備えた研究者の不足である。これは大学の研究機関で、理論と方法論の科目が充実していないことや、幅広い比較研究ができる外国語話者(英語はのぞく)が少ないことも原因である。第二の課題は、比較教育学は学際的な学問分野であるのに、教育学者以外に、台湾の政治学者、経済学者、社会学者が比較教育研究に興味を示してこなかったことである(Yang and Shen 1996：391-392)。加えて、中国の状況と同様、台湾でも比較教育の英語の出版物が極めて少なく、関連する研究はほとんどが中国語でおこなわれている。この言語の問題は外国との交流の障害となっている。

3　香港

　香港は西洋とアジア及び中国の思想が交差する場所であるというのはよく言われることだが、こうした特徴により、香港は比較教育学者にとって格好の研究対象となっている。例えば、ブレイと大和は、香港のインターナショナルスクールは、「国際比較と国内比較の交差点」(Bray and Yamato 2003：51)であり、比較・対照に値すると述べている。また、香港では多様な教育制度を歴史的文脈の中で理解する比較教育史研究も行れている。植民地主義とポスト植民地主義はおそらく最も研究されているトピックである(Sweeting 1999)。一例として、英国から中国への返還に向けた期間の教育制度の移行過程を研究したブレイ(1997)が挙げられよう。さらに、ロー(Law 1997)は脱植民地化、新植民地化、再植民地化の枠組みを用いて、移行期に高等教育が英国政府と中国政府の政治論争の場となっていった過程を検討している。

　しかしもちろん、研究は決して香港自体にだけに限定されているわけではなく、香港と中国本土(Mok 1999, 2009, 2010b)、シンガポール(Mok and Tan 2004, Mok 2008)、台湾(Lo 2010)、マレーシア(Mok 2007, 2010a)、マカオ(Bray and Koo 1999)などのアジア諸国及び諸都市とを比較した研究も多くみられる。加えて、『Asia Pacific Journal of Education』、『Policy Futures in Education』、『Globalization, Societies and Education』、『Asia Pacific Education Review』などの主要な国際的、地域的な学術誌では、アジアの教育政策、マネジメント、ガバナンスについての比較研究に関する特別号も刊行されている。中国や台湾と比較すると、香港における比較教育学は地域的な視点を組み込んだ真の比較研究の色が濃くなっているものの、アジア以外の地域を対象とした研究が限られていることが課題である。

2．組織上の変遷：中華圏における比較教育学会の近年の発展

　比較教育学会は、比較教育研究を専門とする研究者と教育機関によって設立、維持されている公式の学会組織である。この種の学会の主な活動は、所属する研究者同士の交流の促進、ニュースや情報の発信、学会誌の主宰・編

纂、学術交流活動の企画・運営である。過去20年間、世界中、とくにアジアで比較教育学の学会が増加しているが、学会組織についての研究はほとんどなされていない。メイズマンら(Masemann et al. 2007)はこの種の研究を集めた希少な本である。その他には、比較教育学者のバックグラウンド、研究志向、引用文献に焦点を当てた研究が主で(たとえばCook et al. 2004を参照)、学会の組織や運営についての研究は稀である。しかし、コーウェン(Cowen 1980)も述べているように、比較教育学会が学問分野として確立されていくのに従って、学会組織についての理解を深めることはより重要になってくる。なぜなら、学会を通したネットワークや学問的な活動の分析に基づいて、比較教育学の発展の状況を正確に把握できるからである。

現在、世界比較教育学会(World Council of Comparative Education Society：WCCES)には33の学会が属しており、そのうち8つがアジアで組織されている学会である。比較教育学会の発展を経年分析した研究は存在するが、それらはほとんどがWCCES(Bray 2003; Epstein 1981を参照)やCIES(Comparative and International Education Society)(Cook et al. 2004を参照)を事例として取り上げており、アジアの学会について研究したものはほとんどない。学会数や様々な言語での出版物の増加、アジアにおける研究課題の多様性を鑑みると、学会組織についての我々の理解は不十分である(Bray 2002)。だからこそ、我々が今ここで、アジア地域における比較教育学会の発展を検討する研究を始める必要があるのである。比較教育学会は、世界中で政治的、経済的、社会的、文化的、技術的変革を引き起こしているグローバリゼーションの影響下で、新たな時代に突入している。これらの世界的な変化を考慮しつつ、本論の事例研究ではとくに、研究課題や学術交流に否応なく影響を与えている近年の中国、台湾、香港の関係の緊密化に注目する。

1　中国

中国比較教育学会(Chinese Comparative Education Society：CCES)は、鄧小平が中国の近代化のため改革開放政策を導入した直後の1979年に設立された。その後、1984年に、CCESはWCCESに加盟した。CCESは、北京師範大学国際比較教育研究所、華東大学国際比較教育研究所、東北師範大学国際比較教

育研究所、河北大学日本研究所日本教育局、国立教育科学研究所比較教育局の五つの研究組織を母体として設立された[1]。

当初、CCESは北京師範大学、華東師範大学、東北師範大学、河北大学、華南師範大学の五大学に支援されていた。前CCES会長である顧明遠氏が回顧している通り、CCESで五大学のうちいずれかの大学が主導権を握るということがなかったので、CCESはそれ自体で学会としての活動を企画・実施しなければならなかった。しかし、北京師範大学(Beijing Normal University, BNU)の国際比較教育研究所が、中央政府の権威ある高等教育計画である「211工程」に選ばれ、中国における比較教育研究の拠点となってからは、BNUがCCESでより大きな役割を果たすようになった(Gu and Gui 2007：236-237)。

CCESは年次大会を開催している。中国の政治状況にしばしば左右されるのがCCES年次大会の特徴の一つである。たとえば、武漢で開催された第5回大会は1985年から86年に延期された。これは、1983年から84年に起こった思想汚染排除運動(anti-spiritual pollution campaign)が一因であった。この

表6-1　CCES年次大会、1978－2006年

開催年	開催地	テーマ
1978	北京	外国教育研究に関する情報交換、主要五研究機関における役割分担と協力体制
1979	上海	CCES設立と次回会議までのワークプランの策定
1981	保定、河北省	教育と経済の関係、教育経営と法、教育制度改革、教師教育の傾向、高等教育改革の傾向、外国の教授・学習論の近年の発展、比較教育学の教科書作成に係る課題について
1983	長春、吉林省	比較教育学の学問的基礎、義務教育、産学連携、中国の高等教育改革
1986	武漢、河北省	世界の経験から学ぶ、教育制度改革
1990	天津	教育改革、比較教育学の回顧と展望
1993	北京	21世紀に向けた比較教育学
1995	済南、山東省	アジア太平洋地域の教育と経済発展
1997	黄山、安徽省	伝統文化と教育の近代化
1999	重慶市北碚区	様々な国における変革の世紀の教育
2001	桂林、廣西省	中国の生涯教育
2004	珠海、廣東省	グローバリゼーション下の中国の教育改革
2006	上海	教師教育、カリキュラム改革と国際協力

出典：Gu and Gui（2007：232）

運動は、外国研究に関わる活動を禁止したのである。1986年大会のテーマである「世界の経験から学ぶ……」は、1985年に中国中央委員会が出した教育制度改革にかかる決定(中共中央關於教育體制改革的決定)に追随した内容となった。天津の第6回大会も、1989年6月4日の天安門事件により1990年に延期されている。政府の政策もまた、大会テーマの選択に大きく影響している。1997年の黄山での第9回大会のテーマ「伝統文化と教育の近代化」は、政府の第8期5カ年教育研究計画のプロジェクトの一つであった(Gu and Gui 2007: 231-233)。近年は、2004年大会で「グローバリゼーション」、2006年大会で「国際協力」がテーマとなっており(表6-1参照)、(依然中国に焦点が当たってはいるが)中国の国力が増大するのに伴って、国際コミュニティーとの連携を図りたいCCESの意向を反映しているといえる。

2　台湾

台湾比較教育学会(Chinese Comparative Education Society-Taipei)は1974年に設立され、1990年にWCCESのメンバーになった。CCES-Tの規約では、「主要な国々の教育状況を研究し、国際教育と学術協力を遂行するとともに、自国での教育を振興する」ことを学会の主な目的としている。その責務としては、
- 世界の主要各国の教育データを収集すること
- 各国の最新の教育動向を紹介すること
- 比較教育学を研究し、比較教育学教育の質を向上させること
- 国際理解と教育協力を推進すること
- 中華民国の教育革新のため、研究成果を提供すること[2]

などが含まれる。

CCES-Tは年次大会及びその他の会議を開催している。表6-2によると、2001年から2009年の大会はほとんどが高等教育をテーマとしていること——「競争力」(2002年)、「質の管理」(2004年)、「人材の流動性」(2006年)、「開発とガバナンス」(2007年)、「質の保証」(2008年)——がわかる。表6-1に示したCCESの年次大会とは異なり、CCES-Tの年次大会は2001年の「アジアの教育」、2003年の「グローバリゼーション」、2004年の「国際競争力」、

表6-2　CCES－Tが開催した会議（年次大会以外も含む）、2001－2009年

開催年	テーマ
2001	新世紀のアジアの教育の展望（第3回アジア比較教育学会大会）
2001	知識経済と教育開発
2002	高等教育統合の推進と高等教育の競争力向上
2002	教育研究と実践の対話
2003	グローバリゼーションと教育の競争力：比較教育学の視点
2004	高等教育の質の管理と国際競争力
2005	高等教育改革のグローバリゼーションとローカリゼーション：国際的な改革傾向と台湾の経験に基づく考察
2006	高等教育の発展と人材の流動性：諸国の経験の分析と比較
2007	高等教育の発展とガバナンス：比較の視点から
2008	高等教育の質の保証
2009	教育研究と教育政策の対話

出典：CCES-Tウェブサイト
http://www.ced.ncnu.edu.tw/ccest/english/english.htm; Manzon and Bray（2007：323-324）

2006年の「人材の流動性」などのように、より幅広いテーマを設定している。CCES-Tの年次大会のテーマは多様で包括的であると言える。

3　香港

　香港比較教育学会（Comparative Education Society of Hong Kong：CESHK）はCCESやCCES-Tよりも遅く、1989年に設立され、1992年にWCCESのメンバーになった。CESHK規約の「一般条項」によれば、学会の目的は以下の通りである。
・香港における比較教育学研究を促進する
・香港及び外国の比較教育学の近年の発展について、セミナーや出版物その他を通して知識や情報を発信する
・香港及び外国の、比較教育学やその他の領域の教育研究の学会組織との連携を図る
・上記の目的を果たすため、学会費やその他の方法で資金を調達する[3]

　CESHKは、1994年に香港大学教育学部内に設置された、比較教育研究センター（Comparative for Education Research Center：CERC）と組織的に密接な関わりを持っている。楊鋭教授は一昨年、CESHKの会長とCERCのセンター長を

第6章　大中華圏における比較教育学学会の変遷、研究課題と近年の発展　153

表6-3　CESHK年次大会、2002－2010年

開催年	テーマ	開催地
2002	比較教育学の応用	香港市立大学比較教育政策研究部
2003	変化する社会における教育変容の比較	香港大学教育行政政策学科
2004	グローバル化する世界における比較教育学	香港大学比較教育研究センター
2005	比較教育学のアプローチと戦略	香港教育学院
2006	比較の視点の継続性と変化	香港バプティスト大学教育学部
2007	アジアの世紀における学び合い	比較教育学会及び香港大学比較教育研究センター（アジア比較教育学会との共催）
2008	比較の展望と使命	香港教育学院カリキュラム教授学科
2009	ポスト植民地時代の教育開発	マカオ大学教育学部
2010	地域統合とグローバリゼーション：アイデンティティ、理解と交流	華南師範大学（廣東比較教育学会との共催）

出典：CESHKウェブサイト
http://www.hku.hk/cerc/ceshk/index_conference.html

兼任していた。CERCは組織として独立しているが、CESHKの事務局を兼務しており、ウェブサイトの運営も行っている。

　学問的な活動としては、CESHKは出版よりも学術交流活動に力を入れており、CCESやCCES-Tと同様に年次大会を開催している。香港大学を拠点としながらも、開催校を持ち回りにするなどして、CESHKの年次大会は香港、マカオ、中国本土の高等教育機関とも関係を築こうとしている。2009年の年次大会はマカオ大学教育学部の支援のもとマカオで開催され、最新の年次大会は2010年1月に華南師範大学で開催されている（表6-3参照）。CESHKはまた、2007年にアジア比較教育学会、2010年には廣東比較教育学会と、会議共催という形で、他の比較教育学会も招き入れている。加えて、CEHSKは定期的にセミナーを開催しており、2009年には、欧州比較教育学会の前会長であるロバート・コーウェン教授を招いて、香港大学で比較教育学の将来の発展について基調講演してもらった。これらの活動から、CESHKは地域的な研究ネットワークを構築するため、比較教育研究機関との交流を強く進めていることがわかるだろう。

3. 研究の焦点と出版物の傾向

　CCES、CCES-T、CESHKの研究の焦点がどこに当てられているかは、各々の公式出版物に色濃く反映されている。CCESとCCES-Tは公式の学術誌を刊行しているが、CESHKは会報のみを発行している。以下、三つの比較教育学会における主要な研究課題と出版物の傾向を論じていく。

1　中国

　CCESの公式の学術誌は『Comparative Education Review（比較教育研究）』であり、北京師範大学国際比較教育研究所がスポンサーになっている。本誌の目的は「他国の事例を中国に活かす（Making Foreign Things Serve China）こと」と書かれている。すなわち、様々な国の教育状況を教育者たちに伝え、各国の教育を比較・検討し、自国の教育の発展のために他国の教育経験から学び、比較教育学の発展に寄与することである[4]。

　『比較教育研究』は、以前は隔月で発行されていたが2001年から月刊になっている[5]。論文は短いものが多く通常5ページ以内で、2001年から2009年12月までに、106号1,717本の論文が掲載されている[6]。分析対象とする論文を選ぶため、「構築年」サンプリングを行った。各月の号から満遍なくサンプルを抽出するため、まず2001年の号から無作為に選ばれた2001年の6月号を基準として、それ以降は順に2002年8月号、2003年9月号、2004年10月号というように対象号を決定した[7]。結果、12号192本の論文が分析対象となった。

　簡単な全体像をつかむため、ここでは論文内容の詳細な分析ではなく論文のタイトルを分析した。たとえば、タイトルが「グローバリゼーション下での中国とアメリカの高等教育の比較研究」であれば、対象地域を「中国」と「アメリカ」に、研究テーマを「高等教育」と「グローバリゼーション」というように分類した。つまり、各論文は一つ以上の地域や研究テーマに分類され得る。後述するCCES-TとCESHKの分析でもこの方法を用いた。

　表6-4で示したように、研究対象地域に関しては、アメリカは中国人研

究者によって最も研究されており、次いで中国、日本、イギリス、西欧先進諸国となっているが、ロシア、韓国、インド、マレーシア、シンガポールなどのアジアや近隣の国々は、対象地域としては二番手に留まっている。総じて、中国と地理的、文化的に類似した地域よりも、主に経済的に発展した地域が中国の比較教育研究者の研究対象になっていると言えよう。

研究テーマは、「高等教育」をのぞいては均等かつ多様に分布しているが、三番目から五番目に頻繁に研究されているテーマ(「教育政策／教育法／ガバナンス」、「教育改革」、「組織論／マネジメント／運営」)がすべて中国の教育システムに関連していることは注目に値しよう。グとチン(Gu and Qin 2007：238-239)は CCES が直面している課題の一つは概念化に対する意識が弱いことで

表6-4 『比較教育研究』の 2001 − 2009 の研究課題

対象地域	論文の数（%）	研究テーマ	論文の数（%）
アメリカ	78 (42.6%)	高等教育	48 (18.5%)
中国	22 (12.0%)	カリキュラム／教授／学習	17 (6.6%)
日本	12 (6.6%)	教育政策／法律／ガバナンス	13 (5.0%)
イギリス	10 (5.5%)	教育改革	12 (4.6%)
ドイツ	8 (4.4%)	組織／マネジメント／運営	11 (4.2%)
上記以外の西欧先進諸国	10 (5.5%)	中等／初等教育	10 (3.9%)
国際潮流／国際機関	6 (3.3%)	公平性／マイノリティ（例：エスニシティ、ジェンダー、貧困）	9 (3.5%)
ロシア	4 (2.2%)	教育財政	9 (3.5%)
韓国	4 (2.2%)	教育の市場化／民営化／私立教育	9 (3.5%)
ヨーロッパ全体	3 (1.6%)	学者	9 (3.5%)
インド	3 (1.6%)	成人教育／生涯教育／産業技術教育	8 (3.1%)
オーストラリア	2 (1.1%)	言語教育	8 (3.1%)
カナダ	2 (1.1%)	（教師及び生徒の）質の保証	8 (3.1%)
東アジア	2 (1.1%)	生徒指導に関する事柄	8 (3.1%)
マレーシア	2 (1.1%)	学校のパフォーマンス	8 (3.1%)
シンガポール	2 (1.1%)	教員養成／熟達化／採用／効率性	7 (2.7%)
その他	2 (1.1%)	教育権	6 (2.3%)
合計	183 (100.0%)	比較教育研究	5 (1.9%)
		生徒のパフォーマンス	5 (1.9%)
		理論と方法	5 (1.9%)
		テクノロジー	4 (1.5%)
		その他	40 (15.4%)
		合計	259 (100.0%)

出典：筆者作成

あると述べているが、上の分析はこの議論を支持するものとなっている。「比較教育研究」や「理論と方法」などの研究テーマは、最も論文数の少ないテーマである。

『比較教育研究』のもう一つの欠点は、その膨大な論文数にもかかわらず、明確に比較を試みた論文が希有であることである。分析した192本の論文のうち、わずか21本(10.9%)が比較研究であり、実はほとんどの論文は確固たる比較の要素がなく、単にある国に特化した教育思想や実践について述べた「外国教育」研究であった。

2 台湾

CCES-Tは1982年に会報、1997年には中国語の『Journal of Comparative Education（比較教育期刊）』の発行を開始し(Manzon and Bray 2007：323)、1976年から2004年に42冊の学術書を、1982年から2009年に66号のジャーナルを刊行している[8]。ここでは2000年から2009年に発行された14号の中の、67本の学術研究論文が分析対象となった[9]。

表6-5からわかるように、研究対象地域としては台湾が最も重要な位置を占めており、イギリス、ドイツ、アメリカなどの西欧の先進諸国が続いている。リーの分析によれば、1946年から1998年までにはアメリカと日本に関する研究が最も多かった。これは、この時期アメリカが台湾人学生の主な留学先であったことと、日本もまた植民地支配の影響で留学先として一般的であったことによる(Lee 1999：124-125)。しかしながら本分析では、中国はアメリカに次いで5番目に多く研究されており、アジアの中では日本を凌ぐ研究対象となっている。

研究テーマとしては、CCESと同様CCES-Tでも、高等教育が最も多く取り上げられている。「グローバリゼーション／国際化」は、上述した学会年次大会のテーマと同じくジャーナルでも重要なテーマとなっており、「質の保証」、「中等／初等教育」と並んで第二位になっている。中国で研究が盛んな「教育改革」、「教育政策／法／ガバナンス」や「組織／マネジメント／運営」などの課題は、台湾では表の中ほどに位置しているにすぎない。さらに中国と

表6-5 『比較教育期刊』の2000－2009の研究課題

対象地域	論文の数（%）	研究テーマ	論文の数（%）
台湾	13 (17.8%)	高等教育	20 (17.7%)
イギリス	10 (13.7%)	グローバリゼーション／国際化	10 (8.8%)
ドイツ	9 (12.3%)	（教師及び生徒の）質の保証	10 (8.8%)
アメリカ	8 (11.0%)	中等／初等教育	10 (8.8%)
中国	7 (9.6%)	カリキュラム／教授／学習	8 (7.1%)
日本	5 (6.8%)	成人教育／生涯教育／産業技術教育	7 (6.2%)
シンガポール	3 (4.1%)	学者	7 (6.2%)
オーストラリア	2 (2.7%)	教育改革	6 (5.3%)
フランス	2 (2.7%)	教育政策／教育法／ガバナンス	5 (4.4%)
香港	2 (2.7%)	組織／マネジメント／運営	5 (4.4%)
マレーシア	2 (2.7%)	教員養成／熟達化／採用／効率性	5 (4.4%)
ニュージーランド	2 (2.7%)	教育財政	3 (2.7%)
その他	8 (11.0%)	比較教育研究	2 (1.8%)
合計	73 (100.0%)	公平性／マイノリティ（例：エスニシティ、ジェンダー、貧困）	2 (1.8%)
		国際的な機関・団体	2 (1.8%)
		政治	2 (1.8%)
		宗教	2 (1.8%)
		理論と方法	2 (1.8%)
		言語教育	1 (0.9%)
		その他	4 (3.5%)
		合計	113 (100.0%)

出典：筆者作成

の共通点として、「比較教育研究」と「理論と方法」は最も研究がなされていない課題であることが挙げられる。これは、台湾人の研究者が概念的研究よりも実証的なケーススタディを志向する傾向を示していると言えよう。加えて、分析した67本の論文中14本(20.9%)のみが比較研究であり、ほとんどが特定の場所のみを研究した論文であった。

3　香港

　CESHKの出版物はCCESやCCES-Tよりも刊行頻度が低い。CESHKはかつて、海外の研究者に中華系社会の比較教育研究の最新の動向を理解してもらうため、中国本土や台湾で出版された中国語の本の書評を英語で載せていたが、長くは続かなかった。CESHKは1993年3月にニュースレターの発

表 6-6 Comparative Education Bulletin, 1998 － 2008 の研究課題

対象地域	論文の数（%）	研究テーマ	論文の数（%）
香港	27（36.0%）	比較教育研究	14（15.1%）
中国	17（22.7%）	カリキュラム／教授／学習	10（10.8%）
シンガポール	6（8.0%）	理論と方法	9（9.7%）
アジア全体	4（5.3%）	高等教育	8（8.6%）
マカオ	3（4.0%）	教員養成／熟達化／採用／効率性	5（5.4%）
オーストラリア	2（2.7%）	教育政策／法／ガバナンス	4（4.3%）
台湾	2（2.7%）	グローバリゼーション／国際化	4（4.3%）
ロシア	2（2.7%）	教育の市場化／民営化／私立教育	4（4.3%）
アメリカ	1（1.3%）	教育改革	3（3.2%）
その他	11（14.7%）	公平性／マイノリティ（例：エスニシティ、ジェンダー、貧困）	3（3.2%）
合計	75（100.0%）	ポスト植民地主義	3（3.2%）
		組織／マネジメント／運営	3（3.2%）
		学者	3（3.2%）
		比較教育学会	2（2.2%）
		教育財政	2（2.2%）
		インターナショナルスクール	2（2.2%）
		概論	2（2.2%）
		教育参加	2（2.2%）
		中等／初等教育	2（2.2%）
		成人教育／生涯教育／産業技術教育	1（1.1%）
		（教師及び生徒の）質の保証	1（1.1%）
		その他	6（6.5%）
		合計	93（100.0%）

出典：筆者作成

行を始め、後の 1998 年 5 月からは『Comparative Education Bulletin』となった。CCES や CCES-T が公式の学術誌をもち、投稿論文を掲載しているのに対して、CESHK が年次報告として発行している『Comparative Education Bulletin』は各年の大会での発表論文を掲載しているのみである。1998 年から 2008 年の間に 11 号の『Comparative Education Bulletin』が発行されており、76 本の論文が掲載されている。本分析ではそのすべてを分析対象とした。

　表 6-6 から、『Comparative Education Bulletin』では主にアジア太平洋諸国及び地域が研究対象となっていることがわかる。香港以外では中国とシンガポールが最も研究されている地域である。アメリカが表の最下位にランクしているのは、アジア諸国よりも西欧先進諸国の研究が盛んな『比較教育研究』や『比較教育期刊』とは大いに異なる特徴である。したがって、香港の研究者

にとっては、比較する事例を選ぶ際に、地理的、経済的、政治的、及び社会、文化的な類似性が重要な決定要因となっていると言える。

香港の『Comparative Education Bulletin』では、中国や台湾では最下位に位置していた「比較教育研究」や「理論と方法」についての議論がとくに強調されており、研究テーマの中で1位と3位になっている。それに対して、「高等教育」は4位にすぎない。76本の論文のうち、21本(27.6%)が比較研究であり、これは『比較教育研究』や『比較教育期刊』よりも高い比率になっている。香港の研究者は中国本土や台湾の研究者に比べ、より純粋に比較を志向した研究を行っており、かつ概念化にも積極的であると言えよう。

4．アジアの比較教育学会間の協力の可能性：筆者の見解

過去2年間、とくに中華民国の現大統領が親中戦略を採用して以来、中国本土と台湾の関係は良好になってきている。外部との連携の重要性を認識し、また中国本土との適切な関係の構築を目指して、台湾政府は中国本土の研究者と文化的、学問的な交流を深めてきている。近年の比較教育学に関する展開の一つとして、中華圏以外にも東アジアや東南アジア、さらにはオーストラリアやニュージーランドの比較教育学会のメンバーによる比較教育の地域レベルの研究コンソーシアムが出現してきたことが挙げられよう。2009年9月には、「アジアの比較教育と開発」についての特別な地域会議が台湾の国立中正大学で開催され、アジアの様々な地域から参加者を得たが、とくに中国、香港、台湾の代表が、コンソーシアムの枠組みのもとで比較教育研究を推進する指導的な役割を果たした。さらには、アジア各国の間の緊密な協力を主導することや、次の会合を2010年にCCESの主催で浙江大学にて開催することに合意した。

加えて、この会合では日本比較教育学会がアジアの他の学会と連携することに関心を示した。また、2010年3月にシカゴで開催された北米比較国際教育学会の年次大会では、ある日本の比較教育研究者のチームがパネルセッションを開いた[i]。ここでは、これらの試みに参加してきた筆者の経験につ

いて述べたい。筆者は中国本土と日本の比較研究チームのコーディネーターとして共同で国際学会で発表するなど、連携を深めている。さらに、最近、私は、中華人民共和国の教育省から比較教育学及び東アジア研究[10]の長江学者に選出されるという名誉にあずかった。長江学者とは、中国国内の主要大学の国際的名声を高めるために招待される、国際的に認知された研究者で、中国、香港、マカオやその他の地域の高等教育機関に勤める者に与えられる称号である。私はこの立場において、中国と海外の研究機関の間の比較教育研究における連携を積極的に推進していくつもりである。筆者が中国でもトップ3に入る浙江大学に長江学者として籍を置いていることは、同僚たちとともに比較教育学と開発学の国際的な連携を図るのに好都合である。実際に、浙江大学はヨーロッパ、イギリス、アメリカ、オーストラリア、南アフリカとアジアの主要大学で構成される国際研究ネットワークである世界大学ネットワーク(WUN)の「The Ideas & Universities Initiative[11]」のパートナーとなっている。アメリカのウィスコンシン大学マディソン校で2010年2月に開催されたWUNの国際会合「グローバル大学：過去、現在と未来の展望」で、浙江大学教育学部長の徐小洲教授は、さらなる国際連携を図ることを他のメンバー大学からの参加者に公約した。比較教育研究の推進のため、地域レベルに留まらず、国際レベルの連携が今後強化されていくことが予想され、筆者も大いに期待を寄せている。

　これらの試みを間近に見て、そこに参加して、アジアの比較教育学者の前にはたくさんの連携の機会が広がっていることを筆者は実感している。CESHKの新会長として、筆者と学会運営委員会はこの機会を捉え、様々な比較教育学会とその会員との緊密な地域レベルの連携を図っていきたいと考えている。香港教育学院長の張炳良教授は、2009年9月の台湾での会合において、これらの試みは、アジア地域の文化や価値観、社会制度を再発見する「アジア再発見プロジェクト」の一環として捉えられるのではないかと提案している(Cheung 2009)。

　近年では、アジアを拠点とする研究者たちが成果物を国際的に著名なジャーナル論文や本として出版しており、このことは、比較教育政策、開発やガバナンスに関心が高まっていることを示している。これらのアジア人研

究者がアメリカやヨーロッパの有名大学で高等教育を受けていることは注目に値しよう。文化的帝国主義や学問における新植民地主義の可能性について考えてみると、出版されている論文や研究プロジェクトの多くが(主にアングロサクソン・モデルに基づいた)西洋の理論モデルを唯一の分析アプローチとして用いている。張教授(Cheung 2009)も述べているが、アジアの研究者はアジア独自の研究の在り方を明確にし、それを世界に対して発信していかなければならない。事実、著名なアジア人研究者や外国人のアジア研究者の中には、近年のアジアの比較教育学の傾向や発展を分析する際、教育開発や教育政策、ガバナンスについてアジア由来のアプローチを採り始めている研究者もいる(たとえば Chan and Tan 2008; Mok 2008, 2010a; Morishita 2009; Morshidi and Kaur 2009; Welch 2010 を参照)。こうした発展は、比較教育学におけるアジアからの発信という点で重要な示唆を与えてくれよう。さらなる地域レベルの連携の中で、アジア独自の研究の在り方やその知見を認識する必要は今後強まっていくと考えられる(Mok, 2010b, c)。

おわりに

本論では、中国、台湾、香港の主要な比較教育学学会の組織的変遷を概観するため、歴史的背景、近年の活動と年次大会、主要な刊行物と研究課題について論じた。この分析により、比較教育研究における連携が強まってきていることと、今後もこの傾向は続くであろうということが明らかになった。アジアの研究者及び研究コミュニティーは、国際的な会合への参加や国際的に認知されたジャーナルへの投稿、地域レベル及び国際レベルの研究協力への参加を通して、さらなる自信を得、「アジアの存在感」を向上させている。将来的にも、地域的・国際的な研究ネットワークの強化を伴って、比較教育学におけるアジア独自の研究の在り方やその知見はますます重要になってくるだろうと予測される。

注

1　http://www.compe.cn/eng/ccec/index.htm

2 http://www.ced.ncnu.edu.tw/ccest/constitutionsE/constitutionsE.htm
3 CESHK のウェブサイトは http://www.hku.hk/cerc/ceshk/index01.html。
4 http://www.compe.cn/eng/publication/index.htm
5 2002年には特別号が発行されており、2002年の合計発行号数は13となった。2008年は12月号が発行されなかったため、11号のみであった。
6 この数字はコラムや学会レビュー記事、広報記事をのぞいた学術論文のみをカウントしたものである。
7 分析対象として選ばれた12号は、2001年6月号、2002年8月号、2003年9月号、2004年10月号、2005年11月号、2006年12月号、2007年1月号、2008年2月号、2009年3月号、2001年4月号、2002年5月号、2003年6月号である。
8 http://www.ced.ncnu.edu.tw/ccest/journal/journal.htm; http://www.ced.ncnu.edu.tw/ccest/otherissueC/otherissueC.htm
9 分析対象となった号は以下の通り。No.48（2000）, No.50（2001）, No.53（2002）, No.54（2003）, No.55（2003）, No.56（2004）, No.57（2004）, No.58（2005）, No.59（2005）, No.60（2006）, No.61（2006）, No.62（2007）, No.63（2007）, and No.66（2009）。CCES-T のウェブサイトで公開されている利用可能な情報をもとに選んだ。教育ニュースなどの記事は分析対象から外している。
10 www.gmw.cn/01gmrb/2010-02/11/content_1054293.htm
11 http://www.wun.ac.uk/ideasanduniversities/index.html

訳者注
i このセッションは、本書の企画の基となる研究プロジェクト「発展途上国教育研究の再構築：地域研究と開発研究の複合的アプローチ」の一環として実施された（企画者：山田肖子、発表者：Ka Ho Mok（香港教育院）、森下稔、山田肖子、川口純、ディスカッサント：黒田一雄、Heidi Ross（インディアナ大学））

参考文献
Bray, Mark（1997）"Education and Colonial Transition: The Hong Kong Experience in Comparative Perspective." *Comparative Education* 33(2), pp. 157-169.
―――（2002）"Comparative Education in East Asia: Growth, Development and Contributors to the Global Field." *Critical Issues in Comparative Education* 4(2), pp. 70-80.
―――（2003）"Editorial Introduction: Tradition, Change, and the Role of the World Council of Comparative Education Societies." *International Review of Education* 49(1/2), pp. 1-13.
―――（2005）"Comparative Education in the Era of Globalization: Evolution, Missions and Roles." In J. Zajda (ed.) *International Handbook on Globalization, Education and Policy*

Research. pp.35-48.

Bray, Mark and Qin Gui (2001) "Comparative Education in Greater China: Contexts, Characteristics, Contrasts and Contributions." *Comparative Education* 37(4), pp. 451-473.

Bray, Mark and Ramsey Koo (eds.) (1999) *Education and Society in Hong Kong and Macao: Comparative Perspectives on Continuity and Change*. CERC Studies in Comparative Education 7, Springer: Comparative Education Research Centre, The University of Hong Kong.

Bray, Mark and Yoko Yamato (2003) "Comparative Education in a Microcosm: Methodological Insights from the International Schools Sector in Hong Kong." *International Review of Education* 49 (1/2), pp. 51-73.

Chan, D. and Tan, J. (2008) "Privatization and the Rise of Direct Subsidy Scheme Schools and Independent Schools in Hong Kong and Singapore." *International Journal of Educational Management* 22(6), pp. 464-487.

Chen, Shu-Ching (1994) "Research Trends in Mainland Chinese Comparative Education". *Comparative Education Review* 38(2), pp. 233-252.

Cheung, Anthony B. L. (2009) "Why Asia? An Education and Research Agenda for the 21st Century." Paper presented at the Regional Conference of Comparative Education and Development in Asia, National Chung Cheng University, Chai Yi, Taiwan, 24-25 September 2009.

Cook, Bradley J., Steven J. Hite and Erwin H. Epstein (2004) "Discerning Trends, Contours, and Boundaries in Comparative Education: A Survey of Comparativists and Their Literature." *Comparative Education Review* 48(2), pp. 123-149.

Cowen, Robert (1980) "Comparative Education in Europe: A Note." *Comparative Education Review* 24(1), pp. 98-108.

Epstein, Erwin H. (1981) "Toward the Internationalization of Comparative Education: A Report on the World Council of Comparative Education Societies." *Comparative Education Review* 25(2), pp. 261-271.

Gu, Mingyuan (2003) "The Mission of Comparative Education in the Era of Knowledge Economy." *Comparative Education Review* (Beijing) 152(1), pp. 1-5. (In Chinese)

Gu, Mingyuan and Qin Gui (2007) "The Chinese Comparative Education Society." in Masemann, Vandra et al. (eds.) Common Interests, Uncommon Goals: Histories of the World Council of Comparative Education Societies and Its Members. Springer: Comparative Education Research Centre, The University of Hong Kong, pp.225-240.

Jing, Shi-Bo, and Nan-Zhao Zhou (1985) "Comparative Education in China." *Comparative Education Review* 29(2), pp. 240-250.

Law, Wing-Wah (1997) "The Accommodation and Resistance to the Decolonization, Neocolonization and Recolonization of Higher Education in Hong Kong." *Comparative

Education 33(2), pp. 187-209.
Lee, E. F. J. (1999) "Comparative Education in Taiwan: Retrospect and Prospect." in *Educational Sciences: Internationalization and Indigenization.* Taipei, Yang-Chih Book Co., pp. 429-471. (In Chinese)
Lo, Will (2010) "Educational Decentralization and its Implications for Governance: Explaining the Differences in the Four Asian Newly Industrialized Economies." *Compare* 40(1), pp. 63-78.
Manzon, Maria and Mark Bray (2007) "Chinese Comparative Education Society-Taipei (CCES-T)." in Masemann, Vandra et al. (eds.) *Common Interests, Uncommon Goals: Histories of the World Council of Comparative Education Societies and Its Members.* Springer: Comparative Education Research Centre, The University of Hong Kong, pp.323-324.
Masemann, Vandra, Mark Bray, and Maria Manzon (eds.) (2007) *Common Interests, Uncommon Goals: Histories of the World Council of Comparative Education Societies and Its Members.* Springer: Comparative Education Research Centre, The University of Hong Kong.
Mok, Ka Ho (1999) "Education and the Market Place in Hong Kong and Mainland China." *Higher Education* 37, pp. 133-158.
―――― (2007) "Paradigm Shift or Business as Usual: The Search for New Governance in Higher Education in Asia." *Asia Pacific Journal of Education* 27(3), pp. 233-236.
―――― (2008) "Positioning as Regional Hub of Higher Education: Changing Governance and Regulatory Reforms in Singapore and Malaysia." *International Journal of Education Reform* 17(3), pp. 230-250.
―――― (2009) "The Growing Importance of the Privateness in Education: Challenges for Higher Education Governance in China." *Compare* 39(1), pp. 35-49.
―――― (2010a) "When State Centralism Meets Neo-Liberalism: Managing University Governance Change in Singapore and Malaysia." *Higher Education.* published on-line on 9 January 2010.
―――― (2010b) "Emerging Regulatory Regionalism in University Governance: A Comparative Study of China and Taiwan." *Globalization, Societies and Education* 8(1), pp. 87-103.
―――― (2010c) "Global Aspirations and Strategizing for World Class Status: New Modes of Higher Education Governance and the Emergence of Regulatory Regionalism in East Asia." Paper presented at the International Conference on The Global University: Past, Present and Future Perspectives, University of Wisconsin-Madison, USA, 5-6 February 2010.
Mok, Ka Ho and Jason Tan (2004) *Globalization and Marketization in Education: A Comparative Analysis of Hong Kong and Singapore.* Cheltenham: Edward Elgar.

Morishita, Minoru (2009) "Trends and Challenges of Japan Comparative Education Society: Its Diversity of Research Paradigms and Approaches." Paper presented at the Regional Conference of Comparative Education and Development in Asia, National Chung Cheng University, Chai Yi, Taiwan, 24–25 September 2009.

Morshidi, Sirat and Sarjit Kaur (2009) "Internationalization and the Commercialization of Research Output of universities: Emerging Issues in Malaysian Education, 2006–2010." Paper presented at the Regional Conference of Comparative Education and Development in Asia, National Chung Cheng University, Chai Yi, Taiwan, 24–25 September 2009.

Sweeting, Anthony (1999) "Doing Comparative Historical Education Research: Problems and Issues From and About Hong Kong." *Compare* 29(3), pp. 269–285.

Welch, Anthony R. (2010) "Contributing to the Southeast Asian Knowledge Economy? Australian Offshore Campuses in Malaysia and Vietnam." Paper presented at the International Conference on The Global University: Past, Present and Future Perspectives, University of Wisconsin–Madison, USA, 5–6 February 2010.

Yang, Szu-Wei. (1996) *The Trends of Contemporary Comparative Education Research*. Taipei: Shtabook. (In Chinese)

Yang, Szu-Wei, and Shanshan Shen (1996) *Comparative Education*. Taipei: National Open University. (In Chinese)

比較国際教育学

馬越　徹

概要と魅力

　私は、大学の講義でまず最初に「比較国際教育学のおもしろさとむずかしさ」について、話すことにしている。ここでいう「おもしろさ」とは、『新明解国語辞典』(三省堂)にいうところの「何かに心が引かれ、続けて・(進んで)してみたり、見たり聞いたりしたい様子」であり、「むずかしさ」とは、「理解したり解決したり仕上げたりするのに手間がかかる様子」という意味である。つまり、本当におもしろいことは手間のかかるむずかしいことであり、真にむずかしいことは本気で取り組めば、さらに進んで何かを探索したくなるおもしろさがあるということである。

　比較国際教育学がなぜおもしろいかというと、世界各国(地域)の人間の成長や発達(教育)、さらにはそれを支える家庭や学校や社会のあり方を、本や資料で調べるだけでなく、実際に現地に赴き、調査し、その歴史、文化、社会、経済等と関連させながら、その関連構造を解明する学問分野だからである。「比較する(compare)」という原語には、もともと「並べて置く」という意味があるが、物事を相対的に認識する方法である。言葉を換えていえば、自らの立つ位置を変えながら物事を観察する作業が必要になる。それは、文献(先行研究)を読んだり調べたりすることによっても可能だが、もっとも手っ取り早いのは諸外国(地域)に一定期間定住(留学)して、その土地の言語を習得し、社会のインサイダーとして教育事象を観察する方法(フィールドワーク)を身につけることである。これには時間(手間)もかかるし金(資金)もかかる。決してやさしいことではないが、これほどおもしろいことはない。

　もともと比較国際教育学は、19世紀末の国家間競争のなかで、先進国の教育経験を学び、その成果を自国の教育改革に役立てようとしたことに始まる。しかし近年、国際化・情報化が進む中で、「国家(nation states)」の枠組みを超えたさまざまな教育上の問題が出てきている。そこで、これから比較国際教育学研究が取り組まなければならない「問題群」としては、グローバルな教育課題(例えば、人権・平和・環境問題、開発教育、エスニシティと宗教、女性問題、異文化理解、多文化教育等)が重要になってきている。またこれ

までのように欧米先進国の教育だけでなく、近隣アジア諸国の教育研究も盛んになってきている。

このような分野を研究している学術研究団体として、日本比較教育学会(JCES)がある。国際的には世界比較教育学会(WCCES)があり、2004年には、キューバ(ハバナ)で大会が開催される予定である。またアジア地域には、アジア比較教育学会がある。

関心テーマ

研究しているテーマは、一種の「企業秘密」ではあるが、あえて挙げるなら次の三つ。一つは、東アジア(中国・朝鮮・日本)の近代における「知」の生産(「研究」)と伝達(「教育」)のメカニズム解明、具体的にいえば欧米大学モデルの移植や留学生派遣対策等を中心とする比較高等教育論。二つ目は、現代アジア諸国(地域)の発展に教育が果たした役割を、伝統と革新の両面から考察し、両者の関係構造を理論的に解明すること。特にフィールド研究(地域研究)としては、朝鮮半島(大韓民国、朝鮮民主主義人民共和国)を取り上げ、「一つの民族・二つの教育」をテーマに比較分析を行っている。三つ目は、21世紀の教育学上の「問題群」を、比較国際教育学の観点から整理・構造化してみること。

学び方

大切なのは、まずは外の世界(外国・地域の教育)に対する知的好奇心と現地へ出かけて調べる行動力(現地主義)。書物・文献資料を読むことはもちろん重要であるが、実際現地に赴き、できればそこに最低1年くらい滞在(留学)し、自らの足で歩き(口と耳と口と心を総動員して)、生活体験を通して自分のテーマを総合的に深める訓練が必要である。そのためには、少なくとも現地語の習得と国際語としての英語の習得が欠かせない。

研究者を志す者は、「テキスト(原典・史資料)は厳格に、コンテキスト(物事の関連構造)は柔軟に」読み解く態度が重要である。鍵になるのは、よいテーマの発見(出会い)と分析方法(アプローチ)の会得であるが、比較国際教育学研究の場合、歴史学、人類学、社会学等の方法を学んでおくことは必要であり、有益であろう。

(初出)「教育学がわかる」(アエラムック13号、1996年:38-39)
　　　　(朝日新聞社の許可を得て転載)

識字、就学率の高さが経済発展のエンジン

馬越　徹

　私がアジアの教育(らしきもの)に最初に出会ったのは、かれこれ三十数年も前の学生時代にさかのぼる。それは当時としては珍しかった「東洋教育史」という授業を取ったことに始まる。ところが講義そのものは中国・インド古代中世教育制度史で、退屈きわまりないものであった。もう少しで私はアジア嫌いになるところであった。

　ところが同じ頃、たまたま私は国際学生ワークキャンプの一員として、日本とはまだ国交もなかった韓国に行く機会を得た。1962年のことである。一ヶ月のキャンプ生活を通して、書物(活字)を通して知っていた韓国とはまったく別の韓国を私は発見したように思う。日本のマスメディアが伝える当時の韓国は、軍事独裁国家という暗いイメージで塗りつぶされていた。ところが現地で見た韓国人は明るく闊達であり、軍人出身の大統領も国づくりへの不動の信念をもった人物であることを直感させるものがあった。

　こうした現地体験が契機となって、国交回復直後の韓国に留学(ソウル大学)することになり、私のアジア教育研究は始まった。その後一時期、大学を離れ行政(文部省)の現場に身をおき、インドネシア、ビルマ、スリランカなどの教育調査に携わったが、その時も自分の目で確かめる「現地感覚」を大切にしてきた。

統合をめざし国民を作りだす

　そこで私の研究室(比較研究学)の学生(特に大学院生)には、自分の研究する現地(フィールド)に出かけることを、できることなら一年以上の留学を勧めている。最近では、中国の大学に留学して少数民族地域で学歴に関するフィールド調査を手がけた学生や、インドネシアの女子イスラム寄宿学校に二年以上も住み込んで詳細な調査をまとめた女子学生も出てきている。みんな「現地」で鍛えられ、成長して帰ってくる。

　しかし自分の観察結果(データ)に頼り過ぎてはならない。本格的な研究をするには、フィールドで得た成果を先行研究や理論に照らして吟味し、相対化する作業をしなければならない。その際、自分のフィールドを越えた幅広い読書が必要となる。たとえばマックス・ウェーバーの名著『プロテスタンティズムの倫理と資本主義の精神』は、アジアの教育と宗教の関係を考える上でも多くのヒントを与えてくれる。現地調査で得たデータの「意味」を読み解き、解釈を深化させるには、先人の残してくれた優れた書物を徹底的に読むことが重要である。

アジア教育を一口で説明することはきわめて難しい。しかしその特色の第一は、何と言っても多様性にあると言えよう。中国やインドのような巨大国家からシンガポールやブータンのような小規模国家に至るまで、それぞれの国(地域)のなかに多数の人種・宗教・言語を抱えながら、多様のなかの「統一」(国民統合)に成功している。この「統合」の鍵となっているのが教育であり、特に学校という「公的空間」での教育を通じて「国民」を作りだすことに成功している。

第二の特色は、アジアの人びとの教育熱の高さである。このことが世界の他の地域には見られないほどの高い識字率・就学率を生み出している。こうした教育への高い期待は留学生人口の約半数はアジア人という現象となって現れている。

第三の特色は、国家(政府)の側も、国家発展・社会開発の原動力として教育を位置づけており、人材(マンパワー)育成に力を入れている。最近のアジアの経済発展は、このような高い教育を身につけた良質の労働力が支えており、その意味で教育は「成長センター・アジア」のエンジン的役割を果たしているとする見方もある。

伝統と革新が渾然一体

以上、肯定的な見方や特色をあげたが、批判的な見方もある。

アジアの教育はあまりに経済的価値(実利)を重んずるあまり、進学競争が過熱し、すべての人が「学歴病」になっているという、学者の指摘もある。その一方において、教師を敬う「尊師」の伝統(儒者・仏教僧・イスラーム導師)や家庭のもつ教育力はいまなお生き続けており、アジア教育発展の原動力になっているという見方もある。総じて言うなら、アジア教育のおもしろさは「伝統」と「革新」が渾然一体となって、ダイナミックに躍動しているということであろうか。

最後にアジア教育の研究ができるところを紹介しよう。

まず国内でアジア教育の研究ができるのは、大学(教育学部)の比較教育学・教育社会学・教育史等の研究室である。また近年主要大学に設置された国際開発大学院(教育開発・国際教育文化専攻)では、開発・援助・協力の観点からアジアの教育を研究している。国立教育研究所やアジア経済研究所も、これまでアジア教育の研究で実績をあげている。国際機関としては、国連(ユネスコ・ユニセフ)や世界銀行がアジアの教育をマクロな立場から研究しており、貴重な報告書・研究物を出してきている。

特にバンコクにあるユネスコ地域事務所は、世界のアジア教育研究の拠点となっている。なおアジアの教育を研究する各国の研究者のネットワーク組織として、96年「アジア比較教育学会」が誕生している。

(初出)「アジア学のみかた」(アエラムック33号、1998年：114-115)
(朝日新聞社の許可を得て転載)

第Ⅱ部

比較教育学の研究視角

第7章　教育学における比較教育学の位置づけ[1]
―― 教育実践研究の「フィールド」解明のための「比較研究」

杉村　美紀

はじめに

　本章では、比較教育学という学問領域を特徴づける一視角として、教育学の中で「比較研究」という比較教育学が提示する方法がどのような意義と課題をもっているかという点を整理する。

　比較教育学は、一般に、19世紀初めにマーク・アントワーヌ・ジュリアンが唱えた他国の優れた実践を模倣し自国の教育発展のために借用するという「科学的探求」がその端緒とされ、以後、様々な角度から論じられてきた。そこでの論議には、「比較教育学とはどのような学問か」「何を目的とするのか」という学問領域としての特徴や在り方を論じるものと、「何をどのように比較するのか」という比較研究の在り方を論じる二つの動きがある。これらは言うまでもなく、学問領域の特性を考える上で重要な観点である。本章のテーマ「教育学における比較教育学の位置づけ」を考えるうえでも、これら二つの側面を考慮する必要があると考えるが、ここでは、その二つの側面のうちとくに前者に焦点を当てる。それは、本書全体における本章の役割が、どのように比較を行うのかという比較の方法論を考えるよりも、比較教育学がなぜ教育学の一分野としてあるのかということを問題提起し、比較教育学という学問のもつ特質を考察する点にあると考えるからである。

　以下では、初めに教育学がもつ特性を、他の学問領域と類別したうえで、理論と実践の両輪を軸とする教育学において、比較教育学が提示する「比較研究」という方法――それがあるからこそ比較教育が独自の学問領域として成立し得る――が重要であるということを整理する。そこでは、教育実践研究の「フィールド」が様々な局面をもっており、その多義性を明らかにするうえで「比較研究」が必要不可欠であることを指摘する。本章でいう「フィール

ド」とは、教育実践が行われる狭義の地理的空間とともに、過去の「経験」から学ぶ「時間的空間」を「フィールド」ととらえる場合も考慮し、先行研究の論点に基づいて「フィールド」のもつ多様性を分析する。そのうえで、「フィールド」に対する「比較研究」の新たな取組みとその方向性を整理し、グローバル化や国際化が進む今日、教育学において比較教育学がもつ重層的・相対的な比較研究の意義を指摘する。

1．教育学においてなぜ「比較研究」が必要なのか

1　教育学の特性と方法論としての「比較」

　比較教育学と教育学ならびに他の学問領域との関係性を考えるうえで、ブレイ (2007=2011：222-224) は、オリベラ (Oliveira 1988) が行った教育に関連した諸学問の体系的分類とそこでの教育学の位置づけに着目している。ブレイによれば、「オリベラは、教育学の領域を固有の専門分野として知識の実体をもち、それを反映する名称を与えるにふさわしいと断言している」とし、社会が社会学ではなく、言語が言語学ではなく、動物が動物学でないのと同様に、"教育"と"教育学"は同義ではないと指摘している。そして、「教育」学 (educology) という用語を提示するとともに、その基本的な理論体系を「人間科学 (人間と社会に関する研究)」及び「『教育の』科学 (教育の社会への影響に関する研究)」の間に位置づけることで、その特性を示したことを評価している。このうち、前者の「人間科学」には哲学、歴史、人類学、心理学、社会学、経済学、人口統計学、政治学、管理論が、また後者の『「教育の」科学』には教育を対象とした人類学、心理学、社会学、経済学、政治学、管理論が含まれている。結局、オリベラのいう「教育」学とは、教育に固有の課題を応用可能な諸学問を用いて明らかにする「教育に関する研究」であるというのである。

　ただしブレイは、そうしたオリベラの「教育」学の理論体系の中に、比較教育学の位置づけが明示されていないことも指摘している。そしてその理由として、「比較教育学のアプローチは、『教育』学の専門領域に特有の対象すべてを扱う。しかし、厳密にいうと、それらの対象を直接扱うのではない。なぜなら、複数の教育事情に同時に関心を示すが、単独の教育事情にだけ関心

を示すことはないからである。同時にいくつかの実在する対象を取り扱うため、これらの個々の事情は、すなわち、比較できるものになっていなければならない。」(ブレイ 2007=2011：224)と述べ、「比較教育学は、これらの抽象化された複数のモデルを出発点として、比較教育学独自の理論的・方法論的手段によって、独自の二次データを生み出し、独自の結論に達する」(225)と説明している。教育学の理論体系は平面図に図示されるが、その分類では包摂しきれない事象を含む三次元空間に比較教育学は位置づけられるというのである。

　こうしたブレイ並びにそこで引用されているオリベラの指摘は、次のようにも考えることができよう。すなわち、教育学は理論と実践から成る学問領域であり、両者を両輪として初めて進むことのできる学問領域である。オリベラによる「人間科学」と「『教育』の科学」、そしてその中間に位置する「『教育』学」は、実践を経てそこから生まれる現象や実態、問題点があるからこそ生じている区別であり、「教育に固有の課題」としてオリベラが取り上げているものに、「理論、対象、構造」に加えて、「計画、内容、利用者、構成員、方法、カウンセリング、資源、財政」といった項目が含まれているのは、いずれも実践に基づく学問領域であることを意味している。

　さらに、個別化を重視する実践という見方にたてば、教育学においては、個々の教育実践を研究し、そこに問題性や論点を明らかにするという場合と、より具体的な教育政策の提言を行う二つの場合に分けて考える事が出来る。ここで、政策提言については、学問研究としてそこまで踏み込む必然性がないという考え方がある一方で、とくに教育のように実践が重視される分野においては、研究結果を具体的に政策や制度にどのように反映させていくかを重要な課題と考える立場もあり、この点もまた、教育学という学問の性質を複雑にしている。

　このように、実践が極めて重要な位置づけをもつ教育学であるが、そこには必然的に一般化や普遍化が求められる。具体的な教育実践の場での実態を踏え、そこから抽出された問題を一般的に論じようとする場合には、データから要点を抽出し、かつその要点を、当該の事例だけでなく、他の事例にも適用可能な一般理論として取り上げる必要があり、その際には、一般化・普

遍化の作業が必要不可欠である。

　個別の実践研究を基盤とし、かつ一般化・普遍化により理論を構築しようとする教育学において、小論では、比較教育学が果たす役割を、両者の橋渡しをする際に「比較研究」という方法論を提示することにより、理論と実践の両輪をバランスよく動かすことにあるという考え方をとる。国内外の教育学研究全般をみると、理論と実践それぞれの研究が活発に行われつつ、両者のつながりを構築しようとする取組みが行われてきたことに気がつく。理論から個別の事例への応用を考えようとする演繹的研究と、逆に個別の事例から一般化を図ろうとする帰納的研究である。いずれも重要な方法論と研究の方向性であり、現実の教育学研究を考えると、理論構築と、現実に基づく実態や経験を重視して分析する方向性のいずれかに重点を置きつつも、これら2つの方向性を止揚する新たな方向性を見出すことが求められている。

　比較教育学が、その必要性を求められるのは、そうした理論と実践のあいだの連携を図る際に、一つの事例や観点だけからではなく、対象についてのより有効な分析単位を提示し、それをどのような観点から分析するか、また得られたデータをどのように比較していくかという方法論を提示するからこそといえるのではないだろうか。このことは、たとえばかつて中島半次郎(1916)によって提示された「国民性に従ってそれぞれ違った国民教育を施して行きつつあるのに対して、その長短、その利害を比較し、更にその種々相を一貫せる普遍の原理を見出さんと努むることがその比較研究の主眼である」という言葉にみるとおり、個別の具体的な調査結果から普遍的な事象を読み取るという課題に通じる。そして、そこで求められるのは、教育学研究における多層的・多角的な視点と相対的な視角をもった「比較研究」の方法論であり、それを提示するのが比較教育学ではないかと考える。

2　「比較研究」を用いる教育学研究と「比較研究」の方法を提示する比較教育学研究

　ところで、教育学において比較研究を行うのは比較教育学に限らない。教育をめぐる歴史や、哲学、内容、制度、方法といった教育学の様々な領域で比較研究が行われている。それらはいずれも、教育の実践にその軸足を置きながらも、オリベラ(前出)が指摘するように、まさに「教育」を「教育」学とす

る際に必要な手続きである。この点について、杉本均(2004：48)は「比較教育学とは、教育の諸現象を比較法を中心とした手法によって分析する学問であるという点で多くの合意は得られるとしても、比較法はすべての科学的推論の基礎として諸分野の研究の各プロセスにおいて内在しており、比較の視点を持った教育研究は膨大な数にのぼるであろう。また比較という方法は、他の学問的な分析法の基礎でもあり、社会学にしろ、文化人類学にしろ、心理学にしろ、それらと背離的というよりは親和的である」と述べている。そして、「比較法という方法論的な普遍性(遍在性・共有性)、社会科学における比較という作業の複雑性(多変数・非再現性)という二重の意味で、比較教育学研究はその近接領域とのクロスオーバーがとりわけ大きく、固有の研究領域を定義することが難しい。」と指摘している。

　こうした杉本の指摘は、前項で述べた教育学研究における方法論としての「比較研究」の提示という立場から考えると、教育学の様々な領域で比較研究が行われるのは、まさに理論と実践をつなぐために、「比較研究」が有効な方法論であるからこそであると読みかえることができよう。言いかえれば、確かに「比較研究」は教育学の多様な領域で行われているが、もしも前項で述べたように、「比較研究」という方法論の在り方そのものを提示するのが比較教育学であるとするならば、比較という方法を用いればそれがそのまま「比較教育学」になるというのではなく、教育学を研究する上で必要とされる「比較研究」の方法を提示するのが比較教育学研究と言える。

　比較教育学研究者が教育実践研究における「フィールド」に着目し、それを解釈することの重要性を繰り返し強調してきたのも、まさにこの点に由来する。すなわち、比較教育学においては、教育実践研究の場である「フィールド」について、何に注目し、何を分析単位として抽出し、それをどのように分析していくのかということが重視されるが、そこでは「比較」した結果そのものはもちろんであるが、「何をどう分析するか」という方法論が本来もう一つの議論の対象となっており、そこで考察された方法論が、教育学の他の分野においても援用されるのである。そこで以下では、教育実践研究の「フィールド」をどのようにとらえ、それに対して比較教育学がどのような「立ち位置」をとってきたのか、またそこからどのような方向性が模索されようとしてい

るのかという点について述べる。

2．教育実践研究の「フィールド」の多義性と比較教育学の立ち位置

1　地理的空間としての「フィールド」

　教育学における「フィールド」をどのように解釈するかは議論の分かれるところであるが、それが多様な実態を含むものであることだけは広く認められる点であろう。「フィールド」は、それを狭義にとらえた場合には、教育実践が行われる地理的空間ととらえられるが、実際に研究として取り上げる教育実践研究の「フィールド」はもっと広義に解釈される必要がある。まず地理的空間といっても、そこには広がりの多様性が見出される。レ・タン・コイ(1991)が提示した国家間比較・超国家比較・国家内比較の区分は、そうした実践空間の多様性を指摘した比較研究の視角である。そこでは、国家間比較は従属理論と、国家内比較は批判的エスノメソドロジーと、超国家比較は世界システム論とそれぞれ関連があることが指摘されているが、それらを通じて従来の比較教育研究が前提と考えていた国家が、必ずしも絶対的な分析単位ではないことを示唆している。

　また実際の教育学研究においては、地理的空間のみならず、それ以外の分析単位を加味したうえで実践の場をとらえる必要性がある場合が多い。たとえば、ブレイとトマス(Bray and Thomas 1995)は、比較教育学の分析フレームワークという点として、これまでの比較教育学で最もよく対象とされてきた地理的空間としての国という分析単位を挙げながらも、より広くとれば世界の諸地域(アジア、ヨーロッパ、アフリカ、中東、南米、北米など)や大陸、逆に国の中の州・地方、地域、学校といった「場」が分析対象となりうるとされている。また「教育と社会の諸側面」という観点からは、カリキュラム、教育方法、教育財政、経営の仕組み、政治変動、労働市場、その他といった分析単位を挙げており、さらにそこに「地理的要素以外の生態グループ」として、エスニック・グループ、年齢、宗教、性別、人口、その他といった観点を加えることで、その交差するポイントを分析の視角ととらえる考え方を示している。

　ブレイ(2005)はまた、比較研究の分析単位として、従来の国単位の比較か

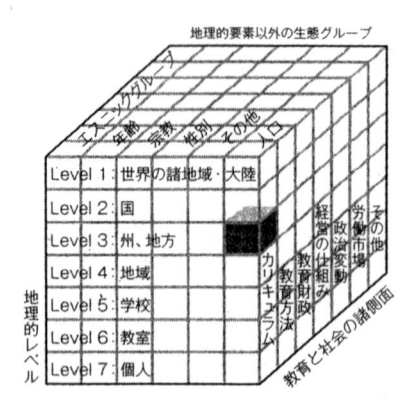

178　第Ⅱ部　比較教育学の研究視角

図7-1　比較教育学の分析フレームワーク
出典：ブレイ、トマス（Bray & Thomas 1995：475）
邦訳　マーク・ブレイ、ボブ・アダムソン、マーク・メイソン（編著）2011、杉村美紀、大和洋子、前田美子、阿古智子（訳）『比較教育研究―何をどう比較するか』上智大学出版、9ページ。

ら、国家横断的（cross-national）な視点や超国家的（supra-national）要素は、教育学研究の中でも比較教育研究の特徴をとくに際立たせるものであることを指摘している。また伝統的な国や地域といった分析単位は、それ自体がそもそも人為的なものであり、現実にはその内部も多様性に富んだものであるということに言及している。

こうしたとらえ方は、教育実践の「フィールド」をより多角的で多様な意味を含むものとしてとらえることを促す。たとえば、日下部（2005）は、ブレイとトマス（1995、前出）が提示したマルチレベルの分析を参考としながら、国内比較分析と国際比較分析を組み合わせる「二元比較分析」の方法を提案している。同方法は、「国内比較分析によって相対化を試みたいくつかの国の事例を、さらに国際比較研究として昇華させ、選択したケースの国内における位置と、国際的あるいは大地域的な位置との整合性を説明しようとするもの」であり、この手法をとれば、「比較教育学では疑問をもたれがちであった、一地域のみの事例を国の事例としてしまう、という問題点を克服することができ、民族的・宗教的・文化的な解釈において一地域の事例の紹介のみでは、

読み手の解釈にバイアスがかかる問題点も克服できる。」と述べている。

またマンゾン(2007=2011：89)は、比較研究の分析単位が、文化、政策、教育課程、教育制度など様々な領域に及ぶ可能性を認めつつ、それらがいずれも地域や場所といった地理的空間と関連していることに注目している。そして、比較研究においては地理的な本質を熟考することが重要であるという立場にたって、地理的空間を「フィールド」とみなす比較研究の在り方について論じている。マンゾンもまた、ブレイとトマスによるマルチレベルの分析枠組みを参考にしながら、その場所的方向性をとった研究の可能性を、世界の諸地域、国、州／省、地方、学校、クラス、個人の7つのレベルについて検証し、補完的な単位として経済ブロック、都市、遠隔教育を通じたバーチャル教室を取り上げている。マンゾンは、世界の諸地域や国、州／省、地方における分析は、「広い視野から見た教育の一般的構造や統計的なパターンを捉えるのに向いている。しかし、マクロレベルにとどまる研究は便意で有意義ではあるが、メゾレベル及びミクロレベルの重要なパターンや特性、そしてそれが教育に与える影響を見過ごす可能性がある。」と指摘している(マンゾン(2011：127)。

比較教育学の分野で、しばしば議論になる地域研究と比較研究の関係性も、以上述べた教育実践の「フィールド」の多義性というコンテクストで論じることで、その重要性を再確認することができる。たとえば、馬越徹(1992：21-29)は、「真の地域研究には、それ自体のなかに『比較』が方法として組み込まれているはず」であり、「日本の比較教育学理論が、常に外国の理論の借用ないし後追いの域を出ないのも、『地域研究』の弱さに原因があるとみている。」と述べている。また馬越は、「教育の地域研究」を充実させ、それを通じて「理論化」を図ることで「比較教育学」を位置づけたいと述べている。そして、比較教育学における「地域研究」のディシプリンは研究者によって一様ではなく、それぞれの研究テーマやフィールドによって再構成される必要があり、かつフィールドに徹することが重要であるが、同時に「地域研究」での成果を基に「仮説の提示」→「理論化(概念化)／類型化(モデル化)」を図り、その往復運動を行うことが比較教育学を豊かにするために必要であると指摘している。ここでの「フィールド」はあくまでも地理的空間として論じられているが、

言い方をかえれば、地域研究に「比較研究」が組み込まれていなければ、地域研究から得られた事例を理論化・概念化することはできないと解釈することができる。

大塚豊(2005：253-263)による「究極的にはフィールドの中で研究者自身が自らを磨く作業を続けることでしか、あるべきフィールドワークの手法はできあがらない。かくしてフィールドから獲得、蓄積したデータ・情報に密着する形で、それとの絶えざる対話を通じて、新たなディシプリンとまでは行かなくとも、独自の理論を生み出すのである。」という指摘も、「フィールド」から出発する「比較研究」の在り方を強調するものと言えよう。ただし、そこでは「当該地域の研究者による先行研究の成果を安易に利用し、構成し直す『理論化』するタイプの外国研究や比較研究」とならないようにするために、文献研究の価値を忘れるべきではないことも指摘している。大塚はこうした地域研究のとらえ方を「方法としての『フィールド』」と表現しており、そのことは、教育の実践研究の方向性を考えるうえで、馬越(前出)のいう「『地域研究』と『理論化』の往復」をしながら、「比較研究」によって「フィールド」の多義性を解明するという点を明確に表した表現と言える。

2 地理的空間以外の「フィールド」

「フィールド」の多義性の解明という場合に、そこには、地理的空間以外の「フィールド」として二つの立ち位置が考えられる。一つは、現在の時点で実際に「経験」できる「フィールド」を土俵とする場合であり、もう一つは、実際にそのことを「経験」することは難しいが、歴史上の過去の「経験」から学ぼうとするものである。

①「フィールド」における「経験」に基づく「比較研究」

ポット(2007=2011：67-68)は、「社会は複雑であり、様々な要素の相関関係を正確にコントロールし、測定することは不可能である。社会研究は異なる視野をもつ人々の間のコミュニケーションと理解が必要であり、だからこそ、社会調査は比較に基づくのである。」と述べている。そして、1)社会研究において批判的アプローチを展開するには、自分自身の経験を振り返り、他者の

経験との関連を探ることが重要である、2) 公平なアプローチを確立するには、様々な関係者の声を取り上げる必要がある、3) 実用的なアプローチを発展させるには、聴衆、政策立案者、実務家と積極的にかかわらなければならない、という3つの観点を挙げている。さらに、「社会的価値は社会の『事実(fact)』と切り離すことはできない。そのため、経験を重視することは、道徳・文化・個人のコンテクストを意識した研究と関連する。」と述べている。このような観点に基づき、ポットは、教育研究においては、教育実践の「フィールド」の多様性を十二分に考慮したうえで、理論よりもまず実践の「経験」から学ぶこと、並びにその際には「比較研究」が必要不可欠であると主張している。

② 時間的空間としての「フィールド」

他方、「フィールド」の多義性を考えるうえでもう一つ重要な方向性は、歴史を軸にした「時」による「比較研究」である。実は、この意味での「フィールド」は、ブレイとトマス(1995)で示された分析フレームワークのモデルにも含まれていない。しかしながら、前述のポットが挙げた「フィールド」における「経験」の重視が今現在の時点に焦点を当て、実際に「経験」できることを対象とするのに対し、「時」をフィールドにする研究は、過去やあるいは未来を含み、対象そのものが変容してしまう可能性も含めた検討を可能にする。

スィーティング(2007=2011：156)は、「時」を軸とした比較研究について、「『時』というものは精神的なものに左右される比較対象である」という指摘をしている。そこでは、「時」には天文学的な「時」、生物的な「時」、地理学的な「時」とさまざまな「型」があるが、中でも特に重要なのは、主観的で相対的な個人にとっての「時」をどう扱うかということであると述べており、個人にとっての「時」と、国家や社会にとっての歴史における「時」とのあいだの相互関連性を認識し、文化的・文脈上の違いを意識した比較研究を行うことが重要であるとしている。また、スィーティング(2007=2011：171-175)では、比較のために適切な単位を何にするかという点とあわせ、「時」の比較研究の構造として通時的(diachronic)、共時的(synchronic)、疑似共時的(quasi-synchronic)・疑似通時的(quasi-diachronic)比較があることを挙げている。このうち、通時的比較は、時間的な継続性や変化を明確にすることができる一方、極端に話をまと

めたり、未来を予見しているかのような分析を行ったり、物事の局面だけをとらえがちな点に欠点があるという。また共時的比較の場合には、対象となる事象の構造に焦点をあて、それについての詳細な分析を行う点で利点があるが、比較する二つの「時」の対照性を印象づけようとするあまり、その間にある事象が過小評価されることが懸念されるという。さらに、疑似共時的あるいは疑似通時的比較は、比較対象の事象の特徴をつなぎ、ハイブリッドな構造をもつという利点をもつ方法であるが、他方で事象をつぎはぎしてしまい、教育発展の重要な局面を見落としてしまう可能性があるという。

　こうしたスィーティングの指摘には、いずれも「時」を、それを解釈する人が置かれている文化的背景やコンテクストをふまえたうえで、かつ比較する際にそれらの対象を無意味に詳述したり、あるいはその反対に歪曲化したり単純化することの危険性に留意すべきであることが強調されている。そして、あえて比較教育学における「時」を比較することの意義をあげるとすれば、「重要な時期の比較」並びに「重要な点を比較することの適時性」に焦点をあてることにあると述べている。

3. 比較教育学の目的と方向性

1　比較研究の「多様な目的」──外国教育調査から「比較研究」へ──

　以上述べた「フィールド」の多義性とその解明のための比較研究は、いずれも教育学における比較教育学研究の目的につながるものである。そもそも比較教育学は、冒頭でも述べたとおり、ジュリアンによって19世紀に創始された時より、近代国民国家の成立と自国の教育改革・発展に役立つための外国教育調査にその端緒をもち、他国の教育政策や教育制度から自国の教育発展に資する情報を収集しそれを解析・応用することを目的としていた。この時期をベレディ(Bereday 1964)は「借用の時代」と分類し、20世紀前半にはいり、教育現象の背後にある社会的要因に注目するようになった「予言の時代」や、そのあと、「比較研究」の過程が明確な形で示されるようになった「分析の時代」と区別している。

　比較教育学が創始された当時からの、外国教育調査という性格は、その後

も比較教育学研究に影響を残してきた。日本における比較教育学研究も同様であり、これまで、個別の国や地域の教育調査・分析に関する研究が多くみられるのもそのためである(杉村美紀　2011)。とくに特徴的なのは、そうした研究に、明確なかたちで「比較」を意識していない研究が多く、松崎巌(1990)の分析にみるように、比較教育学ではなぜ比較研究が躊躇されるのかということが問われることとなった。また、市川昭午(1990)は、比較教育学研究は、他国との比較を通じて日本の教育改革への示唆を得るためのものであるという主張を展開したが、他方、馬越徹(1992)は、「日本の教育問題の解決を強く意識したり、比較を性急に行うことよりも『地域研究』に徹することが先決」であると述べている。

このように、比較教育学について、これまで様々な角度から目的が論じられてきたが、その議論が収束していないことは、メイズマンら編(Maseman et al. 2007)が世界比較教育学会の歴史を概観した著作のタイトルを『共通する関心、共通しない目的(Common Interests, Uncommon Goals)』としている点にもよく示されている。今井重孝(1990)は、比較教育学に二つの型があり、そのうち「一般化」型比較教育学が、「個別事象の比較による一般法則の発見から、発見された一般法則の個別事象への適用という二つの要素をもちながらも、一般法則の確認に比重を置いている研究」であり、他方、「差異化」型比較教育学は、「比較による差異の発見とその歴史的形成要因の探究、または、日常性に潜む差異の発見→変更された一般性という形をとる」という構造をもっていることを指摘している。黒田一雄(2011)は、地域研究と開発研究が、途上国における教育開発の実践にどのように関与しているのかを例に取り上げ、途上国教育研究においては、地域研究と開発研究の間で、フィールドとしての捉え方に違いがあり、あくまでも現場としてのフィールドの現実に忠実であろうとする地域研究に対して、開発研究では社会科学の理論に基づいた実証主義的・鳥瞰的な傾向が強いこと、研究目的に実践的、実用的価値を求めるのか否かをめぐってスタンスの違いがあることを指摘しているが、両者の差異は、今井が指摘した「一般化」型比較教育学と「差異化」型教育学の違いということができよう。

こうした二つの方向性が混在しているのが今日の比較教育学の特徴である

が、それは課題であると同時に、比較教育学が「学」として自律性を獲得していくうえでの重要な観点となるとも言える。黒田(2011, 前出)は、そのことについて、「妥協的に単一の結論を合意してよしとするのではなく、立場の異なる研究者の重層的な多様性とそこから生まれる触媒的効果が比較教育学の進展に重要である」と述べている。確かに、対象が多岐にわたる教育学研究の中にあって、比較教育学が比較研究の方法を提示しようとする場合には、二つの方向性を意識し、多層的・多角的であり、かつ相対的な視点を示す必要がある。

2　多層的・相対的な「比較研究」への挑戦

多層的・相対的な「比較研究」を追求するに当たり、高山敬太(2009：120-121)が指摘する「二項対立型のアプローチ」に対する注意は興味深い。高山は、研究者がたった二つのサンプルを比較するのは、次の三つの点で問題があると指摘する。それは、「第一に、二つの対象の比較は、あたかもその両者がある指標に対して両極端に位置しているような印象を与えること、第二に、比較により浮かび上がる対象の特徴が、あくまでもある特定の対象と比較したときに浮かび上がる特徴でしかないのにもかかわらず、それがその対象の『本質』として普遍性を持って語られること、第三に、欧米と非欧米の教育に関して二項対立型の比較が行われる時、それは欧米のオリエンタリズムの遺産に依拠するのみならず、さらにそれを支配的言説として強化・自然化する危険を伴うこと」という三つの観点である。

こうした二項対立型の比較への懸念を踏まえたうえで、有効な方略となるのは、川田順造(2007)とカーニー(Carney 2009)の研究である。このうち、川田(2007)による「文化の三角測量」は、二つの文化の比較ではなく、参照点を三つにして、そのうちの一つを対象化するときは他の二つの参照点から見る方がより客観的にみることができるとする方法である。川田は、文化の比較には、隣接する地域の文化間における伝播、受容、受容拒否など、相互の影響関係を比較検討する「連続の中の比較」と、直接交渉はなく、地理的にも隔たった、自然条件も歴史も異なる地域の文化を比較する「断絶における比較」の二つがあるとする。こうした二つの比較の目的は、前者を「歴史的」とすれば、

第 7 章　教育学における比較教育学の位置づけ　185

後者は「全く異なるように見える現象を比較しながらその根源的な意味を『論理的』に問う」ことにあるというのである。その具体例として、川田は、「文化の三点比較」について、自身が「フィールド」とする日本、フランス、西アフリカ(旧モシ王国)を対象とし「技術文化」をめぐる三者の指向性を分析することで説明している。興味深いのは、これら三つの「フィールド」が、歴史的や地理的な関連があるわけではないにもかかわらず、そこから普遍的な観点を導き出そうとしている点である。この川田順造の「三角測量」については、馬越徹(1992)も、「ある特定の地域(文化)を研究する際には、対象を相対化し、また研究者の目を相対化するためにも、少なくとも「三方向からの比較的アプローチ」が必要だといえる。」と述べている。

　カーニー(2009)の研究も、川田が述べた「断絶における比較」、すなわち「全く異なるように見える現象を比較しながらその根源的な意味を『論理的』に問う」研究として、デンマーク、ネパール、中国を「フィールド」にとりあげている。カーニーの研究は、一見すると三つの国について事例研究を行っているようにとらえがちであるが、本文の主旨はあくまでも比較教育学の方法論の提示であり、国家の枠組みを基盤に対象事例を主として二つ並べて比較検討するといった旧来的な方法ではなく、あえて地理的にも、また政治体制や経済社会状況及び文化においても極端に異なる事例を三つ取り上げているのもそのためである。著者自身の言葉をかりると、「比較教育学方法論に対する新しいアプローチ」として、グローバル化時代に、それぞれの国ではグローバルな考え方や政策がどのように個々の事例のコンテクストに反映されているか、またそれぞれの土地の地域性(locality)がどのように形成されているのかということを分析し、三つの事例相互の比較を行っている。ここでは、デンマーク、ネパール、中国に関する個々の地域研究ではなく、むしろそれらの間にグローバル化をめぐりどのような共通の施策やそれを支える考え方や取り組み方があるのかということを問題にしているのである。

　以上、教育実践研究の「フィールド」を空間的・時間的観点からそれぞれとらえる考え方について述べたが、川田やカーニーの研究をみると、もう一つの立ち位置が必要とされていることに気づく。それは、研究対象としている「フィールド」に軸足をしっかりと置きながらも、そこでの枠にとどまるので

はなく、理論化・一般化のためには「フィールド」での経験をもとに「フィールド」外とのつながりにも目を向けるということである。村田と渋谷恵(1999)は、こうした研究の方向性を、東南アジア教育研究に例をとりながら説明している。そこでは、当該地域の現地語を習得し、政治、社会、経済、文化的背景を十分にふまえて地域教育を研究することの必要性を指摘したうえで、「『地域』に深く根ざした研究を進める一方で『地域』に埋没しない研究の方向性」が必要であると説いている。ここでの「地域」は、本論文でいう空間的な「フィールド」にあたるものを中心とするが、重要なことは、対象としている「地域」だけに該当する閉じた研究ではなく、当該「地域」の事例から一般化、理論化していくことの意義を指摘していることであろう。逆に考えれば、そうした一般化・理論化を目指してその「フィールド」が物語る普遍的事項が明らかになることで、教育実践としてのその「フィールド」そのものがもつ特性がより強調されることにもなると言える。

　たとえば、江原武一(2001)は、各国の教育動向を系統的に紹介する「外国教育研究」にかわり、1990年代以降みられる新たな研究動向を「地域教育研究」と表現し、分析単位として有効な国民国家と並び、国境内あるいは国境を越えた文化的なまとまりに焦点を当てた教育事象の研究を提起している。また、渋谷英章(2001)は、「『教育を扱う地域研究』から『地域を扱う教育研究』へ」という方向性を提示し、「『先進国』の教育を学んで日本の教育に生かす」という「外国教育研究」にみられた旧来の比較教育学から、「地域教育研究」への移行が求められていることを挙げている。さらに竹熊(2001)は、「地域教育研究」においては、「当該地域の教育の特質を構造化し、抽象化、止揚させ、教育現象を考える視座や分析、説明、理論化のための概念を提供する」必要性を問うことで、「ベレディが指摘した『地域研究と比較研究をつなぐ橋』を考えることが求められている」と述べている。こうした「フィールド」を相対的にとらえる見方は、事例の特徴に特化するあまり、例えば笹森(1999)が指摘するように、その一事例だけで国全体を一括してとらえることの危険性を回避することにもつながる。

　その意味では、日下部・森下・鴨川(2007)が、バングラデシュ、タイ、マレーシアというそれぞれの「フィールド」における時間軸・空間軸・性質軸に

基づく調査から、それを相互に比較することにより、「方法論の比較」を試みた研究は、まさに相対化に向け、「地域研究と比較研究をつなぐ橋」を構築しようとした意義深い研究と言える。同研究は、筆者らの長年にわたる丹念なフィールドワークの蓄積があって初めて可能となる「比較研究」であるが、同時に、それぞれの教育実践研究の「フィールド」にとどまるのではなく、データを相対化する方向性を意識し、かつ三点比較の特徴をよく踏まえたうえで、あえて三者間の比較を行うことにより、「教育的価値」をめぐる新たな諸相を描き出すことに成功しており、教育学の中で比較教育学が果たす役割を強く印象付けるものである。

同時に、こうした重層的かつ相対的な「フィールド」のとらえ方は、今日のトランスナショナルな教育の実態を解明する視点も提供するものと言える。カーニー (2009、前出) は、デンマーク、ネパール、中国という相異なる「フィールド」を比較する視点として、教育に関する「政策の風景 (policyscape)」という表現をあえて用いている。ここには、それぞれの対象の実証研究を重視しながらも、特定の国の制度や政策といった従来型の比較研究の枠組みをいったんはずした新たな視角がみられる。それはブレイとトマスによる三次元モデル (前出) が、立体的な比較の枠組みを提示しつつ、分析単位として様々な教育の諸相を取り上げるべきであると指摘したことを、より発展的に展開した研究であり、そこでは一般化・普遍化への新たな挑戦がみられる。

おわりに

本章では、理論と実践を合わせもつ教育学において、その一般化・普遍化と個別化の往来の橋渡しをするために、多層的・多角的な視点と相対的な視角をもった「比較研究」の方法論を提示するのが比較教育学研究の役割であるという見方に立って、教育実践研究の多様な「フィールド」解明のための視点を整理した。「フィールド」には、いわゆる狭義の地理的空間が含まれるが、その地理的空間も、これまでの国家を分析単位とするものから、超国家的な、あるいは国家内の分析視点もありうる。また地理的空間以外に、教育実践研究の「場」の問題としては、フィールドでの「経験」を重視した教育実践研究、

あるいは時間軸を考え歴史を考慮した教育実践研究というものも、比較研究の立ち位置として考えられることを指摘した。

　比較教育学研究を概観すると、理論研究においては、しばしば演繹的な議論が行われ、理論やモデルの構築が行われるものの、実践に直接資するエンパワーメントの役割を促すものは少ない。これはとくに欧米の比較教育学研究に演繹的な研究が多く、事例研究よりも方法論の観点を中心に構成されていることにみられるとおりである。これに対して実践研究には帰納的な研究が多く、事例の検証や個々の「経験」に焦点を当て、その特徴や特性を分析するが、理論構築は行わない場合が多い。それはちょうど、日本の比較教育学研究が、欧米の研究とは対照的に、フィールドワークや調査を行った国や地域を軸にしているものが多いことと結びつく。

　このように理論研究と実践研究がともに重視されてきた背景には、比較教育学研究の方向性が必ずしも定まっておらず、様々な目的のもとに比較研究が試行されてきたことがあるが、こうした研究の方向性をめぐる立場の差異に加え、今日ではさらに新たな視点が求められている。それは、グローバル化や国際化が進み、教育においても、国境を跨ぐ動きが顕著になる中で、これまでのような既存の国民国家の枠組みを前提とした比較研究にとどまらず、クロスボーダーな教育の実態に即した比較研究を考えることが必要になっているという点である。このことは、今日、とくに高等教育分野で活発化している大学の多様な国際連携プログラムの登場や、EUやASEANが展開しているような地域連携教育等の事例に象徴される。こうしたプログラムでは、引き続き国家が基盤となっているものがある一方で、国際機関や個別の大学が中心となってプログラムを展開しているものもある。また、国家が、主として自分の国の学生を対象としてきたこれまでの教育システムとは異なり、連携している加盟国や地域、大学が参加・協力することで、様々な文化の違いが混在する多様な学習空間のなかで学び合うシステムが創られるようになっている。そうした教育の在り方を比較研究するためには、従来の国別比較とは異なる新たな比較の枠組みと視点が必要となろう。

　そこではまた、これまでの教育学が、国民国家の成立と発展を基軸とし、他国との競争原理を強く意識しながら展開されてきたのに対し、他国との連

携や協調のもとに、協働して人材を育成するという視点も求められている。国民国家の基盤としての教育の機能それ自体は、引き続き重視されていくことに変わりはないが、ヒトやモノ、情報、資本の国際移動が活発化するなかで、学生が特定の国や地域にとどまって学び続ける従来の在り方から、今日では、複数の国や地域を移動しながら学ぶプログラムも登場し、複数の文化圏を跨ぐ学びが可能となっている。こうしたプログラムでは必然的に、特定の国の固定的な教育だけではなく、たとえばASEANが目的の一つに掲げている「調和化(harmonization)」の概念に示される通り、時に各国の利害を超える多様で柔軟な教育理念も含む。

以上のことをまとめると、今日の教育学に求められているのは、多様な教育実践研究の「フィールド」を重層的・相対的にとらえるということであり、比較教育学はそのための分析枠組みの視点を提供する役割を担っていると考えられる。既に複数の研究が示唆しているそうした新たな「比較研究」への視座は、比較教育学の教育学における位置づけをより独自なものにすると同時に、教育学の新たな可能性と拡がりを示唆するものである。

参考文献

今井重孝(1990)「比較教育学方法論関する一考察――「一般化」志向と「差異化」志向を軸として」『比較教育学研究』16、19-29ページ。

馬越徹(1992)「『地域研究』と比較教育学――「地域(areas)の教育的特質解明のための比較研究」」『名古屋大学教育学部紀要』39(2)、21-29ページ。

江原武一(2001)「特集(地域教育研究のフロンティア)の趣旨」『比較教育学研究』27、4ページ。

市川昭午(1990)「比較教育再考：日本的特質解明のための比較研究のすすめ」『比較教育学研究』16、5-17ページ。

大塚豊(2005)「方法としてのフィールド――比較教育学の方法論検討の一視点」『比較教育学研究』31、253-263ページ。

川田順造(2007)「グローバル化に直面した人類文化」国連大学グローバル、セミナー第7回金沢セッション「グローバル化と文化の多様性」基調講演、2007年11月22日、川田順造『文化の三角測量』人文書院、2008年、97-137ページ所収。

日下部達哉(2005)「第三世界の比較分析手法に関する試論――『二元比較分析』の試み」『アジア教育研究報告』6、5-16ページ。

日下部達哉・森下稔・鴨川明子(2007)「比較教育学におけるフィールドから結論へ

の道程——方法論の比較」『アジア教育研究報告』8、69-84 ページ。
黒田一雄(2011)「比較教育学とはどのような学問か——教育開発研究からの視点」『比較教育学研究』42、97-110 ページ。
笹森健(1999)「比較教育学と地域研究(2)オセアニア地域研究の立場から」『比較教育学研究』25、61-66 ページ。
渋谷英章(2001)「地域教育研究の可能性——「地域教育事情」からの脱皮」『比較教育学研究』27、16-28 ページ。
スィーティング,アンソニー(2011)(杉村美紀訳)「『時』を軸とした比較研究」マーク・ブレイ、ボブ・アダムソン、マーク・メイソン編(杉村美紀・大和洋子・前田美子・阿古智子訳)『比較教育研究—何をどう比較するか』上智大学出版、155-177 ページ。
杉村美紀(2011)「日本における比較教育研究の方法論をめぐる論議——日本比較教育学会の研究動向を中心に」マーク・ブレイ、ボブ・アダムソン、マーク・メイソン編『比較教育研究：何をどう比較するか』上智大学出版、259-294 ページ。
杉本均(2004)「比較教育学の風景——特殊性のなかに見る普遍性」『教育学研究』71(3)、2004 年 9 月、38-45 ページ。
高山敬太(2009)「比較教育学への批判的アプローチ——グローバルな抵抗のネットワークの構築に向けて」マイケル・W・アップル、ジェフ・ウィッティ、長尾彰夫編著、高山敬太編集協力『批判的教育学と公教育の再生』明石書店、117-146 ページ。
竹熊尚夫(2001)「比較教育学と地域教育研究の課題」『比較教育学研究』27、5-15 ページ。
中島半次郎(1916)『独仏英米国民教育の比較研究』教育政調研究会。
ブレイ,マーク(2011)(前田美子訳)「学際的探求と比較教育学の領域」マーク・ブレイ、ボブ・アダムソン、マーク・メイソン編(杉村美紀・大和洋子・前田美子・阿古智子訳)『比較教育研究—何をどう比較するか』上智大学出版、217-238 ページ。
ポット,パトリシア(2011)(阿古智子訳)「比較教育研究における『経験』の位置づけ」マーク・ブレイ、ボブ・アダムソン、マーク・メイソン編(杉村美紀・大和洋子・前田美子・阿古智子訳)『比較教育研究—何をどう比較するか』上智大学出版、67-87 ページ。
松崎巌(1990)「何故に比較教育学研究者は比較することを躊躇するか」藤岡信勝(研究代表)『教育における「比較」』、平成元年度特定研究成果報告書、東京大学教育学部、平成 2(1990)年 3 月、3 ページ。
マンゾン,マリア(2011)(大和洋子訳)「地理的地域・空間・場所に基づく比較研究」マーク・ブレイ、ボブ・アダムソン、マーク・メイソン編(杉村美紀、大和洋子、

前田美子、阿古智子訳)『比較教育研究―何をどう比較するか』上智大学出版、89-129 ページ。
村田翼夫・渋谷恵(1999)「比較教育学と地域研究(1)東南アジア地域研究の立場から」『比較教育学研究』25、55-60 ページ。
レ・タン・コイ(1991)(前平泰志、田崎徳友、吉田正晴、西之園晴夫訳)『比較教育学―グローバルな視座を求めて―』行路社。
Bereday, George Z. F(1964)*Comparative Method in Education*. Holt, Rinehart and Winston=1968 岡津守彦『比較教育研究法』福村出版。
BRAY, Mark & R.Murray Thomas(1995)"Levels of Comparison in Educational Studies: Different Insights from Different Literatures and the Value of Multilevel Analysis", *Harvard Educational Review*, Vol.65, No.3, pp.472-490.
BRAY, Mark(2005)"Comparative Education: New Challenges and New Paradigms", Japan Comparative Education Society, 40th Annual Meeting, Nagoya, 26-27 June 2004, Keynote Address, *Comparative Education* 31, pp.215-232.
BRAY, Mark, Bob Adamson and Mark Mason(eds.)(2007)*Comparative Education Research: Approaches and Methods*, Comparative Education Research Centre, The University of Hong Kong, Springer = 2011 杉村美紀・大和洋子・前田美子・阿古智子訳『比較教育研究：何をどう比較するか』上智大学出版。
CARNEY, Stephen(2009)"Negotiating Policy in an Age of Globalization: Exploring Educational "Policyscapes" in Denmark, Nepal, and China", *Comparative Education Review*, Vol53, No.1, pp.63-88.
Masemann, Vandra, Mark Bray and Manzon Maria(eds.)(2007)*Common Interests, Uncommon Goals: History of the World Council of Comparative Education Societies and its Members*. Hong Kong, Springer and Comparative Education Research Centre, The University of Hong Kong.
Oliveira, Carlos E.(1988)"Comparative Education: Towards a Basic Theory", *Prospects: Quarterly Review of Education*, Vol.XVIII, No.2, pp.167-185.
Wolhuter, Charl, Nikolay Popov, Maria Manzon and Bruno Leytwyler(2008)*Comparative Education at Universities World Wide*(2nd ed.), Sofia: Bureu for Educational Services.

【謝辞】
1　本章の執筆を行う上で、今井重孝(青山学院大学)、高山敬太(オーストラリア・ニューイングランド大学)、大和洋子(香港大学比較教育研究センター)、川勝美知子(上智大学大学院)各氏と 2011 年 8 月に上智大学で行った研究会から大きな示唆を得た。ここに記して感謝したい。

第8章 社会理論と比較教育学

浜野　隆

1．社会理論と比較教育

1　現象をみる視点としての社会理論

　本章では、社会理論が比較教育・比較教育学といかなる関係にあるのか、比較教育において社会理論はどのように扱われてきたのかを論じる。本章で言う「社会理論」とは、「社会における法則性をもとに体系的に組み立てられた考え・理論」のことであり、それは通常、現象を記述したり、説明したり、解釈・分析を行う際の枠組みとして用いられる。

　既に日本の比較教育学において論じられているように、比較教育には「一般化志向」と「差異化志向」がある(今井 1999)。すなわち、比較教育は、必ずしも法則を発見したり、一般化したりすることのみを目的とするわけではなく、差異や固有性の発見にも重きが置かれている。事典類による定義では、「比較教育学」とは、「世界の国や文化圏における教育を、歴史的・現代的な観点から比較し、また、それぞれの間の様々な関係や、国、文化圏をこえる世界(地球)的な関係等を明らかにし、教育の本質的な在り方を究めようとする学問」「諸文化、諸民族、諸国家ごとに異なる教育の実態を比較考察することによって、教育の本質を明らかにし、また現実の教育の改善に資することを目的とする教育学研究の一部門」と定義され、「教育」を「比較」することによって、「教育の本質」にせまるものであるとされている(松崎 1990)。教育の本質への迫り方には様々なアプローチがあると思われるが、少なくともこれまでの比較教育においては、実証的な経験科学としての「社会学的比較教育学」が一定の位置を占めてきたことは確かであろう。

　社会学は社会を対象とする学問であるが、方法学としての性格も併せもつ。社会学固有の対象をもつというよりは、様々な領域を「社会学的」に分析する

ことができる。「○○の社会学」「○○社会学」「社会学的○○」といった表現がよくなされるが、○○の部分には様々な対象が入りうる。教育を対象としたものは「教育社会学」であり、農村を対象としたものは「農村社会学」、科学を対象としたものは「科学社会学」である。社会学が対象とする分野は幅広く、その方法は様々な領域で応用されてきた。比較教育においても、上述の「社会学的比較教育学」のように、社会学の考え方を援用した比較教育学が存在する。これは社会学に限らない。経済学や政治学に関しても、「○○経済学」「○○政治学」といった領域が存在することから考えて、経済学や政治学における社会理論もまた方法学としての性格を併せもつといえよう。

今井(1999)は、社会学や経済学の手法を応用した比較教育の登場について、「かくて、比較教育学は、解釈的、質的、歴史学的な比較教育学から、実証的、量的、経験科学的な比較教育学へと変貌を遂げることとなる。この新しい比較教育学は『諸原理』(ホームズ)『法則』(ベレディ)『一般化』(ノア／エクスタイン)といった一般性を重視する一般化型比較教育学であった」(今井 1999：22)として、社会理論の応用により比較教育の潮流に大きな変化があったことを明らかにしている。

2　比較教育学における主要理論

比較教育学においては、理論がどのように位置づけられ、どのような社会理論が用いられてきたのだろうか。ここでは、クボウとフォッサム(Kubow and Fossum 2007)による比較教育学の理論に関するレビューをもとに、比較教育における社会理論の状況をみていこう。図8-1は、比較教育の領域における主要理論をその系譜も含め図式的に示したものである。比較教育学における社会理論を極めて図式的に整理するならば、まず、大きくは、「近代主義の理論(modernist theories)」と「ポストモダニズム・ポスト構造主義(postmodernist and poststructuralist theories)」に大きく分けることができよう。近代主義(モダニズム)の範疇での理論か、それとも、近代の意味を問い直し、近代主義の正当性を脱構築する「ポストモダニズム」の志向をもつかどうかである。

第Ⅱ部　比較教育学の研究視角

```
                    比較教育学における主要理論
                    ┌──────────┴──────────┐
            近代主義の理論              ポストモダン・ポスト構造主義の理論
          (modernist theories)
          ┌─────┴─────┐         ┌────┬────┬────┬────┐
     構造機能主義   マルクス主義  フェミニズム理論  生態学  脱構築  「ポスト…」
                                          (ecological       思想の適用
                                           theories)
      ┌──┬──┐  ┌──┬──┐      │        ┌──┴──┐
   近代化論 人的資本論 従属理論 解放理論  批判理論  文化的な視点からの  固有性記述志向
```

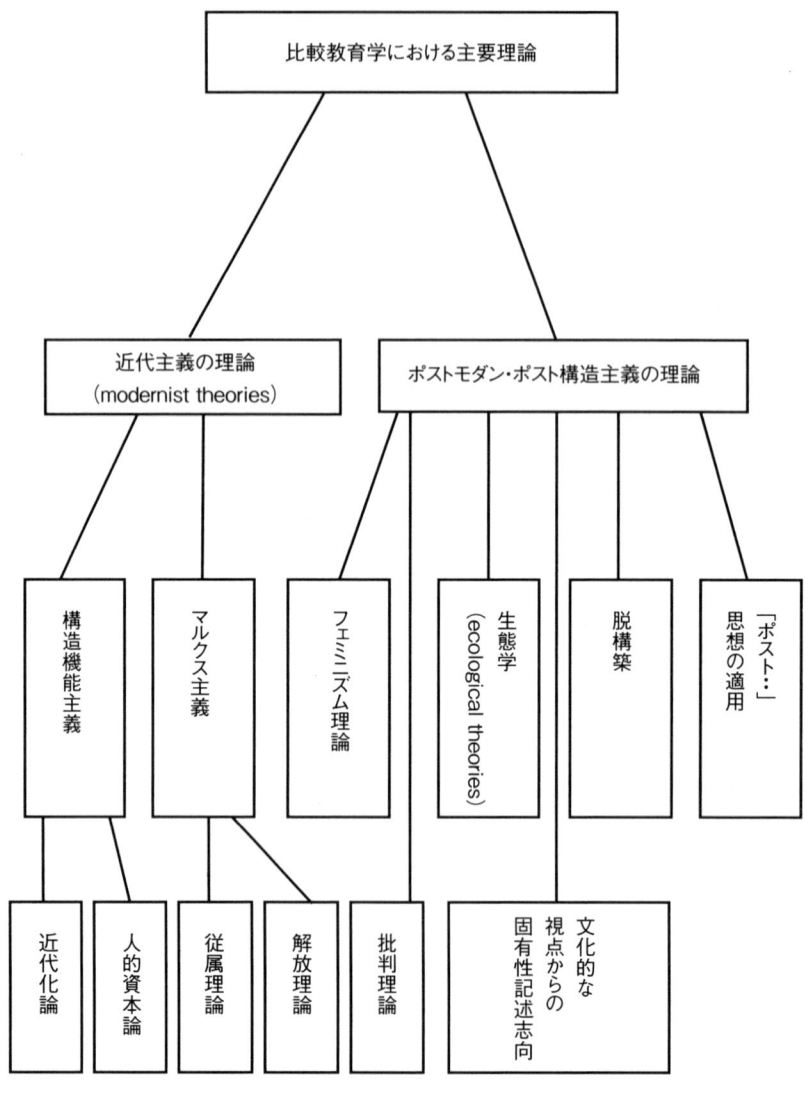

図8-1　比較教育学における主要理論

出典）Kubow and Fossum (2007)（一部改変）

近代化の範疇に入る理論としては、構造機能主義とマルクス主義があげられており、一方、ポストモダニズム・ポスト構造主義の範疇に入る理論やキーワードとしては、フェミニズム理論、批判理論、環境理論、脱構築、「ポスト」思想の適用、文化的な立場から導かれる固有性重視の視点、等が挙げられている。構造機能主義の系譜に属する理論としては、近代化理論、人的資本論が、マルクス主義に属する理論としては、従属理論、解放理論が挙げられている (Kubow and Fossum 2007)。

また、比較国際教育学におけるパラダイムと理論の図式的な整理(本書の第5章、ウェイドマンとジェイコブによる紹介を参照、133頁)によれば、現実を客観的に分析する立場と、理念主義の立場に大きく分かれ、さらにそれらは、変革を志向する理論と均衡を志向する立場に分かれるという (Paulston and Liebmen 1994)。

3　構造機能主義

構造機能主義(単に「機能主義」とも言う)とは、「社会現象をいろいろな要素が相互に関連しているものとしてとらえ、これらの関係が全体社会システムの統合と秩序を維持するのに役立つと見る社会構造・社会関係の見方」(柴野・菊地・竹内編 1992: 253)である。構造機能主義の立場に立てば、社会とは相互に関連する諸要素(たとえば、宗教、教育、政治、経済、家族、保健医療等)がおりなすシステムであり、これら諸要素はそれらの間の均衡や調和を志向する。言い方を換えれば、これらの諸要素は、存続のために相互に依存している。

構造機能主義においては、社会はしばしば人体にたとえられる (Ballantine and Hammak 2009)。すなわち、人体は脳や心臓、骨や筋肉など、様々な部分(要素)から構成されるが、これらは相互に関連し合っている。人体を構成する諸要素は、生命の維持発展のために機能しており、各構成要素は不可欠とみなされる。社会もこれと同様に、政治、経済、教育、家族、医療、宗教などの諸要素から構成される有機体であり、諸要素は相互に関連し合っており、社会の維持発展に機能していると考えるのが構造機能主義の発想である。そのため、教育は社会の維持発展のために不可欠とみなされ、教育による近代化が達成されるという「近代化論」もそこから派生する。教育によって個人が

社会化¹されることにより、社会の一員を構成するめに必要な態度や意識、技能などを獲得する。それは社会にとっては機能的であり、教育の順機能とみなされる。

　構造機能主義においては、社会を構成する諸要素は、諸要素間の均衡や調和を志向し、諸要素間の均衡は合意によって成り立つとされる。そして、葛藤は社会的な緊張を生じさせるために社会の統合や均衡にとっては機能的ではないとされる。社会の変化は既存のシステムを壊すことがないように、(急速な社会変動ではなく)緩やかな発展過程であるとみなされる。

4　近代化論と人的資本論

　教育研究において、構造機能主義から派生する代表的な理論としては、近代化論と人的資本論が挙げられる。国家の開発における教育の役割が注目され始めたのは、1950年代から60年代にかけてである。はじめに登場したのが「近代化論」と呼ばれる理論であった。近代化論とは、教育により近代的な知識・技能が国民に伝達され、国家が発展するという考え方である。近代化論によれば、教育は科学的知識や一般的知識・態度の伝達によって社会生活における効率性を高め経済成長に貢献する。とくに、広く普及した識字能力や計算能力は、国民の間のコミュニケーション能力を飛躍的に高め、近代的な国家と経済市場の形成を促すとされている。先進各国における教育の普及の歴史を検討したアンダーソンは、識字率あるいは初等教育の就学率が40%程度に達していることが、これらの国々での経済成長開始の必要条件になっていたと主張した(Anderson 1965)。また、マクレランド(McClelland 1966)やインケルスら(Inkeles and Smith 1974)は、基礎教育の普及は近代的な価値観・態度を形成することによって経済成長に寄与したと主張している。ここでいう「近代的な価値観・態度」には、新しい経験を積極的に受け入れる姿勢、決まったスケジュールを受け入れ、時間を厳守する習慣、人間は環境をコントロールし、目標を進めることができるという信念、などが含まれる(Inkeles and Smith 1974)。近代化論者は、学校教育がいかに個人の価値観や信念、行動を近代社会に適合させていくかに焦点を当て、教育の拡大が個人の価値や信念に影響を与えることを通じて、より生産的な労働力と持続的な経済成長

のために必要な条件を造っていく仮定に着目する(McClelland 1966)。

　このように、近代化論は教育の経済発展への貢献を論じたものだが、これとは少し違った角度から教育と経済発展の関係を論じたものに「人的資本論」という考え方がある。近代化論は、学校教育がいかに個人の価値観や信念、行動を近代的なものに変えるかを強調するのに対し、人的資本論者はいかに教育が生産性や労働の効率を高めるかを強調する。人的資本論者は労働者を、教育によって獲得した技術や知識という形をとった「資本」の所有者であり、「自分に投資する能力をもった者」とみなした(Karabel and Halsey ed. 1977=1980)。人的資本論によれば、教育を受けることは「消費」ではなく社会の人的資源の「ストック」となる生産的な「投資」なのであり、教育の拡大(人間への投資)は少なくとも物的資源への投資よりは有益な社会的投資である。人的資源の重要性を裏付ける証拠の一つとして教育投資の「社会的収益率」(Psacharopoulos and Woodhall 1985)を挙げることができる。

　人的資本論によれば、教育の経済成長への主な貢献は、労働者がもつ認知的スキルの水準を高めることであり、また、その結果として労働者の生産性が向上することである。基礎的な識字能力や計算能力は労働者たちの生産性を向上させる。論理的・分析的判断力が要求され、技術的・専門的知識を与える訓練は労働者の生産性を向上させる。このように、総じて学校教育が広まれば広まるほど、社会における人的資本の蓄積は大きくなり、生産性は向上し、経済発展へ結びついていくとされる。

　1960年代から1970年代初めにかけて「教育と発展」に関する研究の多くは近代化論及び人的資本論の考え方に基づくものであった。その後、機能主義批判の高まりから人的資本論なども多くの批判にさらされることになるが、世界銀行は人的資本論を支持する立場を取り続けている。そのため、教育開発の分野においては人的資本論は今なお強い影響力を保ち続けており、存在感を失ってはいないとする見方もある(Rose 2003)。

2．教育現象の解釈

1　機能主義とマルクス主義

　社会理論においては、機能主義のように合意や均衡を志向する考え方がある一方で、それに対して疑問を投ずる立場もある。すなわち、社会を闘争の場とみなし、葛藤や急進的変革を重視する立場である。マルクス主義はその代表的な考え方であり、社会を互いに対立(闘争)する二つの階級(搾取する側―される側)から構成されているとみなす。図8-1で示された図式によれば、比較教育研究においてマルクス主義から派生する代表的な理論は、従属理論と解放理論である。

(1) 従属理論

　従属理論は、中心と周辺の関係(社会的、文化的、政治的、経済的)、搾取―被搾取という歴史的な関係と低開発の関係を問題視する。従属理論は、経済変化を説明するに当たって、世界経済の中心・周辺双方における世界システムの力学に焦点を当てる。すなわち、国の経済成長(あるいは経済停滞)というものは、その国の内部の要因(たとえば国内での投資や教育)と言うよりは、世界経済システムの中でその国がどういう位置づけにあるかによって決まってくる、ということである。従属理論は、一国だけで教育と経済発展の関係を考えていた近代化論に対する一つの理論的な批判になっている。

　ここで「理論的な批判」と言ったのは、従属理論を実証的に検証しようとする試みが必ずしも一貫した結論を導き出してはいないため、現段階ではあくまで理論レベルでのみ有効な批判であると思われるからである。ウォルターズは、1950年から1960年の教育拡大が1970年の経済水準(一人当たりGNP)にほとんど寄与していないことを明らかにし、従属理論を支持する結論を導き出している(Walters 1981)が、マイヤーらが1950年～70年における経済成長に影響した社会的・政治的要因を分析した結果、15年のタイムラグを経て中等教育就学率が経済発展にプラスの関連を示すことが明らかになっている(Meyer et al. 1979)。

(2) 解放理論

　公正な社会を作るためには、急進的で、ドラスティックな社会構造の変動が不可欠である。社会経済的、政治的、文化的世界秩序の幅広い変革が、平等で公正な社会を作るためには必要であり、教育は社会の抑圧された人々が社会変革を進めるために自らの状況を認識するのを助けるために使うことができる。解放理論はこのような考え方により、低開発社会のメンバーを権力者によって「抑圧された者」とみなし、抑圧からの「解放」こそが発展であると考える。発展を冨の蓄積ではなく、公正(正義)の実現からみるものであり、その意義は大きい。フレイレ(Freire, P)の思想に代表されるように、抑圧から解放されるための識字教育、銀行型教育から課題提起型教育への転換が志向される。

2　学校教育をみる視点

　ここまで、機能主義とマルクス主義、及びそこから派生する理論を取り上げたが、表8-1にその特徴を改めてまとめておきたい。ここでは、社会に対する解釈と学校をめぐる諸要素をどう見るかが整理されている。

　社会理論は、学校教育の役割や選抜に関してのみならず、教育変動を説明するうえでも有効な視座を提供する。ここでは、教育拡大を例にみていこう。

　ある特定の時期に特定の地域で教育の拡大が停滞することはしばしばみられる現象であるが、長期的にみれば、就学率や在学年数などの動向からみて、学校教育は拡大傾向を示していることは間違いない。たとえば、1980年代のアフリカは、就学率という点では停滞・低下した国が少なからずみられる。しかしながら、長期的にみれば、アフリカの就学率は上昇しており、教育は確実に拡大していることがわかる。これは、特定の地域、特定の国のみで生じている現象ではなく、過去1世紀、長い時間軸でみれば、世界中ほとんどすべての国、地域において教育は拡大を続けてきた。現在も、EFA運動のもと、発展途上国の基礎教育は拡大を続けている。

　このような「教育拡大」現象は、機能主義の立場からはどのように説明されるのだろうか。「産業社会に必要とされる知識技能を身につけるため、社会

表 8-1　構造機能主義とマルクス主義の解釈

	構造機能主義の解釈	マルクス主義の解釈
社会の特徴・現象		
社会の単位	社会的制度（たとえば学校、政府）が社会の代表として機能する	社会階級（支配層が被支配層を抑圧する）
安定性	安定性は、社会にとって有益である。なぜならそれは社会の発展を促進するから。	安定性は、社会の中の権力支配層を維持するように働く。
コンセンサス	コンセンサスは、社会的相互作用の望ましい形。それ自体が安定性につながっていく。	支配が実行されることにより、コンセンサスも強制されるか、維持される。
変化	基本的に漸増的、徐々に変化する。コンセンサスの形成により少しずつ変化が生じることが、その理由である。	変革のためには葛藤と現存する不平等な状況の打開が必要となる。
教育現象		
学校の役割	学校は社会のルール、権威への尊敬などを映し出すという「潜在的な（隠れた）」機能をもつが、顕在的機能と同様にそれは望ましい内容である。	学校組織（校長―教員―生徒）は、労働の場によく似ており、それによって労働の場における従順（CEO―管理者―労働者の職階）を教える。
学校のルーティーン	社会規範（例えば時間を守ること）との親近性は望ましいこととされ、学校が育むべき適切なこととされる。	学校の時間割、ベルなどは、労働の場の環境によく似ており、従順な労働者を作り出すものとして批判される。
カリキュラムの分化	社会の様々な部分（制度や労働市場など）は、全体としての社会の中で異なった機能をもつ。学校はこれら社会の目的に合うように教育を多様化するべきである。	トラッキングやその他の形態の分化は、恵まれた生徒を恵まれた立場に振り分け、そうでない生徒を恵まれない立場に振り分ける。学校は、（大人の社会での）社会的移動を先取する。

（出典）Kubow and Fossum（2007）をもとに作成

の維持・発展のために教育拡大が起こる」とするのが機能主義の立場からの解釈である。先にも説明したように、機能主義は、社会を様々な要素が相互に関連しているものとして捉え、それらの関係が社会の統合と維持に役立つとみる。教育については、様々な社会的要請を満たすという側面、経済・社会への教育の貢献が強調される。となれば、教育の拡大に関しても、社会・経済の急速な変化や技術革新、産業構造の変化、国際化などによって、社会が要求する新しい知識や能力を身につけさせる必要から生じ、その結果として学校教育が拡大することになる。機能主義の流れに位置づく「人的資本論」に基づけば、人々がより高い賃金を求めて学校教育に投資する結果として教

育拡大が起こるということになる。これに対して、葛藤理論では、教育拡大を支配エリートによる教育の押しつけとみなし、階級葛藤の結果として教育拡大が起こると説明される(丸山 1992)[2]。

3　ポストモダニズム・ポスト構造主義理論

　これまで説明してきた、機能主義やマルクス主義はとは異なる理論的系譜として、ポストモダニズム・ポスト構造主義が挙げられる。ポストモダニズム・ポスト構造主義は、モダニズム(近代主義)に対する懐疑と批判、権力構造への注目、普遍的な法則の発見というよりはローカルな状況に関連した理論志向、これまで忘れられ、目が向けられてこなかった社会集団への注目とそれらの社会集団の視点からの分析・解釈、人間環境の多様性・曖昧性の受容、などを特徴とする[3]。フェミニズム理論、批判理論、脱構築論などがその代表的な理論として挙げられる。詳細については専門書に譲るが、ここでは、教育研究という文脈で、ポストモダニズム・ポスト構造主義が、上述の機能理論、マルクス主義をいかに批判しているか、どのように超克しようとしているかに絞って記述したい。

　ポストモダニズムの教育理論においては、近代的な制度としての学校の意味・性格を問い直している。機能主義では、教育は社会の維持発展に不可欠な要素であるとされ、教育によって個々人を社会化し、「市民」や「国民」といった同一集団を形成できると考えていた。しかしながら、ポストモダニズム・ポスト構造主義は、自明視されてきた学校教育の役割を相対化して捉え、社会化による同一集団の形成という発想を疑問視する。批判的人種理論、フェミニズム理論は、これまで十分に注目されてこなかった、女性や有色人種の立場から、教育の意味を問い直している。これらの議論は、女性、有色人種の闘争を前面に押し出し、教育を含め日常生活の諸言説を分析することによって、これらの社会集団の苦痛を説明しようとしている。

　たとえば、フーコーは、ポストモダニズム・ポスト構造主義の系譜に属する代表的な論者の一人であるが、学校を監獄などと同様、「一望監視施設」としての性格をもつと捉え、その権力構造を論じている(Foucault 1975=1977)。ローダーらは、ポスト構造主義者の機能主義(ここではデュルケムに代表される)

批判を次のように記述している。

　「(ポスト構造主義においては)、デュルケムの立場を反映した、社会化を通じて獲得される市民や共通の価値観といった理解が、「共有される」ことはありえなかった。共有された国民性、国家の安定性はデュルケムの概念であり、多くのポスト構造主義者は、アイデンティティや多様性の問題をより顕在化させようとするため、それを批判した。」
　(Lauder et al. 2006)

　また、ポストモダニズム・ポスト構造主義の立場からすると、マルクス主義に関しても、社会的不平等の原因を主に階級に帰属させるものであり、その他の社会集団(ジェンダーやエスニックグループなど)間の不平等を見えにくくすることになるとして、批判の対象となる。すなわち、機能主義にしろマルクス主義にしろ、そこには、言語、アイデンティティの多様性やそこについてまわる権力の問題が捉えられておらず、ポストモダニズム・ポスト構造主義の挑戦を受ける結果となった。こうした挑戦によって、「教育における国家権力の特性は、徐々に増大する国家の監視機構(その好例が試験だが)、その中に隠されているものとして再考される」(Lauder et al. 2006)ようになっている。

3．社会理論と実証研究

1　機能主義と投入産出アプローチ

　本章のはじめに述べたように、社会理論は社会における法則性をもとに組み立てられているが、社会理論は研究方法論とも深く結びついている。たとえば、教育が社会的不平等の是正に貢献するという考え方は、教育の平等化機能に注目するという点で機能主義的である。そして、そのような考え方を背景として、学力の社会階層差や人種間格差に関する実証的な研究が展開されてきた。米国のコールマン報告など、大規模調査による実証主義的研究の問題設定には、教育の社会的機能に関する理論が深く関係している。ある要

素を「投入」したときに好ましい結果が「産出」される、という「投入産出アプローチ」は、全体を構成する諸要素の有機的関連を前提にするという点で、機能主義の考え方に依拠している。

　米国においては1960年代から、教育への投入と産出の関係を実証的に明らかにする政策志向の研究が数多く行われてきた。その中で最も注目され、また、研究面でも政策面でも影響力が大きかったのがコールマン報告である。コールマン報告は、教育生産関数の端緒となり、その後の学校効果研究も陰に陽にコールマン報告に対する批判意識から発展していった。

　コールマン報告の目的の一つは、生徒の学力と生徒が通学している学校特性との関係を明らかにすることであった。この関係を分析するために用いられた方法は、インプット－アウトプット分析と呼ばれる方法であった。これは、学校制度の運営の結果として現実に存在する学校資源について、できるだけ正確な情報を収集し、それを分析のデータベースとする。そして、学力テストの得点をアウトプットとし、子どもの利用する学校資源や家庭環境要因などをインプットとして、それぞれのインプットがアウトプットに及ぼす相対的な効果の大きさを求めようとするものである。その結果は次のようなものであった。

　①生徒の家庭環境と学力（言語能力テストの得点）との関係は極めて強い。
　②この関係は高学年になっても減少しない。
　③黒人生徒の学力の方が白人生徒よりも学校の差異に影響されやすい。
　④生徒自身の家庭環境を統制した場合、学校が言語能力テストの得点の差に及ぼす影響は非常に弱い。
　⑤学校に関する要因の中では、生徒集団の社会的構成がテスト得点と強く関係している。
　⑥生徒の態度的側面（自己概念や環境コントロール感など）は、テスト得点と強く関係しているが、学校特性とこれらの態度的側面との関係は弱い。

　これらの結果から、コールマンらは次のように述べている「……これらの結果を総合すると、一つのインプリケーションが導き出せる。それは、子どもの背景や一般的な社会的文脈から独立して、学校が子どもの学業達成に及ぼす影響はほとんど存在しないということである。」(Coleman et al. 1966：325)。

2 教育生産関数と学校効果研究

　果たして、「子どもの背景や一般的な社会的文脈から独立して、学校が子どもの学業達成に及ぼす影響」は本当に存在しないのか。コールマン報告以降、学校が子どもたちの学習成果にいかなる影響を与えているかに関する研究が多く行われるようになった。

　ハヌシェク(Hanushek 2003)は、教育生産関数を用いて学業達成を推計した研究をレビューし、その傾向をまとめている。まず、米国を対象としたものでは、教師生徒比率や教師の学歴、教員給与といった、学校への様々な投入と子どもの学業成績との間には有意な関係がみられないものが多い。一般的には、教師当たりの生徒数は学級規模と強い関係があるため、教師一人当たりの生徒数がより少なければ少ないほど子どもの学力は高いと思われがちであるが、それを裏づける結果は非常に少ない。教師当たりの生徒数のみならず、教師の学歴や経験、教員給与、生徒一人当たり支出、施設設備などに関しては学業成績と「有意な関係がみられない」とする研究が最も多い。

　しかしながら、途上国を対象とした研究では、少し傾向が異なる。研究の数はさほど多くはないものの、米国の結果に比べれば学校要因が学業成績に対して正の有意な関係をもつものが多い(UNESCO 2004)。これは、先進国に比べ発展途上国の方が学校への投入が生徒の学業成績により強く影響しているとした研究(Heyneman and Loxley 1983)とも整合性をもつ。

　コールマン報告の「学校効果否定論」に対する批判として、米国では学校の教育効果に関する研究が盛んになっていく。その中でも「効果的な学校(effective school)」研究は代表的なものである。これは、「学校に効果があるか」と問うものではなく、「効果を上げている学校はどのような特徴をもっているか」を問うものであり、代表的な論者としてエドモンズが挙げられる。米国では一般的に人種や階層によって学力差が見られるが、学校によってはこれらの学力差を克服しているところもある。エドモンズは、一定の学力水準を達成しつつ、かつ、人種や階層による格差を克服している学校を「効果的な学校」とし、そのような学校にどのような特徴がみられるのかを調査している。その結果、「効果的な学校」には、校長の強いリーダーシップ、学習成果に対する高い期待、清潔で秩序正しい学校環境、基礎学力習得の重視、学

習進捗度の頻繁なモニタリング、といった特徴があることを見出している(Edmonds 1979)。その後も「効果的な学校」研究は多くの研究者に引き継がれ、発展を続けている(Purkey and Smith 1983; Sammons et al. 1995)が、「効果的な学校」に関する研究では必ずしも計量分析のみに依存することなく、事例研究やエスノグラフィー等の手法も多用され、数値化になじまない学校特性を射程に入れている(志水編 2009)。教育生産関数が数値で示される変数のみを扱うのに対し、「効果的な学校」研究は学校風土やリーダーシップなど、数値化しにくい要因も視野に入れており、多様な研究方法がとられている。

おわりに

 アルトバックとケリーは、1986年の論文において、構造機能主義をいかに超克するか、投入産出モデルと計量分析への過度の依存をいかに克服するか、を比較教育学の挑戦と位置付けた(Altbach and Kelly eds. 1986)。その後、馬越(2007)は、「かつての構造-機能主義や葛藤理論、従属理論、世界システム論などはいまなおアプローチとしての有効性を保持しつつ新しいパラダイムを模索しているといえる。……諸理論が併存する状態は、今しばらく続くことが予想される」と比較教育研究における理論状況をまとめている。

 本章では、構造機能主義(及びその系譜に位置づく人的資本論や近代化論)に対する挑戦として、マルクス主義およびその系譜に属する従属理論や解放理論、ポストモダニズム・ポスト構造主義を紹介してきた。また、計量分析に基づいた一般化志向の投入産出モデルに対する挑戦として、「効果的な学校」に関する議論を紹介してきた。教育の社会学的研究においては、構造機能主義が目指したマクロな教育社会分析に加え、近年は、「効果的な学校」「学校教育・カリキュラムや実践における権力の分析」といった、学校レベルでの実践分析や学校効果を実証的に捉える傾向が強まり、分析の視角はより広がりをみせている。比較教育研究における社会理論も多様になってきていると考えられるが、アルトバックとケリーが掲げた挑戦はいまだ継続しているものと思われる。教育開発研究においては「基礎教育の普及が経済成長や貧困削減を促す」「人的資本への投資が収益を生む」「学校資源へのインプットが生徒の良

好な学業成績(アウトプット)をもたらす」など、構造機能主義、人的資本論、投入産出モデルの典型的な主張が現在でも広く聞かれる。教育開発研究が比較教育研究の一部であるならば、比較教育研究においてはこれらの教育開発言説に対して何らかの問題提起がなされなければならないのかもしれない。

注

1 ここで言う社会化とは「個人が、他者との相互作用を通して、当該社会ないし集団の成員として、その社会ないし集団における一定の許容範囲内の思考・行動様式を形成していく過程」(住田 1990)のことをさす。
2 丸山(1992)によれば、教育拡大を説明する理論としては、合理的・普遍主義的なイデオロギーの世界的な展開という観点から学校が自己増殖的に拡大するという立場や、需要と供給の相互作用の結果として教育拡大が起こるとする立場などもある。
3 バランタインは、ポストモダニズムについて次のように述べている。「教育は、権力構造に巻き込まれる一連の価値観や利害との関連なくしては行なわれえない選択に起因する。……『ポストモダニズムは、規則性を拒絶するものではなく、不規則性がまさに、同じように受け入れられる要求しているのである』」(Ballantine and Hammak 2009=2011:36)。

参考文献

今井重孝(1999)「比較教育学方法論に関する一考察ー「一般化」志向と「差異化」志向を軸として」『比較教育学研究』16、19-30ページ。
馬越徹(2007)『比較教育学 越境のレッスン』、東信堂。
柴野昌山・菊地城司・竹内洋編(1992)『教育社会学』有斐閣。
志水宏吉(編)(2009)『「力のある学校」の探求』大阪大学出版会。
住田正樹(1990)「社会化」『新教育学大事典 3』第一法規、531-534ページ。
松崎巌(1990)「比較教育学」『新教育学大事典 6』第一法規、8-10ページ。
丸山文裕(1992)「教育の拡大と変動」柴野昌山・菊地城司・竹内洋編(1992)『教育社会学』有斐閣、218-235ページ。
Altbach, P. G. and G. P. Kelly (eds.) (1986) *New Approaches to Comparative Education*. The University of Chicago Press
Anderson, C.A. (eds.) (1965) *Education and Economic Development*. Chicago:Aldine.
Ballantine, J. H. and F. M. Hammak (2009) *Sociology of Education: A Systematic Analysis*. 6th Edition, Prentice Hall = 2011 牧野暢男・天童睦子監訳『教育社会学―現代教育のシステム分析』東洋館出版社。

Coleman, J. S., E. Campbell, C. Hobson, J. McPartland, A. Mood, R. Weinfeld, and R. York (1966) *Equality of Educational Opportunity*. Washington, DC:Government Printing Office.

Edmonds, R. R. (1979) "Effective School for Urban Poor". *Educational Leadership* 37(1), pp. 15–24.

Foucault, M. (1975) Discipline & Punish: The Birth of the Prison. Vintage Books. =1977 田村淑訳『監獄の誕生』新潮社。

Hanushek, E. A. (2003) "The Failure of Input-based Schooling Policies." *Economic Journal*, Vol. 113, No. 485, February, pp. 64–98.

Heyneman, S. P., and W. A. Loxley (1983) "The Effect of Primary-School Quality on Academic Achievement across Twenty Nine High- and Low-Income Countries." *The American Journal of Sociology* 88(6), pp. 1162–1194.

Inkeles, A. and D. Smith (1974) *Becoming Modern*. London : Heineman Education Books.

Karabel Jerome and A. H. Halsey (1997=1980) *Power and Ideology in Education*. Oxford University Press.

Kubow, P. K. and P. R. Fossum (2007) "Theory in Comparative Education." In P.K.Kubow and P.R. Fossum (eds.) *Comparative Education : Exploring Issues in International Context* (pp.31–70). Upper Saddle River, N.J. : Pearson/Merrill Prentice Hall.

Lauder, H. Phillip Brown, Jo-Anne Dillabongh, and A. H. Halsey (eds.) (2006) *Education, Globalization and Social Change*. Oxford University Press

McClelland, D. (1966) "Does Education Accelerate Economic Growth?" *Economic Development and Cultural Change*, 14, pp. 257–278.

Meyer,J.W., T. Hannan (eds.) (1979) *National Development and the World System : Education, Economic, and Political Change, 1950-1970*. Chicago : University of Chicago Press

Paulston, R. and M. Liebman (1994) "An Invitation to Post-modern Social Cartography." *Comparative Education Review*. Vol.38., No. 2., pp. 215–232.

Purkey, S. C. and M. S. Smith (1983) "Effective Schools: A Review." *The Elementary School Journal,*.Vol.83, No.4, pp. 426–452.

Psacharopoulos and Woodhall (1985) *Education for Development*. Oxford University Press

Rose, P. (2003) "From the Washington to the Post-Washington Consensus: The Influence of International Agenda on Education Policy and Practice in Malawi." *Globalisation, Education and Societies*, Vol 1, No 1, pp. 67–86.

Sammons, P., J. Hillman and P. Mortimore (1995) *Key Characteristics of Effective Schools: A Review of School Effectiveness Research*. Office for Standards in Education and Institute of Education

UNESCO (2004) *EFA Global Monitoring Report 2005*. Paris, UNESCO

Walters, P. B. (1981) "Educational Change and National Economic Development." *Harvard*

Education Review, 51(1), pp. 94-106.

第 9 章　定性的手法を用いた比較教育学研究

森下稔・服部美奈・鴨川明子

1．「定性」という表現

　本章のタイトルに、「定性的手法」とある。しかし、私たち筆者にとって、この表現にはなじみがない。自らの研究方法を「定性的である」と表現したことがないからである。

　「定性」とは何か。元々は物質の成分に何があるかを分析することからきており、それらの成分の比率を求めようとする定量分析と対比される。英単語では qualitative がそれにあたるが、私たちなら「質的」という訳をあてる。他者から定性的研究であると言われるよりは、質的研究であると言われた方が納得できる。だからといって、比較教育学におけるそれは、たとえば社会学の「質的研究法」のように理論武装に熱心であるわけでもない。結局のところ、本章において何を「定性的」であるとするかについては、第 10 章における「定量的手法」を用いた研究ではない研究という多少曖昧な定義にならざるを得ない。対比されるべき定量的手法があって初めて私たち自身のこととして立ち現れるのである。

　ただし、定量的手法ではない研究とはいえ、数字による説明を拒絶しているのではない。統計資料の分析はもちろんのこと、研究課題の解明のために効果的であればアンケート調査による分析にもしばしば取り組む。フィールドワークに関する著書が多い佐藤郁哉がハンス・ザイゼル『数字で語る─社会統計学入門』の訳者であることが象徴的なように、フィールドワークによって研究対象に迫る場合であっても、数字によって説明することに説得力があるとみなせば、定量的にアプローチする場合もある。ところで、ザイゼルから学ぶべきことの一つは、過度に詳しい数字の表示は避けるべきだという論点である。極端に言って、数字をグラフ化することでさえ控えられるべきで、

単純な数字の表で説明することが推奨されている（ザイゼル 2005）。私たちにとって、この主張には説得力があると思われる。数字の有無で定量か定性かが見分けられるのではない。必要に応じて数字を使いながら、研究対象の特徴や背景や文脈の記述の方に重きを置くかどうかが重要なのである。視点を変えると、研究の過程では定性的にも定量的にも研究対象にアプローチしても、最終的に論文になったとき、研究が定性的に見える結果となる。つまり、定量的手法との境界線は非常に曖昧なものである。

　そこで、本章ではまず「定性的手法」による研究にはどのようなものがあるかについて、これまで取り組まれてきた研究テーマ別に概観することから始める。ただし、筆者三名がそれぞれタイ、インドネシア、マレーシアを主たるフィールドとしてきたことから、取り上げる研究がアジアに偏ってしまうことは本章の限界として断っておきたい。その上で、筆者が体験し、考えてきた研究を振り返り、私たちにとっての比較教育学はどのようなものであるかについて述べていくことにする。その際、語り口が「定性的」になってしまうことも致し方ないこととして読者にはお許し願いたい。

2．「定性的」あるいは「定量に重きを過度におかない」研究

　比較教育学は、研究者自身が身をおいてきた社会や文化的環境から異境の地へと旅することから始まると言ってもよい。石附実は比較研究における「旅」の有用性を説き、馬越徹はそれを「越境」と呼んだ（石附 2005、馬越 2007）。研究対象にしようと決めた地に足を踏み入れたとき、自らの中にある既成概念を客体化し、現地の意味体系の中に身を委ねる。その上で教育に関して問いたいテーマを発見したり、追究したりする。そのとき、何がテーマなのかによって、またテーマに関して得られる文献・資料・情報としてどのようなものがあるのかによって、研究手法が自ずと決まっていく。情報化社会の今日においても、あらゆる情報が入手可能なのではない。また入手できただけで正しく解釈できるわけでもない。教育政策立案の過程や入学試験などに関する情報には機密事項や非公開扱いのものもあり、仮に入手できたとしても言及できないケースさえある。したがって、研究対象の絞り込み方や見方に

よって、結果として定性的手法と呼ばれうる研究方法になると言ってもよいであろう。

　アジア諸国を対象とする研究を考えてみると、戦後、植民地支配から脱し、国民国家として独立を維持するとともに、国家の経済発展を推進していくといういわゆる近代化の共通する課題があった。そのため、近代化と教育、国民統合のための教育、経済発展のために必要な人材育成としての教育が主なテーマとなった。

　教育の近代化を考えるときに、一つには近代化以前の伝統的な教育がいかなるものであったのかを問うテーマがあり、インドネシアに残る伝統的教育機関であるポンドック・プサントレンにおける教育を丹念に描写した西野節男の研究が代表的である(西野1990)。もう一つには、近代的教育の導入・普及によっていかにして国民統合を図るのか、各国・地域によって多様な在り方とはどのようなものであるのかへの関心がある(西村1989a、村田2001)。野津隆志は、タイ農村における学校教育による国民形成をタイ東北部のヤソトン県内小学校で行ったエスノグラフィー研究によって解明した(野津2005)。インドネシアでは、建国五原則「パンチャシラ」の精神に立って「多様性の中の統一」を標榜する国民教育が推進された(西村1989b)。服部美奈は、近代的学校として設立されたイスラーム教育を行う女子校ディニア・プトリを対象として、イスラーム女子教育思想と近代化・国民教育とのせめぎ合いをテーマとした(服部2001)。逆に宗教教育が国民教育の成立を後押ししたフィリピンの例として、市川誠は文献資料をもとに20世紀フィリピンの公教育を描いた(市川1999)。また、国民統合が最も困難な国の一つとして多民族国家マレーシアをあげることができる(杉本均2005)。マレー系の全寮制中等学校と華人系の華文独立中学を対象にそれぞれ独自の民族教育システムとしての発展を追った竹熊尚夫の研究や(竹熊1998)、マレー系優先のブミプトラ政策で窮地に立った華人系が華語教育を守るために抵抗しつつ、他方でマレーシア社会を運命共同体として調整を図る葛藤を描いた杉村美紀の研究がある(杉村2000)。さらに、国民統合を考える上で少数民族教育は重要なテーマである。主要民族の言語・文化への同化を強いると民族間の対立・紛争の種になりかねず、逆に自治権を広く認めると中央政府の統制が及ばなくなる懸念がある

からである。そこに、国民統合のための教育の本質が浮かび上がる。このテーマを追究しようとすると、少数民族側の視点に立った文献資料が皆無と言っても過言ではなく、現地に足を運ぶ必要が生まれるが、現地政府による統制が厳しい場合もあり、さまざまな制約と困難を乗り越えなければならない。渋谷恵はタイの山地民を扱った研究で、文字を持たないアカ族への同化教育政策の分析をタイ政府側の視点ばかりでなく、山地民側の視点に立って行った（渋谷 1993）。中国のイ族と朝鮮族を扱った小川佳万の研究では、社会主義思想に基づく民族平等の政策理念が、民族自治と共産党による統制との間でどのように具体化されるかが追究された（小川 2001）。ラオスにおける教育の民族格差を扱った乾美紀の研究では、教育機会の拡大が主要民族に行き渡り始めた状況の中で、ラオス語によるラオ族文化を内容とするカリキュラムが強制されるモン族の教育が取り上げられた（乾 2004）。

　以上のように、国民統合と国家開発のための教育では、独立を維持しつつ経済発展に資することが優先され、時として国民に対して抑圧的に働く。これに対して、基本的人権としての教育を受ける権利を保障するために教育機会を拡大させようとする Education for All（EFA）の国際的潮流がある。EFA に関連する研究は主として教育開発や教育協力の面で取り組まれるのはもちろんであるが、EFA 目標達成後の教育問題をテーマとする比較教育学研究がある。定量的に測られた教育機会拡大の成果の影で、いかなる現実があるかを見ようとする研究である。タイでは、1990 年代に既存の小学校に前期中等教育課程をおく政策により、前期中等教育就学率の急激な上昇という成果が得られたが、森下稔の研究では教育機会の不平等が学校間格差による不平等に表れ方が代わったと指摘された（森下 2000）。根本的には不平等は解決されないということである。バングラデシュでは、1990 年代に初等教育無償化や「教育のための食糧計画」などの施策により、初等教育における EFA 目標を達成したとされるが、日下部達哉の国内東西の農村の比較分析では、イスラーム信仰や生活経済・文化によって初等教育が受容されていく過程における複雑な要因が明らかにされた（日下部 2007）。EFA では、女子教育拡大が目標の一つとなるが、鴨川明子の研究では、後期中等教育の就学率で男女間格差を克服したようにみえるマレーシアにおいて、女子生徒の性役割観と進路

選択がエスニック集団によって多様であることから、必ずしも女子教育拡大の「成功例」とみなすことができない点を指摘した(鴨川 2008)。中国における急激な経済発展は、一面では農村からの出稼ぎ労働者、いわゆる「農民工」に支えられているが、彼らの子女は出稼ぎ先での就学機会が限られている。この実態について植村広美は農民工およびその子女の視点から詳細に明らかにした(植村 2009)。教育機会の問題に取り組んだこれらの研究の共通点は、数次にわたる短期・長期の調査により、文献資料やインタビューによって包括的な理解を深めるとともに、アンケートや調査票による分析も同時に行っていることである。

　グローバリゼーションのインパクトは、各国・地域の教育にも大きな影響を与え、新たな研究課題を多く生み出している。教育によって育成されるべき資質が世界的に均質化し、価値が標準化されようとしている。また、国民の国際競争力を巡る競争に備え、教育の質を高めるために教育行政の効率化を図る教育改革が共通の現象となっている。一つの焦点は高等教育に当てられる。アジア・オセアニアの高等教育改革の新潮流をいち早く整理したのは馬越徹の編著であった(馬越 2004)。馬越には多くの韓国高等教育研究の著書・論文があるが、韓国社会に対する深い理解の基盤の上に立つ地域研究としての価値がある(馬越 2010)。馬越に師事した杉本和弘は、戦後オーストラリアの高等教育改革の展開を詳細に明らかにし(杉本 2004)、同じく近田政博はベトナムにおける高等教育政策の展開が世界の高等教育の縮図とも言えることを明らかにした(近田 2005)。大学入試は社会の関心事でもあり重要な研究テーマであるが、毎年のように制度変更が行われることや、中等教育と高等教育の接続に位置するため多面的な分析が必要とされ、地道な研究が求められる。大塚豊はこの課題に取り組み、中華人民共和国建国以来の大学入試の展開をまとめ、中国教育全体を描き出した(大塚 2007)。また、中国には大検の高等教育版とも言うべき独学試験制度があるが、南部広孝はその展開を中国教育全般にわたる深い理解の上に明らかにした(南部 2009)。グローバリゼーションのインパクトは、初等・中等教育段階にも及ぶ。タイにおける1999年国家教育法による抜本的教育改革は様々な教育改革項目の一覧となっており、グローバリゼーション対応の一事例として注目される(鈴木ほ

か 2004)。また、国際的に人材の流動化が進み、世界標準化とともにローカリゼーションのニーズも高まる今日において、多文化社会における教育のあり方に関心が高まる(天野・村田編 2001)。オーストラリアの言語教育政策をテーマとした青木麻衣子の研究や(青木 2008)、ヨーロッパにおけるイスラーム教育をテーマとした見原礼子の研究(見原 2009)は、いずれも多文化社会の教育の今日的課題を描き出した労作である。

3．対象へのアプローチ―フィールドに向き合ってきた経験から―

1 「定性的」研究への道

「定性的」あるいは「定量に重きを過度におかない」研究のアプローチに誰もがふまえるべき定型があるわけではない。むしろそれぞれの研究者によるアプローチの個別性(個性)にその特色が表れているということもできる。本節では筆者たちがこれまでに試みてきた対象へのアプローチを紹介することを通して「定性的研究」の特色を考えてみたい。

筆者たちは最初から定性的研究を目指して研究を始めたわけではない。筆者たちは 1980 年代後半から 1990 年代にかけて在籍していた大学院で、アルトバックの従属理論やカーノイの葛藤理論、ポールストンのマッピングなど、当時アメリカの比較教育学で議論されていたポストモダンの議論を「欧米で議論されていること」として学んだ。アメリカの比較教育学におけるポストモダンの議論はもっと早い時期に始まっていたはずであるが、筆者たちはそれを新しい理論として捉える傾向があった。また、M・アップル、パイナー、さらに古典的名著としてカラベルとハルゼーの編著『教育と社会変動』などが日本の教育学に影響を与えていた時期であったと思う。そして 1983 年に英語版で出版されたベネディクト・アンダーソンの『想像の共同体』(*Imagined Communities: Reflections on the Origin and Spread of Nationalism*) が最初に日本語に訳されたのが 1987 年であった。筆者たちはこれらの諸理論や思想に刺激を受けた。そして可能ならばタイやインドネシア、マレーシアの研究に生かしたいと考えた。単なる外国の教育事情の紹介に留まらない刺激的な比較教育学研究を目指したかった。

しかし、研究を進めていくにつれ、話はそれほど単純ではないことがわかった。対象となる地域を知れば知るほど、自分たちが大学院で勉強した理論や当時流行していたポストモダンの議論で地域を語ろうとすることに軋みが生じた。それと同時に筆者たちが在籍した大学院では「理論よりもまず地域に入ること」が重視されており、早急な理論化に対して慎重であれという強い指導があった。結果として筆者たちが選んだ選択は、理論のない教育事情の域を出ない研究、つまらなくて表層的な研究と批判されても、また自分自身が描いた理想の研究像と乖離しても、まずは対象地域に密着した地道な研究をすることであった。理路整然とした「かっこよい」研究にならないジレンマはおそらく地域密着型の研究を志向する研究者の多くが共有する感覚ではないだろうか。

同時に研究対象として先進国ではなく途上国を選んだ理由は、先進国が行き詰っていた時代に、世界や人間の生き方の新たな活路を途上国に求める志向性があったからかもしれない。また、日本の教育改革に役立てるために世界、とくに先進国で実践されている「良い」教育や「成功例」を探すといった教育借用の考え方ではなく、先進国や途上国といった経済を指標にした枠組みにとらわれず、それぞれの地域の教育の特質を明らかにすることが重要ではないかという意識も強かったように思う。

2　アプローチの多様性

「定性的」研究を具体的にどのように進めるか、あるいは対象の絞り込み方は研究者によって多様である。また正直なところ、研究を進めるにあたり、定性的手法をとるかどうかや定性的手法として何をしなければならないかの方法論的な思考はしたことがない。つまり、「定量的」と異なる点は、手法が適用できる場所やデータを最初から探すのでなく、対象をみながら、いかなるアプローチが最もそのテーマに適しているかを探っていくことになる点である。

たとえば森下は、研究対象によっては参与観察やインタビュー調査に加えてアンケート調査を併用させることにためらいはない。アンケート併用パターンでは、①アンケートを先に行って仮説をみつけた後、具体的なフィー

ルド事例でテーマを深める、②質的調査で仮説を構築した後にアンケート調査で仮説を検証する等、両者を組み合わせることにより現地に対する理解を深める。つまり、「定性的」研究だからといって必ずしもエスノグラフィー的な手法を用いなければならないとは考えていない。そして、流動的・分散的な現実から本質的な要素を選び出し、典型を描きだすことを目指す。

　服部の場合、これまで基本的にアンケート調査は行わず、むしろミクロな対象を歴史資料や参与観察、関係者へのインタビューにより掘り下げる。その究極的な形が一校研究である。これは、自分が見聞して腑に落ちる感覚を持つことができる範囲でしか語りたくないという思いがあるからである。それと同時に、問いたいもの・問うべきテーマに共通性・普遍性があれば、対象の代表性という点での実証性に欠けるとしても、研究として充分意味をもつのではないかと考えるためである。またミクロを突き詰めたところに最終的には普遍性らしきものが垣間見えると考えるためでもある。

　鴨川は、様々な調査手法を組み合わせつつ、同じ対象(3種の学校)を経年的に追うことにより、研究対象の考察に厚みをもたせるよう努めている。まず、文献調査や政策分析、参与観察により対象の全体像をおおまかにつかんだ後に、質問紙調査やインタビュー調査を複数回実施している。このような複合的手法を選択することになったのは、マレーシアの特殊性によるところが大きい。マレーシアでは調査許可証を取得することが強く求められるため、規模の大きい質問紙調査の実施は容易ではない。そのため、様々な調査手法を組み合わせ、経年的に対象にアプローチすることによって、調査結果に多少なりとも説得力を持たせるように心がけている。

　このように対象へのアプローチは多様であるが、すべてに共通する点は筆者たちにとってフィールドは仮説を検証する場ではなく、仮説を生成する場という点である。最初から仮説をもってフィールドに臨むのではなく、安易な仮説の構築や理論化の適用をできるだけ避け、フィールドが私たちに語りかけてくるものに敏感に、そして素直になることである。フィールドのわからなさ、知れば知るほど語れなくなるある種の居心地の悪さに耐え、問い続ける中で明らかにすべき仮説をみつけ、それを明らかにするという姿勢に「定性的」研究の特色があると思われる。

3　曖昧模糊とした教育という対象

　「教育」という対象は、人間の生そのものを対象とするという意味において実に広い。そして教育学という学問分野のおもしろさは、人が何のために何を大切と考えて生きるかといった人間の生そのものに真正面から向き合えることにある。そして、教育に関わる人々の価値や行動は、学校だけではなく人々の日々の営みそのもののなかに埋め込まれている。ここでいう人間形成は、学校＝フォーマルな教育に限定されない。たとえば人間形成の重要なエレメントは、人間をとりまく諸要素、諸環境、その土地の人間関係など人間が関わるすべての領域に関係する。そのため、対象地域の人間形成の在り方をみようとすると、定量的研究では決して見えない側面が必然的に現れることになる。

　たとえば、宗教は人間としての生き方の指針を人々に与え、宗教がもつ価値規範を通じて人格形成に大きな影響を与えるが、これを数量化して全体像を描くことはなじまない。仏教の因果応報や輪廻転生の観念は、時として現世における社会移動をあきらめさせる要因になりうる。イスラームの信仰ではムスリムとしての生き方が求められ、人々は日々の行動規範実践を通して価値を内面化させていく。それらの価値がどのように人格形成に反映されるのかは、一人一人が意味のつながりの中で具体的に行動し、価値判断する経験の積み重ねと思われる。しかも、多くの人々は自分の人間性や価値体系を暗黙のうちにもっているのみである。それらの人々の行動を観察し、その意味を掬い取ると同時に、それらの人々によって語られる言葉に耳を傾ける以外に研究者が理解する術はない。断片的に紡ぎ出される言葉を相手のペースで根気よく待ち続けることも必要なことである。

4　代表性と一般性の問題

　フィールドが語りかけてくる様々なメッセージをもとにして、研究対象やテーマを設定すると、いきおい記述が叙述的になり、微細になっていく。そして、部分を見て全体を語れるのかという代表性と一般性の問題が降りかかってくる。

　フィールドで歩ける範囲は限られている。時間をどれだけかけても、自分

で見聞きできることはその国の教育全体には遠く及ばない。見ていない場所で起きる現実は見ることができないし、今日見たことは明日も起きるとは限らない。森下は、分散的で流動的なそうした現実をとらえるためには、部分をつきつめてタイ教育の理念型を描くことが必要と考えた。用語としては、ヴェーバーのもので、正しい使い方かどうかには自信がないが、認識しうる多様な現象の中からこれこそ本質的なものと思えるものを理想的に取り出して構成された典型的なものである。平たく言えば、「タイ教育とはこういうもの」と思えるものによって、新たな現象を見聞したときに「やはりそうだった」と繰り返し納得できるものである。

　フィールドを歩く中である理念型を確信しても、データの代表性は担保されないという問題に突き当たってしまう。そこで、場合によってアンケート調査との併用を行うことがある。そのとき、質的調査で仮説を構築して、アンケート調査によって検証する手順をとることが多い。ただし、鴨川明子の研究のように、アンケートを先行させて「仮説」を発見し、具体的な事例で深めていく方法もあり得る(鴨川 2008：21-23)。もちろん、アンケート調査を行えば、必ず代表性と一般性の問題が解消される訳ではない。回答者(サンプル)の選び方や、現地語(または現地学校の教授用語)での質問文の設定など、対象地域に通じた知見を最大限に生かす必要があり、かなりの労力を要する。

　服部は、前述のように基本的にアンケート調査は行わない。逆に自分自身で意味世界を確実に認識できる範囲に研究対象を絞っていく。行き着くのは一校研究である。一校で社会や国全体を代表させることはもともと期待していない。その代わり、問いたいテーマに関わる様々な問題軸が交差する基点としてその一校を設定することにより、普遍性が開けると考える。そして、フィールド地を時間軸と空間軸のなかに立体的に位置づける。時間軸とは、フィールド地の現在を有形無形に形成する政治、宗教、経済、文化などの歴史といえる。空間軸とは、フィールド地が他の地域とどのようなつながりにあるのか、言語圏、文化圏、商業圏などの重なりといえる。その時間軸と空間軸のなかで、特定範囲のミクロな現象を記述することが、最終的に比較の可能性を開くと考える。ギアーツは、フィールドで生起している変化の過程を地方固有(ローカル)の生のあり方に位置づけること、そしてその変化を活

性化しかたちづくっている情熱や想像力を理解することの必要性を強調する。もちろんそのような理解は必然的に限界があり、もたらされる確定性も必然的に部分的にならざるをえない。しかし一方で肌触りのない歴史、色合いのない社会学は避けられるべきだとする。社会生活や国家と社会の関係、宗教の多様化についての具体的な個別性を知ること、そしてある存在のあり方の精神的内実を、たまたまその場で耳に入った調べに過ぎないとして退けるのであれば変化というものの有効な分析は望むべくもない。つまり、落とした硬貨を求めて明るみのあるところだけを探すような作業に熱心であるべきではないと述べている(ギアツ 2002：191-193)。こうしたことから研究対象の個別性を明確にしていけば、他の対象との相互参照性が得られる。言い換えると比較可能になる。比較教育学においても、どんなに微細な対象であっても、個別性の解明と研究の蓄積を地道に行っていくことで、たとえそれが正攻法ではないとしても、代表性と一般性の問題に別の側面から応えることができるのではないかと考える。

5　質的調査手法のイノベーション

　フィールドワークそのものも、近年は様々なツールが利用可能になり、随分と様変わりした。学生の頃は、人に会う約束を取り付けること一つでも一苦労であったが、今は出発前にメールでアポイントメントをとることができ、現地に入ってしまえば携帯電話で時間の調整も可能になった。インターネットで公開されている文書も格段に増えた。通い慣れた農村では、道を覚えたためレンタカーを使えるようになった。長期にわたって切れ目なくフィールドに居続けなければならないわけではなくなった。「短期繰り返し型」でも十分可能になってきた(野津 2009)。それでも、異境の地で、自らの中にある既成概念を相対化し、複眼的に見聞きすることができるようになるまで、しばらく時間をかけてフィールドに身をおくことの意義は依然としてある。

　私たちは、研究対象となる学校を訪ねるばかりでなく、時間が許すならば町や村をよく歩く。現地の大人や子どもたちに世界がどう見えているのかを少しでも理解したいからである。この感覚は、学生の頃に留学などで長期滞在したときに自然と身についたものである。実際に生活することを通して、

風土や社会の成り立ちが皮膚感覚でおぼろげながらも感じられるようになり、街中や大学で現地の人同士のおしゃべりに耳を傾けることで価値観なり思考回路なりといったものが理解できるようになる。森下がタイで前期中等教育機会拡大をテーマとしたとき、就学の機会があるかどうかには、家庭と学校の距離の問題があった。ことは単純ではなく、ほんの数キロの距離でも道が悪ければ毎日の通学は難しい。延々と続くキャッサバ畑の葉陰に消える道の情景や、熱帯スコールが、ぬかるむ土を撥ね上げて靴の中が黄褐色に染まる体験は心象から消えることはない。十数年経って再訪したとき、排水設備が整えられて舗装された二車線道路を、荷台に生徒を乗せたトラックが猛スピードで駆け抜けたとき、この地域の就学率が高まったことに納得がいったものである。

このように、論文に記述しないことでも、匂いや音や空気の触感を体感することは、現地の子どもたちの生活世界や意味空間の理解に不可欠と思われる。インドネシア地域研究の土屋健治は、かつてフィールドとしたジョグジャカルタを「そこでは闇はいつも緊密である」と記述した（土屋 1991：24）。いつか辿り着きたい境地である。

4．一国・地域の研究から共働の比較教育学へ

フィールドワークによる質的調査を旨とする研究に取り組む個人にとっては、一国・地域の教育に関する知見を深めていく必要があり、時として「比較しない比較教育学」の問題に突き当る。

方法論の議論を通して確立したものではないが、日本の比較教育学では、個人のレベルで一国・地域の研究を深めた研究者が集まって共同研究グループを形成し、特定のテーマについて各国・地域の事例を並置することがしばしば行われてきた。日本比較教育学会設立の初期から大型の科研に採択されて多数の対象国・地域が横断的に研究されてきたし、学会に研究委員会が置かれてからは組織的な取り組みとして共同研究の成果を積み重ねてきている。つまり、実態の研究方法として、一つの国・地域に精通した研究者が集団で比較研究に取り組むことが確立されていると言ってよいだろう。この場

合、どのような背景をもつ研究者が集結するかには大きく二つのパターンがある。多くは一つのテーマに対して複数の国・地域の教育のスペシャリストが集う場合で、他方、特定の国・地域の教育のスペシャリストが集まる場合もある。前者は研究委員会が組織する共同研究に典型的に見られるパターンである。後者については、一つの対象に多面的に光を当てる必要があるためにとられるパターンである。

　複数の研究者によって成り立つ比較教育学を拡大解釈によって方法論と呼ぶことが許されるとして、このような「方法論」が成り立つためには、いくつかの前提が要求される。一つには、研究者個人としてまずは得意とするフィールドを確立するため、現地の言語、文化、宗教、歴史、社会などに幅広く精通し、質の高い地域研究を行いうる能力を身につけるように努力することである。もう一つには、そうした個人が他の研究者と出会い、互いの研究内容を理解した上で、共同研究のテーマを共に形成したり、研究成果をより学術的に高めたりすることである。また、研究とは無から生み出されるものではなく、蓄積された先行研究の継承から新たな知が生み出されることには論をまたない。

　それでは、複数の研究者による比較研究に先立つ個人研究はどう捉えられるか。上の考察は、方法論上の「べき」論として提示したものではなく、実際に生起している状況を記述した「である」論である。一国・地域を対象とする研究が比較の段階に至らないものと低く評価する意図はない。また、個人によって取り組まれる複数の国・地域を対象とする研究を否定するものでもない。それでは、改めて比較研究とは何かについて、馬越徹の説に耳を傾けたい。馬越は、比較をすることとは「越境」することだとした。越境することとは、「自分の立つ位置と目線を変えること」であり、「複眼的にものごとを見て解釈の幅を広げ、望遠・広角で見ること」である（馬越 2007：1-2）。つまり、比較教育学研究者とは、「比較法によって教育を研究する者」と狭く捉えることなく、「越境者」、すなわち「複眼的思考ができるトレーニングを積んだ者」と広く捉えられる。形式的に比較研究でなくとも、複眼的思考によって特定の対象に分析を加えることも比較研究であり、それも、一つの方法論と言えるのではないか。日本教育学会や他の教育関連諸学会で発表する際に、時として思考

法の差異に気づかされることがある。教育学において、「多層的で相対的な研究」(杉村 2011：291-292)としての比較教育学の専門性と意義が強く感じられる。

　個人としての研究者が越境者であり、複眼的思考を駆使する者であるとすれば、学会などでの個人同士の出会いと交流の結果、一つに収斂されることはないと考えるのが自然と思われる。すなわち、比較教育学をどう捉えているかについての多様性があることを踏まえた上で、多様な者同士が互いの差異を尊重しながら、緊張感のある議論を深める。そのことが、比較教育学をより豊かにしていく道なのである。

　フィールドではとかく孤独になりがちで、研究の意義すら見失いそうにもなる。しかし、比較教育学は個人の思惟の中で完結するのではない。他者に開き、比較教育学に集う人々との共働によって実りを得られると信じたい。

参考文献

青木麻衣子(2008)『オーストラリアの言語教育政策──多文化主義における「多様性」と「統一性」の揺らぎと共存』東信堂。
天野正治・村田翼夫編(2001)『多文化共生社会の教育』玉川大学出版部。
石附実(2005)『教育における比較と旅』東信堂。
市川誠(1999)『フィリピンの公教育と宗教──成立と展開過程』東信堂。
乾美紀(2004)『ラオス少数民族の教育問題』明石書店。
植村広美(2009)『中国における「農民工子女」の教育機会に関する制度と実態』風間書房。
馬越徹編(2004)『アジア・オセアニアの高等教育』玉川大学出版部。
───(2007)『比較教育学──越境のレッスン』東信堂。
───(2010)『韓国大学改革のダイナミズム──ワールドクラス(WCU)への挑戦』東信堂。
大塚豊(2007)『中国大学入試研究──変貌する国家の人材選抜』東信堂。
小川佳万(2001)『社会主義中国における少数民族教育──「民族平等」理念の展開』東信堂。
鴨川明子(2008)『マレーシア青年期女性の進路形成』東信堂。
ギアツ、クリフォード(2002)『解釈人類学と反＝相対主義』小泉潤二編訳、みすず書房。
日下部達哉(2007)『バングラデシュ農村の初等教育制度受容』東信堂。

ザイゼル、ハンス(2005)『数字で語る――社会統計学入門』佐藤郁哉訳、新曜社。
渋谷恵(1993)「タイにおける山地民教育――学校教育の導入と山地民社会の対応」『比較教育学研究』19、31-42ページ。
杉村美紀(2000)『マレーシアの教育政策とマイノリティ――国民統合のなかの華人学校』東京大学出版会。
―――(2011)「日本における比較教育研究の方法論をめぐる論議――日本比較教育学会の研究動向を中心に」マーク・ブレイ、ボブ・アダムソン、マーク・メイソン編、杉村美紀、大和洋子、前田美子、阿古智子訳『比較教育研究――何をどう比較するか』上智大学出版、259-292ページ。
杉本和弘(2004)『戦後オーストラリアの高等教育改革研究』東信堂。
杉本均(2005)『マレーシアにおける国際教育関係――教育へのグローバル・インパクト』東信堂。
鈴木康郎・森下稔・カンピラパーブ スネート(2004)「タイにおける基礎教育改革の理念とその展開」『比較教育学研究』30、148-167ページ。
竹熊尚夫(1998)『マレーシアの民族教育制度研究』九州大学出版会。
近田政博(2005)『近代ベトナム高等教育の政策史』多賀出版。
土屋健治(1991)『カルティニの風景』めこん。
南部広孝(2009)『中国高等教育独学試験制度の展開』東信堂。
西野節男(1990)『インドネシアのイスラム教育』勁草書房。
西村重夫(1989a)「国民教育の発展戦略」馬越徹編『現代アジアの教育――その伝統と革新』東信堂、18-39ページ。
―――(1989b)「インドネシア――多様性の中の統一を目指す教育」馬越徹編『現代アジアの教育――その伝統と革新』東信堂、128-145ページ。
野津隆志(2005)『国民の形成――タイ東北部小学校における国民文化形成のエスノグラフィー』明石書店。
―――(2009)「フィールドと書斎の往復プロセス」箕浦康子編著『フィールドワークの技法と実際Ⅱ分析・解釈編』ミネルヴァ書房。
服部美奈(2001)『インドネシアの近代女子教育――イスラーム改革運動の中の女性』勁草書房。
見原礼子(2009)『オランダとベルギーのイスラーム教育――公教育における宗教の多元性と対話』明石書店。
村田翼夫編著(2001)『東南アジア諸国の国民統合と教育――多民族社会における葛藤』東信堂。
森下稔(2000)「タイにおける前期中等教育機会拡充後の農村児童の進路選択――農村における学校の多様化を中心として」『比較教育学研究』26、187-206ページ。

第10章　定量的手法を用いた比較教育学研究

山内乾史・小川啓一

はじめに

　日本における比較教育学研究は、他の教育学系諸領域といささか異なる形態で展開されてきた。大学においては、東北大、東京大、名古屋大、京都大、九州大の5旧帝大に比較教育学ないし関連領域の小講座(不完全講座を含む)があり、また東京教育大、広島大の二つの旧文理大も同様であった。大学における小講座の設置と、学会の創設、(査読者による論文審査のある(＝レフリー制の))専門誌の発刊をもって学問の制度化と考える立場からすれば、比較教育学は、もちろん、確固たる制度化された学問である。最近では、名古屋大、神戸大、広島大の国際開発系の大学院でも活発に比較教育学研究が行われるようになってきた。しかし、「比較教育学」の研究を展開してきた研究者たちの中には、比較教育学のトレーニングを受けてきたプロパーが中核にいる一方、他の学問分野にアイデンティティをもち、その学問分野の方法論を採用しつつ、「比較」という手法によって研究を進める、非プロパーもかなり存在する。「比較」と「歴史」とは研究手法として(研究対象としてではなく)、多くの教育学諸領域で採用されている。

　とはいえ、比較教育学プロパーと非プロパーの研究を峻別し、前者の研究のみを選りすぐり本章でレビューすることに、筆者は生産的な意味を認めない。プロパーと非プロパーの境界領域は極めて曖昧であるからである。したがって、ここでは、先に挙げた学問の制度化の要件たる学会の専門誌を検討することを通じて、比較教育学研究の性格を考察し、その中で、いかなる定量的研究が行われているのか、どのような成果を挙げどのような課題を残しているのかについて検討する。また、本章で言う定量的研究の定義であるが、既存統計の分析をも含めて定量的データの分析を中心に議論したものを指す

こととする。

さて、比較教育学における定量的研究の意義について考察するとき、複雑な事象を構造的に把握する道を大きく拓くという点を特筆できるであろう。永井道雄著『未完の大学改革』所収の座談会で教育社会学者である天野郁夫が次のような指摘をしている。ちなみに天野はかつて名古屋大学教育学部で比較教育学講座を担当していたことがある。

> 研究者、とくに社会科学者は、複雑な社会現象の中に、ある構造を見つけ出すのが仕事です。構造が見えなければ何も書けない。(永井 2002：375)。

天野以外にも数多くの社会科学者が指摘するように、社会科学に求められるものは、つまるところ、複雑な事象を多面的に検討して、その構造を見抜くことである。フランス文学者である鹿島茂のいう「構造把握力」である(鹿島 2003：69)。もしそうであるならば、「構造を見抜く」上で(歴史と並び)比較はきわめて有効な方法である。多国間に共通するもの(普遍的なもの)と、各国に固有のもの(特殊なもの)とを比較によってより分け検討することは、各国、各時代の教育の在り方を、あるいは国や時代に左右されない普遍的な教育の在り方を規定する基底的構造を明らかにする上で不可欠な作業である。定量的手法を用いて比較教育学の領域から「構造を見抜く」べく考察するということは、数理的・定量的な社会科学的仮説・モデルがあって、それを定量的に検討することによって、構造を浮き上がらせようとすることでもある。しかし、他方で近年盛んな途上国研究に、あるいは特定一カ国の研究に見られるように、確たる数理的・定量的仮説やモデルがなく探索的に定量的研究を行うケースもあり得る。

いずれにせよ、比較教育学においても、定量的手法はこの「構造を見抜く」上で有効な手法であり、また既存社会科学理論の定量的検証という意味では不可欠の手法である。どの程度、どのように用いられてきたのかを以下、具体的に検討する。

1．日本における定量的な比較教育学研究

1　分析の方法

本節では、日本比較教育学会の機関誌を分析対象とする。この領域で最も歴史があり、包括的な学会といえば同学会をおいて他にはない。同学会の機関誌は二度にわたり改題している。第 14 号以降は東信堂より市販されるようになり、第 16 号以降は再度改題し、論文には英文アブストラクトが付されるようになった。

『日本比較教育学会紀要(Bulletin of JCES)』第 1 号(1975 年 3 月)～第 13 号(1987 年 3 月)

『比較教育学(Comparative Education：Bulletin of Japan Comparative Education Society)』第 14 号(1988 年 7 月)～第 15 号(1989 年 12 月)

『比較教育学研究(Comparative Education：Bulletin of Japan Comparative Education Society)』第 16 号(1990 年 7 月)～第 43 号(2011 年 6 月)

本節では、本節執筆時点で最新の第 43 号までを分析対象とする。なお、同誌は第 20 号以降が完全なレフリー制に基づくものであり、それ以前は学会発表の中で紀要への投稿を推薦する形式が存在した(日本比較教育学会 2004：59)。また、第 32 号以降、年二回発行されるようになり、今日に至っている。

上記の事情を踏まえ、本章では第 1 号発行以降今日までの 36 年余 43 冊にわたる同誌掲載の 553 本の論稿を四つの時期に分けて検討する。

第 I 期　第 1 号(1975 年 3 月)～第 13 号(1987 年 3 月)対象論稿 194 本
第 II 期　第 14 号(1988 年 7 月)～第 19 号(1993 年 6 月)対象論稿 87 本
第 III 期　第 20 号(1994 年 7 月)～第 31 号(2005 年 6 月)対象論稿 151 本
第 IV 期　第 32 号(2006 年 1 月)～第 43 号(2011 年 6 月)対象論稿 121 本

第 I 期は学会の規模が小さかった時代の紀要市販化以前の時代である。第

Ⅱ期は学会が成長し、市販されるようになったが完全なレフリー制になる前の時代である。第Ⅲ期は完全なレフリー制に移行した、年一回刊行の時代である。第Ⅳ期は投稿数の増大に鑑み、年二回刊行化した時代である。

表 10-1　日本比較教育学会誌に見る計量的研究の動向

	総論文数	内計量的研究	%	内多変量解析を用いた研究	対象国の内訳						
					国際比較	アジア	欧米等	アフリカ	南米	日本等	その他
第Ⅰ期	194	32	16.5%	2	6	10	9	0	0	7	0
第Ⅱ期	87	12	13.8%	4	2	5	4	0	0	0	1
第Ⅲ期	151	18	11.9%	2	0	11	5	0	0	2	0
第Ⅳ期	121	10	8.3%	6	0	5	1	2	1	1	0
合計	553	72	13.0%	14	8	31	19	2	1	10	1

出所：筆者作成

2　分析結果

① 第Ⅰ期〔第1号(1975年3月)～第13号(1987年3月)〕

まず、第Ⅰ期については、論文であるのか随想であるのか、判断に迷うものも多かったが、できるだけ広く論文として捉え、検討した。この時期は、まだ研究用として、一人一台ないしはそれ以上のPCを有するなどという状況とは遠く、大型計算機センターなどでSPSSやSAS等の統計パッケージを使って分析していた時代であり、定量的研究はごく少ない。しかしながら、いくつかのオーソドックスかつ注目すべき定量的研究が見られることも事実である。

第1号は創刊号らしく、「日本の比較教育学の現状と展望」という特集のもとに、「比較教育学の研究方法上の諸問題」という統一テーマで各研究分野の大物が執筆している。いわば学問論、研究論である。第2号においては、阿部洋・村田翼夫の「日本におけるアジア人留学生」という共同研究が掲載されている。これは、当時外国人留学生中8割を占めていたアジア人留学生の状況、留学観、要望等を分析したものである。多変量解析を用いているわけではなく、単純集計とクロス表を用いたシンプルな分析ではあるが、定量的データを元に論じたものである。また同号所掲の山田達雄・堀和郎「アメリカの高校におけるガイダンスの専門的制度化と大学進学の実態の分析」は、アメリカのカウンセラーを対象に行った質問紙調査を元にしており、単純集計、

クロス表、相関係数などを駆使しながらガイダンスの実態分析を行ったものである。

　特筆すべきは、同号掲載の潮木守一「高等教育卒業者の雇用構造に関する比較研究」であり、高等教育システムの比較研究の一環として、高等教育卒労働力の需給構造を分析したものである。この論稿は当時のマンパワーポリシーの流れを受けた研究であり、教育社会学や社会学で流行した研究である。高度な定量的手法を用いているわけではないが、通国家的、比較研究の代表的なスタイルの一つを示すものである。

　第3号では沖原豊他「各国の学校掃除に関する比較研究」が定量的データを用いたものである。この研究は後に『学校掃除――その人間形成的役割』(学事出版、1978年)にまとめられる著名な研究の一環であるが、シンプルな統計を駆使して世界各国の学校掃除が誰にどのように担われているかを明らかにしている。阿部洋他「日本留学帰国者の社会的位置――韓国の場合」も『現代韓国人名辞典』を使用して韓国の各界指導者のうち日本留学経験のあるものを選出し、その外的属性の特徴を検討している。これはやはり、1960年代以降日本教育社会学会で盛んに行われた、大阪大学の麻生誠教授などによるエリート研究の手法を用いたものである。第4号において、やはり阿部他「日本留学帰国者の意識とその活動――韓国におけるアンケート調査の分析結果」と称して、アンケート調査の結果を詳細に分析している。他にも2本の定量的論稿がある。第5号において注目すべきは沖原豊他「各国の体罰に関する比較研究」および新井郁男他「タイ国大学生の意識と就職状況」である。前者は各国文部省・在日大使館及び各州教育当局等を対象として行ったアンケート調査の結果を分析したもので、先述の「学校掃除」と対をなす。後者はタイにおいて行った大学生に対する質問紙調査の結果分析を主として論じたものである。他にも1本の定量的論稿がある。第6号では中島直忠他「日米両国における大学生の学園生活の目標・期待に関する比較研究」と題するアンケート調査を元にした分析結果が示されている。他にも1本の定量的論稿がある。第7号では藤田英典・丸山文裕「高等教育拡大の過程と構造――OECD諸国を中心として」が掲載されており、この時期高等教育研究者の間で大きな関心が寄せられていた高等教育の拡大過程の国際比較が回帰分析を

中心になされている。国民一人あたり GNP の割合などとの関係を見るというのは、当時の教育経済学、教育社会学において大きな潮流をなした教育投資論のスタンダードな分析法である。他にも 2 本の定量的論稿がある。第 8 号では、川端末人他「海外日本人児童・生徒の異文化理解と親の意識――数量的分析による考察」と称する論稿が掲載されている。これは AIC (赤池情報量基準) を用いたものである。AIC とは、カテゴリー変数と連続変数との混在した形で規定要因分析を行える手法で、当時としては珍しい論稿である。他にも 1 本の定量的論稿がある。第 9 号では、村田翼夫「アセアン教員研修留学生の受け入れ状況――アンケート調査を通じてみた」など 3 本の定量的論稿があり、第 10 号では二宮皓「外国人留学生の大学教育に対するインパクトの研究」など 7 本もの定量的論稿がある。第 11 号では定量的研究は見られず、第 12 号、第 13 号ではそれぞれ 2 本の定量的研究が見られる。結局、第 I 期においては 12 年間で 194 本の論稿中 32 本 (16.5%) が定量的論稿と言える。このうち多変量解析の手法を用いた論稿は 2 本 (回帰分析、AIC) である。また国別には国際比較 6 本 (OECD、アセアンを含む)、アジア 10 本 (内韓国が 5 本)、欧米等先進国 9 本 (内米国 7 本)、日本 (留学生、帰国子女等)・その他 7 本である。

結論として、第 I 期の定量的研究は、教育社会学的な領域の影響を受けた既存統計を生かした定量的国際 (二国間) 比較研究と、国内ないしは近隣諸国を中心とする質問紙調査による定量的比較研究とに大別される。手法としては単純集計、クロス表、相関係数にとどまるものが大半である。なお、この時期は留学生研究と大学生に関する定量的研究が多くみられるが、のちに留学生を対象とする専門学会である「留学生教育学会 (1996 〜)」、高等教育を対象とする専門学会である「日本高等教育学会 (1997 〜)」の誕生も一因となり、この種の研究は減少していくことになる。

② 第 II 期〔第 14 号 (1988 年 7 月) 〜第 19 号 (1993 年 6 月)〕

続いて第 II 期である。第 II 期最初の紀要、第 14 号には鈴木慎一「数学的社会科学と比較教育の方法論――S.C.Haigh の場合」がある。これは定量的研究そのものではなく、数理モデルに関する文献紹介である。鈴木が述べるよう

に、現象学、民俗学的な立場に比較教育学が接近し、教育経済学的な理論を応用した研究から離れようとする趨勢が見られたこの時点で、ヘイグは実証とは何かを再検討しようとし、数学的手法の応用可能性を問うた。そのヘイグの近著を紹介し、その提起した問題を考察するという趣旨である。第15号、第16号と定量的研究といい得る論稿はないけれども、第17号所掲の君島茂・江原武一「『新しい学生』層の増大と教育改革の課題——アメリカ・2年制カレッジを中心に」では、伝統的な18歳～24歳の学生層とは異なる成人学生の増大を、数量化理論Ⅱ類を用いて分析している。中園優子「タイ国における識字教育の特質と問題点——キットペン政策の分析を通して」は、『比較教育学研究』誌上において先進国以外の国家・社会の教育を定量的に分析した研究の嚆矢である。本研究は①面接式質問紙調査と②識字能力試験調査をもとにしたものである。途上国研究においては、定量的研究が行われる場合であっても、識字能力の問題などもあり、面接式など、手間暇コストをかけてフィールド・ワークに近い形で行われることが多い。その面でも本研究は嚆矢である。第18号においては、大塚豊「中国のエリート形成における高等教育・留学の効果——各界指導者の経歴分析を中心に」という論稿が収録されている。この研究はエリート研究におけるオーソドックスなアプローチであるキャリア・アプローチを用いたものである。また同号所載の川野辺創「イギリスにおけるバングラデシュ系の生徒の低学力問題」は既存統計を丹念に分析したものである。さらに同号所載の永岡真波「マレーシア人留学生の日本留学選択動機」は来日マレーシア留学生に質問紙調査を行った結果を分析したものである。さらに藤村正司「言語カリキュラムの時間配分に関するクロス・ナショナル分析——初等教育を中心として」はジョン・マイヤーの所説などをベースにして、2時点を対象にそれぞれ数十カ国のデータを仮説検証型で行った本格的な定量的研究である。手法としては分散分析とロジスティック回帰分析が用いられている。また丸山文裕「私立大学授業料に関する日米比較分析」もガービンの所説などを基に、私立大学の授業料を日米比較するため、回帰分析を行った。これもまた本格的な定量的研究である。第19号においては、池田充裕「シンガポールにおける言語教育政策の展開と国民意識の変容——言語使用に関する調査・分析を手がかりとして」、竹熊尚

第 10 章　定量的手法を用いた比較教育学研究　231

夫「マレーシアにおける学生の社会的移動志向に関する一考察」、丸山文裕「日本とアメリカにおける大学教育の単位費用分析」、吉田正晴・二宮皓他「『特別活動』に関する国際調査——初等教育を中心として」の 4 論文が定量的研究である。このうち多変量解析を使用した研究は丸山の研究のみであり、回帰分析が用いられている。結局、第 II 期においては 5 年間で 87 本の論稿中 12 本(13.8%)が定量的論稿と言える。そのうち多変量回帰分析を用いたものは 4 本(回帰分析、数量化理論 II 類、分散分析)である。また国別には国際比較 2 本、アジア 5 本、欧米等先進国 4 本(内米国 3 本)、その他 1 本である。

　結論として、第 I 期同様、社会科学的な諸理論を実証しようとした二国間比較、ないしは多国間比較の研究が多く見られる。しかし、それにとどまらず、アジアの途上国を対象としたフィールドワーク的なデータ収集に基づく、仮説検証型ではない定量的研究が登場しているところが注目されるところである。

③　第 III 期〔第 20 号(1994 年 7 月)～第 31 号(2005 年 6 月)〕
　第 20 号においては、2 本の定量的研究が見られる。村田翼夫他「外国人児童受け入れ校における教育実践とその課題——南米日系人居住地域と学園都市地域との比較調査を通して」、滝充「スウェーデンにおける選抜・配分過程——高校進学に果たす基礎学校の機能」である。いずれも手法としてはシンプルな単純集計ないしはクロス表による分析である。第 21 号に牟田博光「インドネシアの高等教育拡大の現状と課題」がある。これも基礎的な統計データを細かく読み解き、最後に回帰分析を行ったものである。第 22 号に鈴木康郎「戦後タイに見られる華人系学校の特質——国民統合政策との関連を中心として」がみられる。また、第 23 号に小川佳万「中国の大学入試における『民族平等』論争——延辺朝鮮族自治州を事例として」、第 24 号に張瓊華(Qionghua ZHANG)「中国における二言語教育と民族的アイデンティティの形成——民族文化共生の視点から」といずれも中国における民族問題を取り上げた定量的研究がある。手法としてはシンプルである。第 25 号においては編集委員会事務局「比較教育学教育の現状と課題——全国動向調査」と南部広孝「中国における大学教員の養成課程——北京大学博士課程指導教師の学歴を手がか

りとして」が収録されている。とくに前者は、編集委員会事務局が会員を対象に調査を行った結果を解析したものである。第26号に森下稔「タイにおける前期中等教育機会拡充後の農村児童の進路選択──農村における学校の多様化を中心として」、第27号に佐々木司「オープン・エンロールメントの実態──カリフォルニア州都市学区を事例として」、赤井ひさ子「インドの県教育研究所(DIET)における初等教員養成──卒業生への調査から」、第28号に木原直美「多文化社会における市民性教育の可能性──英国5市の取り組みを中心として」、畠博之「ネパールにおけるカースト/エスニック・グループ間の教育格差──格差の実態とその要因を探る」、第29号に坂本真由美「イギリスにおける学校視察と教師の自己評価──授業における実線と評価の連携」、鴨川明子「後期中等教育段階における生徒の性役割観と進路選択──マレーシア・ペラ州の実地調査より」、Sherlyne A. ALMONTE「National Identity in Elementary Moral Education Textbooks in the Philippines : A Content Analysis」などの定量的研究がある。第30号にはとくに計量的研究はなく、第31号に石川裕之「韓国の才能教育における科学高校の受験名門校化に関する研究──『平準化』制度との関連に注目して」、永田佳之「オルタナティブ・スクールと教育行財政に関する国際比較──質保証と公費助成の分析を中心に」がある。いずれも独自調査を基にまとめた労作である。計量の手法としてはシンプルである。Almonte論文がANOVAを用いている以外に多変量解析の手法を用いたものはない。結局、第Ⅲ期においては11年間で151本の論稿中18本(11.9%)が定量的論稿と言える。そのうち多変量解析の手法を用いたものは2本(回帰分析、分散分析)である。また国別には、アジア11本(内中国が3本)、欧米等先進国5本(内米国2本)日本(留学生、帰国子女等)など2本である。

　結論として、高等教育と途上国に関わる政策的研究が拡大すると同時に、フィールド・ワークに基づく質的データ収集による研究が拡大し、定量的研究はごくシンプルな形──ほとんどの論稿において多変量解析が行われていない──で見られるに過ぎない。もちろん、開発系の途上国研究者には定量的手法を用いるものが多いのは周知のとおりであるが、そのような傾向の研究は国際開発学会などでは多く見られるものの、比較教育学会においては決して多くはない。ともあれ、比較教育学会の対象とするフィールドに大きな変

化が見られ、それにともない定量的研究の傾向にも変化が見られるということである。

④　第Ⅳ期(第32号(2006年1月)～第43号(2011年6月))

第32号に畠博之「ネパール・タライ地方の被抑圧者集団の教育問題――教育格差の実態と学習疎外・促進要因を探る」、第33号に長濱博文「フィリピン統合科目における価値教育理念の検証――異教徒観の国民的アイデンティティ形成に着目して」、第34号には佐藤仁「米国教員養成機関によるアクレディテーションの選択理由――『自発的な質保証』としての意義に着目して」、第35号～第38号には該当論文はなく、第39号に星井直子「タイにおける学校委員会の機能――学校や地域社会の特質との関係に着目して」、第40号にMakiko NAKAMURO「What Kinds of Educational Inputs Foster the Completion of Primary Education? : The Case of the Kagera Region of the United Republic of Tanzania」、斉藤泰雄「ラテンアメリカ：学力国際比較調査への関心と焦燥」、第41号に川口純「マラウイにおける教員養成課程の変遷に関する研究――教員の社会的地位とモチベーションに注目して」、第42号にYuko NONOYAMA-TARUMI「Prevalence and Determinants of Participation in Shadow Education in Four East Asian Societies」、山田肖子「日本の比較教育学における伝統と多様化――学会員アンケートと学会誌掲載論文の傾向分析から」、第43号にSokcheng NGUON「The Impact of Parental Involvement on Girl's Academic Performance : A Case Study of Cambodian Secondary Schools」がある。これらのうち、Nakamuro、Nonoyama-Tarumi、山田、Nguonは多変量解析の手法を用いたものである。結局、第Ⅳ期においては5年間で121本の論稿中10本(8.3%)が定量的論稿と言える。数的には減少しているのだが、ただ、このうち6本が多変量解析(対応分析、数量化理論Ⅰ類、回帰分析、因子分析)を用いている。国別には、アジア5本、欧米等先進国1本、アフリカ2本、南米1本、日本1本である。

第Ⅳ期には定量的研究のフィールドは大半が途上国に移行し、開発研究、政策研究が主流を占めるようになっているのである。

全期間を通じて36年間553本の論文中72本(13.0%)が定量的論稿である。

それらのうち、多変量解析の手法を用いたものは 14 本で半数近くが回帰分析である。国別には国際比較 8 本、アジア 31 本、欧米等先進国 19 本、アフリカ 2 本、南米 1 本、日本など 10 本、その他 1 本である。全期間を通じると、定量的な国際比較研究は減少し、特定国の研究、特に途上国の開発研究・政策研究へと移行しているように考えられる。

2．欧米における定量的な比較教育学研究

　欧米における比較教育学について考察すると、北米地域ではコロンビア大ティーチャーズカレッジ(教育系大学院)にて、1898 年にジェームス・ラッソル教授によって、初めて大学院レベルの比較教育学の講義が開講された。その後、コロンビア大、シカゴ大、スタンフォード大、ミシガン大を中心に比較教育学の研究と教育が行われて、1990 年前後からはトロント大、フロリダ州立大、ピッツバーグ大、イリノイ大、UCLA、インディアナ大、カルガリー大などの大学で活発に比較教育研究がなされるようになった(Wilson 1994)。北米地域の主要大学であるハーバード大、バンダービルト大学、マッギル大、メキシコ国立自治大などでも比較教育学研究が盛んにおこなわれている。北米地域の比較教育学の研究者・実務者が所属している学会が、北米比較国際教育学会(Comparative International Education Society：CIES)であり、この学会の年次会合では世界中からの研究者・実務者が研究成果を発表している。

　ヨーロッパ地域では、スウェーデンのストックホルム大、ノルウェーのオスロ大、イギリスのロンドン大、ケンブリッジ大、オックスフォード大、サセックス大、エディンバラ大などが比較教育学の研究と教育が盛んに行われていることで有名であり、欧州比較教育学会(Comparative Education Society in Europe：CESE)や英国国際比較教育学連盟(British Association for International and Comparative Education：BAICE)などの学会が研究成果を共有する場となっている。

1　分析の方法

　本節では、欧米における比較教育研究を考察するにあたり、1990 年から 2010 年の間に出版された下記の四つの査読付きジャーナルを分析対象とす

る。これらのジャーナルには、上記の期間中に 2,212 本の学術論文が出版された(図表 10-1 を参照)。『Comparative Education Review (CER)』を学会誌にもつ北米比較国際教育学会の歴史的な成り立ちを見ても分かるように(Wilson, 1994)、欧米の比較教育研究を語る上で、国際教育学や国際教育開発論の分野を含むことなしには、比較教育研究を語ることができないと著者は考えるので、下記のジャーナルを本節の分析対象とした。とくに計量的なアプローチを使って分析された学術論文に焦点をあて、1990 年からの 21 年間を四つの期間に分けて、定量的学術論文の数や研究テーマ、研究対象地域などについての傾向を考察することにより、欧米の比較教育研究についての理解を深める。

- 『Comparative Education Review (CER)』第 34 巻第 1 号(1990 年 2 月)〜第 54 巻第 4 号(2010 年 11 月)
- 『Comparative Education (CE)』第 26 巻第 1 号(1990 年 3 月)〜第 46 巻第 4 号(2010 年 11 月)
- 『Compare (A Journal of Comparative and International Education)』第 20 巻第 1 号(1990 年)〜第 40 巻第 6 号(2010 年)
- 『International Journal of Educational Development (IJED)』第 10 巻第 1 号(1990 年 1 月)〜第 30 巻第 6 号(2010 年 11 月)

図 10-1 から分かるように、定量的な分析手法を使った学術論文は、CER で 374 本中、97 本ある。Compare では、503 本中、84 本。CE では、496 本中に 70 本、IJED では 839 本中、130 本と、定性的分析手法を使った研究に比べると非常に数が少ない。図 10-2 を見ると、上記の四つ査読付きジャーナルで定量的分析手法を取り入れて作成された学術論文の割合が、平均で 17％と、全体の学術論文の 20％以下であることが読み取れる。各ジャーナル別に考察すると、1990 年から 2010 年の間に定量的分析を行った学術論文が CER 全体の学術論文の 26％と、上記の 4 ジャーナルの中では一番高い割合で出版されている。その一方で、CE での定量的論文は 14％と他のジャーナルに比べると一番低いことが読み取れる。

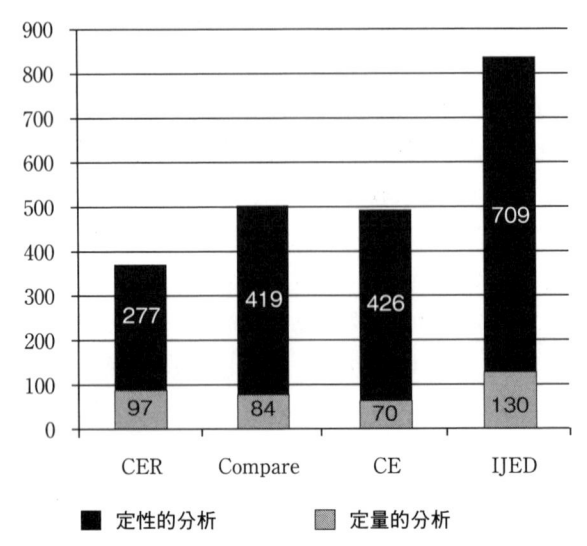

236　第Ⅱ部　比較教育学の研究視角

図10-1　欧米の比較教育研究系の雑誌に載った学術論文の数

出所：著者作成

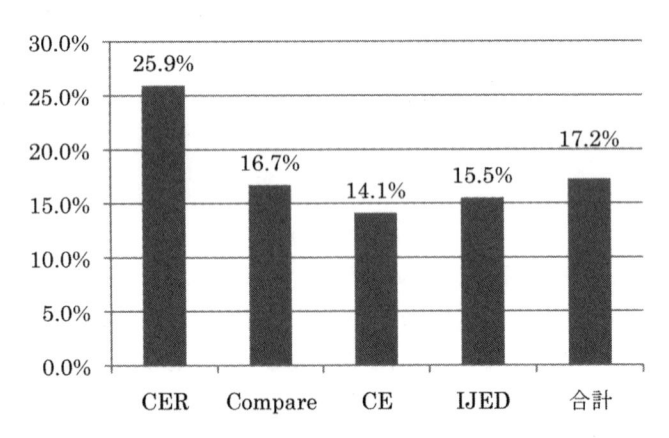

図10-2　定量分析を使った学術論文が欧米の比較教育研究系
　　　　ジャーナルに出版された割合（％）

出所：著者作成

2　分析結果

（1）Comparative Education Review

『Comparative Education Review（CER）』は、北米に拠点におく北米比較国際教育学会の学会誌として1957年から毎年4回、出版されている。本誌は、比較教育研究における知識の普及や学術の発展への貢献を目的として、社会、経済、そして政治的力を通して形成される世界中の教育についての研究をこれまで促進してきた。CERにおいて特徴的な、比較教育及び国際教育に関連する社会科学の理論と手法は、異文化間、多国間もしくはクロスシステムの分析である。教育問題を国際的に、またグローバルに考察するに当たって、分析的枠組みは、概念的、理論的、方法論上の手段を提供している。定量的分析や定性的比較は、比較研究者に教育に関する社会現象を説明する手段を与えている。

1990年から2010年に当ジャーナルに出版された、定量的学術論文の大別を試みる。まず始めに、CERで定量分析を使った学術論文の割合を1990年から考察すると、この21年間での平均が26％であり、1990年には14％が定量分析の論文であったが、その後、上昇傾向で2000年には62％まで増えている。しかし、2002年には10％未満まで下がり、その後は30％前後の割合で定量分析を使った学術論文が出版されている（図10-3を参照）。

① 第Ⅰ期 [第34巻第1号（1990年2月）～第39巻第4号（1995年11月）]

この時期にCERに載った学術論文は115本あり、24本は定量的論文であり、全体の21％を占めている。また、年間平均は約4本であった。論文の大半は、フォーマル教育以外の他の横断的な学問分野の研究が占めている一方で、フォーマル教育に関する論文は一様に存在している。定量的論文を分野別に分類を行うと（以下、括弧内の数字は論文掲載数）、教育のアクセスと学業成績（5本）、社会的影響の分析と評価（2本）、政治的社会化と学校教育（1本）、カリキュラム（1本）、教育と経済成長（1本）、費用対効果（1本）、教育と雇用（1本）、教育財政と経済の不平等（2本）、学業成績についての国家間研究（1本）、ジェンダー分析（2本）、教育におけるコミュニティの役割（1本）、そして他の領域（教授法、価値志向、民族性、社会化エージェント）（6本）に分けられる。

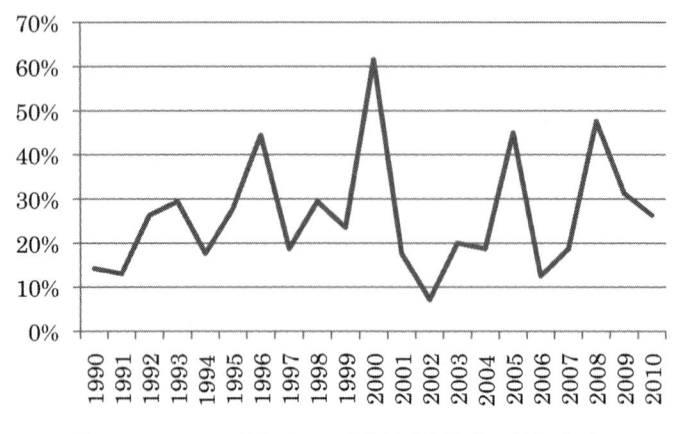

図 10-3　CER に出版された定量的学術論文の割合（%）
出所：著者作成

地域別に見ると、東アジア／太平洋、中央アジア、中東と北アフリカ、サブサハラアフリカとラテンアメリカを含む、幅広い地域が対象となっている。

② 第Ⅱ期 [第 40 巻第 1 号（1996 年 2 月）～第 44 巻第 4 号（2000 年 11 月）]

　この時期には、第Ⅰ期と比べて、出版されている定量的学術論文の数がわずかに増加している。定量的論文数は、年間平均 6 本で、全体の 36％を占める。この時期に行われた定量的研究は、教育参加と学業到達（2 本）、教育と雇用（2 本）、教育統計（1 本）、教育と政治（2 本）、教育と経済成長（1 本）、教育の有効性と評価（2 本）、公平と不平等（1 本）、教育と民営化（1 本）、教育とコミュニティの役割（2 本）、国家教育システム（1 本）、成人と女性教育（2 本）、学校建設と質（2 本）、比較教育（1 本）、カリキュラム（1 本）、とその他（学校における道徳と宗教指導、ライフサクセスのための戦略、出現と変化のパターン、人的資源の流動性、民族性）に分類される。ほとんどの論文は、東及び中央アジア、サブサハラアフリカとラテンアメリカにおける初等教育や他の分野にそれぞれ焦点を当てている。

③ 第Ⅲ期 [第 45 巻第 1 号（2001 年 2 月）～第 49 巻第 4 号（2005 年 11 月）]

第 I 期と第 II と比較して、この時期は出版された計量的分析を用いた論文の数は減少している。主として、論題や地域的な範囲の減少から、その数は年間平均論文の数が約 4 本(全体の 22％を占める)であった第 II 期と比べて、およそ 3 分の 2(19 本の定量的手法を使った論文)となり、年間平均論文数は約 4 本(全体の 22％を占める)であった。主要な論題の領域は、貧困と教育(2 本)、教育の質と成果(3 本)、有効性と効率(1 本)、比較的観点における教育(2 本)、シティズンシップの方針(1 本)、職務満足度(1 本)、母性的見地における教育と健康(1 本)、健康と教育に関する公的助成金(1 本)、子どもと学校教育(1 本)、学校教育に関するコミュニティの動揺と発展(3 本)、ジェンダーと教育(1 本)、そしてその他(カーストと民族性、態度)である。基礎(初等及び中等)教育と教育以外の分野に研究の焦点が当てられている。これらの研究の主な対象地域は、東アジア／太平洋、中央アジア、中東／北アフリカ、サブサハラアフリカとラテンアメリカである。

④ 第 IV 期 [第 50 巻第 1 号(2006 年 2 月)～第 54 巻第 4 号(2010 年 11 月)]
　一般的にこの時期は、学術論文の数は過去と比べて飛躍的に伸びている。2008 年には最多の 10 本の論文が出版された。第 III 期では全体の 82 本のうち、19 本が定量的論文であったが、この第 IV 期は全体の 96 本のうち、26 本が定量的論文であった。これは、概念的な問題やヨーロッパを含む国際的、あるいはグローバルな考察に関して焦点が集まってきていることを含意している。焦点となっている論題は、教育財政(1 本)、教育と民営化(2 本)、イデオロギーと教育システム(3 本)、ジェンダー平等と公平(3 本)、教育の文脈における人権政策(1 本)、教育へのアクセスと達成、評価(1 本)、教育の効率と有効性(2 本)、言語と文化(1 本)、教育における情報通信技術(1 本)、改革と教育格差(1 本)、教育とコミュニティの役割(2 本)、教育における腐敗(1 本)、シティズンシップの構築(1 本)、そしてその他(学校での振る舞い、政治的教育に対する調和と抵抗)である。これらの研究は主に、基礎(初等と中等)教育と高等教育に関して行われており、職業訓練教育への関心は高いとは言い難い。主な対象地域は、ラテンアメリカ、サブサハラ・アフリカ、ヨーロッパ、中央及び東アジアである。

(2) Comparative Education

『Comparative Education（CE）』は1964年の発刊当初より国際的なジャーナルとして、国家的、国際的、グローバルな背景の中で、教育問題を分析する比較見地の重要性の発展に貢献してきた。本ジャーナルに載る学術論文は、比較教育全体の分野の理論的、概念的、方法論的議論における問題について書かれている。また、理論的かつ実際的に重要であり、同様に学者、政策立案者や実務者にとっても関連のある教育の事象、政策、開発の厳密な分析に関する論文も発表されている。過去21年間(1990–2010)で496本の学術論文が発表されており、そのうちの約10分の1(14%)は定量的論文である。定性的論文と比較して、定量的論文は全体的にその数が減少している(図10-4)。研究の主な領域は初等及び中等教育であり、ヨーロッパ、東アジア／太平洋、サブサハラ・アフリカに焦点が当てられている。以下に、これまで発表された論文を4つの時期に分けて大別していく。

① 第Ⅰ期 [第26巻第1号(1990年3月)～第31巻第3号(1995年11月)]

この第1期では、122本の論文のうち、29本(24%)が定量的論文であり、年間平均は5本であった。この時期の主な研究領域は、教育のアクセスと学

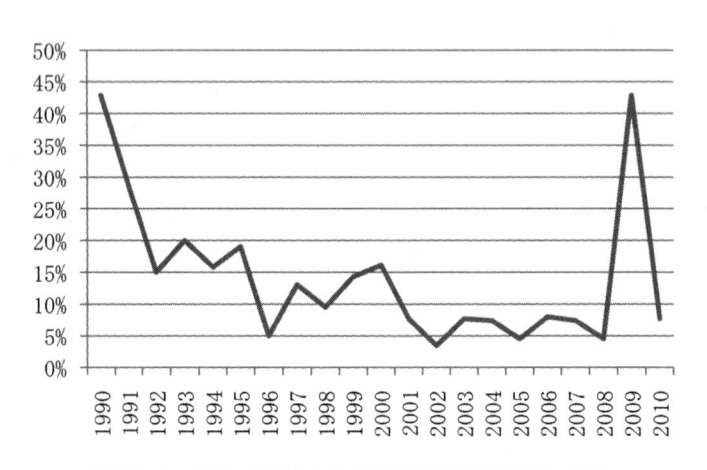

図10-4：CEに出版された定量的学術論文の割合（%）
出所：著者作成

業成績(4本)、プログラムと政策評価(6本)、比較教育(4本)、職務満足度(4本)、教授法(2本)、教育と雇用(2本)、教育財政(1本)、教育における民族的背景と人種差別主義(2本)、態度と革新(1本)、ジェンダーと教育(1本)、教育と政策(2本)である。ほとんどの研究は、東アジア／太平洋、南アジア、ヨーロッパ、南サハラアフリカに焦点を当てた、初等中等教育及び高等教育であり、カナダやアメリカに関する研究は、あまりない。

② 第II期 [第32巻第1号(1996年3月)〜第36巻第4号(2000年11月)]

年間平均5本であった第I期と比較して、この時期、定量的論文は年間平均3本となり、その数は減少した。そしてそれに伴い論題も限られたものとなり、教育のアクセスと成果(6本)、教育における民族的背景と人種差別主義(1本)、比較教育(3本)、教育と雇用(1本)、ジェンダーと教育(1本)、カリキュラム(1本)、教育における公平と平等(1本)となった。主要な研究領域は基礎(初等及び中等)教育であり、ヨーロッパに関心が多く寄せられ、他の地域に対してはあまり注目がなされなかった。

③ 第III期 [第37巻第1号(2001年2月)〜第41巻第4号(2005年11月)]

この時期、定性的論文が増加した一方、定量的論文の数は更に減少した。平均して年間26本の論文のうち、2本(6%)のみが定量的論文であった。これはまた、論題と地域が限定されることを意味している。ほとんどの研究が初等及び中等教育に焦点を当てていたが、ヨーロッパは第II期でも見られたように、ここでも関心を集めた地域となった。この時期の論文を大別すると、プログラムとプロジェクト評価(1本)、公平と平等(1本)、教育のアクセスと成果(2本)、教育における健康リスク(1本)、教員養成と開発(1本)、有効性と効率(2本)である。

④ 第IV期 [第42巻第1号(2006年2月)〜第46巻第4号(2010年11月)]

第II期と第III期とそれぞれ比較して、この時期は定量的論文の数が増加した。第III期と第IV期を比べると、全体の年間平均の論文の数は同じであるが(約26本)、第IV期の定量的論文は、4本と倍になり、全体の14%を占

めた。主にヨーロッパ、中東／北アフリカ、サブサハラアフリカを含む発展途上と先進地域の両方において、教育的イデオロギー、教育システム、教授と学習のパターンを形成する国際的、国内的影響力の相互作用を調査する綿密な研究に関する関心の高まりが顕著であった。主要な研究領域は、依然として基礎(初等及び中等)教育であり、大別すると、教育と学業成績と成果(8本)、教育政策とプログラム(1本)、教授法と学校システム(3本)、教育におけるジェンダーと倫理(4本)、公平と平等(2本)、教育と社会関係資本(1本)である。

(3) Compare（A Journal of Comparative and International Education）

『Compare: A Journal of Comparative and International Education(Compare)』に掲載された定量的学術論文に関する分析をする。分析では教育研究の一般的な分野別の分類を行う。1990年から2010年の間にCompareに出版された定量的学術論文の割合を各年に分けて傾向を見ると、量的論文の割合は上昇傾向にある(図10-5を参照)。また、研究対象期間の21年間を4つに分け、1990～1995年を第Ⅰ期、1996～2000年を第Ⅱ期、2001～2005年を第Ⅲ期、最後の2006～2010年を第Ⅳ期としている。定量的、定性的研究の両方とも、

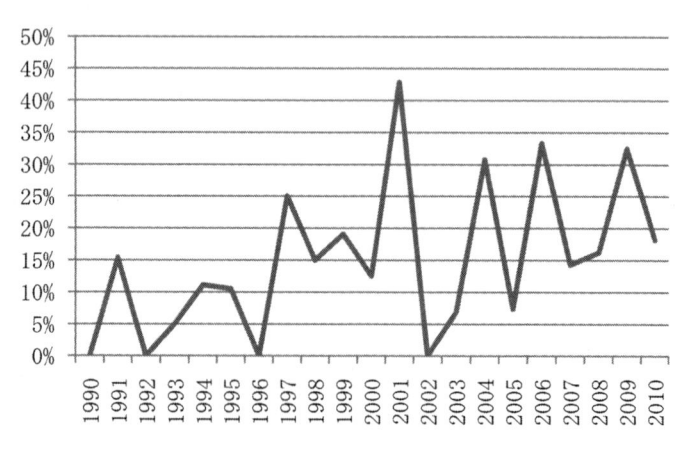

図10-5　Compareに出版された定量的学術論文の割合（%）
出所：著者作成

グローバル化や公的・私的生活における学びについてのポスト構造主義的考え方が主な原因で、近年の期間であるほど論文数が徐々に増加していることは注目に値する。4つの期間それぞれの構成や重点分野の分類に関する議論は以下の通りである。

① 第Ⅰ期 [第20巻第1号(1990年)～第25巻第3号(1995年)]

　この期間は7本の定量的論文が掲載されている。1990年と1992年には定量的論文は掲載されておらず、他の年の掲載数は1～2本となっている。分野別に分類を行うと初等教育の公共コスト(1本)、職業技術教育の評価(1本)、教育へのアクセスとその達成度(2本)、分野横断的側面(障害者、民族、人種)(3本)となり、これらの大部分はヨーロッパやサブサハラ・アフリカの初等教育に焦点を当てていた。

② 第Ⅱ期 [第26巻第1号(1996年)～第30巻第3号(2000年)]

　この期間は、101本の掲載論文の約10分の1(14%)が定量的で、1996年には全く掲載がなく、1997～2000年の間では一年に3～4本のペースで定量的論文が掲載されている。大部分の研究は、中等教育とフォーマルな教育外の分野横断的な教育の問題に焦点をあてていた。この期間の掲載論文の大別を行うと、教育の収益率(1本)、女子教育とジェンダー・ステレオタイプ(2本)、高等教育と女性のエンパワメント(1本)、世界的な教育の潮流(1本)、現職教員研修(INSET)の評価(1本)、教育の公正性と質(1本)、中等教育における科学教育(1本)、教授技術(1本)、分野横断的側面(言語、文化、権力、開発と地政学的変化)(5本)となっている。

③ 第Ⅲ期 [第31巻第1号(2001年)～第35巻第4号(2005年)]

　この期間は、124本の掲載論文のうち21本が定量的で、平均して全体の18%を構成していた。そのほとんどは基礎教育(初等・中等教育)とノンフォーマル教育に焦点をあてており、東アジア・太平洋、ヨーロッパ、サブサハラ・アフリカ地域のいずれかが対象となっている。焦点を当てている分野について同様の大別を行うと、貧困と教育(1本)、教師の態度と信念(2本)、教育

機会と成果(3本)、政治経済的文脈における教育改革(1本)、教育と労働市場の力学と成長(3本)、職業訓練教育 (1本)、費用対効果 (1本)、アクセスと参加におけるジェンダー間格差(1本)、その他(アイデンティティ、教室内相互作用、教育開発の原動力、仕事の満足度、学校システム、音楽教育と成人教育)(8本)となっている。

④ 第Ⅳ期 [第36巻第1号(2006年)～第40巻第6号(2010年)]

この期間はこれまでの三つの期間と比べて、絶対数、割合の両面において定量的学術論文の掲載が多かった。特に2009年は13本と、対象期間全体を通して最も多い掲載数を記録し、第Ⅰ期の掲載数を上回っている。この理由としては、様々な学問領域にまたがる教育開発の拡大があげられる。教育の言説や政策、実践と、それらの教授、学習、運営における意味合いについて、比較研究によって分析する論文もあった。前の期間と同様に、初等、中等、高等教育が、成人教育や他の分野横断的領域とともに支配的である。また、対象地域は、東・南アジアやヨーロッパ、サブサハラ・アフリカや他の地域も含む範囲に拡大した。分野別の大別を行うと、教育における公正性と不平等(6本)、教育の達成度と雇用(7本)、知識経済と生涯学習(5本)、教育と民営化(6本)、教育過多と労働市場(1本)、遠隔地教育(1本)、教育の収益率(1本)、パブリック・プライベート・パートナーシップ(2本)、教育政治(1本)、教育と学校システムと教授法(2本)、その他(学校内暴力と混乱、文化、アイデンティティ、概念や認識及び態度、知識交流にむけた知識移転)(10本)となっている。

(4) International Journal of Education Development

『International Journal of Education Development (IJED)』は、教育開発に関連する新たな理論的洞察や、様々な状況に対応した教育の変化の広がりや本質についての新しい理解の探究を扱っており、地方や国、地域、グローバル規模での相互作用や、教育開発を具現化するダイナミクスの理解を重要視している。また本学術雑誌は、教育をインフォーマル教育やノンフォーマル教育、スキル・ディベロップメントを含む広い意味で捉えている。本項で筆者は、

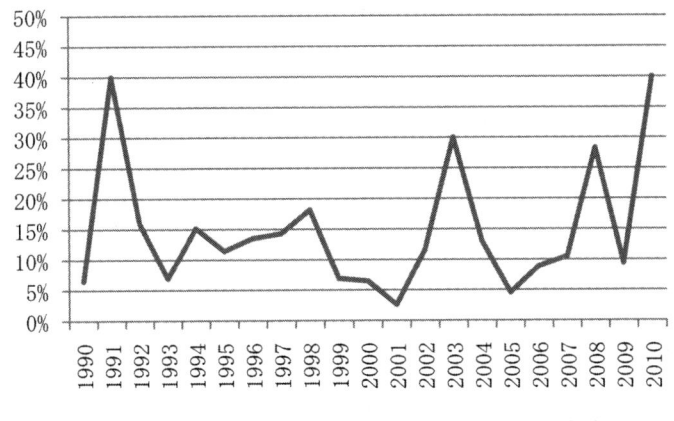

図 10-6　IJED に出版された定量的学術論文の割合（％）
出所：著者作成

　これまでの 21 年間に掲載された定量的学術論文を大別し、その考察を行う。分類は期間別と教育開発関連の分野別に行われる。全体的な掲載論文数の動向では、2000 年代後半の論文数が 1996 〜 2000 年の期間と比べてほぼ倍増し、2010 年は最多の 57 本であった。また全期間を通しての重点分野は、教育財政、教育の質と到達度、教育政策評価であった（図 10-6）。

① 第 I 期 [第 10 巻第 1 号（1990 年 1 月）〜第 15 巻第 4 号（1995 年 10 月）]
　この期間は、掲載された 178 本のうち 15% にあたる 27 本が定量的論文であった。その大半を占め、年平均で約 5 本のペースで掲載されているのが、主に教育のアクセスと質、成果（10 本）に関する論文であり、教育財政（6 本）、カリキュラム開発（3 本）、コミュニティの役割と学校教育（2 本）、教育におけるジェンダー（1 本）、人種と民族（2 本）、態度（1 本）、職務の満足度（1 本）、教授法（1 本）に関するものがこれに続いている。初等・中等教育を扱ったものが中心で、とくに東アジア・太平洋、サブサハラ・アフリカ、ラテンアメリカ、南アジア地域に焦点をあてたものが多かった上、大部分は低・中所得下の状況を対象としている。

② 第Ⅱ期［第16巻第1号（1996年1月）～第20巻第6号（2000年11月）］

　この期間は他の三つの期間に比べ、全体としても定量的論文に限ってみても掲載論文数が少なく、定量的論文の年平均掲載数は第Ⅰ期では5本だったのに対し、第Ⅱ期は4本にとどまった。教育のアクセスと質（8本）に関するものが最も多く、教育改革と評価（4本）、教育の効率性と効果（3本）、教育における文化と民族性（1本）、教授法（1本）、教育財政（1本）、学校運営方針と実践（1本）、教育の収益率（1本）に関するものが続いている。対象の教育レベルは引き続き初等・中等教育が中心で、対象地域はサブサハラ・アフリカ、ラテンアメリカの国々が多く、開発途上地域への関心の高まりを示している。この期間は、国際的な教育開発戦略の導入や実施（主にMDGsとEFAの下で）が途上国から求められた時期でもあった。

③ 第Ⅲ期［第21巻第1号（2001年1月）～第25巻第6号（2005年11月）］

　掲載された212本の論文のうち12％にあたる26本が定量的で、第Ⅱ期では年平均4本だったのに対し、第Ⅲ期は5本と若干増加した。問題の多様化を受け、教育開発における研究領域が拡大したことが、これに起因している。経済成長と貧困削減のための必須条件である競争力や生産性を向上させるツールとしての教育の理解を高める研究などは、このことを示す好例である。これまでと同様、教育のアクセスと達成、成果（10本）に関する研究が最も多く、教育におけるジェンダー（2本）、教育財政（1本）、教育と栄養（2本）、コミュニティの役割と学校教育（1本）、教授法（2本）、カリキュラム（1本）、教育の効率性と効果（1本）、教育と経済成長（1本）、教育改革とプロジェクト評価（3本）、言語（1本）、宗教と教育（1本）に関するものが続いている。基礎教育（初等・中等）を対象としたものは引き続き多く、対象地域は東アジア・太平洋、サブサハラ・アフリカ、南・中央アジア、ラテンアメリカを含む範囲に拡大している。

④ 第Ⅳ期［第26巻第1号（2006年1月）～第30巻第6号（2010年11月）］

　本期間は、四つの期間の中で定量的研究（57本）、定性的研究（227本）ともに論文掲載数が最も多くなっている。定量的論文では、これまでの期間では

あまり注目されてこなかった ICT やプログラム評価に関するものに、対象分野が拡大した。最も多いのは教育アクセスと達成、成果(13本)に関する論文で、教育政策とプログラム評価(10本)、教員養成(5本)、貧困と教育(4本)に関する論文がこれに続き、その他にも教育の地方分権化(1本)、教授法とイデオロギー(1本)、カリキュラム(1本)、教育と経済成長(3本)、リスクや危険性と教育(2本)、ICT と教育(1本)、宗教と教育(1本)、教育と雇用(2本)、コミュニティの役割と学校教育(3本)、教育の公正性と非効率性(3本)、態度と認識(2本)、教育財政(4本)、ジェンダーと教育(1本)に関する論文が掲載されている。これまでの期間と異なり、対象が基礎教育に加えて高等教育やノンフォーマル教育を含むものに拡大している上、援助や貿易といった多様なトピックと教育開発の関連性に焦点が当てられていることが注目される。

おわりに

　上記の分析から分かるように日本も欧米においても定量的手法を用いた比較教育学研究は、あまり多いとは言えない。日本の比較教育研究において、現象学、民俗学の手法を用いた比較教育学研究の隆盛は、方法論的な可能性を広げ、質的な深まりを比較教育学にもたらした一方、比較の側面がやや弱くなり、特定の一ヶ国の研究に比較教育学が傾斜していく要因ともなったように考える。それに対して、定量的手法を用いた比較教育学研究は、社会科学理論に立脚した多国間比較を可能にし、現象学、民俗学の手法を用いたそれとは、かなり異質な貢献を可能にするはずである。しかしながら、現実には定量的研究は(もともと多くなかったにもかかわらず)減少の傾向にある。フィールドは先進国から途上国へ、論点は文化から政策・開発へ、手法は基礎集計から多変量解析へとそれぞれ変化しているように見える。

　分析以前に、基礎的データ収集の困難な地域、また官公庁データの信頼性から問題にしなければならない地域—その多くは途上国—が比較教育学研究の対象として重みを増すにつれて、現象学、民俗学の手法を用いた比較教育学研究が隆盛になっているようである。しかし、たとえばアフリカ諸国では、アングロフォン・アフリカにおける SACMEQ (The Southern, Africa Consortium for

Monitoring and Eastern Education Quality)、フランコフォン・アフリカにおけるPASEC (Programme d'Analyse des Systèmes Edcatif des pays de la CONFEMEN)など、個票ベースで多数の変数を計測し、比較研究を可能ならしめる複数国にまたがる統計データも整備されつつある。また、世界銀行やアメリカ国際開発庁などでは、莫大なコストをかけて開発途上国で家計調査や学校調査を実施して独自のデータを収集している。しかし、比較教育学における定量的研究手法の開発はまだ緒に就いたばかりという段階に過ぎないと言える。

ただし、定量的な研究が陥りがちな陥穽は、学校を(普遍的な)社会機構の一つとして捉え、教育を一つないし少数の指標に代表させてしまうために、人間が見えなくなってしまうという点にある。学校は(当該社会の歴史・伝統を色濃く反映した)文化機構でもあり、教育が優れて人間的な営みであることはいうまでもないけれども、さすがに一流の研究においては、この側面を浮かび上がらせることにも成功している。しかし、二流の研究においては、定量的に社会構造を描出することには成功しても、数字の中に文化も人間も埋もれてしまっていることが多々ある。三流の研究においては定量的に社会構造を描出することさえ失敗している。多変量解析を鮮やかに駆使した比較教育学研究が盛んになるのは望ましいことではあるが、研究者は定量計量的手法のもつ限界と陥穽に自覚的であることもまた望まれる。

【付記】本章の分担について、第1節は山内、第2節は小川が担当した。「はじめに」および「おわりに」については、山内が草稿を書き、小川が加筆した。しかし本章全体について、山内と小川が等しく責任を負う。

参考文献

鹿島茂(2003)『勝つための論文の書き方』文藝春秋。
永井道雄(2002)『未完の大学改革』中央公論新社。
日本比較教育学会(2004)『日本比較教育学会40年の歩み』東信堂。
Wilson, David N. (1994) "Comparative and International Education: Fraternal or Siamese Twins? A Preliminary Genealogy of Our Twin Fields." *Comparative Education Review.* Vol. 38, No. 4, pp. 449-486

比較教育断簡

鈴木愼一

意識、シンボル、比較

　子どもはものごとを見比べる。抽象的思考成立前、視覚の働きに支配されて大きさや量(嵩)に関する判断を誤まる。この段階で「比較」は身体機制に支配されて思考の合理性を保障しない。これはジャン・ピアジェが"decalage"として報告したことである。ピアジェは子どもの知性の発達、機能、構造を調べ、それが全体として人類の知性の発展と構造的機能的に相同であることを見抜いた。モノの運動についての子どもの思考とアリストテレスの運動論の近似性("peripatetic schema"と名づけた)に留意したピアジェは、人の類的な知性の発達とヒト固体の知性の発達との間に同質的な発生的循環反復があることを洞察した。

　比較は人の意識と認識において基本的な働きで、その意味では自然で、人は比べることをとくに「方法」とは普通考えない。しかし、事柄の本質が見極められないとき、人はモノゴトを注意して「見て」「くらべる」。「みる」はその場合五感と結びつき、「くらべる」のは脳(高次神経細胞システム)で行われる。比較は reality の不安定と関連する。

　ヒトはシンボル的な生き物である(カッシーラー)。ヒトはシンボル操作を言語化(含：身体言語)するが、言語化されたシンボルが記号(数字・文字・音符・色相・音声・身体)によって表現されると、物事の本質は記号空間のなかに疎外されて実体化される。人がリアリティーという言葉で伝えようとするものはそのような実体である。子どもの知性的発達の構造をこの「シンボルと記号とリアリティーの動的相互関係＝"疎外 Entfremdung (Hegel-Feuerbach-Marx) としての認識過程"」に組み込んでみると、なぜ認識がしばしば感性や情動によって歪むかを教えるし、また他方、異質な文化の内部に"文化の発生的同質性"を予想することが可能になる所以も教える。キリスト教教会の壁画に描かれるコスモスと曼荼羅のコスモスとの間に、認知構造的に一種の等価性(parity of esteem)を読むことは難しくないはずである。

　比較教育にとっての発生的認識論とシンボリズムの隠喩は、教育と文化に関する学識の動的な変化(学的認識の不安定性・非恒常性)と比較とが深く関わ

ること、また、自国の教育問題を解決するために他国の"優れた"事例に学ぶ場合に、精錬された判断基準を持たないと正確な判断を誤るということであろう。同時に、シンボルのもつ可能性に留意することで、新しい比較の対象と次元を発見することが可能であることも語られている。

国民国家と比較教育

「近代の文法(Grammar of Modernity)」(Carol Gluck 1994) という成句を作った人々は、人類文明の内で"近代的離陸"を実現した文化を比較研究し、共通な「事柄」を抽き出した。それは、「国民国家」、「工業生産」、「大衆社会」である。そこではすべてのことを、国家を通じて再構成すること(nationalizing project)が近代化だと看做された。「国語」「国文学」「国史」「国土＝国の空間」「国民の人種」「国家儀式」「国民文化」などが作り出され、国民国家の枠組みの中で、ジェンダー・家族・階級・コミュニティーを介した社会的差異が再定義され、植民地(他者)に対峙する盲目的ナショナリズムが醸成された。「国民教育」は「国民国家」が再編制を行う道具として制度化したものである。国民教育は国語、国史、国土地理、国家宗教、国歌を教え、国民文化を教えた。このプロセスで比較教育は大きな役割を担った。

19〜20世紀に試みられた社会主義に基づく国家形成と経営も同じことを行った。実のところ、New Deal(U.S.A.)、社会主義革命、国家社会主義、軍事的全体主義と一見異質に見える20世紀前半の先進工業国の動向には、"総動員体制"という「計画」思想が共通であった。イデオロギー的対立抗争と看做されたこれらの事態を底通して計画的「国民教育」が機能していた。

国際連合が発足して、「近代の文法」は新しく国作りをする人々へ手本あるいは教科書として届けられた。イデオロギーという表看板の違いとは別に、独立する国は「近代化」しなければならず、「近代の文法」が広がった。そのとき比較教育はいろいろと文法を説明した。Borrowingは危険であるといいつつ、先進国(人間集団)は"自分たち"を輸出して憚らなかった。加えて、客観性という名で行われる他者観察(並置と評価＝比較)は、"見るもの"の尺度による"見られるもの"の評価(未開発・発展途上など)に繋がり、かつ、"見るもの"の自己規定(諸「学」の自己定義)を援けた。比較教育も例外ではない。

「近代の憲法」と知の不均衡

　ブルーノ・ラトゥール(Bruno Latour)は、「近代の文法」ならぬ「近代の憲法(Modern Constitution)」という表現で"近代"を批判的に定式化した。"人間"と"非人間"と"半ば抹消された神"の三者を同時生産し、その同時生産を隠蔽しながら、三者を独立したコミュニティーとして扱い、分離して扱うことを通じて、人々の意識の届かない水面下で、多種多様なものごとの異種混交を増殖し続けることで、所謂"近代"が成り立っているという。Science Studies に携わるラトゥールからみると、ヒト・モノ・コスモスについて近代論者が用いる三つのカテゴリー(自然・政治・言説)は、Science Studies が本来開示しようとする本質的連関を人々の目から遮り、人々を本質的関連から遮断するものと映る。人文的知識と自然科学的知識の本来的関連を回復させるところに、「近代」批判の目的が置かれている。

　「認識論は、概念を抽出し、社会やレトリックとの関連を消去する。社会科学は社会的政治的局面を抽象化し、本来関るネットワークとは無関係にそれを純化してしまう。テクスト学は言説やレトリックを保存して現実(物語るときに戦慄するもの horesco referens)や権力との結びつきを駆逐してしまう。」この三者(認識・社会・テキスト)がそれぞれ独立して機能しているため(三者を繋ぐことができず)、知的生活は不振状態である。

　このことは、ラトゥールによれば、人々がその暮らしを"神を核として対称的な構造を持っていた状態"から"対称性を失う状態"へ加速的に変化させ("日常"はアシンメトリカルな事態に組み換えられ)、それを"人間の常規"として受け入れることを意味する。それは、"人と「モノ・対象・野獣」を対立させ"、"神と格下げされた神(半ば抹消された神)を対立させ"、"抹消したはずの神の再生産を隠蔽すること"が同時に進行することでもある。ラトゥールは、その種の二分法が、科学とその技術化を社会(政治)から分離する"近代の組み立て方"であると考える。

　ラトゥールは本当の近代をまだ迎えていないという。"近代の憲法"が科学(sciences＝知)と社会制度(議会＝意思決定と法＝規範)を二分したため、「知」(science)の綜合制が失われ、科学が社会や政治と緊密に結び合うことが忘れられたという。確かに、「二つの教養」(Two Cultures)論はスノー(C. P. Snow)に依る英国風現代型教養批判であり、教養市民層の崩壊(フランクフルト学派批

判)は、ドイツ Bildung 概念の歴史的批判となっていた。そのような意味で社会と科学を二分する方法論的二分法を克服することが、それぞれの国の科学と社会に通底する課題になっている。西欧型社会の基礎となる知識体系の在り方と思考の形而上学を再構築する課題が、そこから浮かび上がる。

　比較教育の分野では、カール・ポパー(K. Popper 1902-94)の影響を受けた研究者が少なくない。プラトン的パラダイムを批判したポパーに従って、知識の形而上学を否定した論客も多い。しかし、ポパー自身は実在の世界を三つに分け、第三の世界を客観化された知識の世界としていた。ポパーにも「知」の存在を支える高度に抽象化された実在が実体化されていた。思考の形而上学を持っていたというべきではないか。異文化と総括されてきた西欧以外の文化体系の内部にどのような知識の形而上学があるかを、比較学一般は丁寧に探求しなおすことが不可避であると思う。

"帰還する他者" とは誰か

　近代を批判した人々は数多い。その一人アドルノ(Adorno, Thoedor 1903-69)は、人が人でありうるには、"他者の帰還"を待たなければならないと述べたことがあった。言葉やイメージで表現されているもの全ては、本来は「人」が言葉やイメージで「人－自身」を外部に表出した(自己疎外した)ものごとで、その疎外された「人」が「他者」として人々に取り戻されることの必然性をアドルノはそう語った。この主張に関連する見識は、古くは精神科学的な「了解」(Verstehen)論として、或いは「解釈学」(Hermeneutik)として語られたこともある。「教育」という高度に社会的に制度化され概念化された"人の事実"を、どのようにすれば息遣いが聞こえる活き活きとした人間の事実に蘇生させることができるかを思わなければならない今、教育に何が"帰還"するのか、"帰還"させなければならないか思考を深める必要が確かにある。

　このような考え方と対蹠的なものの見方がある。数量という記号に人々の振る舞いを全て還元して、計算可能な"コト"に翻訳し集約し収斂させる見かたである。行動科学(Behavior Sciences：行動主義心理学 behaviorism とは異なる)はその一例で、人間の行動を微視細胞学的レヴェルから身体・個人・集団・社会・制度の全てのレヴェルに一貫する「行動」(広義)として人と社会と制度を説明する知的努力である。他にも Basian Probability(予測を含む確率論)や収束確率函数論もあり、また、ファジー、カタストロフィー、結び目理論等、数・

量・形を使用する思考方法は様々な可能性を「比較」に関して予想させる。その意味では、かつて行われた帰納主義批判、実証主義批判にとらわれず、数量操作図形操作を基礎とする「比較する方法」の開発について積極的に関心を寄せることが求められる。ただし、質的調査と量的調査を狭義に固定し、それらをどう綜合するかという流儀の課題設定は避けなければならない。その種の二項対立的な発想を引き継ぐことは、「近代」の限界を克服する広範な知的努力に合致しないし、「帰還」するものを見失わせもする。

比較教育の当為性の可能性

ピアジェは、ユネスコが 1965 年から開始し継続した社会科学と人文科学の在り方に関する一連の国際的専門家会議で、「The place of the sciences of man in the system of sciences」と題する基調講演を行った。1970 年に大冊の報告書が公刊された。この基調講演で、ピアジェは人間科学について基本的な 4 つの領域を上げた。ⅰ）nomothetic sciences（法則定立的諸学）、ⅱ）historical sciences（歴史的諸学）、ⅲ）legal sciences（法的諸学）、ⅳ）philosophical sciences（哲学的諸学）の 4 分野がそれで、ピアジェは各領域の諸学の基本的特色と課題を整理した。その該博な論文は、最後に諸学の専門的分化と統合について触れ、問題と理論がそれぞれに細分化されてゆき、関連する他の諸学との間の問題としてもその傾向が加速されると述べた。ピアジェは、この専門的諸学の細分化は生物の内発的な発展と類似し、"固体内－個体間"に機能する諸作用の知性に適応的であるような、構成的法則の直接の結果であると看做した。

議論の詳細は論文自体に委ねるとして、ピアジェは法則発見的な諸学と歴史的な諸学の基本的な主要な動きについて「比較」をまず取り上げている。その要点は、学的認識の中に生まれた"脱中心化"(decentering) の意義を強調することにあった。ルソーが社会契約論において「高貴なる野蛮人」(noble savage) を掲げ、タイラー(Tyler, Q. B. 人類文化体系的研究の創始者) は夢を判断する「哲学する野蛮人」(philosophical savage) というモデルを導入したが、それらはそれぞれの"自分"を理念化したに過ぎなかった。その後、マルクスの「疎外された人間」とケインズの「確率的統計的ケース」に至って、社会科学はアダムスミスの homo economicus を越えて（具体人イメージの抽象化から離れて）、社会的人間を記号的に一般化することに成功したとピアジェは評価している。そのことを保障したのは「方法としての比較＝脱自己中心化」であると説

明している。学問の自己中心化を克服する方法が比較であるという。

　比較教育(学)は、教育認識の脱中心化を本当に援けているだろうか。1950年代の数次に亘る専門家会議では、比較教育には教育の歴史と発展に関する法則を発見する役割があるという見解がしばしば述べられていた。その後、この意見は必ずしも多数派の見識とはなっていないが、私は比較教育(学)にはこの役割が課されていると思う。教育学の基礎的カテゴリーを見出す仕事、カテゴリーごとにその知的内包を整えていく作業がそれである。私が"教育学の脱国家学化"を訴えたことも、比較教育と時空間を俎上にのせたこともそこに繋がる。この課題に取組むことは、社会的状況の全体的統治について新原則を見出し確立する学的営為に通じ、その道筋は、類として存在する「ヒト」の多様な現実から出発して、子どもの出生と養育と自立という第一次的人間関係と、そこに蓄えられる基礎的データに拠りつつ、新しい"関係的実体"を「人」に即して世界的次元で探求することであると思う。比較教育の冒険(Wagnis)が求められている。

参考文献

Gluck Carol (1994)『思想(近代の文法)』、No.845、岩波書店。

Latour, Bruno (1993) *We Have Never Been Modern.* translated by Catherine Porter, Harvard University Press,（Nous n'avons jamais ete modernes:essais d'anthropologie symmetrique, 1991）.

UNESCO (1970) *Main Trends of Research in the Social and Human Sciences.* Part one: Social Sciences, Mouton/UNESCO.

第Ⅲ部

比較教育学の研究対象

第11章　比較教育学における教育内容・政策研究
——日本における現状と課題

近藤孝弘

　「多くの比較教育学の研究は一国研究にとどまり、その名に反して比較をしていない」「欧米先進国に教育の模範を見る時代は終わった」...。

　学会内外の権威者から発せられてきたこうした声は、その後の日本の日々の比較教育学研究によって、どう受け止められているだろうか。本章は、このような問題意識を手がかりに、特に各国の教育内容とそれをめぐる政策に関する研究の現状を確認し、その上で今後の発展の方向性を検討するものである。

1．現状に関する経験知

　初めに敢えて主観的な印象を述べるなら、日本の比較教育学研究のなかで——特に日本比較教育学会大会での研究発表と研究紀要を見る限り——各国の学校等の教育機関における教育内容に焦点をあてた研究はマイノリティに属しているように思われる。

　そもそも現実に大学院教員として学生を指導する際、特定の教科の問題に関心を示す者については、まずは比較教育学以外の学会に研究と発表の場を見出すよう指導していくことになるのではないだろうか。

　また上記の印象は、研究者養成において今も大きな役割を果たしている旧帝国大学における比較教育学(関連)講座が、教育行政学や教育社会学、さらに近年は国際開発学といった、教育内容よりも教育の制度やその社会的背景に関心を向ける諸学と協力関係にある場合が多いことを考えれば当然とも言えよう。教育において制度と内容・方法は理念的に結びつきうるが、その結びつき方は多様であり、したがってそれぞれ独立した存在と考えられる。

もちろん教育内容を中心的に扱う教科教育学の講座を有する博士課程（後期課程）も旧（高等）師範系の大学に存在し、そうした機関による日本の比較教育学への貢献には大きなものがあるが、そこで学んだ者の多くが比較教育学の世界に脚を踏み入れるわけではない。

そもそも比較教育学に限らず日本の教育学そのものに、教育内容については専門の学問領域——たとえば数学や物理学、歴史学や地理学など——に任せる傾向があったことは否定できないだろう。それぞれの教科教育学においてさえ、多くの場合、大学院修了者は初等教育ないしせいぜい前期中等教育までを主なフィールドとしており、後期中等教育の教育内容研究を専門とする者は限られている。さらに高等教育については極めて例外的と言って良いだろう。なお、こうした学問的な分業体制がとくに日本の後期中等教育に及ぼしている影響は興味深いが、それを論じることは本章の課題の範囲を超える。

このように、比較教育学の中に教育内容に関する研究があまり見られないのは、一時の学問的な流行を反映してのことではなく、構造的な原因によるものと考えられる。もし教育内容とそれに対する政策を扱う研究が増えることが望まれているとすれば、学会あるいは学問の在り方そのものを見直す必要があろう。

もっとも、以上はあくまでも印象に基づく議論であり、たとえば実際に過去10年のあいだに日本比較教育学会の研究紀要に掲載された自由投稿論文を見ると、もう少し慎重かつ詳細な分析が必要であることがわかる。

2．学会誌掲載論文に見られる傾向

本節では、2001年から2010年の10年の間に『比較教育学研究』の計15号に掲載された自由投稿論文に注目する。

その際、事前に確認しておく必要があるのは、学会誌掲載論文は日本の比較教育学分野における研究活動の傾向を正しく反映するわけではないということである。すなわち、まず学会の外で他分野の研究者の手で比較教育学的に優れた研究が進められている可能性が大いにある[1]。他方、学会内に視野

を限定する場合でも、自由投稿論文の投稿者は若手に偏っており、中堅・ベテランの投稿は少ないというデータとしての限界を見過ごすことはできない。一般的に言って研究者の日々の活動のかなりの部分が、必ずしも学会での発表を視野に入れずに行われており、とくに研究者の年齢が高くなるに従い、諸機関からの依頼による広義の研究活動が増え、その結果、学会の中でその成果を公表する頻度と重要性は低くなる。したがって、たとえば1,000名あまりの会員による1年間の総研究時間の中で、それが学会誌論文――の投稿――につながる部分は非常に少ないと言わなければならないだろう。

さらに、1節で述べたような教育内容に関する研究は日本比較教育学会には不向きであるという認識が一定の広がりをもって共有されているとすれば、そのことも会員の投稿行動に影響するはずである。多くの会員は複数の学会に所属しており、個々の研究の持つ性格にしたがって、より高い評価を受けやすい学会に投稿するであろう。たとえば、ある日本比較教育学会会員がドイツとフランスの歴史教育に関する比較研究をまとめたとき、その著者が最初に投稿を考えるのは、歴史学はもちろんドイツ学あるいはフランス学の関連学会となるかもしれない。

つまり『比較教育学研究』は、会員の研究活動の範囲をかなり狭く表現していると考えられる。そこに掲載された論文を見る際には、その背後にある膨大な研究を常にイメージしなければならない。

以上のような前提を踏まえた上で、この10年間に掲載された自由投稿論文の計78点を検討すると、全体の約1割から2割が教育内容をテーマに据えた論文であると言える。

なお「1割から2割」という曖昧さは、何をもって個々の論文が教育内容をならびにその政策をテーマとしているかの判断が難しいことから生じる。教育内容とは、意識的に伝達される――あるいは伝達することが試みられる――知識ならびにスキルや態度・価値観の範囲にとどまるのか、それともいわゆる潜在的カリキュラムのように意図されずに伝達・獲得される部分まで含むのか？さらに教育内容への影響力を意図する政策であっても、その意図が学力向上といった、教育内容へのメタ的な関わりにとどまる場合に、それを論じる研究をどう分類するかは一義的には決まらない。

また、論文全体の中で具体的な教育内容ないしそれをめぐる政策を中心的に論じている論文についても、そもそも全体の標本数が78しかないことを考えると、その厳密な数を確定することはそもそも無意味である。
　さて、こうした限界を踏まえるとき上記の結果はどう評価されるだろうか。1〜2割という割合を少ないと見るか多いと考えるかは意見が分かれよう。とはいえ、少なくとも1節で述べた印象ほど実際には少なくないということは言えそうである。
　こうした結果は、教育内容をテーマとする論考には、明確に特定の教科の内容を扱っていて、それゆえ『比較教育学研究』への投稿が期待されにくいタイプの研究のほかに、日本の教科教育にはない論点や、あるいは存在してはいても議論が成熟していない問題を外国の教育に見るタイプの研究が少なからずあり、これらが一定数『比較教育学研究』に掲載されていることに起因する。具体的には、教育内容をテーマに据えた掲載論文は、その性格において以下の3種に分類されよう。
　第一は、日本に明確に対応する教育活動が存在する外国の事例に注目するものである。こうした研究は、既述のように数は多くないが、たとえば「ドイツの音楽教育における能力形成に関する研究――教育的基盤としての『能力』(Kompetenz)に焦点をあてて」(伊藤　2007)といった論考が見られる。
　それに対して第二に、必ずしも教科の点で明確な対応関係を前提としてはいないが、関連する複数の教科の中で、より一般的な教育理念がどう実現されているかに注目する一群の研究がある。こうした研究の例としては、「中国における愛国主義教育の展開――改革開放政策下の変容と課題」(武 2008)をあげることができよう。
　そして第三に、日本にそのまま対応するような教育活動が一般には見られない外国の事例を取り上げる研究を指摘できる。「レバノンの国民統合政策におけるシーア派系学校の位置づけ――哀悼祭アーシューラーをめぐる歴史認識と信仰に着目して」(三尾 2006)がその一つの典型と言って良いだろう。
　厳密には、個々の論文は必ずしもいずれかに明確に分類されるわけではなく、判別が難しい例も見られる。たとえばある国のシティズンシップ教育に注目する研究は、一と二のいずれに分類すべきかについては判断が分かれよ

う。

　とはいうものの、二や三のような他の教育学系学会との関係から相対的に日本比較教育学が発表の場として有利と思われるような研究の存在が、上記の1〜2割というやや予想外の結果をもたらしていることは確かである。以上は、前節の冒頭に記したネガティブな推測は、比較教育学を含む日本の教育学に見られる教育内容面での研究の弱さを指摘する一方で、それ自身が問題状況を再生産してきたことを示唆している。比較教育学には、教育内容を扱う独自の研究領域が存在するのである。

　なお上記の分類に関して付言すべきと思われるのは、これらの研究のうち一に分類されるものが、諸外国の先進的な例の紹介を通して日本の教育実践の進展に貢献しようとする意図に導かれ、二ないし三の論文は純粋に研究対象国の教育と社会を理解しようとする目的意識を持っているのではないかという予想は、もはや空振りに終わるということである。かつて日本の比較教育学は欧米先進国の進んだ教育の情報を日本に紹介することを主たる課題としていたという認識は、上記のような推測をもたらしがちだが、それは21世紀の研究状況には当たらない。

　確かに、たとえば諸外国とりわけ先進諸国のシティズンシップ教育の現状を分析する際には、当然、日本の状況が視野にあり、論文から何らかの示唆を日本の読者が引き出すことを著者は期待しているものと推測される。しかし、そこで示されている価値観は普遍的なものとされ、日本に全く言及することなく論文は書かれている。これはいわゆる欧米先進国の教育についての研究が進化・発展したことを意味すると言えるが、その一方で個々の研究から日本の教育への示唆を読み取ることを難しくし、その社会的あるいは現世的価値を低下させた可能性もあることを忘れてはならない。また、こうした進化の背景に、ポスト近代の世界観と近代以来の反欧米意識（あるいは欧米コンプレックス？）が入り交じった今日の日本社会に生きる研究者の一種の処世術を見ることも必要であろう。外国の優れた教育に学ぶという発想は、世界史的に見ても比較教育学の原点の一つであり、また実際に欧米先進国でもそうした研究活動は今も続けられているのだが[2]、そうした事実は軽視されがちである。いずれにしても、近代化のための教育（学）という発想が、現実に

おいても、また批判の観点としても過去のものになりつつあるのは間違いない。

以上が本章の冒頭に掲げた第二の問題に対する一つの回答であるとすれば、第一の問題については、反対に、21世紀の比較教育学研究も、少なくとも教育内容についての研究に関する限り、厳密な意味での比較研究には積極的ではないと言わなければならない。すなわち学会誌に掲載されたほぼすべての研究が一国の教育を分析対象としており、二国以上の教育を比較する視点を見出すことは難しい[3]。

これには様々な要因が考えられる。

とくに『比較教育学研究』所収論文については、与えられる紙面が少なく、他方、教育内容を扱う際には一般にその内容の紹介に大きなスペースを割く必要があることから、複数の国を論じることが難しいのは間違いない。

しかし、より根本的には、やはり本章が注目するような研究においては狭い意味での比較研究はそもそも非常に困難だと言わなければならないだろう。

ここには少なくとも二つの要因が考えられる。

第一は私たち研究者の能力不足である。言うまでもなく、研究に使用可能な言語の数が多いほど、学問的に有意義な比較研究を実施できる可能性は高くなる。そして今日、日本でも日本語以外に二つはもちろん三つ以上の言語を一定レベルで習得する研究者は珍しくない[4]。しかし、それぞれの言語は、その言語が使われている社会に関する知識を伴って初めて研究活動での使用が可能となるのであり、実際には複数国の社会状況・文化状況についてリアルタイムの理解を持ち続けるのは容易ではない。こうした社会的な知識の更新は、言語能力の向上によりその頻度を高めることもできるが、そういう水準にまで外国語能力を高め、また維持できる環境に恵まれた研究者は限られている。

第二に、言語能力の問題を別にしても、仮に日本以外の二つの国の教育を比較するとき、その研究の意義が日本人には分かりにくいという問題もある。たとえばドイツとオーストリアの教育についてはドイツ語だけで比較研究を進められる。両国の最新の社会状況について同時にフォローすることもそれ

ほど難しくはない[5]。しかし、この両国の教育を比較研究することは、日本の比較教育学にとって、どのような意味を持つだろうか。そうした研究はドイツあるいはオーストリア人にとっては意味を理解しやすいが、彼らと同じように研究を評価してくれる日本人は限りなく少数だろう。

　もちろん、厳密に研究課題と手続きを設定して結果を明確に述べるという、研究プロセスの精度に価値を求め、学問的にアピールすることは可能である。しかし、そうした研究はどのような対象を選んでも可能なのであり、そこには両国を研究対象に据える必然性がない。そして、こうした論文の形式における価値を過度に評価することは、比較教育学をおそろしくつまらないものとしかねない。研究といえども、それが発表され、読まれるというコミュニケーションの一種である以上、一定のオーディエンスを想定し、彼らの何らかの期待に応える必要がある。ドイツとオーストリアの比較研究をするのであれば、それ以外の対象では得難く、かつオーディエンスにとって意味のある結論を導かなければならないが、これが実際には非常に難しい。

　およそ研究の意味とは、いわゆる学術的価値と社会的価値の二つからなるだろう。前者は言わば先行研究の要求から発生し、後者は現在の社会の要求に由来する。そして既述のように、近年の『比較教育学研究』誌掲載の教育内容関連論文には、学術的な価値の方をより強く押し出す傾向が見られるが、これは日本の比較教育学に一定の研究の蓄積が形成されてきたことを示唆しているであろう。問題は、こうした学術志向が、研究と社会との距離を大きくしかねないことであり、さらに両者を架橋しようとする試みが、厳密な意味での比較研究を行うようにという要求によって、いっそう大きな困難に遭遇しているということである。

3．アカデミック・アイデンティティ・ポリティクス

　以上は現状の説明あるいは言い訳にすぎないかもしれない。実際には研究対象・目標・方法を決定する際に、工夫の余地は少なからず存在する。とくに教育内容を扱う論文の場合には、書き方次第で、その研究対象――たとえば歴史教育や政治教育に関心を持つ筆者の場合であればドイツやオーストリ

アの歴史(学)と政治(学)――そのものが持つ一般教養上の価値・魅力を訴えることも考えられる。もとより、社会の関心が集まっている流行のテーマをうまく捉えることができれば、成功裏に比較研究を進める可能性は格段に高まる。

しかしながら、こうした工夫は、どの程度まで、またそもそも何のために必要なのだろうか。言いかえれば、本章の冒頭に記した二つの問題に誠実に向き合うことは本当に比較教育学にとって決定的に重要なのだろうか。

もちろん現実問題として、比較教育学と名乗る以上、やはり研究においてなんらかの比較をすべきであり[6]、また先進国の教育を輸入するという姿勢を基本としたのでは、今日の日本では学問として社会的承認を得るのは難しいのであろう。そしてこのことが意味するのは、先の二つの要求は、比較教育学が日本の社会ないし学術界において一つのディシプリンとして存立することを願ってのものであるということである。ここで再検討する価値があると思われるのは、これまで言われてきたような形でディシプリンを確立することが比較教育学にとって――あるいは比較教育学研究者にとって――どれほど重要なのかということである。

これが、いわゆる学会のリーダーにとって、少なくとも公の場で表明することが難しい性質の問いに属しているのは間違いない。知が細分化し、学問分野のあいだの勢力争いが激しくなっているように感じられる今日、学会を代表する立場にあれば、隣接諸学(会)に対して自己主張をすると同時に、内部に向けては自己の充実、すなわち学問としての輪郭をはっきりさせた上での研究の高度化を訴える以外の選択肢は考えにくい。

しかし、それだけであろうか。

そのような現実主義的な思考の他に、より純粋な願望として、比較教育学の学問的なアイデンティティを確立したいという気持ちが、そこには作用しているように感じられる。そして、こうした思考は若手・中堅を含む多くの研究者によって、かなりの程度に共有されているだろう。比較教育学研究者は、その学が隣接諸学に比べて研究対象と方法において圧倒的な多様性――対象としては経済の最先端を行くグローバル国家から途上国まで、あるいはグローバル世界そのものから人口百人ほどのコミュニティまで、またアプ

ローチとしては行政学から人類学まで——を抱えている分だけ、一層その一体感への憧れが強いと言えるかもしれない。少なくとも、そのような自己理解が存在していることは容易に推察できる。

　こうしてみると、冒頭の二つの問題提起は、単なるアカデミック・ポリティクスに由来する学会権威による叱咤激励としてではなく、むしろ多くの研究者のあいだに広がる共通理解に支えられたものとして、言わばアカデミックなアイデンティティ・ポリティクスの一例として捉えられなければならないことがわかる。そして、こう考えた瞬間に、アイデンティティ探しの背後に、比較教育学が正に教育学の一分野であることが関係してはいないか、という新たな疑いが生じる。

　再度敢えて筆者の印象を述べるなら、教育学という学問は、たとえば歴史学や政治学などの、問題意識において比較的近い学問分野に比べて、学問的アイデンティティを追求する傾向が強いように思われる。その原因を、教育学が総合的な性格を持ち、様々な分野に及んでいる——教育哲学、教育史学、教育行政学、教育経済学、教育社会学、教育人類学、教育方法学、教育工学…——という点に見るのは不適切である。こうした諸分野は多くの大学で一つの学部にまとめられており、学問分野間の内容の重複も少なくない[7]。それに対してたとえば哲学者は、文学部のほか法学部や経済学部そして教育学部はもちろん、自然科学系の学部にまで分散してそれぞれの仕事をしている。学問的な方法論の多様性も関係ないと思われる。歴史家に関して言えば、考古学研究者と現代史研究者のあいだはもちろん、日本史研究者と西洋史研究者の仕事の仕方にも大きな違いがある。それでも哲学のアイデンティティや歴史学のアイデンティティをめぐる議論はあまり聞かれない。そういう問題意識が表面化するのは、概論の教科書を書く時ぐらいであろう。

　こうした学問間の差異をもたらす原因を探索することを本章は課題としていないが、いずれにしても、日本の教育学が持つ性格を比較教育学もまた共有しているのではないかという疑念はぬぐえない。確かに隣接諸学の姿勢が正しく、教育学のあり方が間違っていると考える根拠は見当たらない。しかし、学問のアイデンティティ追求は、自分たちの学問を規定すると同時に、他の学問と解されるものを排除しがちであることを忘れてはならないだろ

う。とくに研究方法における過度にシャープな自己像の追求が、研究の自由度を奪い、将来の発展の芽を摘むことのないよう、常に自らの願望に対する抑制を働かせることが重要である。

4．おわりに——決断しないという決断

　これまでの分析と推測が概ね間違っていないとすれば、21世紀初頭の日本の比較教育学における教育内容関連の研究は、自らの学会が自覚する課題にあまり応えることができていない。

　確かにいわゆる欧米崇拝からは卒業したが、これは厳密には学問の発展と言うよりも、むしろ日本社会の声に妥協した結果と言えよう。それよりも比較をしない比較研究という従来の形にとどまりがちなことの方が大きな問題であるのは間違いない。

　上記の認識からは、今後の研究の方向性をめぐって二つのオルタナティブが導かれる。

　一つは、やはり教育内容に注目する比較教育学研究は、もっと真剣に厳密な意味での比較研究を行うよう努力すべきだとする考え方である。既述のように、これは必ずしも理論的に実現不可能な要求というわけではない。分析ツールを厳密に定義し、分析対象である様々な教育内容の例示の仕方を工夫し、特に量的分析を採用することで、少なくとも方法論的には対応可能と考えられる。もちろん、このような研究方法上の制約を設けることで研究対象や目的は制限されるが、限定された範囲の中で有意義な研究テーマを見出せるかどうかが研究者の腕の見せ所であると言われれば、反論は難しい。

　それに対して第二のオルタナティブは、比較を行うべしとする要求の方を脇に置いて、従来どおりに外国教育研究に邁進する方向である。この方針を正当化するに際しては、さらに少なくとも二つの論理が考えられる。

　第一に、これまで時折言われてきたように、外国の教育を研究する際には明確に意図するか否かにかかわらず自国の教育への問題意識がその基礎にあるのであり、仮に自国の教育と明確に比較せずとも、外国に注目した時点ですでに比較という作業は始まっていると捉えることが可能である。また、こ

うして集められた外国の教育情報は、他の研究者による狭い意味での比較研究に貴重な基礎データを提供することにもなる。

　つまり一つひとつの研究論文の中では明確に比較という研究プロセスが実現していなくても、比較教育学者による研究活動の総体として一定の比較研究が行われているのだと主張することはできるのである。

　それに対して、もう一つの考え方として、このようなアクロバティックな正当化を試みることは、かえって学問的アイデンティティの追求という、必ずしも正当性が自明ではない問題意識に追従するものだと言うこともできよう。また、ディシプリンの確立は、研究方法ではなく研究対象となりうる範囲についての(曖昧な)コンセンサスによっても可能である。要するに、比較教育学とは外国の教育を研究する学問領域であるという、ある意味で今日の教育学の世界に暗黙のうちに存在している理解を、そのまま公言すればそれで良いという考え方も成立しうる。

　比較教育学における教育内容研究は、追求すべき学問的アイデンティティに忠実であることを優先するのか、それとも個々の研究者が現実の社会の中で形成した問題意識の方により忠実であるべきなのか、さらに後者の場合、それはどう正当化されるのか？こうした問いに正解を見出すのは容易ではないだろう。

　前者のような原理主義的な姿勢は比較教育学を貧しいものとする一方で、現状を無条件に肯定することは比較教育学という学問の存在理由を希薄にし、社会への依存度を過剰に高める結果につながりかねない。

　ここで思い起こす価値があると思われるのは、これまで日本の比較教育学研究者は、こうした厄介な問いに答えを出すことを巧みに避けてきたということである。具体的には、ときおりアイデンティティを追求する声があがり、簡単な意見交換をするが、そのうちに別の問題に関心が移っていくという形で対応がなされてきた。これは言わば共通認識は作るが意思決定はしないという対応であったと言えよう。つまり、いつも決断する準備は怠らないものの、今はその時期ではないという判断を繰り返してきたのである。

　これは成功だったと言えよう。学会は着実に成長した。同時に、成長が不可避的にもたらす関心の拡散を、直接的に抑制するのではなく、それをモニ

タリングすることを通じて研究活動の最低限のまとまりを維持し続けることができたのである。本書のような企画そのものが、一種の学会ナショナリズムとも呼ぶべき発想を出発点としながらも、議論の過程でモニタリングの範疇におさまっていった例にほかならない。

　本章は、日本の比較教育学の中で教育内容(政策)研究が置かれている状況を確認するところから出発した。そして、マイノリティであるがゆえの緊張状態に置かれつつも、比較教育学の成長戦略がその位置を保障してきたのではないかとの結論に達した。最後に個人的な見解を述べるならば、比較教育学研究者は、とくに研究方法論をめぐる過度に集団的でストイックな姿勢について、これまで以上に自覚的であることが求められよう[8]。多様性という価値は、我々研究者が単に論文の中で訴えるだけのものではなく、我々自身が体現すべきものである。他方、マイノリティたる教育内容(政策)研究には、これまでの延長線上での努力を続けると同時に、比較教育学研究に独自のテーマ——たとえば教科教育学では扱いにくいテーマ——への取組みにもう少しの時間を割くことが期待されよう。これはマジョリティとのつきあい上、必要だからというのではない。こうした研究こそ、社会に新しい知見をもたらし、学問的価値のみならず社会的価値をも持つことになるはずなのである。

注
1　最近の例としては、たとえば諸外国との比較により日本の高校における「倫理」科中の宗教の扱いの問題点を指摘した藤原聖子『教科書の中の宗教——この奇妙な実態』岩波新書(2011)をあげることができよう。なお同書の謝辞には多くの比較教育学研究者の名前が見られる。このような教育内容についての優れた研究が、なぜ比較教育学研究者ではなく宗教学者の手でなされたのについては検討が必要である。そこに、比較教育学研究者のあいだの、教育内容研究と日本の教育に対する関心の低さがはたらいていた部分はないだろうか。
2　このような例としては、いわゆるPISAショック後のドイツにおいて比較教育学研究者を含む多くの教育関係者が、その優等生であるフィンランドに注目したことなどがあげられるだろう。
3　貴重な例外として「ベルギーとオランダの学校におけるイスラーム教育の比較考察」(見原　2006)がある。とはいえ、この優れた論考は両国におけるイスラーム教育の内容にも触れられているものの、その導入の経緯や目的、授業の実施形

態などの記述が中心となっている。

4　日本の比較教育学研究を論じる本章では、その研究者として主に日本人を想定している。この想定はもはや学会の現実にあっていないが、日本で研究活動に従事する外国人の研究者についても、基本的には同じことが該当すると考えられる。

5　実際には、とくにドイツでは州ごとに教育のあり方が大きく異なっており、ドイツ一国でも16州のすべてについて研究上必要とされる詳細な情報を一定レベルで持つことは意外に難しい。よって、この二国の比較も厳密に言えば容易ではないが、他の例(たとえばドイツとフランス)に比べれば相対的に取り組みやすいと言えよう。

6　この点では、故山内太郎東大名誉教授が「比較するなどというのは、本来はしたないことだ」と冗談めかして言われていたことが思い出される。しかし、そのようなゆとりは今の私たちには許されないだろう。

7　さらに一人ひとりの研究者についても複数の専門分野に属することになるが、こうした状況からは、現状のように学問分野が細分化するメリットとデメリットの両方について再検討する必要が生じよう。

8　研究方法論という言葉は多義的だが、それをどのように理解するとしても、比較教育学の研究に対する評価基準となりうるような方法論を追究することは生産的とは言えないだろう。当然のことながら個々の研究論文には明晰かつ説得的であることが期待されるが、そうであるためには多様な手続きと形態がありうる。比較教育学はこれまで社会科学的な研究にも、歴史学的な研究にも、また哲学的な研究やその他の様々な研究にも市民権を認めてきた。むしろこうした学際性をさらに発展させることが、比較教育学自身にとっても、また関連諸学にとっても有意義と言えるのではないだろうか。

引用文献

伊藤真(2007)「ドイツの音楽科教育における能力形成に関する研究——教育的基盤としての『能力(Kompetenz)』に焦点をあてて」『比較教育学研究』34、22-43ページ。

武小燕(2008)「中国における愛国主義教育の展開——改革開放政策下の変容と課題」『比較教育学研究』36、25-44ページ。

三尾真琴(2006)「レバノンの国民統合政策におけるシーア派系学校の位置づけ——哀悼祭アーシュラーをめぐる歴史認識と信仰に着目して」『比較教育学研究』33、137-157ページ。

見原礼子(2006)「ベルギーとオランダの学校におけるイスラーム教育の比較考察」『比較教育学研究』32、3-24ページ。

第 12 章　課題型教育研究と比較教育学①
―― 高等教育グローバル化・領域拡大の中で変化する役割と期待

米澤彰純

はじめに

　日本において、高等教育分野の外国研究や比較国際研究[1]は、教育学における複数の研究領域にまたがって行われてきた。比較教育学・研究は、高等教育をその対象の一部として扱ってきたが、その他に、教育社会学、教育行政学など多様な分野においてもまた、高等教育が国際比較の観点を交えて研究分野の対象とされてきた。同時に、高等教育を対象とし、様々なディシプリンからのアプローチで行う「高等教育研究」という対象学問もまた存在する。高等教育は、学校システムの中では国家からの自律性が高く、また、以前より学生や教員が国境を越えて交流・移動してきた歴史があり、実態としても研究としても教育分野の中で比較的国際性が高い。このことから、高等教育分野の比較国際研究とそれ以外の教育研究分野の間では、教育研究の中でもとくに多くの重なりが生じてきたといえよう。筆者自身は、どちらかといえばこの「高等教育研究」のコミュニティに属する研究者であるが、同時に、比較教育学・研究のコミュニティからは非常に多くの刺激を受け、また、そのコミュニティの一員として学ばせていただいてきた。比較教育研究者の立場からの高等教育研究についてのレビューには、比較教育研究の多様なアプローチに主眼をおいた小川 (2006)、アジアの高等教育研究に関して網羅した大塚 (1993, 2007) などがすでにある。また、高等教育を研究対象としながら、比較教育研究にアイデンティティをもつ研究者からの内発的な問題提起には、本書の他の執筆者たちの他、近田や西野、今井などによる日本比較教育学会 (2011) の特集、杉村 (2011) などがあり、ここでこれらをなぞることの意味は感じない。そこで、本章では、これら比較教育研究と接点を持つ高等教育研究者の視点からみたときの高等教育分野の比較国際研究の現代的役割と

今後への期待を、とくにグローバル化及び高等教育研究の領域拡大による変化に注目して検討したい。なお、ここで扱う「研究」は、以上の目的にそって、一部入門書やエッセイに分類可能なものまで、できるだけ幅広いアプローチや手法をカバーする一方、筆者の関心にそって探索的にレビューを行い、網羅することを目指したものではない。

1．高等教育研究のプラットフォームと比較国際研究

　日本には、国際比較を中心とした高等教育研究のプラットフォームとして様々な機関や学会等が存在してきた(塚原編 2009)。まず、1957 年発刊の『IDE 現代の高等教育』は、研究者、政策関係者、学長などの大学関係者の間の議論の場としての機能を果たしてきた。また、日本初の本格的な高等教育専門の研究機関として広島大学大学教育研究センター(現高等教育研究開発センター)が 1972 年に設立された。このセンターは、1970 年に大学紛争への対応から発足した調査室を前身とし、発足当初から OECD などの国際プロジェクトに参加したり(広島大学大学研究センター 1976)、高等教育分野の国際比較に関する歴史から現代課題までの多くの研究を手がけてきた。

　この後、1986 年に筑波大学に大学研究センター、1994 年に京都大学高等教育教授システム開発センター(現京都大学高等教育研究開発推進センター)、1996 年に東京大学大学総合教育研究センター、1998 年に名古屋大学高等教育研究センターが成立するなどの中で、これらセンターのミッションが、マクロな政策研究や国際比較を行うものから、大学の管理運営のための情報提供、教授法改善や教職員の能力開発、教育カリキュラムの設計などの実践的な課題を目的とするものへと多様化していった。この中で、高等教育分野における比較研究も、それぞれの実践課題の中で諸外国の事例との比較やネットワーキングを進めていく傾向が高まっていった。また、政策分野では、国立教育政策研究所に高等教育研究部が 2001 年に発足し、高等教育の国際市場や研究・イノベーション、学習成果測定など政策の動きに近い分野を中心に、比較・国際分野での研究を手がけている。

　さらに、高等教育研究関連の大学院教育プログラムが広島大学、名古屋大

学、桜美林大学、東京大学などで営まれており、少しずつではあるが、これら大学院生が国際比較の分野で成果を発揮し始めている。また、高等教育サービス関連の独立行政法人の研究開発部門(大学入試センター、大学評価・学位授与機構、国立大学財務・経営センター等)も、それぞれのミッションに関わる形で国際比較の成果を残してきた。

　他方、高等教育に関連する比較や国際研究を行う研究者は、1997年発足の日本高等教育学会の他、日本教育学会、日本比較教育学会、日本教育社会学会、日本教育行政学会、日本教育政策学会、大学教育学会(旧一般教育学会)、大学管理行政学会、大学マネジメント研究会などに分属している。日本比較教育学会は、とくに外国の高等教育に関する研究、また、最近では、高等教育の国際化や国際連携に関する研究などで中心的な役割を果たし、同時に、上記に述べたような多様なプラットフォームを通じて他の領域の高等教育研究者と混ざり合う形で活躍の場を広げてきたのである。

2．高等教育分野における比較研究を支えるステークホルダー

　高等教育分野における比較研究を支える第一のステークホルダーは、大学や高等教育機関に学生を送る親、そして学生本人である。日本の高等教育と子ども、親との関わりにおいては、学歴社会、すなわち、どの大学に入学したかがその後のキャリアを左右する身分として機能するという現象が大きな影響を与えてきた。高等教育に関わる比較研究において、この問題で日本を事例の一つに扱いながらより普遍的な問題として整理した例の一つがドア(Dore 1976=2008)である。学歴社会とこれに基づく受験および大学教育の在り方は、基本的には日本の教育のネガティブな側面ととらえられており、オルタナティブとして、諸外国の大学への入学や大学での教育についての在り方についての情報や知識を求めるニーズが存在した。

　第二のステークホルダーは、政策立案者である。政策立案者は、生徒、学生や親を含めた社会のニーズを背景に、高等教育に関わる政策立案のために外国の高等教育に関する情報を求めた。文部科学省には専門の調査官が常勤し、高等教育を含め、諸外国のあらゆる教育事情についての情報を収集、提

供してきた(文部科学省生涯学習政策局 2006 ～)。

　第三のステークホルダーは、国際機関や国外の研究者である。これらの者が、何らかの国際比較や日本研究を行おうと考えた場合、日本の高等教育研究者や高等教育分野を扱う研究者に情報や考えを求めることになる。たとえば、ジェームスとベンジャミン(James and Benjamin 1988)、ペンペル(Penpel 1978=2004)、ヘーゼルコーン(Hazelkorn 2011)などがこれにあたる。他方、高等教育学会の学会誌である『高等教育研究』には、国外の研究者が研究の国際的動向(バーンバウム 1998)や国外からみた日本の高等教育研究について(タイヒラー 2007)の寄稿を行なっている。また、国内外の日本研究者と日本の研究者が共同で日本の国立大学法人化前後の高等教育改革について切り込んだものとしては、イーデスほか(Eades et al. 2005)がある。

　第四のステークホルダーは大学の学長や理事長、これら管理職を中心とした教職員である。彼らもまた、自らの大学運営にあたり、現在の実践との関わりの観点から国際比較の研究、情報を参考にする。これらのなかには、長期にわたり専門性のある立場での国際比較に関与を続ける者も少なくない。同様に、大学職員もまた、国際比較に基づく高等教育研究の重要なステークホルダーである。国立大学の職員は、文部科学省の職員等をキャリアのなかで経験する者も多く、また、これは一部公私立大学の職員についてもあてはまる。また、私立大学を中心に、国際交流などの部門で専門性の高い業務を担う教職員も、様々な形での出版を行っている(たとえば、高橋 2003)。また、これら特定の職業的つながりはもたないが、それぞれの自発的な興味関心から諸外国の高等教育に関する事情や知識を獲得しようとする者たちもいる。

　第五のステークホルダーは、日本国内の研究者自身ということになろう。当然ながら、研究者自身は学究、すなわち知のフロンティアを切り開き、既存の教育研究に対して理論的な貢献を行うこと自体を目的としうる。ただし、これらが先に述べた多様なステークホルダーと全く切り離されているわけでも必ずしもない。たとえば、既述のように、高等教育の国際比較研究に携わる研究者たちは、必ずしもすべての者が比較教育研究のコミュニティに属しているわけではない。すなわち、高等教育分野の比較研究は、一方で、第一から第四の多様なステークホルダーへの期待に応えようとしつつ、他方で、

究極的には学究そのものを目的とする研究者との関わりにおいても、多様な学会や研究者グループと交わり、あるいは多様な研究の場を渡り歩き、使い分けながら、その活動を続けてきたことになる。

3．歴史を踏まえた文脈理解と政策借用

　これは、具体的には以下のようなことを意味する。たとえば、高等教育史の専門家たちは「大学史研究会」と呼ばれる自身のコミュニティを有している。ここでは、日本の大学及び高等教育がもともと主に西洋を起源とする多様なモデルの自律的な選択によって成立しているという特徴ゆえに、必然的に国際比較の視点を有した研究が多くなされてきた。また、比較教育研究者のなかにも、大学や高等教育という存在そのものがその歴史的文脈に深く根付いていることから、諸外国の高等教育に対して歴史と比較の両方の視点をもって研究を進めている者が多く、それゆえにこの歴史研究のコミュニティにも属し続けることになる。このコミュニティに属する研究者やこの研究会の紀要等で取り上げられた主な研究としては、馬越(1995)、大塚(1998)、別府(1998、2011)、坂本(2002)、児玉(2007)、池端(2009)などがある。

　なお、日本で教育社会学会に属する研究者には、経済学者や政策科学のアプローチを取る者も含まれ、ある時期まではこの学会が、高等教育研究者の大きな苗床としての役割を果たしていた。これは、冷戦構造の中で教育社会学が経済学や政策科学の中でも注目を集めていた人的資本論や教育計画など、いち早く自由主義陣営の教育政策の根幹となる議論を取り入れていた点を考慮する必要がある(Kaneko 2010)。また、天野(1990)は、日本の教育社会学が親学問である教育学・社会学との距離、講座としての組織的位置づけや欧米準拠の方法論や視点などの点で「辺境性」を持っていたと指摘しているが、彼はさらに、「高等教育」を「試験地獄」や「教育計画」などとともに「教育学によっても社会学によっても研究の対象として的確にとらえられることなく見すごされ、放置されてきた、その意味で辺境的ないし境界的な、にもかかわらず、きわめて現実的で重要性をもつ教育問題であり、社会問題」として教育社会学が選んだ研究対象であるとの指摘を行っている(天野1990)。

他方、日本の高等教育が抱える諸課題を反映しながら、諸外国の高等教育を対象とし、あるいはそれとの比較を行ってきた多くの研究が存在することも事実である。実際、日本の高等教育政策の方向性を考える上では、特に米国や、英仏独などをはじめとする欧州からの政策借用[2]への需要が常にあった。すなわち、これらの研究は、政策実践においても、日本の高等教育がどのように発達していくのかについて、大きな示唆を与えてきたのである。

　まず、日本の高等教育が大衆化・ユニバーサル化を経験する過程においては、多くの研究が、トロウ(1976=1976、2000=2002)による「エリート」「マス」「ユニバーサル」という高等教育の類型化モデルを参照しつづけた。すなわち、日本の高等教育システムは、その大衆化過程で私立高等教育が拡大したことに特徴がある(金子1990)が、これを戦前までさかのぼるとした天野(1986)や伊藤(1999)、さらには、戦後の私立高等教育の発展を複数の国際比較枠組みを援用して議論した米澤(2010)なども、広く言えば、こうした高等教育システムの比較研究を意識して行われている。

　この中で、現在に至るまで最も大きな影響を及ぼしてきたのが、日本の高等教育制度と歴史的な関わりの深い米国とドイツの高等教育である。まず、米国については、たとえば喜多村は、先に述べた大衆化(喜多村1994)、ユニバーサル化(江原1999)のみならず、短期高等教育(舘編2002)、教養教育やカリキュラム(吉田文1999、2005)、学校淘汰(喜多村1989)や学生の消費者主義(喜多村1986、1996)、学費(丸山1999)など、後に日本比較教育学会が「グローバル化」とともに高等教育の趨勢としてとりあげる「市場化」(日本比較教育学会2007)、「商業化」(Bok 2003=2004)につながる動向にいち早く注目している。他方、実際の教育実践に近い視点においては、苅谷は、自身の米国と日本の大学教育経験を比較社会学的な議論に昇華させる形で、大学教育あり方を中心とした日米比較(苅谷1992)を行い、その後の日本の大学改革のあり方を論じた(苅谷1998)。また、山田は、プロフェッショナル・スクール(1998)、初年次教育(2005)、学生獲得(2008)など、その時々の日本の政策課題に参考となると思われる米国の制度・実践についての考察を行っている。これに対し、潮木が進めてきたドイツを中心とした研究(1973, 2008, 2009など)も、大学教授職の需給や任用などの問題を中心に常に日本の高等教育の現実的な課題と

向き合い、しかも現代のみならず過去のドイツや米国などの中にヒントを見つけようとしているが、この一部に対してはドイツの比較教育研究を専門とする金子勉(2009)による再検討も行われている。また、2004年の国立大学の法人化と前後する形で、高木(1998)や両角(2001)、江原・杉本編(2005)など、大学のガバナンスの特徴などについての国際比較研究も出版されている。

　しかしながら、高等教育研究は、1990年代に入り、大きな転換期を迎えることになる。一つには、グローバルな環境の変化である(潮木2004)。冷戦の終結は、教育におけるイデオロギー対決の大部分を終わらせ、また、教育社会学など新興分野の制度化が進み、彼らの立場を教育学や社会学においてより中心的な位置づけへと変化させていくことになった(天野1990)。同時に、天野(2009)など、今も米国や欧州各国との比較においてトロウ・モデルなどを基軸に議論する事例も存在するが、全体としては、日本社会が80年代のバブル経済期を経て成熟化し、従来政策借用の対象として絶対的存在であった米国や欧州のみならず、世界の多様なモデルを見ざるを得ない状況が生じた。中村(2007)は、「グローバル化」を安易に枕詞として使うような高等教育研究の在り方を厳しく戒めたが、入学者選抜の国際的文脈や議論を意識しながら日本の特徴からメリトクラシーという普遍的な理論への貢献を果たそうとした(中村2011)。これは、天野(1983、2007)以来の教育社会学研究のオーソドックスなアプローチと言えるが、同時に、中村他(2002)は、進学行動を中心に韓国との比較研究を手がけてきている。他方、比較教育研究のアプローチから普遍的な課題に挑むことも当然可能であり、小川(2001)は、社会主義中国における少数民族から高等教育、さらには労働にむけた能力形成までに至る平等という、同じく普遍的な理論への貢献を果たした例といえる。

　なお、米国の高等教育は、確かに日本の高等教育の近未来像を指し示すような役割を果たしていたが、分権的な連邦制を前提とし、また、学生・教員のリクルートや研究資金の獲得などにおいて市場的取引が高度に発達するなど、日本とは状況がかなり異なるという限界を常に併せ持っていた。また、欧州は、1980年代に社会・経済両面で難しい時代を迎え、1989年のソ連崩壊を経ながら欧州のリージョン・レベルでの高等教育圏の形成に乗り出していく。この中で、1980年代後半以降、急速に日本のモデルとして重要性を

持ち始めるのが英国である。英国は、1970年代以前にも日本で言及されることがあったが、それは、どちらかといえば、エリート型の質の高い無償高等教育としての姿であった。これが、80年代のサッチャー革命以降、とくに1992年のポリテクニクの大学への一斉昇格（角替2001）と前後して、ニュー・パブリック・マネジメント（NPM）のモデルとして、日本のみならず各国で、法人的大学運営・評価などの点で言及されることが多くなる（安原1987,1998、秦2001,秦編2005など）。同時に、フランスもまた、英国とは異なる形で大学評価や大学と政府との契約政策を進めており、その状況は、大場編（2009）や服部（2006）、白鳥（2008）らによって日本に紹介されてきた。また、欧州高等教育圏形成を目指すボローニャ・プロセスについての研究には、吉川（2003）、大佐古（2003）、田中正（2006）、木戸（2011）などがある。

　さらに、とくに世紀の変わり目前後から、それまではどちらかといえば知的探求やオルタナティブ、あるいは教育開発の対象としての研究が多かったアジアやその他の地域の高等教育に関する比較研究が、新興国を対象としたものを中心に、より実践的な、日本が参考にする政策借用としての研究の性格を強めていくことになる。その典型例は世界水準を目指して研究大学への集中投資を進める韓国を扱った井手（2007）や馬越（2010）であるが、これ以外にも、たとえば村田らが国立大学法人化を機に行った『比較教育学研究』30号（2004）の特集「高等教育改革の比較研究――法人化・民営化を中心として」には、まず、タイ・シンガポール・中国・チリ、そして米英独の論考が示され、いずれも地域研究としての比較教育研究の手法を主としながら、実用性の高い政策や実践の分析・議論がなされている。他方、馬越編（2004）には、日本の研究者によるアジア・オセアニアの現代高等教育を対象とした諸論文が収録されているが、これらもまた、実践的な政策借用の用途に耐えうる内容となっている。また、高等教育研究では、特にユニバーサル化や高大接続の問題が日本の直面する課題として浮かびあがり、馬越（1999）、南部（2011）がそれぞれ東アジアの動向に関する分析を行っている。

　他方、先にも触れたように、外国人研究者が日本の高等教育を題材に研究する事例は昔から多い（たとえばCummings 1971=1972）。このうち、日本に翻訳などの形で紹介されているものの多くは、場合欧米先進国の研究者が日本研

究または特定のテーマの国際比較において扱ってきたものである。これらの研究は、基本的にはその書き手の国の社会や高等教育の文脈に基づいた視点からの議論になるため、日本の読者にとっては、自分たちの高等教育や社会の国際的位置づけを知る上で参照されることが多かった。他方、日本で学んだ留学生が出身国の高等教育を題材にした研究成果を日本語でまとめる事例も、とくに留学生の数が増え始めた 1980 年代以降顕著に増加していく (王 2008、鮑 2008、李 2011 など)。これらの研究の位置づけは、日本の研究者や社会の関心に基づく題材や問題設定が基本的には多いが、同時にそれぞれの社会の関心に基づくものもあり、国際化する日本の高等教育研究コミュニティの一種の国際観が反映されることになる。さらに、これら留学生や客員研究員などの形で日本で研究生活を送った経験を持つものを含め、欧米以外の研究者が日本を比較対象に含めて英語以外の言語で著した研究は数多くあるが、その多くは残念ながら日本の研究者の間で広く読まれ、日本の研究者の間に影響を及ぼすまでには至っていない。

　なお、1990 年代に入ると、高等教育研究者の層の厚みが増してきたこともあり、高等教育の比較研究の細分化とテーマごとの深化が顕著になっていく。そして、高等教育研究者が多様な実践の場へと活躍の領域を拡大していく中で、高等教育研究もまた、実践的な志向の高いものが増えていき、それぞれの領域での国際比較が進んでいくようになる。具体的には、大学入試(藤井・柳井・荒井編 2002、大塚 2007)、大学院(江原・馬越編 2004)、評価・質保証(米澤編 2000、前田 2003、羽田・米澤・杉本編 2009)、大学のガバナンス、マネジメントやリーダーシップ(日本私立大学協会編 1998、谷 2006)、教職員の能力開発 (東北大学高等教育開発推進センター編 2009)その他である。

　また、高等教育の国際化やグローバル化対応が新たな研究テーマとして浮上していくのも 1990 年代からである。とくに江淵(1997)などの研究からは、この時期にまだ国際的にも高等教育の国際化に関わる概念化が進んでおらず、日本の研究者もまたこの概念化過程に参加していたとの議論があり、興味深い。また、このころから、金子(Kaneko 1997)、馬越(Altbach & Umakoshi eds. 2004=2006)、小川(Altbach and Ogawa eds. 2002)、二宮(Ninomiya, Knight and Watanabe 2009)などを中心に、海外の研究者と協力しながら日本の研究者自身

の手で日本やアジアの事例について英語で発信する例が大きく増加していくことになる。

　以上のような日本の研究者による研究の中で、比較的早期に国際的な存在感を示したのが、大学教授職の国際比較研究である。まず、江原(1984)は、カーネギー財団による大学教授職に関する米国調査のデータ分析等を行っているが、これを発展させた形で行われた国際比較調査に 1992 年に日本が参加し(有本・江原編 1996)、実証データの蓄積を伴った国際比較研究を成し遂げた。さらに 2007 年に実施された Changing Academic Profession(CAP)調査では、有本や広島大学高等教育研究開発センターがより主体性を増す形で調査の主要な担い手となった(有本編 2008、2011)。他方、吉本ら(吉本 2001、吉本編 2010、Van Der Velden 他 2007)らは、欧州での大学から職業への移行に関する国際比較調査と共通の質問紙調査やフィールド調査を日本で実施し、リージョナル統合へ向けた動きを加速する欧州と比較の中で、日本の大学教育と職業との関連について新しい視点を投じた。この調査に参加した小方(2011)は、特段に国際比較を前面には打ち出してはいないが、この他 2000 年代に出されたいくつかの大学教育と能力に関する日本の議論をレビューする形で、結果的に国際的な学術動向を深く取り込んだ日本としての大学と職業との能力形成を通じた連関についての議論の方向性を示そうとしている。

　他方で、2000 年代には、米英豪などの影響を受けながら、大規模な学生調査が行われるようになった。その中で、山田編(2009)が米国カリフォルニア大学ロサンゼルス校の調査との共通性を重視し、日本の大学教育のあり方と学生の経験に焦点をあてたのに対し、金子元(2007)らは、むしろ国際比較を意識しながら(Kaneko 2008, 2010)も日本自身の文脈をより重視するなど、その立ち位置には微妙な違いが現れることになる。

　日本は、高等教育の国際化については、一方でアジアの中で受け入れ国としては先行し、非英語圏としての留学生受け入れについての実践経験を増していくことになった。こうした留学生受け入れを中心とした日本の高等教育の国際化については、対外的な発信を行った馬越(Umakoshi 1997)、堀江(Horie 2002)などがある一方、永岡(1992)のような留学生調査に基づく実証研究も行われている。これに対し、2000 年半ばからの世界大学ランキングの出現

や、アジアの大学の顕著な台頭などにより、特に大学の内なる国際化の在り方や、とくに人文社会科学系での英語での研究成果の発信などに大きな課題があることが指摘されるようになる(OECD編 2009)。ただし、国際化については、米澤編(2009)などはあるものの、日本の全体像を計量的につかむ研究成果は限定されているとの指摘を村澤編(2010)が行っている。他方で、留学生問題を扱う横田(編 2007、編 2008、編 2009a、編 2009b)や、単位互換などの国際比較の資料を集めた堀田編(2010)など、より実践に近い分野では急速に情報は増加している。他方、村澤(2010)が国際化のための国際化研究が行われる傾向があるとの指摘を行っていることも併せ、国際化については賛成・反対の論が張られる一方でそれぞれが主観的で実証的根拠に乏しい状況がある。そのなかで、高等教育の国際連携については、黒田・結城・カン(Kuroda, Yuki and Kang 2010)がアジアのトップ大学間の連携の方向性について貴重な実証研究の成果を示している。

　なお、諸外国の高等教育に関する研究も、引き続き盛んに行われ、また扱う地域や時間も多様化の一途をたどっている。とくに、アジアについては杉本均(2005)、近田(2005)、宮崎(2005)、角田(2007)、南部(2009)など、制度研究・フィールド調査の両面において研究の発達と深化が著しく、グローバル化・市場経済・大衆化といった日本を含めたアジアの共時的な主題に迫っている。また、欧米についても、対象となる課題・地域の両面で引き続き盛んな研究の発展・進化がみられる(たとえば吉川 1998、石倉 2001、ホーン川嶋 2004、犬塚 2006、安野 2008、野田 2010)。他方で、アフリカの高等教育については、米澤(2003)、鶴田(2010)などがあるが、まだ萌芽的段階と言えよう。

　なお、研究分野の関心対象の変化が、比較教育研究者と高等教育研究者との接点を作り出していく場合も存在する。たとえば、比較教育研究のコミュニティにおいて大きなサブグループを形成する教育開発の研究者たちは、以前は一般的には基礎教育や技術教育・職業教育を扱う者が多かった。一般的には高等教育分野の国際開発・協力は、主に工学や人材開発セクターにおいて実施され、教育の専門家が入り込む余地は大きくはないが、梅宮(2008)、梅宮他(2010)などは、教育開発研究としてこの問題に取り組んだ事例といえる。途上国までを含めた教育の高度化が高等教育段階まで達し、同時に新興

国を中心に世界水準の大学や高等教育システムの構築や研究開発・イノベーションなどが開発のアジェンダの中心的な部分を占めてくることで、これら教育開発研究者が高等教育分野に進出するという傾向が強まってきた。たとえば、吉田和(2005)などはセクター・スタディを主な題材として、また、佐藤(2008, 2010)は留学生政策の経済効果、黒田(2007)も、国費留学生の能力開発への効果検証の観点からの研究成果を残している。

4．課題と挑戦

　高等教育分野の比較研究に現在求められているのは、とくに高等教育の国際化やグローバル化に対してどのように大学・高等教育の問題を考えていくのかという新しいアプローチであろう。とくに、アジアを中心とした新興国のトップ大学における急激な教育・研究両面での台頭は、世界経済のバランスの変化とともに、従来の高等教育における世界観とそれに基づく人や知識の流れを一変させ、また研究対象としての重要性も高めている。

　高等教育研究の枠組み構築においても、国際関係論や国際政治・経済、国際援助などの観点を意識した研究が増え続けており、こうしたなかには、廣里・北村編 (Hirosato and Kitamura 2009)、モク・米澤編 (Mok and Yonezawa 2007) など途上国を主な対象に日本の研究者が中心となって国際共同研究をまとめたものや、日本の研究者が国際共同研究に参加する形で書かれたもの (Ishikawa 2009, Kudo and Hashimoto 2011) などが存在する。また、二宮編 (2012) には、黒田や太田、杉村、堀田など、国際化の実践の第一線に立つ著者たちが、国際関係、学生移動、大学の国際化行動、国際的質保証などをテーマにグローバルな視野に立った学術研究へと昇華させており、日本の高等教育分野の比較国際研究の新たな地平を開いた好例と言えよう。

　他方で、国際的に活躍できる「グローバル人材」をめぐる議論も盛んに行われるようになってきている(徳永・籾井 2011)。人の流れに注目したとき、これは高い学歴・技能を持つ人材の国境を越えた流動性の高まりを意味する。こうした学生や大学教員を含めた高学歴人材の国際移動の研究は、移民研究との接点を持つ(Liu-Farrer 2011)。また、科学やイノベーションの研究を考え

た場合、文献計量学等を基底においた日本の大学や研究者の研究生産性、共著関係などをつうじた国際的な学術ネットワークや頭脳循環についての研究（孫・根岸 2010、角南 2008）、さらには、産学連携・イノベーションの研究（Kitagawa and Woolger 2008, 原山 2003、韓 2008、上山 2010）など、高等教育研究から見た場合の隣接の研究領域において、研究対象としての高等教育の存在感が増している。しかし、やや突き放してみれば、これらの多くの研究は、層の厚みが増しているはずのいわゆる「高等教育研究」や高等教育分野での比較国際研究の中から内発的に生み出されたものでは必ずしもない。

　他方、内発的な動きとしては、高等教育研究や高等教育分野の比較研究が、先に見たように、より実践面に関連づけて研究領域を拡大していきながらも、あらゆる面で国際比較やグローバルな視点での検討を行うようになってきている点が注目される。このような実践に近い領域での研究を俯瞰すると、そこには、グローバル化が進んでいる反面での国内的な文脈の重要性と強固さが残り続けていることが見て取れる。たとえば、田中（2008）は教授法改善等のファカルティ・デベロップメントに関して日本の文脈へ適合させるための「土着化」が必要だとの指摘をしている。また、大学評価・教育の質保証について、導入初期に議論を展開した新堀編（1993）は日本の文化との不適合性を指摘、逆に、実際の大学評価の設計・普及に関わった川口らによる大学評価・学位授与機構編（2007）は、日本における大学評価文化の定着の必要性を説いている。すなわち、これは、大学教育改革等における政策手段を実践に移す上で、他の文化に属する行動や政策手段ををローカルな文脈に翻訳しなおしたうえで適応させる「翻訳的適応（translative adaptation）」（前川 2000、大橋 2009）が不可欠になるとの指摘がなされているものと解釈できる。

　確かに、国際レベルで研究をリードするトップ大学に関しては卓越性の追求という形で国民国家の影響から大学が離脱する面をも併せ持つ（吉見 2011）ため、こうした翻訳的適応を経由しない直接的な文化接合や、「グローバル」「コスモポリタン」あるいは「リージョナル」な文化醸成の可能性も残されている（米澤 2009）。ただし、一般的には途上国・新興国を含めて高等教育の大衆化・ユニバーサル化がダイナミックに進行中である点を鑑みれば、グローバル化や文化接合の圧力のすべてをコスモポリタンな文化醸成により解放すること

は困難であり、とくに日本のように言語と国境とが一致している地理的条件のもとでは、むしろ翻訳的適応の必要性の認知を、政府、高等教育機関、教員や学生個人のいずれにおいても進めていくことが現実的であろう。すなわち、グローバル化の中で対象が拡大し、また、加速しているともいえる現代においては、従来以上に、比較する国と日本とのそれぞれの高等教育や社会が置かれた文脈の違いを踏まえた正確な理解、さらには、多国間の相互依存や世界標準までも視野に入れたグローバル化が各国の高等教育システムや社会のもつ多様性にどのような影響を与えうるかを的確に把握する分析力が、重要性を増し続けているのである。そして、ここにこそ、日本において従来高等教育分野の比較研究が蓄積してきた実証的な分析手法が幅広い形で活かされていく可能性が高い。

　他方、比較を越えた、高等教育分野の「国際」研究についても、日本の研究者が自らの視点を大切にしながら、日本に閉じる形ではなく、国際的な研究コミュニティのなかで発信と対話を拡大させていくことがますます期待されている。たとえば世界水準大学の形成や教育の国際的質保証など、直接的に国境を越えた交渉や競争・協力が進んでいる分野においては、単純に日本としての立場に基づいた議論を発信するだけではなく、世界的な視野を持って公正や相互協力を促すような視点に立つことの重要性が増している。同時に、このような国際対話においては、改めて言語の障壁の問題も浮かび上がる。すなわち、とくに、教育を始めとした人文社会科学の分野において自国語での研究蓄積の厚い中国や日本では、英語での議論と自国語での議論が相互に自律して行われることで、両者に微妙なズレを生みがちである。さらに、日本、中国、韓国、台湾などの間では、非英語圏同士の間での相手国の議論がそれぞれの言語で行われた場合、相互にその内容をチェックできないという点で、情報の偏りに基づく誤解が生じやすく、また、比較研究や国際研究として視点や枠組みを言語を超えて共有することが難しくなる。高等教育研究者の視点からみると、日本の比較教育研究は香港などの比較国際教育研究と比較して、実証研究として質が高い反面、国際研究としての枠組み構築についてはさらなる発展が必要と思われる。他方で、たとえば杉本（2005）のようにまず英語で書かれて日本語化されたものを含め、その対象との相互作用を

前提とするゆえに本質的に常に国際的な対話にさらされることが多いことから、比較教育研究は、日本の教育学研究のなかで相対的にその枠組形成において国際性を意識したものが多い。

　高等教育研究における国際比較を対象とした研究、また、高等教育分野での比較国際研究は、隣接する学問領域との競合や重なり、また、研究における国境の開放ないし消滅に現在直面している。高等教育分野の比較国際研究の役割を、異なる二つ以上の高等教育システムの間の「橋渡し」とそのための専門技能の発展・普及に求めた場合、政策や多面的な高等教育分野での実践との結びつきの中で、その分析視点と正確な比較や国際的視点に立った把握を可能とする研究手法は、ますますその重要性を増していく。同時に、これら比較国際研究固有の視点や技能が他の領域の研究者やステークホルダーに普及・拡散することで、専門家としての比較国際研究者は、「誰に対して向けられた何のための研究なのか」というアイデンティティ・クライシスにさらされる場面も増えるだろう。すなわち、高等教育分野での比較国際研究を担う専門家の役割は依然として重要ではあるが、各領域の専門家との協力・連携とパートナーシップのなかで初めて彼らの役割が活かされることになる。

　高等教育研究者から見た高等教育分野の比較国際研究の将来は、ある意味で厳しいし、ある意味で明るい。高等教育研究の拡大に伴ってその中での専門分化が進んでいくにつれて、比較国際教育研究者が高等教育のすべての分野をカバーして比較国際研究を独占的に担うことは不可能となる。異なる専門性を持つものが共通のプロジェクト目標のために研究チームを組み研究を遂行していく「モード2」(Gibbons 1994=1997)としての研究が高等教育分野でも拡大しており、そこでは、比較国際教育研究者もまた、プロジェクト内で別の分野の専門家に対して自らの研究の視点や分析手法を幅広く普及させ、プロジェクトの方向性を示していくような役割が求められる。すなわち、他者から何らかの主題を与えられ、頼まれて調べるといった受動的、従属的役割から、自ら多様なステークホルダーと関わって研究ニーズを探索し、主体的にプロジェクトの企画や立案に関わり、時には比較の観点から実践者を含める多様な専門家を束ねて研究をリードしていくような役割が求められるこ

とが一層増えていくだろう。さらに、とくに、比較教育研究者は、一方で自国語によるローカルな知識へのニーズへの対応や知識の創造を担いつつ、英語やその他の言語での国際的な発信・対話を強めていくことを主導していく必要もある。

　ただ、以上の中で、留意しなければならないことは、日本以外の国の研究者や関係者もまた、日本と同様、必ずしもグローバル、あるいは国際的な視点を常に持ち合わせているわけではないという点である。欧州は、一見国際化は進んでいるが、その視点は多分に欧州(さらには、西欧、北欧、中東欧などのサブリージョン)に強く基盤を置いている。また、英語圏やラテン語圏もまた、その言語圏のなか、さらにはそのなかでのそれぞれの国家や地域の領域の中に自らの世界認識の基盤を閉じる傾向がある。

　以上のことを考えたとき、次世代の国際比較を対象とする高等教育研究者と、高等教育を対象とする比較国際教育研究者をどう育成していくのかは、非常に難しい挑戦となる。おそらく、比較教育研究と高等教育研究の双方が、その中核としての方法論、分析手法の質を高めつつ、他方で、多様な学術領域、多様な実践領域の専門家に幅広く開かれたコミュニティとして創りあげられていくしかない。そして、このコミュニティに属する個々人は、常に個人としての力量の限界を、あまりに幅広くかつ専門性の高い課題に対して感じ続けることにもなる。あらゆる分水嶺を乗り越え、多様な文化への理解と尊重を示しつつ、融通無碍に、様々な形でプロジェクト・チームを形成・協力していくことによって、高等教育分野の比較国際研究の新たな展望が開かれていくことになるだろう。

注

1　本章では、比較教育学研究のなかで行われてきた「比較」「国際」をめぐる議論を踏まえ、また、比較教育「学」と「研究」とが双方意味を持って使われていることも尊重した上で、これらそのものの議論には入り込まず、あくまで高等教育研究との関係に主眼をおいて論を進める。このため、基本的には比較・国際教育の「学」「研究」を幅広く議論の対象とする。

2　比較教育研究のなかでは、田中(2005)、杉村(2011)のように、外国の教育制度に学ぶという意味で「教育借用」を用いることが多いが、本章では、教育を越え

たより一般性の高い、外国の制度・政策をモデルとして取り入れるという意味での「政策借用(policy borrowing)」を用いることにする。

引用文献

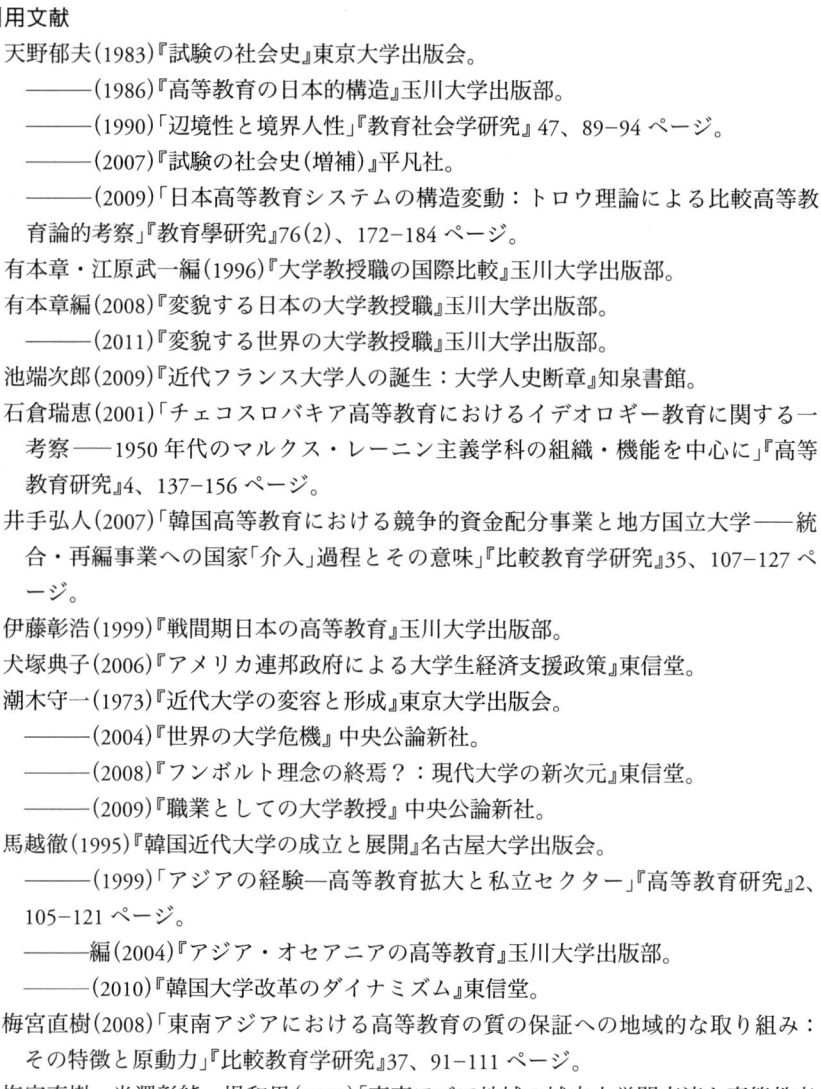

天野郁夫(1983)『試験の社会史』東京大学出版会。
———(1986)『高等教育の日本的構造』玉川大学出版部。
———(1990)「辺境性と境界人性」『教育社会学研究』47、89-94 ページ。
———(2007)『試験の社会史(増補)』平凡社。
———(2009)「日本高等教育システムの構造変動：トロウ理論による比較高等教育論的考察」『教育學研究』76(2)、172-184 ページ。
有本章・江原武一編(1996)『大学教授職の国際比較』玉川大学出版部。
有本章編(2008)『変貌する日本の大学教授職』玉川大学出版部。
———(2011)『変貌する世界の大学教授職』玉川大学出版部。
池端次郎(2009)『近代フランス大学人の誕生：大学人史断章』知泉書館。
石倉瑞恵(2001)「チェコスロバキア高等教育におけるイデオロギー教育に関する一考察——1950 年代のマルクス・レーニン主義学科の組織・機能を中心に」『高等教育研究』4、137-156 ページ。
井手弘人(2007)「韓国高等教育における競争的資金配分事業と地方国立大学——統合・再編事業への国家「介入」過程とその意味」『比較教育学研究』35、107-127 ページ。
伊藤彰浩(1999)『戦間期日本の高等教育』玉川大学出版部。
犬塚典子(2006)『アメリカ連邦政府による大学生経済支援政策』東信堂。
潮木守一(1973)『近代大学の変容と形成』東京大学出版会。
———(2004)『世界の大学危機』中央公論新社。
———(2008)『フンボルト理念の終焉？：現代大学の新次元』東信堂。
———(2009)『職業としての大学教授』中央公論新社。
馬越徹(1995)『韓国近代大学の成立と展開』名古屋大学出版会。
———(1999)「アジアの経験—高等教育拡大と私立セクター」『高等教育研究』2、105-121 ページ。
———編(2004)『アジア・オセアニアの高等教育』玉川大学出版部。
———(2010)『韓国大学改革のダイナミズム』東信堂。
梅宮直樹(2008)「東南アジアにおける高等教育の質の保証への地域的な取り組み：その特徴と原動力」『比較教育学研究』37、91-111 ページ。
梅宮直樹・米澤彰純・堤和男(2010)「東南アジア地域の域内大学間交流と高等教育の自立化」『国際開発研究フォーラム』39、57-74 ページ。
江原武一(1984)『現代高等教育の構造』東京大学出版会。

―――(1999)「アメリカの経験―ユニバーサル化への道」『高等教育研究』2、85-104ページ。
江原武一・馬越徹編著(2004)『大学院の改革』東信堂。
江原武一・杉本均編著(2005)『大学の管理運営改革』東信堂。
江淵一公(1997)『大学国際化の研究』玉川大学出版部。
王傑(2008)『中国高等教育の拡大と教育機会の変容』東信堂。
大佐古紀雄(2003)「「欧州高等教育圏」形成の枠組み―ボローニャ・プロセスにおける諸アクター概観」『フィロソフィア』(91)、160-145ページ。
大塚豊(1993)「日本におけるアジア高等教育研究の展開」『大学論集』22、123-144ページ。
―――(1998)『現代中国高等教育の成立』玉川大学出版部。
―――(2007)『中国大学入試研究』東信堂。
大橋厚子(2009)「グローバリゼーション下の社会文化変容と開発」大坪滋編『グローバリゼーションと開発』勁草書房、397-418ページ。
大場淳編(2009)『フランスの大学評価』広島大学高等教育研究開発センター高等教育研究叢書104。
小方直幸(2011)「大学生の学力と仕事の遂行能力」『日本労働研究雑誌』53(9)、28-38ページ。
小川佳万(2001)『社会主義中国における少数民族教育』東信堂。
―――(2006)「比較教育からみた高等教育研究の回顧と展望」『大学論集』36、169-184ページ。
金子勉(2009)「大学論の原点：フンボルト理念の再検討」『教育學研究』76(2)、208-219ページ。
金子元久(1990)「教育における政府の役割と教育計画」矢野真和・荒井克弘編『生涯学習時代の教育計画』教育開発研究所3-24ページ。
―――(2007)『大学の教育力』筑摩書房。
上山隆大(2010)『アカデミック・キャピタリズムを超えて アメリカの大学と科学研究の現在』エヌティティ出版。
苅谷剛彦(1992)『アメリカの大学・ニッポンの大学』玉川大学出版部。
―――(1998)『変わるニッポンの大学：改革か迷走か』玉川大学出版部。
韓樹全(2008)「中国における産学連携に関する考察：大学運営に対する校営企業の影響を中心として」『比較教育学研究』36、86-105ページ。
喜多村和之(1986)『学生消費者の時代』リクルート出版部。
―――(1989)『学校淘汰の研究』東信堂。
―――(1994)『現代アメリカ高等教育論』東信堂。
―――(1996)『学生消費者の時代(新版)』玉川大学出版部。

木戸裕(2011)「ボローニャ・プロセスとドイツの大学改革」『ドイツ研究』45、113-125ページ。
黒田則博(2007)「能力開発の観点からの留学の効果に関する調査研究：インドネシア行政官の日本留学を事例として〈研究ノート〉」『国際教育協力論集』10(2)、65-79ページ。
児玉善仁(2007)『イタリアの中世大学』名古屋大学出版会。
坂本辰朗(2002)『アメリカ大学史とジェンダー』東信堂。
佐藤由利子(2008)「日本の留学生受入れの経済的側面からの分析と政策への示唆——米国との比較から」『比較教育学研究』37、112-129ページ。
―――(2010)『日本の留学生政策の評価：人材養成、友好促進、経済効果の視点から』東信堂。
白鳥義彦(2008)「フランスの高等教育をめぐる新たな動き」『社会学雑誌』25、62-71ページ。
新堀通也編(1993)『大学評価：理論的考察と事例』玉川大学出版部。
杉村美紀(2011)「日本における比較教育研究の方法論をめぐる論議」マーク・ブレイ、ボブ・アダムソン、マーク・メイソン編(杉村美紀・大和洋子・前田美子・阿古智子訳)『比較教育研究：何をどう比較するか』上智大学出版、259-292ページ。
杉本均(2005)『マレーシアにおける国際教育関係：教育へのグローバル・インパクト』東信堂。
角南篤(2008)「日本人若手研究者等の海外研鑽機会の拡大」日本学術振興会『研究環境国際化の手法開発(大学国際戦略本部強化事業)最終報告書 グローバル社会における大学の国際展開について〜日本の大学の国際化を推進するための提言〜』日本学術振興会、231-266ページ。
大学評価・学位授与機構編(2007)『大学評価文化の展開―高等教育の評価と質保証』。
孫媛、根岸正光(2010)「学術の国際化による日本の産学共著関係の変化」『情報知識学会誌』20(2)、149-154ページ。
舘昭編(2002)『短大からコミュニティ・カレッジへ：飛躍する世界の短期高等教育と日本の課題』東信堂。
タイヒラー、ウルリッヒ(2007)(吉本圭一訳)「外から見た日本の高等教育研究」『高等教育研究』10、165-177ページ。
高木英明(1998)『大学の法的地位と自治機構に関する研究』多賀出版。
高橋史郎(2003)『世界の大学 知を巡る巡礼の旅』丸善ブックス。
田中毎実(2008)「研究大学におけるFDとFD地域連携：京都大学の場合」東北大学高等教育開発推進センター編『研究・教育のシナジーとFDの将来』東北大学出版会、70-82ページ。
田中正弘(2005)「教育借用の理論：最新研究の動向」『人間研究』41号、29-39ページ。

―――(2006)「ボローニャ宣言受容に伴う財政上の葛藤の研究：ギリシャ、イギリス、ドイツの事例を参考に」『比較教育学研究』33、158-176ページ。
谷聖美(2006)『アメリカの大学：ガヴァナンスから教育現場まで』ミネルヴァ書房。
近田政博(2005)『近代ベトナム高等教育の政策史』多賀出版。
塚原修一編(2009)『リーディングス日本の教育と社会 12 高等教育』日本図書センター。
角替弘規(2001)「イギリスの一元的高等教育システムにおける旧ポリテクニク大学」『比較教育学研究』27、139-158ページ。
角田梢(2007)「中国の大学に対する海外華僑・華人基金会の寄付活動：大学教員支援の動機の分析を中心に」『比較教育学研究』35、128-146ページ。
鶴田義男(2010)『アフリカの高等教育』近代文芸社。
東北大学高等教育開発推進センター(2009)『ファカルティ・ディベロップメントを超えて』東北大学出版会。
徳永保・籾井圭子(2011)『グローバル人材育成のための大学評価指標――大学はグローバル展開企業の要請に応えられるか』協同出版。
トロウ、マーチン(天野郁夫・喜多村和之訳)(1976)『高学歴社会の大学』東京大学出版会。
―――(喜多村和之編訳)(2000)『高度情報社会の大学』玉川大学出版部。
中村高康・藤田武志・有田伸編(2002)『学歴・選抜・学校の比較社会学：教育からみる日本と韓国』東洋館出版社。
中村高康(2007)「高等教育研究と社会学的想像力――高等教育社会学における理論と方法の今日的課題」『高等教育研究』10、97-109ページ。
―――(2011)『大衆化とメリトクラシー：教育選抜をめぐる試験と推薦のパラドクス』東京大学出版会。
永岡真波(1992)「マレーシア人留学生の日本留学選択動機」『比較教育学研究』18、91-102ページ。
南部広孝(2009)『中国高等教育独学試験制度の展開』東信堂。
―――(2011)「東アジア諸国における高大接続――大学入学者選抜方法の改革に焦点をあてて」『高等教育研究』14、151-168ページ。
日本比較教育学会(2007)「公開シンポジウム報告 高等教育におけるグローバル化と市場化」『比較教育学研究』32、108-163ページ。
日本比較教育学会(2011)『比較教育学研究』42。
日本私立大学協会編(船戸高樹・福井有監修)(1998)『米国の大学経営戦略：マーケティング手法に学ぶ』学法文化センター出版部。
二宮皓編(2012)「特集 高等教育の国際化――アジアと日本」『メディア教育研究』8-1。

野田文香(2010)「高等教育における『ジェネリックスキル評価』を巡る問題点と今後の課題──オーストラリアと米国の取組から」『比較教育学研究』40、3-23ページ。

バーンバウム、R.(1998)(舘昭・森利枝訳)「アメリカにおける高等教育研究の展開と日本への示唆」『高等教育研究』81-97ページ。

秦由美子(2001)『イギリス高等教育の課題と展望』明治図書出版。

────編(2005)『新時代を切り拓く大学評価』東信堂。

羽田貴史・米澤彰純・杉本和弘編(2009)『高等教育質保証の国際比較』東信堂。

服部憲児(2006)「フランスにおける個別大学の改革に対する大学評価の活用に関する研究」『教育行財政研究』33、1-12ページ。

原山優子(2003)『産学連携:「革新力」を高める制度設計に向けて』東洋経済新報社。

広島大学大学教育研究センター(1976)『大学の組織・運営に関する総合的研究』。

藤井光昭・柳井晴夫・荒井克弘編著(2002)『大学入試における総合試験の国際比較──我が国の入試改善に向けて』多賀出版。

別府昭郎(1998)『ドイツにおける大学教授の誕生』創文社。

────編(2011)『〈大学〉再考:概念の受容と展開』知泉書館。

鮑威(2008)『中国の民営高等教育機関:社会のニーズとの対応』東信堂。

ホーン川嶋瑤子(2004)『大学教育とジェンダー:ジェンダーはアメリカの大学をどう変革したか』東信堂。

堀田泰司編(2010)『ACTS(ASEAN Credit Transfer System)と各国の単位互換に関する調査研究』(広島大学)平成22年度文部科学省先導的大学改革推進委託事業調査研究報告書。

前川啓二(2000)『開発の人類学:文化接合から翻訳的適応へ』新曜社。

前田早苗(2003)『アメリカの大学基準成立史研究:「アクレディテーション」の原点と展開』東信堂。

丸山文裕(1999)『私立大学の財務と進学者』東信堂。

宮崎元裕(2005)「トルコの大学入試における高大接続:高校教育の多様性を考慮した画一的な大学入試」『比較教育学研究』31、193-211ページ。

文部科学省生涯学習政策局編(2006)『諸外国の教育動向』明石書店。

村澤昌崇編(2010)『リーディングス日本の高等教育6 大学と国家:制度と政策』玉川大学出版部。

両角亜希子(2001)「大学の組織・経営──アメリカにおける研究動向」『高等教育研究』4、157-176ページ。

安野舞子(2008)「米国の大学生に見るリーダーシップとスピリチュアリティ:高等教育における"新しいリーダー"育成の探究」『比較教育学研究』36、106-127ページ。

安原義仁(1987)「イギリスにおける大学評価の動き」『学術月報』40(10)、742-746ペ

ージ。
　　　──(1998)「イギリスにおける大学評価の新展開：高等教育水準保証機構(QAA)のゆくえ」『IDE 現代の高等教育』401、38-42ページ。
山田礼子(1998)『プロフェッショナルスクール』玉川大学出版部。
　　　──(2005)『一年次(導入)教育の日米比較』東信堂。
　　　──(2008)『アメリカの学生獲得戦略』玉川大学出版部。
　　　──編(2009)『大学教育を科学する』東信堂。
横田雅弘編(2007)『留学生交流の将来予測に関する調査研究』一橋大学(平成18年度文部科学省先導的大学改革推進経費による委託研究)。
　　　──編(2008)『年間を通した外国人学生受入れの実態調査』一橋大学(平成19年度文部科学省先導的大学改革推進経費による委託研究)。
　　　──編(2009a)『中国における日本と諸外国への留学生送出し要因の比較研究～IDP方式の将来予測～』明治大学新領域創成型研究報告書。
　　　──編(2009b)『外国人学生の日本留学へのニーズに関する調査』明治大学(平成20年度、21年度文部科学省先導的大学改革推進経費による委託研究)。
吉川裕美子(1998)『ドイツ資格社会における教育と職業』教育開発研究所。
　　　──(2003)「ヨーロッパ統合と高等教育政策──エラスムス・プログラムからボローニャ・プロセスへ」『学位研究』17、69-90ページ。
吉田文(1999)「アメリカの大学・高校の接続：リメディアル教育と一般教育」『高等教育研究』2、223-245ページ。
　　　──(2005)「アメリカの学士課程カリキュラムの構造と機能──日本との比較分析の視点から」『高等教育研究』8、71-93ページ。
吉田和浩(2005)「高等教育」黒田一雄・横関祐見子編『国際教育開発論：理論と実践』有斐閣、121-140ページ。
吉見俊哉(2011)『大学とは何か』岩波書店。
吉本圭一(2001)「大学教育と職業への移行：日欧比較調査結果より」『高等教育研究』4、113-134ページ。
　　　──編(2010)『柔軟性と専門性──大学の人材養成課題の日欧比較』広島大学高等教育研究開発センター研究叢書109。
米澤彰純(2000)『大学評価の動向と課題』広島大学大学教育研究センター高等教育研究叢書62。
　　　──(2003)「ナイジェリア：高等教育の拡大とその帰結」澤村信英編『アフリカの開発と教育』明石書店、241-263ページ。
　　　──編(2009)『各大学や第三者機関による大学の国際化に関する評価に係る調査研究報告書』東北大学(文部科学省平成19年度先導的大学改革推進委託報告書)。

―――(2009)「変貌する国際環境と日本の高等教育」矢野智司・今井康雄・秋田喜代美・佐藤学・広田照幸編『変貌する教育学』世織書房、105-137ページ。
―――(2010)『高等教育の大衆化と私立大学経営』東北大学出版会。
李敏(2011)『中国高等教育の拡大と大卒者就職難問題』広島大学出版会。
Altbach, P. G. and T. Umakoshi, (eds.) (2004) *Asian Universities : historical Perspectives and Contemporary Challenges*. Baltimore: Johns Hopkins University Press=2006 北村友人監訳『アジアの高等教育改革』玉川大学出版部。
Altbach Philip G. and Yoshikazu Ogawa (eds.) (2002) *Higher Education in Japan: Reform and Change in the 21st Century*. A Special Issue of Higher Education. 43 (1).
Bok, Derek (2003) *Universities in the Marketplace : The Commercialization of Higher Education*. Princeton University Press, =2004 宮田由紀夫訳『商業化する大学』玉川大学出版部。
Cummings, William, K. (1971) *The Changing Academic Marketplace and University Reform in Japan*. Harvard University =1972 友田泰正・岩内亮一訳『日本の大学教授』至誠堂。
Dore, Ronald (1976) *The Diploma Disease : Education, Qualification, and Dvelopment*. University of California Press =2008 松尾弘道訳『学歴社会新しい文明病』岩波書店。
Eades, Jeremy Seymour, Roger Goodman, Yumiko Hada (eds.) (2005) *The 'Big Bang' in Japanese Higher Education: the 2004 Reforms and the Dynamics of Change*. Trans Pacific Press.
Gibbons, Michael (1994) *The New Production of Knowledge : The Dynamics of Science and Research in Contemporary Societies*. Sage Publishers =1997 小林信一監訳『現代社会と知の創造：モード論とは何か』丸善。
Hazelkorn, Ellen (2011) *Rankings and the Reshaping of Higher Education: The Battle for World-Class Excellence*. Palgrave Macmillan.
Hirosato, Yasushi and Yuto Kitamura (eds.) (2009) *The Political Economy of Educational Reforms and Capacity Development in Southeast Asia: Cases of Cambodia, Laos and Vietnam*. Springer.
Horie, M. (2002) "The Internationalization of Higher Education in Japan in the 1990s: A Reconsideration." *Higher Education*. 43: Number 1, pp. 65-84.
Ishikawa, Mayumi (2009) "University Rankings, Global Models, and Emerging Hegemony: Critical Analysis from Japan." *Journal of Studies in International Education*.132, pp.159-173.
James, Estelle and Gail Benjamin (1988) *Public Policy and Private Education in Japan*. Macmillan.
Kaneko, Motohisa (1997) "Efficiency and equity in Japanese higher education" *Higher Education*. 34: Number 2, pp.165-181.
――― (2008) "Beyond the Politics of Competencies: Balancing the Social Claim and the Core of Higher Education." Paper presented at the OECD/IMHE conference: Outcomes of Higher Education: Quality Relevance and Impact. 8-10 September 2008. Paris. France.

Kaneko, Motoshisa (2010) *Higher Education Studies in Japan. Educational Studies in Japan : International Yearbook* (5), pp. 11-20.

Kitagawa, Fumi and Lee Woolgar (2008) "Regionalisation of Innovation Policies and New University-Industry Links in Japan: Policy Review and New Trends." *Prometheus*. 26-1, pp. 55-67.

Kudo, Kazuhiro and Hiroko Hashimoto (2011) "Internationalization of Japanese Universities: Current Status and Future Directions." in Maginson, Simon et.al. (eds.), *Higher Education in Asia-Pacific*. Springer.

Kuroda, Kazuo, Takako Yuki and Kyuwon Kang (2010) *Cross-Border Higher Education for Regional Integration: Analysis of the JICA-RI Survey on Leading Universities in East Asia*. JICA Research Insttitute.

Liu-Farrer, Gracia (2011) *Labour Mmigration from China to Japan: International Students, Transnational Migrants*. Routledge.

Mok, Ka-ho and Akiyoshi Yonezawa (eds.) (2007) "Special Issue, Globalisation, Changing Nature of the State and Governance in Education, Globalisation." *Societies and Education*, vol.5, issue1.

Ninomiya, Akira, Jane Knight and Aya Watanabe (2009) "The Past, Present, and Future of Internationalization in Japan." *Journal of Studies in International Education*. 13, pp.117-124.

OECD (1971) *Review of National Policies for Education: Japan*. OECD =1972 深代惇郎訳『日本の教育政策』朝日新聞社。

─── 編 (2009) *OECD Reviews of Tertiary Education*. OECD = 2009 森利枝訳『日本の大学改革』明石書店。

Pempel, T. J. (1978) *Patterns of Japanese Policymaking : Experiences from Higher Education*. Westview Press =2004 橋本鉱市訳『日本の高等教育政策―決定のメカニズム』玉川大学出版部。

Umakoshi, T. (1997) "Internationalization of Japanese Higher Education in the 1980's and Early 1990's." *Higher Education*. 34, pp. 259-273.

Van Der Velden, Rolf, Jim Allen, Yuki Inenaga, and Keiichi Yoshimoto (2007) *Competencies, Higher Education and Career in Japan and the Netherlands*. Springer.

第 13 章　課題型教育研究と比較教育学②
——開発研究[1]

黒田 一雄・北村 友人

1. 日本における教育開発研究と比較教育学

　2010年9月にニューヨークで開催された国連ミレニアム開発目標（MDGs）サミットにおいて、当時の菅総理は「菅コミットメント」として、教育・保健分野における日本の支援拡大を表明・約束し、「日本の教育協力政策2011-2015 人間の安全保障の実現のための教育」を発表した。このように、全体に縮減している日本の政府開発援助において、教育協力の位置づけは逆に高まりつつある。1990年の「万人のための教育世界会議」、2000年の「世界教育フォーラム」、国連ミレニアム開発目標の策定を経て、Education for All の国際潮流は日本にも大きな影響を与え、この20年の間に、日本の開発援助における教育分野の位置づけは飛躍的な高まりを見せた（詳しくは黒田・横関 2005）。このような政策動向に伴って、90年代には、名古屋大学、神戸大学、広島大学等に、教育開発関連の講座を有する国際開発・国際協力系の研究科が誕生し、広島大学、筑波大学には教育開発国際協力研究センターが設置され、この分野の専門人材育成と研究体制が整備されてきた（詳しくは黒田則博 2005）。また、学会としては、日本比較教育学会が、教育開発研究者の拠り所として、共同研究や研究発表の場を提供してきた。本学会における教育開発分野からの学会発表や論文投稿の量的な増大は、近年目覚ましいものがある（北村 2005）。

　日本における教育開発研究という学問領域は、90年代から2000年代初頭に新興し、急速に拡大したため、その初期においては、国内で養成された研究者では足らず、多くの研究者が英米の大学院からこの分野で学位を取得して帰国し、新設された大学院や研究センターで職を得た。そして、彼らは、90年代後半から、その学会活動の場を日本比較教育学会や国際開発学会に

求めた。日本比較教育学会には、たとえば筑波大学、名古屋大学、京都大学、広島大学、九州大学、国立教育研究所(当時)、アジア経済研究所等で培われた地域研究的なアプローチによる途上国教育研究の豊かな学術的蓄積が既に存在し、日本の教育学界に根のない、英米で大学院教育を受けた多くの教育開発研究者にとって、日本の教育を主な研究対象とする他の教育学会よりも、明らかに日本比較教育学会は、研究関心を同じくする同志が集う学会活動の場であったと言えた。

しかし、途上国教育研究へのアプローチとして、こうした地域研究的な立場と開発研究的な立場では、その研究者・専門家養成のカリキュラムや、学問研究のあり方に関する基本的な考え方に大きく異なる点があった。ステレオタイプとの誹りを恐れずに、極端な単純化をすると、次のような専門分野の特徴とそれに対する相互からの批判的な視点が提示されてきたのではないかと考える。

まず、伝統的な地域研究は、対象とする国の文化や歴史・社会状況に対する深く広範な理解を前提とした教育研究であった。とくに研究対象とする国の言語習得には重きが置かれ、フィールドでの長期の在住経験と人的なつながりを研究の基礎として、研究活動を行うことが多い。だからこそ、一人前の研究者となってからは、その国の専門家として、一つの国で、教育の対象分野(サブセクター)を、研究プロジェクトごとに若干変更することにより、繰り返し行うことになる。また、文化人類学の影響はある程度あるが、一般に政治学や経済学などの社会科学的アプローチや分析手法からの影響は強くなく、分析的というよりは記述的な性格の研究が多い。多くはフィールドワークを基とした質的・歴史的な論考で、一定水準以上の専門的な数量的・統計的な分析は少ない。純粋に学術的な目的で研究が行われ、研究対象である国の教育制度・政策に提言する、ましてや変容を迫るような意図をもつ研究は稀である。

一方、教育開発研究は、時に政府開発援助と連携して、様々な国で研究活動を行うため、一人の研究者が複数の国で研究する場合が多い。畢竟、対象国の文化・歴史・社会理解が十分でないことが多く、とくに現地で使用されている特殊言語を習得することは稀で、英語で(困難な場合は通訳を介しての)

現地調査を通してしまう。分析手法は、社会科学的な志向性が強く、数量的・統計的なものも含めて分析的で、記述的なものは避けられる。直接的な政策含意の提示を求めることが多く、純粋に学術的な研究でも、最終的には研究結果を基として政策的応用を議論することが一般的である。

このような地域研究・開発研究の特徴は、当然相互補完的であるにもかかわらず、その間に健全な対話が成立していないと、相互に批判的になる可能性がある。たとえば、地域研究から見て、開発研究は浅薄で表層的な教育理解しかしていないと断じてみたり、開発研究から見て、地域研究は科学としての洗練や実践知としての有用性に欠けると批判することは簡単である。

本章の目的は、政策研究としての開発研究・途上国教育研究を比較教育学の中に位置づけ、様々な研究論文の対象の中で理解することである。

2．1990年代の北米における比較・国際教育学をめぐる論争

教育開発研究は、比較教育学の理論的・方法論的な議論の深化に重要な役割を果たしてきた。とくにパーキンが指摘するように、比較教育学の役割が「教育と人間社会の開発との間の関係性についてのわれわれの理解を高めることにある」(Parkyn 1977：89)のだとすれば、途上国の教育に関する諸研究の重要性は自明である。また、すでに指摘したように、比較教育学が伝統的に果たしてきた機能のひとつが、政策形成や政策決定に対する示唆の提供である。教育開発研究は、この機能が強く求められている領域である。そこで本節では、政策科学としての比較教育学のあり方について教育開発研究を通して考えたい。

まずは、政策形成に関わる過程を確認しておく。吉村(2008)は、「政策形成というのはひとつの政治的なプロセスであると同時に、知識・情報の形成過程である」(118)と指摘する。つまり、政策課題を認知するために、何が社会において深刻問題となっているのか、そして今後、重要な課題になっていくのかということについて、予見性や先見性をもちながら絶えず調査研究を行っていくことが欠かせない。そうして明らかになった問題を政策課題として認知したうえで、その課題がいかなる要因から成り立っているのかを構

造化・理論モデル化し、最終的にそれを解決するための、政策の複数の代替案を提示することが求められている。さらに、それらの代替案に対して、費用対効果分析などの手法を用いて合理的な判断や分析を行い、最終的な政策を決定する。そのようにして形成された政策は、法制化や予算化を経たうえで実施され、実施した結果に対するモニタリング・評価を行い、次の政策サイクルに反映させていくこととなる。こうした政策形成のあり方を教育分野で実践するための体系的なモデルとして、教育開発研究ではハダードが一連の政策サイクルを示すとともに、政策形成の類型化を含んだ政策フレームワークを提示している (Haddad 1995)。さらには、レヴィンらが、学校や生徒に関するデータを政策の立案・評価に活用するための教育の費用効果分析に関して概説している (Levin and McEwan 2001)。

1950年代以降、とくに新興独立国 (その多くが途上国) の教育政策立案に対する国際的な援助のニーズが高まったことを背景として、教育開発研究に対する政策的・実践的な要求も増大した。その中で、「比較」を中心とする方法論から、社会科学の諸分野の理論や手法を応用するアプローチが積極的に導入された。その端緒を開いたのが、経済学を中心として発展した人的資本論の政策への適用であり、シュルツやベッカーといった経済学者たちによって様々な実証研究が積み重ねられていった。それらの研究としては、1人当たりのGNPと各教育段階の就学率との相関関係を分析したハービソンとマイヤー (Harbison and Myer 1964)、1950年の就学率がそれ以後の20年間にわたる経済成長に対して影響を及ぼしていることを明らかにしたマイヤーとハナン (Meyer and Hannan 1979)、教育と社会の近代化との間の関係を、人々の価値観が経済成長や技術革新に及ぼす影響を通して明らかにしたマクリーランドの研究などが挙げられる (McClelland 1961)。さらには、こうした研究の蓄積を背景に、アジアの高度経済成長をもたらした要因が教育の普及度合いにあることを強調することで、政策的含意の提示に主眼を置いた報告書『東アジアの奇跡』(World Bank 1993) が世界銀行より刊行されたことは周知の通りである[2]。

3．論文レビューによって見える教育開発研究と比較教育学

　比較教育学研究の方法論について、それまでに公刊されてきた研究の内容を精査することで明らかにしようという試みが、ラスト他(Rust et al., 1999)やリトル(Little 2000)によって行われてきた。とくに比較教育学の主要学術誌[3]に掲載された論文を詳細に分析し、そこで用いられている研究手法や方法論について検証したラストらは、比較教育学研究の論文で用いられる研究手法を次のようなカテゴリーに分類している。すなわち、理論的・概念的研究、実証的研究、既存データの研究、今日の状況に関する先行研究の分析、歴史研究、(国家間の教育制度などの)比較調査研究、プロジェクト評価、内容分析研究、参与観察・インタビュー・質問紙に基づくフィールド調査研究である。分析の結果、先行研究の分析が最も多く(全体の50.8%)、その次にフィールド調査(38.4%)と比較調査(30.9%)が続いている。

　こうした研究手法の傾向は、時代によって異なる様相をみせている。1960年代には先行研究の分析、歴史研究、比較調査が多数を占めていたのに対して、1980年代以降になると歴史研究が明らかに減少し、その他の実証的な研究方法等が増えてきた。とくに教育開発研究に焦点を当てている『International Journal of Educational Development』誌では他の雑誌と較べて先行研究の分析が占める割合が若干少なく、その代わりに実証的な研究が多い。これは、途上国の教育開発に関する研究の蓄積が必ずしも豊富ではないことや、実際の教育開発や教育援助のプロジェクトを研究対象にしていることを反映していると考えられる。さらに、1960年代の研究の多くが主として欧米を中心とした先進国を対象としていたのに対して、1980年代以降は途上国を対象とした研究が増加している。これは、リトルが指摘するように、欧米で発行されている学術誌であるにもかかわらず研究者たちの関心が世界中に広がっていることを示している。

　翻って、近年の日本における比較教育学研究の研究対象や研究手法には、どのような傾向を見出すことができるだろうか。ここでは、まず日本比較教育学会の紀要『比較教育学研究』誌に掲載された論文を概観する。2011年7月現在までに合計42号が発刊されている同紀要の中で、特集論文あるいは

表13-1 日本比較教育学会紀要の掲載論文における対象国等の地域別分類

	1-10号		11-20号		21-30号		31-42号	
アフリカ	—		—		ガーナ ケニア タンザニア	1 1 1	タンザニア マラウィ ケニア ガーナ ザンビア	2 1 1 1 1
アラブ諸国	—		—		シリア レバノン	1 1	レバノン	1
アジア太平洋	日本 韓国 タイ 中国 インド オーストラリア 朝鮮 フィリピン マレーシア	30 9 4 3 1 1 1 1 1	日本 中国 マレーシア タイ 韓国 インドネシア オーストラリア インド シンガポール フィリピン ニュージーランド	15 8 5 4 4 4 1 1 1 1 1	中国 オーストラリア 日本 タイ インドネシア インド マレーシア バングラデシュ フィリピン 韓国 朝鮮 シンガポール ネパール ベトナム ミャンマー オーストラリア ニュージーランド	11 7 6 6 5 4 3 2 2 1 1 1 1 1 1 1 1	中国 タイ 日本 韓国 ニュージーランド インド オーストラリア カザフスタン 台湾 アフガニスタン ウズベキスタン カンボジア トルコ ネパール 東ティモール フィリピン ベトナム マレーシア	8 7 5 4 3 2 2 2 1 1 1 1 1 1 1 1 1 1
ヨーロッパ/北米	アメリカ イギリス ドイツ （内、西ドイツ ソ連 フランス スウェーデン アイルランド カナダ	26 12 7 5) 5 4 4 1 1	アメリカ イギリス ドイツ （内、西ドイツ 　東ドイツ フランス ソ連 スウェーデン カナダ イタリア アイルランド オランダ スイス	25 12 9 4) 1) 5 5 4 1 1 1 1 1	アメリカ イギリス (内、スコットランド ドイツ (内、東ドイツ フランス ロシア カナダ ポーランド	15 12 1) 11 1) 8 6 4 2	アメリカ ドイツ （内、旧東ドイツ イギリス スウェーデン フランス オランダ カナダ ロシア イタリア ギリシャ スペイン ベルギー	12 9 1) 5 4 2 2 1 1 1 1 1 1
中南米/カリブ海	—		メキシコ	1	チリ	1	チリ メキシコ	2 1
地域研究	東南アジア アジア 東アジア スカンジナビア	3 1 1 1	中南米 欧米 東南アジア オーストラリア地域	2 1 1 1	アジア ヨーロッパ ラテン・アメリカ オセアニア 東南アジア イスラーム文化圏	1 1 1 1 1 1	ラテンアメリカ 東南アジア ヨーロッパ アジア太平洋諸国 アフリカ地域 仏語圏西アフリカ 北欧	4 3 2 1 1 1 1
国際機関	UNESCO OECD EC ASEAN 世界銀行	3 2 1 1 1	EC	1	EU 世界銀行	2 1	EU 国際機関	1 1
その他		33		32		21		17

出所：北村（2005）にもとづき北村友人・山崎瑛莉が作成。

自由投稿論文として掲載された論文について、それぞれの論文の研究対象国等を地域別に分類したものが表13-1である。この表を見ると欧米の学術誌の傾向と類似して、かつては欧米や東アジアが主たる研究対象であったのに対して、近年になるにしたがいアジアの他地域やアフリカ・アラブ諸国といった地域（多くが途上国）へと研究関心が広がってきていることがわかる。

近年の比較教育学研究をホーキンスとラストは、1)地域研究に基づく研究(area studies based)、2)社会科学の学問領域に基づく研究(social science disciplinary based)、3)開発研究や政策・計画研究に基づく研究(development/planning studies based)という、三つのカテゴリーに類型化している(Hawkins and Rust, 2001)。とくに開発研究や政策・計画研究については、地域研究と社会科学研究のそれぞれの要素を取り入れた研究であることを指摘している。そこで、日本の『比較教育学研究』誌に掲載された論文の中で途上国を研究対象にしているものを抽出し、それらが三つの研究カテゴリーのいずれに当てはまるかを検討した結果が表13-2である。この表が示す通り、もともと「地域研究」を中心に行われてきた日本の途上国教育研究であるが、近年の傾向として「開発・政策研究」の占める割合が飛躍的に高まっていることがわかる。それは結果として、「地域研究」とみなすことのできる論文の掲載本数が相対的に減少していることも表している。

比較教育学における開発研究を映すもう一つの鏡として、日本における途上国教育研究の総合的レビューの結果を用いたい。このレビューでは、『比較教育学研究』だけではなく、以下の表13-3にある15種類の学術誌のうち、

表13-2　日本比較教育学会紀要の掲載論文における途上国研究の傾向

	1：地域研究	2：社会科学	3：開発・政策研究
1-10号	14	2	3
11-20号	26	6	0
21-30号	38	2	3
31-42号	17	6	16
合計	95	16	22

出所：Hawkins and Rust（2001）に基づき北村友人・山崎瑛莉が作成。

表13-3 途上国教育に関する研究論文数

学術系統	No	学術誌名	発刊学会/機関名	論文数
開発研究	1	国際開発研究	国際開発学会	24
	2	国際協力研究	国際協力機構（JICA）	30
	3	国際教育協力論集	広島大学教育開発国際協力研究センター	57
	4	アジア経済	アジア経済研究所	16
	小計			137
教育研究	5	比較教育学研究	日本比較教育学会	71
	6	教育社会学研究	日本教育社会学会	23
	7	教育学研究	日本教育学会	16
	8	日本教育行政学会年報	日本教育行政学会	8
	9	日本社会教育学会紀要	日本社会教育学会	11
	小計			129
地域研究	10	南アジア研究	日本南アジア学会	2
	11	東南アジア：歴史と文化	東南アジア学会	6
	12	アジア研究	アジア政経学会	10
	13	日本中東学会年報	日本中東学会	4
	14	ラテンアメリカ研究	日本ラテンアメリカ学会	6
	15	アフリカ研究	日本アフリカ学会	3
	小計			31
	総計			297

(出所) 黒田一雄・森下稔・日下部達哉・鴨川明子・川口純・谷口利律 作成

1990年1月から現在までの号に収録された研究論文(研究ノートや調査報告は除外)を対象に、途上国の教育に関するもの297本を抽出した。

この300弱の論文を、分析手法や、対象地域、学問アプローチ等様々な観点から分析した。ただ、ここでは、本論の主旨に沿って、教育開発研究から途上国教育研究の総体を見るために導入した観点である、①教育と開発の位置づけについて、教育が社会経済開発にいかに影響を与えるか(外部効率性)、教育自体をいかに向上・拡大させるか(内部効率性)のどちらに焦点を当てた研究であるか、②教育の量的拡大、質的向上、マネジメント改善のどの研究課題に焦点を当てた研究であるか、③研究の目的が政策や実践に貢献することとされているか(Mission Driven)、より学術的な真理探究におかれているか(Academic Driven)、の3つの観点の分類結果のみを示したい(表13-4)。

この結果からは、教育と開発の位置づけや研究対象について、開発研究、

表13-4 教育開発研究の視点から見た日本の途上国教育研究の分類

		開発研究系論集	教育研究系論集	地域研究系論集
教育と開発の位置づけ	外部効率性	23 (28%)	31 (39%)	10 (39%)
	内部効率性	15 (18%)	34 (43%)	4 (15%)
	両方	45 (54%)	24 (18%)	12 (46%)
研究課題	アクセス拡大	22 (26%)	8 (22%)	7 (33%)
	質の向上	49 (57%)	15 (42%)	6 (29%)
	マネジメント	15 (17%)	13 (36%)	8 (38%)
研究目的	学術的貢献	16 (16%)	42 (79%)	15 (56%)
	実践への貢献	83 (84%)	11 (21%)	12 (44%)

(出所) 黒田一雄・川口純 作成

教育研究、地域研究のそれぞれの系統の論文集に大きな傾向の違いはないが、研究目的には、開発研究系の学術誌には、教育研究系や地域研究系の学術誌掲載論文に比して、実践への貢献に対する強い傾向性があることがわかった。つまり、日本における途上国教育研究において、教育と開発の位置づけや研究課題に学会ごとに大きな差はないが、研究目的には研究系統ごとに大きな差がある。途上国教育研究の在り方を問うことは、研究対象や分析手法に関する議論としてとらえられやすいが、何のために研究するのか、という根源的な問いを繰り返す必要があると考えられる。

4. 比較教育学者と開発研究

日本比較教育学会の会員を対象として行ったアンケート結果に基づき、山田(2011)が詳細な分析を行っている[4]。山田によれば、回答結果を因子分析したところ、「教師・教授法型」(教師、教授法、カリキュラムなどの教育内容・プロセス)の研究者たちは観察とともに質問票等による実証的な手法を用いており、「国際アジェンダ型」(ジェンダー、援助動向など)の研究者たちはフォーカスグループ・ディスカッションや質問票といった構造化された調査手法を用いる傾向が強い。「学問論・手法分析型」(学問分野の研究動向や手法)の研究者たちは、学問領域としての比較教育学の在り方やその手法自体を研究対象としているため、二次的な資料に基づく研究が多い。

教育開発研究に従事する研究者は、これらのいずれのタイプにも見出され

るが「国際アジェンダ型」に比較的多く分類される。それに対して、地域研究に取り組んでいる研究者たちは「教育と社会型」に多くみられる。この二つの類型の大きな違いが、研究成果の発信に関するスタンスである。前者は、研究成果を発信することを通して、調査対象国の政策やその国への日本による外交・援助政策に影響を与えたいという意思を明確にもっている。後者は、調査対象国の教育政策や教育実践等に影響を及ぼすといったことを基本的に想定していない。のみならず、地域研究者たちはいわゆる「教育借用」の観点から日本にとって何か有益な示唆を得ようという関心も高くはなく、自らの調査対象国における教育を「その社会自体の営みの一要素として位置づけ、理解しようとする」(山田 2011：150)姿勢が基本であり、研究手法としてはフィールド調査を重視している。

　とくにフィールド調査に基づく研究は、1990年代以降のアジア地域を対象とする研究の興隆に伴い、数多く発表されるようになってきた(大塚 2005)。しかし、日本比較教育学会の紀要に掲載された論文の中でフィールドワークに基づく研究とみなし得る論文について分析を行った大塚(2005)は、比較教育学研究におけるフィールド調査の重要性を強く主張したうえで、「悪しき成果主義」の影響を受けた速成的な調査に対して警鐘を鳴らすとともに、理論構築や新たな知見の提供に資するような比較教育学研究の在り方を探求すべきであると指摘している。

　2000年代に入ると比較教育学における「地域研究」と「開発研究」の位置づけに関して多様な議論が交わされるようになった。とくに、地域研究にはある特定の社会における教育の歴史的・構造的解釈に精通した研究が多いのに対して、教育開発研究では複数の国や社会を対象として政策的・実践的な示唆を提供しつつも、表層的な理解・分析にとどまるものも散見される。また、方法論的な関心からも、教育開発研究が「鳥瞰的・実証主義的な仮説検証を是とする学問手法・学問観」に基づく傾向が強いのに対して、地域研究は「虫瞰的・現象学的なアプローチを研究者として誠実な態度である」という考え方に立つことが多い(黒田 2011：105)。このような違いがみられる二つの研究領域であるが、途上国における教育の現実を理解し、政策的な示唆を提示するためには、相互補完的な関係を構築することが不可欠である。

ここまで国内外における教育開発研究の志向性や方法論の潮流について概観したように、理論的・方法論的な関心の多様性と実践的な問題設定の幅広さから、教育開発研究は「統合的分野」として理解することが可能である。図13-1で示すように、理論に関しては学際性が特徴であり、社会科学と行動科学の様々な学問分野における知見が活用されている[5]。また、実践に関しては制度化された学校教育、ノンフォーマル教育、さらには非組織的・非体系的・非定型的なインフォーマル教育の各領域での教育実践を包含している。

とりわけ、統合的分野としての教育開発研究において最も重要な関心の一つが、教育における公平性と公正さに関する問題である。たとえばストロムキストは、教育における公平性(equality)と公正さ(equity)の課題に対して比較教育学研究がどのような姿勢で取り組んでいくべきであるかを論じている(Stromquist 2005)。とくに、教育を通して生活に不可欠なスキルの獲得を支援し、その結果として社会的な流動性を高めることで、すべての市民が公平かつ公正な就業や生活の機会を得ることが必要である。これは生活条件の厳しい途上国においてとくに強く求められており、そのために研究者と実務家が協働したり、先進国と途上国が協力したりすることの重要性を訴えている。

こうした教育開発研究において日本人研究者たちによる研究成果の国際的な発信が、近年、活発化している。それらの例としては、ヒメネスと澤田によるエルサルバドルのEDUCO(地域参加型教育プログラム)に関する研究(Jimenez and Sawada 1999)、山田によるアフリカの教育に対する植民地主義の影

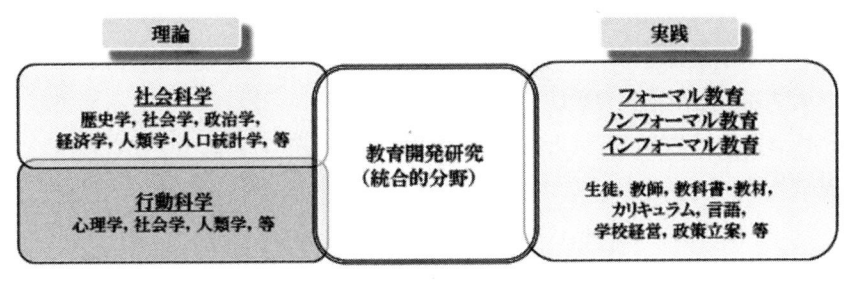

図13-1 統合的分野としての教育開発研究
出所：廣里恭史（元・名古屋大学教授、現・アジア開発銀行主席教育専門官）が提示したモデルにもとづき作成。

響についての研究(Yamada 2008)、廣里と北村による政治経済学的なアプローチに基づく途上国の教育改革に関する研究(Hirosato and Kitamura 2009)、笹岡と西村による初等教育無償化政策の農村部での影響についての調査(Sasaoka and Nishimura 2010)、JICA研究所と共同で行われた黒田らによるアジアの高等教育機関の国際化に関する大規模調査(Kuroda et al. 2011)などが挙げられる。

また、近年は定量的・定性的な研究のいずれにおいてもミクロレベルに対する関心の重要性が指摘されている(Chen 1997)。そういった関心を支える背景には、途上国の貧困問題を精緻に分析するためのミクロデータの整備とその個票データへのアクセスが改善され、たとえば多目的家計調査にもとづくミクロ開発計量経済学の研究が教育分野にも高い関心を払うようになったことがある。さらには、社会・文化人類学の知見を応用して、途上国の文脈における教育実践の在り方について理解を深めることも重要である。

このようなミクロレベルへの関心に基づき、生徒の個人ファイルによって進級・原級留置・中途退学等の調査を行うための研究手法であるIndividual Students Tracing Method（IST法）を適用した、内海らによるケニアの小学校での一連の研究（内海他 2000；澤村他 2003；内海他 2006）や、インドネシアやベトナムでの国際協力機構(JICA)による教育援助プロジェクトの学校現場において日本の授業研究に関する蓄積を活用したアクション・リサーチを行っている齊藤らの研究(Saito et al., 2007; Saito et al., 2008)など、日本の教育開発研究者たちも国際的にみて高い独自性をもった研究成果を上げている。

こうした教育開発研究の活性化と並行して、国際教育協力の実践においては成果重視の傾向が強まっており、モニタリング・評価を行うための調査研究に対する需要の増大が高まっている。とくに、調査研究から得られたエビデンスにもとづく教育援助の重要性が強調されている。そこで、次節では国際教育協力において研究と実践がどのように関連づけられてきたかについて検討する。

5．国際教育協力における研究と実践

途上国の教育開発に関する研究領域は、第二次大戦以前の欧米や日本によ

る植民地支配の中で、各宗主国が植民地社会における教育の在り方を検討するために行った各種の教育調査にその源流をみることができる。戦後になると、たとえばアジアでは「アジア及び太平洋の共同的経済社会開発のためのコロンボ・プラン」が組織され、アジア太平洋諸国の経済社会開発を促進し、それらの社会の生活水準を向上させることが目指される中、途上国の教育に対する国際的な支援の重要性が国際的に広く認知されるようになった。1960年代には多くのアフリカ諸国が独立を果たす中、途上国の自立的な発展を支える重要な分野として教育が位置づけられるようになった。そうした動きを国際的に支援するために、ユネスコが主催した地域レベルでの教育会議(カラチ、アディスアベバ、サンティアゴ、トリポリで開催)が開かれ、途上国の教育開発に対する政策的な支援の重要性が確認された。このように、途上国の経済社会開発を促進するうえで教育が大きな役割を果たすという認識が広く共有されるなか、途上国の教育状況についての調査や途上国への教育支援に関する研究等も積極的に行われるようになっていった。

そして、1990年にタイのジョムティエンで開かれた「万人のための教育世界会議」において国際的に合意された「万人のための教育(Education for All: EFA)」目標が、90年代を通してどの程度実現されたのかを知るために、世界中の国・地域で『EFA2000年評価報告書(EFA 2000 Assessment)』がまとめられた。この報告書の作成に当たっては教育研究者たちが動員され、それぞれの国・地域における基礎教育の状況について詳細な調査を行った[7]。これらの報告書は、2000年にセネガルのダカールで開催された「世界教育フォーラム」の重要な資料として活用された。

この2000年の会議では新たなEFA目標を設定することも合意されたが、目標の詳細を決めるにあたっては学術的な研究成果も積極的に参照された。中でも、クリストファ・コックロウによってまとめられた、アフリカで初等教育の完全普及を実現するために必要とされる財政的コストについての研究(Colclough et al. 1993; Colclough et al. 2003)は、基礎教育の普及というEFA目標を実現するには各国の自助努力を促すだけでは不十分であり国際社会による支援が欠かせないことを明確に示しており、ダカールの会議並びにそれ以降のEFAに関する国際的な会合[8]でもしばしば引用されることとなった。また、

コックロウ自身が初代編集長を務めた『EFA グローバル・モニタリング報告書(EFA Global Monitoring Report)』は、世界各地における基礎教育普及の進捗状況をチェックすることを目的として、ユネスコによって毎年刊行されている。この報告書には、様々な国や地域の教育開発研究者たちによる研究の成果が豊富に取り入れられている。

さらに、国際機関による教育開発研究と実践を架橋しようとする試みの一つとして、世界銀行による取組みを挙げることができる。世界銀行は2011年に策定した「教育戦略 2020 年(Education Strategy 2020)」を実施するに当たり、世界各国の教育システムのパフォーマンスを検証したうえで、その改善へ寄与することを狙いとしたプログラムを立ち上げている。このプログラムは System Assessment and Benchmarking for Education Results(SABER)と名づけられ、各国の政策や実践を比較し、教育システムと各種の政策要素(policy domains)の検証を可能にする、包括的なシステム分析手法の開発を試みるものである(Bruns et al. 2011)。

ここまでみてきたように、EFA の目標設定や政策的合意の形成にあたっては、教育開発研究の成果が積極的に反映されてきた。それに対して、現在、国際的な取組みが進んでいるもう一つの教育政策課題である「持続開発な開発のための教育(Education for Sustainable Development: ESD)」に関しては、その導入から実施の過程を通して必ずしも実証研究の成果に基づき政策化が行われてきたわけではない。もちろん、「持続可能な開発」という概念は、環境、食糧、水、人口、エネルギー、人権、社会経済活動等の多様な分野における学術的な知見を踏まえて構築されてきた[9]。しかしながら、ESD を教育分野の政策課題に具体化する過程では、理念が先行したために学術的な観点からの検証が十分に行われてきたとは言い難い。たとえば、国連による「持続可能な開発のための教育の 10 年(The UN Decade of ESD: DESD)」(2005 年－2014 年)では、定期的なモニタリング・評価を 2009 年、2011 年、2015 年に実施することが計画(一部すでに実施)されているが、それらの結果を踏まえて追加的な政策支援を検討するといった動きに繋がっていない[10]。

また、EFA と大きく異なる点は、ESD には到達すべき政策的目標が具体的に設定されていないことである。今後の教育開発研究における方法論的な

課題は、ESDのように理念的な議論が先行しており到達すべき目標が必ずしも明確に設定されているわけではない政策課題に対して、その進捗状況や成果をいかに検証していくかということである。これは、具体的かつ実践的なニーズを受けて発展してきた教育開発研究にとって新たな挑戦となる。しかしながら、比較教育学における歴史研究、思想研究、地域研究等の中で長年にわたり適用されてきた各種の研究方法を組み合わせることで、こうした課題に応えていくことが期待される。そのような研究の取組みが積み上がっていくことで、比較教育学の一領域としての教育開発研究が、政策科学としての比較教育学をさらに豊かなものにするうえで貢献できると考える。

おわりに

　比較教育学の大きな特徴がその学際性にあることは、すでに本章でも指摘した通りである。これは、政策科学としての比較教育学の強みであり弱点でもある。すなわち、多様な学問領域に立脚する比較教育学であるからこそ、現実の政策課題が有する複雑な構造に対して様々なアプローチを試みることが可能になる。しかし、その一方で、それぞれの学問領域における方法論的な厳密性といった観点からは、比較教育学研究に対して厳しい目が向けられていることも事実である[11]。

　また、世界の様々な国・地域で教育政策が策定され、その政策に基づく教育改革が実施されている。それらの改革の成果に対する評価は一様ではないが、エビデンスに基づき客観的な視点から冷静な分析がどの程度行われたのであろうかという疑問を感じることも少なくない。とくに、教育行政の制度的・組織的・人材的な能力が脆弱な途上国では、教育政策の策定・実施の過程において、統合的分野としての教育開発研究が十分な役割を果たし得ていない。そのため、政策立案者や政策決定者たちには、学術的な調査研究の結果を参照したうえで、より良い教育政策をつくり続けていく努力が求められている。それと同時に、研究者たちも政策科学としての比較教育学(とくに教育開発研究)の在り方について、今後も検証を積み重ねていくことが必要である。

注

1 本章は、黒田(2011)ならびに北村(2011)に加筆・修正を行ったものである。
2 ここで挙げた研究は必ずしも比較教育学の研究成果とはみなされていないが、比較教育学(とくに教育開発研究)に対して大きな影響を及ぼしている。
3 この論文で分析の対象となった雑誌は、Comparative Education Review、Comparative Education、International Journal of Educational Development の3誌である。そのほかにも比較教育学の国際的学術誌としての地位を確立している Compare やユネスコが刊行している International Review of Education と Prospects、さらには英語圏以外の学術誌を分析することも検討したが、地理的なバランス、雑誌の目的、英語に翻訳して分析する際に生じる問題などを考慮し、最終的に上記の3誌に絞られた。
4 この調査は、2009年度末の時点で日本比較教育学会に所属する会員(約1,000名)のなかで、個人情報の公開に同意していて、連絡をとることのできた699名に対してアンケートを送り、そのうちの264名から回答を得たものである(回収率38％)。
5 廣里恭史(元・名古屋大学教授、現・アジア開発銀行主席教育専門官)がかつて提示したモデルにもとづき、図13-1を作成した。
6 EFA目標については北村(2008)を参照のこと。
7 これらの報告書は、ユネスコのホームページ(http://www.unesco.org/education/efa/efa_2000_assess/index.shtml)[2011年7月10日閲覧]に掲載されている。
8 EFAに関する国際的な会合は地域レベル(アジア、アフリカ、中南米など)も含めると非常に数多く開催されているが、とくに「EFA作業部会(EFA Working Group Meeting)」と「EFAハイレベル・グループ会合(EFA High-level Group Meeting)」(閣僚級会合)はそれぞれ2001年と2002年から毎年開かれており、重要な政治的決定を行っている。
9 「持続可能性」を測定するためには、人の健康、環境的な質、経済的な活力度、社会正義といった観点から各種の指標が提唱されている。これらの異なる観点から設定された指標を、それぞれ個別にみるのではなく、相互の関係性を踏まえて統合的にみることの重要性が指摘されている。「持続可能性」の測定に関しては、ノースカロライナ大学チャペルヒル校グローバル公衆衛生学部のホームページ(http://www.unc.edu/~baerk/sustainability/measuring.htm)[2011年6月12日閲覧]が参考になる。
10 DESDのモニタリングと評価に関するユネスコのホームページ(http://www.unesco.org/new/en/education/themes/leading-the-international-agenda/education-for-sustainable-development/monitoring-evaluation-process/)[2011年7月12日閲覧]を参照のこと。

11 もちろん、すべての比較教育学研究が方法論的な緩さをもっているわけではなく、非常に厳密な調査手法と分析プロセスを経て、当該学問分野に対して優れた知見を提供している研究も少なくない。とはいえ、ある学問分野のプロパーで行われている研究と比して、方法論的な厳密さが比較教育学の中でどこまで追究されているかという点では批判的な見方があることを、筆者も含めて比較教育研究者たちは真摯に受け止めることが必要である。

参考文献

内海成治・高橋真央・澤村信英(2000)「国際教育協力における調査手法に関する一考察——IST法によるケニア調査をめぐって」『国際教育協力論集』3(2)、79-96ページ。

内海成治・澤村信英・高橋真央・浅野円香(2006)「ケニアの『小さい学校』の意味——マサイランドにおける不完全学校の就学実態」『国際教育協力論集』9(2)、27-36ページ。

大塚豊(2005)「方法としてのフィールド——比較教育学の方法論的検討の一視点」『比較教育学研究』31、253-263ページ。

北村友人(2005)「比較教育学と開発研究の関わり」『比較教育学研究』31、241-252ページ。

―――(2008)「EFA推進のためのグローバル・メカニズム——国際教育協力をめぐる公共性と政治性」小川啓一・西村幹子・北村友人編著『国際教育開発の再検討——途上国の基礎教育普及に向けて』東信堂。

北村友人(2011)「政策科学としての比較教育学——教育開発研究における方法論の展開」『教育学研究』78(5)、361-373ページ。

黒田一雄(2011)「比較教育学はどのような学問か——教育開発研究からの視点」『比較教育学研究』42、97-110ページ。

黒田一雄・横関祐見子編(2005)、『国際教育開発論』有斐閣。

黒田則博(2005)「日本における国際教育協力の展開」『比較教育学研究』第31号、3-14ページ。

澤村信英・山本伸二・高橋真央・内海成治(2003)「ケニア初等学校生徒の進級構造——留年と中途退学の実態」『国際開発研究』12(2)、99-112ページ。

山田肖子(2011)「日本の比較教育学における伝統と多様化——学会員アンケートと学会掲載論文の傾向分析から」『比較教育学研究』42、140-158ページ。

吉村融(2008)『政策研究の地平へ——GRIPSの挑戦』出版文化社。

Bruns, B., D. Filmer and H. A. Patrinos (2011) *Making Schools Work: New Evidence on Accountability Reforms*. Washington, D.C.: The World Bank.

Chen, K.M. (1997) "Qualitative Research and Educational Policy-Making: Approaching the Reality in Developing Countries." in Crossley, M. and Vulliamy, G. (eds.) *Qualitative Educational Research in Developing Countries*: Current Perspectives. New York: Garland.

Colclough, C. and K. Lewin (1993) *Educating All the Children: Strategies for Primary Schooling in the South*. Oxford: Clarendon Press.

Colclough, C., S. Al-Samarrai, P. Rose. and M. Tembon (2003) *Achieving Schooling for All in Africa: Costs, Commitment and Gender*. Aldershot: Ashgate.

Haddad, W.D. (1995). *Education Policy-Planning Process: An Applied Framework*. Paris: IIEP/UNESCO.

Harbison, F.H. and C. A. Myer (1964) *Education, manpower, and economic growth: Strategies of human resource development*. New York: McGraw-Hill.

Hawkins, J.N. and V. D. Rust (2001) "Shifting Perspectives on Comparative Research: a view from the USA", *Comparative Education*, 37(4), pp.501-506.

Hirosato, Y. and Y. Kitamura (2009) *The Political Economy of Educational Reforms and Capacity Development in Southeast Asia: Cases of Cambodia, Laos and Vietnam*. Dordrecht: Springer.

Jimenez, E. and Y. Sawada (1999) "Do Community-Managed Schools Work? An Evaluation of El Salvador's EDUCO Program", *The World Bank Economic Review*, 13(3), pp.415-441.

Kuroda, K., T. Yuki and K. Kang (2011) *Cross-Border Higher Education for Regional Integration:Analysis of the JICA-RI Survey on Leading Universities in East Asia*. Tokyo: JICA Institute. (http://hdl.handle.net/10685/50)

Levin, H.M. and P. J. McEwan (2001) *Cost-Effectiveness Analysis: Methods and Applications*. Thousand Oaks, CA: Sage Publications.

Little, A. (2000) "Development Studies and Comparative Education: context, content, comparison and contributors", *Comparative Education*, 36(3), pp.279-296.

McClelland, D.C. (1961) *The Achieving Society*. New York: The Free Press.

Meyer, J. and M. Hannan (1979) *National. Development and the World-System*. Chicago: University of Chicago Press.

Parkyn, G.W. (1977) "Comparative Education Research and Development Education", *Comparative Education*, 13(2), pp.87-93.

Rust, V.D., A. Soumaré, O. Pescador and M. Shibuya (1999) "Research Strategies in Comparative Education", *Comparative Education Review*, 43(1), pp.86-109.

Saito E., I. Harun, I. Kuboki and H. Sumar (2007) "A Study on The Partnership between school and university to improve mathematics and science education in Indonesia", *International Journal of Educational Development*, 27(2), pp.194-204.

Saito, E. and A. Tsukui (2008) "Challenging Common Sense: Cases of school reform for learning community under an international cooperation project in Bac Giang Province, Vietnam", *International Journal of Educational Development*, 28(5), pp.571-584.

Sasaoka, Y. and M. Nishimura (2010) "Does Universal Primary Education Policy Weaken Decentralisation? Participation and Accountability Frameworks in East Africa", *Compare*, 40(1), pp.79-95.

Stromquist, N. (2005) "A Comparative and International Education: A Journey toward Equality and Equity", *Harvard Educational Review*, 75(1), pp.89-111.

Yamada, S. (2008) "Educational Borrowing as Negotiation: Reexamining the influence of American black industrial education model on British colonial education in Africa", *Comparative Education*, 44(1), pp.21-37.

第 14 章　比較教育学とジェンダー

犬塚典子

　本章では、日本の比較教育学における女子教育研究、欧米アカデミズム並びに国際政策へのジェンダー概念の導入、近年の研究成果について概観する。分析枠組みとしてのジェンダー、公平性とジェンダーについての視座によって拓かれる比較教育学の新たな地平を展望したい。

1．欧米女子教育研究からジェンダー概念の導入まで

1　欧米教育制度と思想についての研究時代―男女共学問題―

　　両性は、これを共學せしむべきか分學せしむべきか。これ亦世界の一
　　問題である。今世界を一瞥するに共學の一極端に立つは米國であり、分
　　學の他の一極端に立つは仏國である。而して其他の諸國は、其間にあつ
　　て概して今は共學の一極に向つて進みつゝある。我國に於ては、小学校
　　令施行規則第三十一條に「尋常小学校若は其分教場に於て、同一学年の
　　女児の數一學級を編制するに足る時は、男女により該學年の學級を分か
　　つべし……（略）　（樋口長市『比較教育』男女共学、1928 年、208-209 ページ）

　昭和 3 年、東京高等師範学校教授であった樋口長市は、日本ではじめて「比較教育」の名を冠した書『比較教育』を刊行した。樋口は、欧米の教員養成所の講義「比較教育」が「各国別」であることに不満を抱き、教育段階に応じて「項目別」に考察を行った。「中等教育」の章の「男女共学」の節では、英仏独の女子中等学校のカリキュラムや日米の事情について論じている。戦前の海外女子教育研究は、男女共学・別学教育という視角から行われたものが多い。樋口以前では、文部省『英米獨女子教育』（1902）や文部省海外留

学生の乙竹岩造による「欧州男女共学の現況」(1907) など、教育行政調査がある。教育実践家によるものとしては、桜美林学園の創設者である小泉郁子の『男女共学論』(1931) が、アメリカの制度や英独の議論について詳細に論じている。

樋口らが模索した「比較教育」研究が日本において本格的に行われ、小泉らが望んだ「男女共学制」が実現するには第二次大戦後を待たねばならない。

1945年12月、「女子教育刷新要項」が閣議諒解され、大学における男女共学が拡大された。そして、アメリカ教育使節団の勧告を経て、憲法・教育基本法に基づき新学制において男女共学が実施された。これを契機に、男女共学についての研究・言論活動が盛んになる。橋本の研究（1992）によれば、それらは、旧教育基本法第5条（男女共学）の法解釈論と男女共学の議論や方法及び各国と日本とを比較したものに分けられる。

欧州の初等教育における男女共学は、宗教改革後の英国北部において始まったといわれている。大学段階では、1910年までにイギリス、オランダ、スウェーデン、フランス、トルコの総合大学で女性の入学が認められた。しかし、中等教育段階では、ほとんどが別学制度をとっていた（橋本 1992：10-13）。ロンドン大学で比較教育学を組織化したハンスの1949年の著『比較教育』においても、「民主主義と教育」の章において「男女が同一の学校で学ぶべきか」、「男女の教育内容は同一であるべきか」という二つの方向から各国の制度と議論が整理されている（Hans1949：249-253）。この頃、中等教育の共学化とそれに伴うカリキュラムの編成は欧州においても課題であった[1]。

ハンスの『比較教育』は1957年に邦訳書が刊行されたが、この頃、女性論また女性の教育についての翻訳活動も活発となった。1953年から1956年にかけてボーヴォワール『第二の性』、1957年にミル『女性の解放』、1960年にフェヌロン『女子教育論』、1961年にミード『男性と女性』の翻訳書が出版された。比較教育に直接係るものではないが、これらの成果によって女性および男女の関係性についての西洋思想が日本に紹介されるようになった。

2 日本比較教育学会設立後の女子教育研究

　戦後 20 年を経た頃、比較教育研究が組織化され、海外女子教育についての成果も表れるようになる。その一つとして平塚益徳による女子教育思想研究がある。平塚は旧約聖書の教育思想についての論文で博士号を取得した。この時、副論文「旧約文学に現れたイスラエルの女性観と女子教育思想」を九州大学に提出している（平塚 1961）。日本比較教育学会が設立された 1965 年、編者として『人物を中心とした女子教育史』を公刊した平塚は、序文で次のように述べている。「わたくしは、かつて東大大学院在学中、いつの日か世界の女子教育史をものにしたいと夢みた。その宿願の一つが、拙著『イスラエル民族の女性観と女子教育思想』（昭和 11 年）となって公にされたが、この念願は恩師吉田熊次博士の名著『女子教育』（昭和 7 年改訂版）に影響されたのに相違ないのである。」[2]

　吉田熊次の同著は、古代ギリシア・ローマの「女子の地位」から、欧米の「女子運動と女権の拡張」、ベーベルの「女子と社会主義」論、ファシストの女子教育まで網羅する思想研究である。平塚は、このような大著を編纂することを夢見ていた。『人物を中心とした女子教育史』は九州大学に関係する 7 名の男性研究者によって執筆されている。その一人である弘中和彦は、1971 年に「インドの女子教育――発展と諸問題」を『国立教育研究所紀要』に発表している。

　1970 年代後半には梅根悟編『世界教育史大系』（全 40 巻）が刊行された。第 34 巻『女子教育史』は欧米女子教育史、日本女子教育史、ロシア・ソヴィエト女子教育史の 3 部から構成されている。執筆者は、川野辺敏、佐々木弘明、志村鏡一郎、深谷昌志の 4 名である。この頃の海外女子教育研究は担い手のほとんどが男性研究者であったのが特徴である。職業研究者の大半が男性である一方、研究対象となる海外の中等教育では男女別学が長い間主流であった。一国の教育制度を正確に理解しようとすれば、「女子学校」や「女子のみを対象とするカリキュラム」を捨象するわけにいかなかったと思われる。そういう意味で、この時代の「女子教育」研究は、現在よりも男性研究者に近い研究対象であったと推察される[3]。

　女性研究者による成果がアカデミズムで評価を得ていくには、さらに時間

がかかるが、この時期、「第二波フェミニズム」が、日本においても影響力を持ち始めた。フリーダン『新しい女性の創造』、ミッチェル『女性論』、ミレット『性の政治学』の翻訳書が公刊された。女性の権利や男女の関係性についての新しい知が日本のアカデミズムにも浸透していく。1970年代末には、女性の経験を言語化・理論化し、性差別の構造的な解明を目指す「女性学（研究）」も組織化された。

　1980年代に入ると、日本比較教育学会紀要において女性研究者による女性と教育についての論文が掲載されるようになる。斉藤育子「明治期のキリスト主義女学校への米国マウント・ホリオーク・セミナリー出身者の影響」（1984年、10号）、朴恵信「韓国と日本の女子生徒・学生の価値意識の比較研究」（1984年、10号）、坂尻敦子「アメリカの教育改革と女性教師——専門性向上のための学校管理モデルの検討」（1989年、15号）、碓井知鶴子「お雇い外国人マーガレット・C・グリフィスの伝記」（1992年、18号）である。教育社会学的な成果である朴の論文以外は歴史的視角に拠ることが特徴である。

3　国際社会の変容と研究対象のシフト—開発アジェンダとジェンダー

　女性と教育研究のみならず、総じて日本の比較教育学研究は欧米研究を主流として始まった。これは、1990年代に転機を迎える。経済成長著しい日本において、この時期、開発支援が政府・経済界の政治的アジェンダになった。欧米文化の受容者であった日本が「ドナー」として国際社会に関わるようになる[4]。若者を中心として、海外文化への眼差しが先進国から途上国へと向かい始めた。また、高い専門性をもつ女性たちが国際機構、NGO、ボランティアに参画するようになった。

　日本比較教育学会紀要においても多文化教育やエスニシティに焦点を当てた成果が表れた。小口功・川野辺創「イギリスにおけるイスラム教徒の学校教育に関する一考察——多文化教育の実現に向けて」（第17号、1991年）は、女子校の設置を求めるイギリスのイスラム教徒の要求の根拠・背景を分析し、男女共学問題について論じている。弘中和彦「特集Ⅰ　国際教育交流研究の手法——日印関係を視軸に」（第21号、1995年）は、「日本女子大学」をモデルとする「インド女子大学」の設立背景にある民族運動・民族的自覚につい

て考察し、西欧文化伝播論とは異なる視点を提示している。同じく第21号に掲載された服部美奈「女子イスラーム教育における『近代性』の創出と展開——インドネシア・西スマトラ州のケーススタディ」（第6回平塚賞奨励賞）は、先駆的なマドラサとして1923年に誕生した「女子イスラーム宗教学校」をフィールド調査したものである。

　これらの研究はジェンダーという概念は用いていない。しかしながら、それ以前の「女子教育研究」や「男女共学・別学研究」とは異なる指向性をもっている。かつての研究は欧米近代思想や教育構造を前提として議論を進める傾向があった。一方、服部らの研究は、宗教、階級、エスニシティなどが交差する社会的文脈の中で、自立を目指す女性の教育ニーズに焦点を合わせている。

　このような研究動向にたたみかけるように、国際社会における開発支援政策や女性運動の理論的発展が継続していく。日本の比較教育学におけるジェンダー概念の登場は、欧米フェミニズムの直接的導入というより、「開発とジェンダー」という国際アジェンダを通してであった。1995年、第4回国連世界女性会議（北京会議）が開催され女性のエンパワーメントに向けた「行動綱領」が採択された。「ジェンダー」や、「ジェンダー主流化（gender mainstreaming）」という用語も使われるようになった[5]。

　国連を中心とする開発アジェンダは比較教育学に新たな視角を拓いた。1995年7月、日本比較教育学会第31回大会（広島大学）にて公開シンポジウム「女性と開発と教育——比較教育学の課題を探る」が企画された。テーマ設定の背景には第4回国連世界女性会議の開催がある。碓井千鶴子は「80年代中頃から90年代にかけて、変化を創り出していく主体としての女性という視点が国連主催の国際会議の動きから生まれてきており、環境に優しくジェンダー間の平等が達成され、地球に住む人たちがお互いに平和に暮らせる社会を創っていくという枠組みのなかで女性の問題や開発、教育の問題を考えていくという合意が出来ている。」と述べている（碓井1996b：182）。

　このシンポジウムを受けて、日本比較教育学会紀要第22号（1996年）では「特集1　女性・開発・教育〈比較教育学の課題を考える〉について」が掲載された。関口礼子「女性と教育を中心として」は、日本の家庭科教育や

潜在的カリキュラム、カナダのアファーマティブアクションについて考察している。織田由紀子「女性と開発を中心として」は、「北京行動綱領」、国連開発計画の『人間開発報告書1995年版』、モーザの「開発と女性」論を紹介している。碓井知鶴子「日本の比較教育学研究を省みて」は、「開発とジェンダー」(Gender and Developement) の視点による研究の必要性について述べている。また、比較教育学のテキストを分析しレ・タン・コイ『比較教育学』を「比較教育学研究におけるジェンダーの視点に市民権を与えた」として評価している(碓井1996a：43-44)。この頃から同学会大会において、「開発」「ジェンダー」を名称に含む部会が設定されるようになった。また、アフリカなどの部会において、女性の教育や分析視点としてジェンダーを用いる報告が表れた[6]。

2．アカデミズムと政策におけるジェンダー概念の展開——アメリカを中心に

1　英米のアカデミズムにおけるgender概念の導入

　genderという語は、もともと男女に性別化されている名詞を分類するために、言語学で使われていた用語であった。言語学以外の場に、この語を登場させたのは、性科学者のマネー (John Money) である。マネーは、ジョンズ・ホプキンス大学医学心理学教授としてインターセックス (性分化・発達障害) の治療・研究を行った (Money 1975=1979)。1955年に発表した論文の中で、生物学的な性は男女に二分されず、多様な性が存在することを説明するため、文法用語であったgenderを転用した (Haig 2004：91)。

　sexとgenderという語の使用について、自然・社会科学雑誌論文のタイトル (1945年から2001年まで約3000万件) を調査したヘイグによれば、マネーによるこの用語法は当初は注目されなかった (Haig 2004：93)。その後、UCLA大学の精神医学教授のストーラー (Robert Stoller) が、著書『性と性別』の中で、生物学的な性別 (sex) と社会的な性別 (gender) とを区別して議論を展開した頃から性医学分野においてこの用語法が認知されるようになった (Stoller 1968：9-10)。

　一方、医学の流れとは別に、1950年代頃から、人類学者のミードや、哲

学者のボーヴォワールは「社会的性差」や「性役割（sex role）」という視点をアカデミズムに導入していた。この流れをくむフェミニズム研究者が、1970年代から生物学的な sex と社会的構築物としての gender を識別して用いるようになった。そして、イギリスの研究者オークレー（Ann Oakley）が分析・説明概念としての語 gender を本格的に社会学に導入した。1972年の著作 *Sex, Gender and Society* の中で、"Sex differences may be "natural " but gender differences have their sources in culture," と述べ、gender を文化的なものであると定義した（Oakley 1972：189）。また、それまで研究対象とされなかった家事を「労働」としてとらえ実証的社会学研究の対象にした。オークレーの成果は、性役割分業の考察に加えて「家事労働」を可視化したという点において、先進国だけでなく途上国を含む女性労働の分析に資するものであった。

　生物的な性別を sex とし、社会的・文化的性別を gender とする用語法は、性医学、フェミニズム、社会学に加え、国連など政策文書でも用いられるようになった。「トランス・ジェンダー」や同性愛など多様な性意識や行動が認知・受容されはじめると、一般社会でも gender という語が使われるようになった。その一方で、生物学的性別についても gender の語を用いる例も増えた。sex という語は人間や動物の「性行動」も意味し、ポルノグラフィなどでも多用されている。「性行動」と区別し、語のもつ生々しさを回避する手段として、sex ではなく gender が用いられる場合もある。

　ヘイグによれば、gender という語は 1980 年代に広がったが、1993 年にアメリカ厚生省食品医薬品局（FDA）が用いたことで科学文献での使用が急激に増えた。同局は、企業向けガイドラインの中で、薬品の治験・臨床評価・研究対象に女性を含め、性差（gender differences）別のデータと分析結果を提出することを促した（Haig 2004：90）。一方、法学分野においては過去の法制や判例、またそれまでの法理論による用語法に依拠して、性別や両性の平等について述べる際、sex という語を頻繁に用いている。

2　アメリカ教育政策における「ジェンダー公平性」

　イギリス社会学においてオークレーがジェンダー概念を用いた頃、アメリカでは政治的女性運動が頂点に達していた。「男女平等」規定をもたない憲

法に対して修正を求める「平等権修正条項」(Equal Rights Amendment, ERA) 法案が、1972年に連邦議会で可決され各州の批准を求める段階に移っていた[7]。教育においても、性差別を撤廃する条項「タイトルIX」(Prohibition of Sex Discrimination) を含む1972年改正教育法が成立した (Hanson et al. 2009)。同条項は、連邦政府の財政援助を受けているすべての教育計画・活動への参加を「その性 (sex) によって、排除され、そこから恩恵を受けることを拒否され、そこにおいて差別の対象にはならないものとする」ことを規定した。

同法は、施行までに3年の猶予期間が設けられるなど多難の道を辿ったが、特に学校体育・スポーツで改善が行われた。アメリカのスポーツ文化と市場は巨大であり、大学入学選抜・奨学金制度とも関係している。女性の学生のスポーツ参加や奨学金は男性に比べて低い状況であった。学校体育・スポーツにおける性差別撤廃のための改善が徐々に行われた。この時期、「性の公平性」を示すsex equityについての行政文書・論文数が増えていく。

表14-1は、アメリカ教育省の教育データベースERICの全所収文書（雑誌論文を含む）を対象に、sex equity、gender equity、sex equality、gender equalityの四つの語句のキーワード検索を行った結果である(2011年8月4日)。教育法などでは平等・均等などを意味するequalityを使う傾向があるが、政策分野では公平性を意味するequityの語が多く使われるようである[8]。時系列で推移をみると（図14-1を参照）、sex equityを含む文書が初めて登場するのは1976年である。その後、タイトルIXに関連した男女平等推進政策の実施によって、sex equityの語は1980年まで急激に伸びる。同時に、gender equityを用いる文書も登場し、1991年にはsex equityを凌ぐようになる。そして、その後はgender equityが一般的な語として普及している。sex equityか

表14-1　ERIC所収文書を対象とするキーワード検索結果

検索語	行政文書等 (ED Documents)	雑誌論文 (EJ Articles)	合計 (ED + EJ)
gender equity	499	412	911
sex equity	733	136	869
gender equality	106	191	297
sex equality	41	23	64

対象期間：1966年（前を含む）〜2011年8月
出所：筆者作成

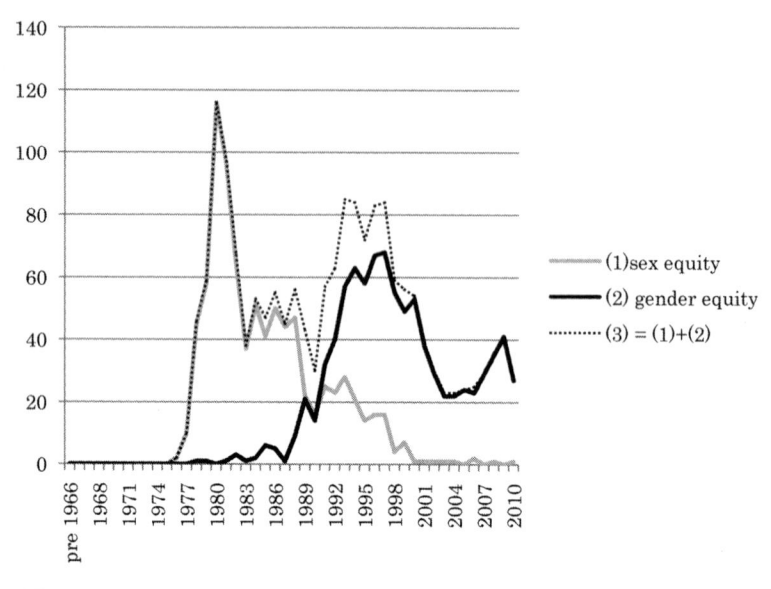

図14-1　ERIC所収文書における"sex equity"と"gender equity"の推移）
出所：筆者作成

　ら gender equity へのシフトについては、前項で述べたように、性医学分野や社会学、フェミニズムによる gender 概念の浸透が考えられる。また、国際背景として 1995 年の第 4 回国連世界女性会議の開催を指摘できる[9]。

3　比較国際教育学会（CIES）の動向―「ジェンダーと教育」委員会―

　欧米の比較教育学におけるジェンダーに関する先行研究について、鴨川は次のようにレビューしている（鴨川 2008：10-14）。北米比較国際教育学会（Comparative and International Education Society、以下 CIES）の『Comparative Education Review』において、論文タイトルに「女性（women, female）」の語を冠する論文が初めて登場したのは 1974 年である。その後、「女性」という語を題目に含む論文が幾つか掲載された後、1980 年に「第三世界における女性と教育」（Women and Education in the Third World）という特集号が組まれた（Vol.24, No2, Part2）。1990 年代に入ると、gender を題目に含む論文が現れる。そして、1992 年に小特集「ジェンダー」（Focus on Gender、Vol.36, No.4）、1994

年に小特集「ジェンダーとアカデミックな達成」(Focus on Gender and Academic Achievement、vol.38, No.3)、2001年に小特集「比較教育におけるジェンダー」(Focus on Gender in Comparative Education、Vol.45, No1) が企画された。2004年には「ジェンダーと教育に関するグローバル・トレンド」(Global Trends in Comparative Research on Gender and Education、Vol.48, No.4) という特別号が組まれた[10]。

2011年のCIES年次大会では、6日間で565のセッションが行われたがgender、women、female、girlなどのキーワードを含むセッションは26あり、全体の5％を占めている。そのうちの一部は学会常任委員会「ジェンダーと教育委員会」(Gender and Education Committee) 主催セッションである。同委員会は、1989年に特別委員会として設置された後、1998年からは六つある常任委員会の一つになった[11]。

学会規約によれば、委員会の目的は「ジェンダー問題 (gender issues) についての関心をCIESに培い、女性を包括すること (inclusion) と専門的な発達を促進する」ことである。年次大会ではシンポジウムを主催し、最新の研究報告や実践、ネットワーキングを行う。2011年のテーマは「研究、政策、アドヴォカシーにおける最先端研究」「ジェンダーと平和教育」「家族生活と研究活動のストレス」などであった。研究だけでなく、学会員のジェンダー構成、女性研究者育成問題、研究者のワーク・ライフ・バランス問題も含めた活動を行っているのが特徴である。

3．教育政策とジェンダーに影響を与える国際規範・比較指標

1 「女性差別撤廃条約」と審査制度

各国の教育政策に影響を与える国際規範・基準としては、「子どもの権利条約」「万人のための教育 (Education for All) に関する世界宣言」「ミレニアム開発目標 (MDGs)」などがある。ここでは、教育とジェンダーに影響を与えるモニター機能をもつ「女性差別撤廃条約」(Convention on the Elimination of All Forms of Discrimination against Women)」と審査制度について確認する。同条約は、1979年12月第34回国連総会で採択された。前文と本文30条から構成され「固定化された男女役割分担観念の変革」を中心に、公私領域を含むあらゆ

る形態の女性差別を撤廃することを内容としている。法律上の平等だけでなく、事実上の平等の実現を目指し、個人・団体・企業による差別の撤廃を求め、差別となる慣習・慣行の修正・廃止を要請している。

　教育については、第三部第10条において、女性に対して男性と平等の権利を確保することを目的として、特に男女の平等を基礎として（on a basis of equality of men and women）、女性差別撤廃のためのすべての適当な措置をとることを締約国に求めている。国際法が国内法に与える影響については限界があるものの、日本においては、批准にあたって、学習指導要領を改訂し男女共修家庭科が実現した。このような国際規範によって各国の女性の教育におけるジェンダー公平性が促進されている。

　国連での採択から30年を経て、同条約は166の締約国をもつが、国際人権条約中、採択国による留保事項が最も多いといわれている。イスラム法を理由に、第9条(国籍に関する平等)などを留保しているイスラム圏の国も多い。国際法とイスラム法の女性の人権については欧州を中心に新たな調整が必要な段階に入っている。

　女性差別撤廃委員会（CEDAW）は、原則として4年に1度採択国から提出される政府報告書を審査し総括所見を公表する。たとえば、2008年第40会期には、フランス、サウジアラビア、モロッコ、スウェーデンなどの報告書が審議された。委員会は、フランスの第六次報告書（2006年4月）に対する総括所見において、2004年3月付けの「公立学校において他の生徒に自分の信仰する宗教を外観的に示すことになる徴証や衣類の着用」を禁止する法律について、「同法がすべての少女の教育への権利および社会のあらゆる側面への参入に否定的影響を与えないよう、同法の詳細な監視を継続するよう勧告する。すべての段階における移民・移住女性の教育達成度を次回報告すること」を求めた。2011年には、ベルギーにおいてイスラム教徒の女性が全身を覆う衣装「ブルカ」や「ニカブ」を公共の場所で着用することを全面的に禁止する法律が制定された。イスラム法を尊重しながら自己実現と地位向上を図る女性たちの教育について、国家や国連がどのような対応をしていくのか、比較教育研究、開発支援においても注視していく必要がある。

2 国際比較指標――国連開発計画『人間開発報告書』と世界経済フォーラム

CEDAWによる審査制度とは別の角度から、各国の動向をモニターする仕掛けとして国際組織による比較指標がある。その一つは、国連開発計画（UNDP）による年次報告書と統計指数である。UNDPは、1990年に『人間開発報告書』（Human Development Report, HDR）を創刊し、経済成長に代わる指標として「人間開発指数」（Human Development Index: HDI）を考案した。HDIは、出生時の平均寿命、知識（平均就学年数及び予想就学年数）、一人当たり国民総所得（GNI）を用いた複合指数である。

また、「第4回世界女性会議」での議論を深めるために、1995年に新たに二つの人間開発指数が開発された。GDI（ジェンダー開発指数、Gender-Related Development Index）とGEM（ジェンダー・エンパワーメント測定、Gender Empowerment Measure）である。1995年の報告書は「ジェンダーと開発」をテーマとし、GDIとGEMによって各国の女性の地位、男女の公平性を分析している。GDIは、HDIと同様に平均寿命、教育水準、国民所得を用い、これらにおける男女間格差をペナルティとして割り引いて算出する。「ジェンダーの不平等を調整したHDI」という位置づけであった。

HDI、GDIが人間開発の達成度を測ろうとするのに対し、GEMは、政治・経済における意思決定の男女平等度を測定する。国会議員、専門職・技術職、管理職の女性割合、男女の推定所得を用いて算出する。GEMは、各国の女性政策の策定に少なからず影響を与えた。日本は、健康、教育で優れている一方、意思決定層の女性割合が低く、OECD諸国比較でGEMは最低レベルであった。日本政府は『男女共同参画白書』で毎年これを取り上げ、施策形成と世論の喚起に役立ててきた。

2010年の報告書では、GDIとGEMに代わる新たな人間開発指数が公表された。「ジェンダー不平等指数」（Gender Inequality Index、GII）である。国家の人間開発の達成が男女の不平等によってどの程度妨げられているかを明らかにする。保健（妊産婦死亡率、15～19歳の女性千人あたりの出生率）、エンパワーメント（国会議席比率、中等教育以上の教育履修者比率）、労働市場（就労率）の3側面5指標から構成される。表14-2の（2）は、2010年報告書に公開された「ジェンダー不平等指数」の順位の一部である。

国連機関の「ジェンダー統計」に対し、民間でも同様の試みが行われるようになった。その一つが世界経済フォーラム（World Economic Forum）による「ジェンダー・ギャップ指数」（Gender Gap Index: GGI）である。世界経済フォーラムは、1971年に設立された非営利財団で、国際的経営者や政治的指導者、知識人やジャーナリストから構成されている。スイスのダボスで開催する年次総会や、シンクタンク的な活動を行うが、近年は女性政策、女性活用に向けた活動を強めている。2006年からは「世界ジェンダー・ギャップ報告書」（Global Gender Gap Report）において、各国のジェンダー・ギャップ指数を発表している（表14-2を参照）。これは、政治、経済、教育、保健の各指標から男女間格差を数値化し順位づけするものである。0が完全不平等、1が完全平等を意味している。教育については識字率、初等・中等・高等教育在籍率における対男性比から算出する。

　UNDPのGDIやGEMは、国の開発水準を反映するため、男女間格差を必ずしも示していないとの批判があった。一方、世界経済フォーラムのジェンダー・ギャップ指数はエンパワーメントよりも平等を重視し、所得水準を加味しないため、途上国も上位に来ることがある。日本は、識字、初等・中等教育在籍率で完全平等を達成しているが、高等教育が0.88であり、教育についての指標順位は82位である。政治・経済においても低調であり、ジェンダー・ギャップ指数総合では94位となっている。

3　人間開発と「ジェンダー公平性」における教育政策のアジェンダ

　UNDPの「人間開発」という概念や各指数の理論的な枠組みは、報告書の顧問セン（Amartya Sen）の福祉経済学とケイパビリティ・アプローチに依拠している。センは指数はあくまでも比較を可能とする座標空間を提示するためのものであると強調している。国際機関による教育統計指標がどのようなことを示し、また、示すことができないのか、比較教育研究者、開発系研究者が明らかにしていく必要がある[12]。さらに、指標で測りにくい教育の効果や方法について、経済学や公共政策学関係者との議論の場を設けていくことも今後の課題となるだろう。

　これまで述べてきた教育とジェンダーについての研究と国際アジェンダ

第14章 比較教育学とジェンダー 327

表14-2 人間開発指数（HDI、GII）と世界経済フォーラム指数（GGI）の順位（2010年）

人間開発指数　　　　　　　　　　　　　　　　　　世界経済フォーラム指数
(1) 人間開発指数　　　　(2) ジェンダー不平等指数　　　(3) ジェンダー・ギャップ指数
　　(HDI)　　　　　　　　　(GII)　　　　　　　　　　（GCI)

順位	国名	HDI値	順位	国名	GII値	順位	国名	GCI値
1	ノルウェー	0.938	1	オランダ	0.174	1	アイスランド	0.850
2	オーストラリア	0.937	2	デンマーク	0.209	2	ノルウェー	0.840
3	ニュージーランド	0.907	3	スウェーデン	0.212	3	フィンランド	0.826
4	米国	0.902	4	スイス	0.228	4	スウェーデン	0.802
5	アイルランド	0.895	5	ノルウェー	0.234	5	ニュージーランド	0.781
6	リヒテンシュタイン	0.891	6	ベルギー	0.236	6	アイルランド	0.777
7	オランダ	0.890	7	ドイツ	0.240	7	デンマーク	0.772
8	カナダ	0.888	8	フィンランド	0.248	8	レソト	0.768
9	スウェーデン	0.885	9	イタリア	0.251	9	フィリピン	0.765
10	ドイツ	0.885	10	シンガポール	0.255	10	スイス	0.756
11	日本	0.884	11	フランス	0.260	11	スペイン	0.755
12	韓国	0.877	12	日本	0.273	12	南アフリカ共和国	0.754
13	スイス	0.874	13	アイスランド	0.279	13	ドイツ	0.753
14	フランス	0.872	14	スペイン	0.280	14	ベルギー	0.751
15	イスラエル	0.872	15	キプロス共和国	0.284	15	英国	0.746
16	フィンランド	0.871	16	カナダ	0.289	16	スリランカ	0.746
17	アイスランド	0.869	17	スロベニア	0.293	17	オランダ	0.744
18	ベルギー	0.867	18	オーストラリア	0.296	18	ラトビア共和国	0.743
19	デンマーク	0.866	19	オーストリア	0.300	19	米国	0.741
20	スペイン	0.863	20	韓国	0.310	20	カナダ	0.737
21	香港	0.882	21	ポルトガル	0.310	21	トリニダード・トバゴ	0.735
22	ギリシャ	0.855	22	ラトビア共和国	0.316	22	モザンビーク	0.735
23	イタリア	0.854	23	ギリシャ	0.317	23	オーストラリア	0.727
24	ルクセンブルク	0.852	24	ルクセンブルク	0.318	24	キューバ	0.725
25	オーストリア	0.851	25	ニュージーランド	0.320	25	ナミビア	0.724
75	ベネズエラ	0.696	75	ナミビア	0.615	75	ガンビア	0.676
46	アルメニア	0.695	46	ヨルダン	0.616	46	ボリビア	0.675
77	エクアドル	0.695	77	トルコ	0.621	77	ブルネイ	0.675
78	ベリーズ	0.964	78	フィリピン	0.623	78	アルバニア	0.673
79	カンボジア	0.689	79	ブルンジ	0.627	79	ハンガリー	0.672
80	ジャマイカ	0.688	80	ブラジル	0.631	80	マダガスカル	0.671
81	チュニジア	0.683	81	パナマ	0.634	81	アンゴラ	0.671
82	ヨルダン	0.681	82	南アフリカ	0.635	82	バングラディッシュ	0.870
83	トルコ	0.679	83	ルワンダ	0.638	83	マルタ	0.870
84	アルジェリア	0.677	84	ジャマイカ	0.638	84	アルメニア	0.667
85	トンガ	0.677	85	パラグアイ	0.643	85	ブラジル	0.666
86	フィジー	0.669	86	エクアドル	0.645	86	キプロス	0.664
87	トルクメニスタン	0.669	87	ドミニカ共和国	0.646	87	インドネシア	0.662
88	ドミニカ共和国	0.693	88	ラオス	0.650	88	グルジア	0.660
89	中国	0.693	89	エルサルバドル	0.653	89	タジキスタン	0.660
90	エルサルバドル	0.659	90	コロンビア	0.658	90	エルサルバドル	0.660
91	スリランカ	0.658	91	ボツワナ	0.663	91	メキシコ	0.658
92	タイ	0.654	92	ギアナ	0.667	92	ジンバブエ	0.657
93	ガボン	0.648	93	スワジランド	0.668	93	ベリーズ	0.654
94	スリナム	0.646	94	カタール	0.671	94	日本	0.652
95	スリナム	0.643	95	カンボジア	0.672	95	モーリシャス	0.652
96	ボリビア	0.640	96	ボリビア	0.672	96	ケニア	0.650
97	フィリピン	0.638	97	ニカラグア	0.674	97	カンボジア	0.648
98	ボツワナ	0.633	98	イラン	0.674	98	マレーシア	0.648
99	モルドバ共和国	0.623	99	ガボン	0.678	99	モルディブ	0.645
100	モンゴル	0.622	100	インドネシア	0.680	100	アゼルバイジャン	0.645

出所：UNDP, Human Development Report, 2010
　　　World Economic Forum, Global Gender Gap Report, 2010.

を整理していくために、手がかりとなる関係図を図14-2に試みた。教育とジェンダー公平性を考える際、「教育におけるジェンダー公平性を保障する」アリーナと、「教育という手段によってジェンダー公平性を保障する」アリーナとがある (Klein et al. 2007：1-2)。ここに、UNDPの政策アジェンダ「人間開発」や国の経済成長といった政治経済的マクロ要因が影響を与えあう。たとえば、古典的な性役割意識の変化が起きる以前に、経済成長によって高等教育が大衆化し女性の進学率が高まった場合、教育におけるジェンダー公平性が達成されても、政治参加におけるジェンダー公平性には到らない可能性がある (菅野 2002：34)。三つの領域がどのような関係性をもつのか、近隣諸科学と研究を積み重ねる必要がある。また、国際比較におけるジェンダー統計の導入や変更、国際団体や会議による政策評価が、比較教育学の研究動向にどのような影響を与えるのか、今後の展開が注目される。

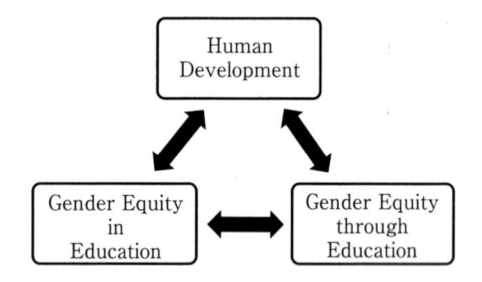

図14-2 国際アジェンダ「人間開発」と「ジェンダー公平性」
出所：筆者作成

4．日本の比較教育学とジェンダー

　最後に、日本比較教育学会の動向を中心に2000年以降の研究成果を概観し、比較教育学におけるジェンダー概念と研究の今後について展望したい。第1節において、医学、社会学におけるジェンダー概念の導入について述べた。教育学において、これを行ったのはアメリカ教育哲学会長を務めたマーティン (Jane Roland Martin) である。1985年の著作『女性にとって教育とは何であったか』において、プラトンやルソーの教育理論に対するオルタナティブとして「ジェンダーに敏感な教育の理想像」(gender-sensitive educational ideal) という視座を提示している (Martin 1985)。同書は 1987 年に邦訳書が刊行されたが、翻訳者である坂本辰朗は博士論文（慶應義塾大学）の一部を、2002 年に『アメリカ大学史とジェンダー』として公刊している。ジェンダー研究の最先端の哲学的議論を整理したうえで、19 世紀後半のアメリカ大学史を実証的に再構築する。不可視化されてきた女性の経験を実証的に掘り起こし、歴史と現代とを射程に入れ対象に迫る。日本の比較教育学を顧みると、最先端の理論に拠りつつ対象国の歴史・文化を深く検証し、制度や実践の意味を解明していく研究手法がある。今後も受け継ぎたい伝統である。

　歴史的視野と理論的発展を意図する研究成果としては、黒田一雄「女子就学振興政策の社会経済開発効果──分析手法と政策の関係性に関する批判的考察」（黒田 2008）がある。収益率分析、クロスナショナル分析を行い「女子教育の経済効果における優位」という世界銀行の論理を批判的に検証している。教育政策や開発支援策が性役割を固定化する結果を導く可能性を視野に入れ、途上国の女子教育と経済開発の複雑な関係性を分析している。同じく黒田による「女子教育」（黒田 2003）、斉藤泰雄による「初等義務教育制度の確立と女子の就学奨励」（斉藤 2010）は、明治初中期の日本の女子教育を途上国教育開発研究の視座から考察している。日本比較教育学会の初期紀要（1 号〜10 号）には、日本についての論文が 30 本掲載されている（北村 2005：245）。現在、日本を研究対象とする論文数が減っているが、英語での大会報告・論文掲載も認められようになった。黒田、斉藤の研究のような視点で、日本教育史、女子教育を比較検討し、国際的に発信することも今後は重要になるであろう。

　1990 年、日本比較教育学会は若手の研究を奨励することを目的として「日本比較教育学会平塚賞」を創設した。女性の教育に関してこれまで二つの単行本が本賞を受賞している。服部美奈『インドネシアの女子教育──イスラーム改革運動のなかの女性』(2001 年、第 12 回受賞）は、文献分析、フィールドワークに基づく面接・学校調査から、同国独立以降の国家や開発と女子教育の関係を考察し、イスラムの側からの改革運動によって独自のイスラム近代女子教育が誕生した過程を明らかにしている。

　鴨川明子『マレーシア青年期女性の進路形成』（2008 年、第 19 回受賞）は、

博士論文（早稲田大学）「マレーシアにおける社会変動と青年期女性の進路形成――ジェンダーとエスニシティを分析視点として」を加筆修正したものである。女性差別的とラベルを貼られる傾向のあるイスラムを公式宗教とするマレーシアが、男女間の教育格差を是正してきた背景を考察する。ジェンダーやエンパワーメントなど主要概念の定義を行った上で、国家開発のマクロ理論的考察と、女性の進路形成についてミクロ次元の分析を行っている。

　グローバリゼーションの中で、主体的な国家発展を遂げようとする国家戦略としての芸術教育を考察した質的調査に、羽谷沙織「カンボジア古典舞踊教育にみる『クメール文化』の創出」がある（羽谷 2008）。国家制度化された舞踊教育の中で、女性たちが自ら求める「女性性」の理想像のもつ意味を考察している。開発分野における学校教育研究は基礎教育や技術教育を対象とするものが多い。音楽、美術、演劇、体育、学校行事などの教育効果は、識字率などと異なり国際指標等で量的な比較を行うことが難しい。しかし、子どもや青年期の男女のセクシュアリティの形成、感情表現・抑制などに重要な機能を果たすものである。ジェンダーやセクシュアリティへの視点によって、途上国・先進国を含めて、この分野での質的な比較研究が発展することを期待したい。

　日本比較教育学会紀要の投稿論文の中で、題目に「ジェンダー」という用語を初めて使ったのは、松久玲子「メキシコの学校教育における『人口教育』―人口政策をめぐる教育とジェンダー」（松久 2006）である。カトリック規範に反して、メキシコ政府が「人口教育」のカリキュラム化に軟着陸を果たした過程を明らかにしている。本論文並びに、2012 年に刊行された松久玲子『メキシコ近代公教育におけるジェンダー・ポリティックス』は、ジェンダー規範、リプロダクティブ・ライツ、性教育、私的領域／公的領域の関係など、国家と教育とジェンダーに関わる多様な次元を扱っている。鴨川の研究と同じく、国家の宗教的規範と矛盾する可能性がある教育政策の展開を、ジェンダーについての視点を活用して明らかにしている。マレーシアやメキシコなど「中開発国」を対象に、このような研究が増えれば、比較教育学もジェンダー研究もさらに幅が広がるのではないかと思われる。

　深堀聰子「自助主義にもとづく子育て支援のあり方に関する研究――アメ

リカの保育事業の特徴と課題に着目して」（深堀 2008）は、一国の社会政策を貫く政策理念のタイポロジー（エスピン－アンデルセンのものなど）をさらに類型化し、日米の保育事業の考察を行っている。「育児の〈公共化（共助主義）⇔私事化（自助主義）〉」と「ジェンダー秩序の〈脱構築⇔維持〉」の２軸を設定し、各国の子育て支援策を位置づける。松久の「人口教育」研究と共通するのは、子育てという再生産領域に焦点を当て、国家、保育政策、ジェンダーの関係を検討していることである。近年、日本の法学、経済学分野で「ジェンダー社会科学」という領域を発展させる動きがある。政治学、社会学分野においても現代世界の全体的変化を、従来の「公私二元論」ではなく「公共圏と親密圏」の再編成としてとらえる研究成果が生まれつつある。福祉国家の教育・保育・家族政策とジェンダー秩序の関係に迫る深堀、松久らの手法は、これらと共通する理論的志向をもっている。ジェンダーについての視座から比較教育学の社会理論的発展に貢献するものである[13]。

　第3節において、公立学校における宗教的標章の着用を禁ずるフランスの法律に対する女性差別撤廃条約委員会（CEDAW）の総括所見について述べた。グローバル化する国際社会の中で、ジェンダー、エスニシティ、宗教的規範の関係は複雑に交差している。かつては国民国家の比較を前提としていた比較教育学において、ジェンダー、セクシュアリティに焦点を当てた研究が進むことで、「近代教育学」が前提としてきた様々な規範的前提の根拠が問い直される可能性がある。

　インタビューや参与観察など質的調査においても、研究者の性別やジェンダーについての感性を意識せざるを得ない場面が予想される。現地協力者やインフォーマントとの調査手続きや関係性、さらには研究成果に、研究者や質問者のジェンダーやエスニシティが予想外の影響を与える可能性もある。仏教・儒教の印象が強く、ユダヤ・キリスト教、イスラム教とは距離があると一般に認識されている「日本の研究者」という属性とともに意識しておくことも重要である。その一方、現地共同調査などに際し、プロジェクト構成員のジェンダー・バランスを配慮することで、より複眼的な視点をもたらし、分析や総括の精度を高めることも可能と思われる。

　研究活動におけるジェンダーの公平性は社会理念であるとともに、研究成

果や評価を高めるための具体的戦略でもある。ジェンダー、セクシュアリティを含めてより多様な属性や文化をもつ研究者が、日本の比較教育学研究に参画し新たな地平を拓くことを期待したい。

注
1 男女共学・別学問題とその議論は、現在でも、教育理論や実践を問いなおす先端的テーマである。詳しくは、東北大学GCOE「グローバル時代の男女共同参画と多文化共生」成果を参照(生田2011)。
2 正確な書名は平塚益徳『旧約文学に現れたイスラエルの女性観と女子教育思想』と吉田熊次『女子教育の理念』と思われる。
3 名前から「男性」「女性」を推定した。多様な性の在り方を考えるジェンダーの視点に立てば矛盾するが、本章の性質上試みた。
4 1997年には、広島大学教育開発国際協力研究センターが設置された。同センターの「国際教育論集」には、ほぼ毎号、女性やジェンダーについての論文が掲載されている。
5 国連の「ジェンダー主流化」理論と動向については「開発系」の研究成果が多いが、先進国の男性の教育に焦点を当てた顕著な成果として、池谷(2009)の研究がある。
6 2011年度大会においてラウンドテーブル「比較教育学とジェンダー研究」を企画した。本稿は当日得られた知見に負っている。提案者・参加者諸氏にお礼を申し上げる。
7 成立には50州の3/4にあたる38州の批准が必要であったが、3州足りないまま批准期限の1982年になり、憲法修正には至らなかった。
8 equityとequalityの語の用い方について、UNESCO関係者は次のように述べている。「格差を無くす均等という意味合いの強いequityとジェンダー間の平等な関係を強調するequalityという言葉は区別して使う。この二つは、しかしながら相対するものではなく、むしろ相互に補完し合うものと見たほうが良いだろう。」(菅野2001：34)
9 2000年代に入るとSex equityのみならずgender equityという用語を含む文書も減っている。「タイトルIX」の成立から約30年を経て、男女の平等はある程度達成されたという認識によって知的関心が減っている可能性がある。また、この頃から多文化教育(multicultural education)の隆盛によって、genderについての視点・争点が、より包括的な「多様性(diversity)」という概念に包摂される傾向がある。
10 社会科学にgender概念を取り入れたのはイギリスの社会学者オークレーである

が、鴨川(2008)によれば、同国で発行されている『Comparative Education』誌上に、genderという語をタイトルに含む論文が登場したのは1997年であり、アメリカに比べて遅い。
11 初代委員長は、ストロムキスト(Nelly P. Stromquist)が務めた。比較・国際教育とジェンダーについて多数の著作がある(Stromquist 1995)。同氏は、1994年度に、CIES会長に就任した。
12 量的な男女格差の是正ではなく、ジェンダー平等の視点から開発途上国の教育におけるジェンダー課題を問い直す試みとしては、菅野琴・西村幹子・長岡智寿子(2012)を参照。
13 労働市場への女性の参入によって、世界的に子ども・子育て支援策が転換期にある。2012年の日本比較教育学会第48回大会(九州大学)においても、課題研究Ⅱ「就学前教育政策の世界的潮流──人生の始まりが今なぜ問われるのか」が企画・実施された。

参考文献

生田久美子編(2011)『男女共学・別学を問いなおす──新しい議論のステージへ』東洋館出版社。

池谷壽夫(2009)『ドイツにおける男子援助活動の研究──その歴史・理論と課題』大月書店。

碓井知鶴子(1996a)「日本の比較教育学研究を省みて」『比較教育学研究』22、39-47ページ。

───(1996b)「大会報告・公開シンポジウム 女性と開発と教育──比較教育学の課題を探る」『比較教育学研究』22、182-183ページ。

梅根悟編(1977)『世界教育史大系』34巻女子教育史』講談社。

乙竹岩造(1907)「欧州男女共学の現況(一)～(四)」『教育時論』797号～800号。

鴨川明子(2008)『マレーシア青年期女性の進路形成』東信堂。

北村友人(2005)「比較教育学と開発研究の関わり」『比較教育学研究』31、241-252ページ。

黒田一雄(2003)「女子教育」『日本の教育経験──途上国の教育開発を考える』国際協力機構、75-81ページ。

───(2008)「女子就学振興政策の社会経済開発効果──分析手法と政策の関係性に関する批判的考察」澤村信英編『教育開発国際協力研究の展開』明石書房、110-121ページ。

小泉郁子(1931)『男女共学論』新教育協会(1982 日本図書センター『教育名著叢書』第8巻)。

坂本辰朗(2002)『アメリカ大学史とジェンダー』東信堂。

斉藤泰雄(2010)「初等義務教育制度の確立と女子の就学奨励」『国際教育協力論集』13(1)、41-55ページ。

菅野琴(2002)「すべての人に教育を、ユネスコのジェンダー平等教育への取り組み」『国立女性教育会館研究紀要』6、27-38ページ。

菅野琴・西村幹子・長岡智寿子編(2012)『ジェンダーと国際開発――課題と挑戦』福村出版。

羽谷沙織(2008)「カンボジア古典舞踊教育にみる『クメール文化』の創出」『アジア経済』49(10)、31-56ページ。

橋本紀子(1992)『男女共学制度の研究』亜紀書房。

服部美奈(2001)『インドネシアの女子教育――イスラーム改革運動のなかの女性』勁草書房。

樋口長市(1928)『比較教育』寶文館、208-224ページ。

平塚益徳(1961)「旧約文学に現れたイスラエルの女性観と女子教育思想」(1985『平塚益徳著作集Ⅲ　西洋教育史』教育開発研究所、267-322ページ)

―――編(1965)『人物を中心とした女子教育史』帝国地方行政学会。

弘中和彦(1971)「インドの女子教育――発展と諸問題」『国立教育研究所紀要』79、1-54ページ。

深堀聰子(2008)「自助主義にもとづく子育て支援のあり方に関する研究――アメリカの保育事業の特徴と課題に着目して」『日本比較教育学会紀要』36、45-65ページ。

松久玲子(2006)「メキシコの学校教育における『人口教育』――人口政策をめぐる教育とジェンダー」『日本比較教育学会紀要』33、96-115ページ。

―――(2012)『メキシコ近代公教育におけるジェンダー・ポリティックス』行路社。

文部省(1902)『英米獨女子教育』。

吉田熊次(1911)『女子教育の理念(改訂新版)』同文書院(1984『近代日本女子教育文献集』第29巻、日本図書センター)。

Haig, David (2004) "The Inexorable Rise of Gender and the Decline of Sex: Social Change in Academic Titles, 1945-2001." *Archives of Sexual Behavior.* Vol.33, No.2, April, pp.87-96.

Hanson, Katherine et al. (2009) *More Than Title IX: How Equity in Education has Shaped the Nation.* Rowman & Littlefield.

Hans, Nicholas (1949) *Comparative Education.* Routledge =(1956)利光道生訳『比較教育――教育におよぼす因子と伝統の研究』明治図書出版。

Klein, Susan S. et al. (2007) "The Examining the Achievement of Gender Equity in and through Education." in Klein S. Susan et al. (eds.), *Handbook for Gender Equity through Education.* 2nd Ed., pp.1-13.

Martin, Jane Roland (1985) *Reclaiming a Conversation: The Ideal of the Educated Woman.* Yale

University Press =1987 村井実監訳、坂本辰朗・坂上道子共訳『女性にとって教育とは何であったか――教育思想家たちの会話』東洋館出版社。

Money, John (1975) *Sexual Signatures On Being a Man or a Woman*. Little Brown =1979 朝山新市・朝山春江・朝山耿吉訳『性の署名―問い直される男と女の意味』人文書院。

Oakley, Ann (1972) *Sex, Gender and Society*. Maurice Temple Smith.

Stoller, Robert J. (1968) *Sex and Gender*. Karnac =1973 桑畑勇吉訳『性と性別―男らしさと女らしさの発達について』岩崎学術出版社。

Stromquist, Nelly P (1995) "Romancing the State: Gender and Power in Education." Presidential Address, *Comparative Education Review*. 39(4), pp.423-454.

私にとっての比較教育研究
——東南アジア教育を中心として

村田翼夫

比較教育への関心と困難

(1) フランス

　大学の学部・大学院時代にはフランスの教育研究を行っていた。同研究において興味を覚えたのは世俗国家とカトリック教会の教育権争奪の歴史であった。カトリック教会がフランスの教育に占める権限・影響力の大きさに驚かされるとともに、教育の自由、私学の独立性、私学に対する国家補助の在り方について考えさせられた。

　日本では私学も公的補助金欲しさから公教育に属すると主張してきており、実際にほとんどの私学は国家補助を受けている。フランスにおいては、独立性・独自性を維持したい私学は公的補助を受けないという伝統がある。この点を、独自の校風を維持発揮したい日本の私学は、根本的に考えるべきではないかと今も思っている。

　もう一点、コンドルセの論調からも読み取れるが、フランスにおいて典型的に見られるようにヨーロッパ諸国の教育が知育中心であり、道徳は家庭や教会に任せる。体育・芸術は家庭や民間機関（組織）に委ねるという方法も、何でも学校に委ねる日本と大いに異なる点で驚いたことである。

(2) マレーシア

　1968年6月から1970年3月までマレーシアのマラヤ大学へ日本語・日本文化を担当する非常勤講師として派遣され、異文化を背景にもつ学生たちを相手に教育を行った。この経験も比較教育に目覚める契機となった。マレーシアは、マレー人、中国人、インド人（主にタミル人）から成る多民族国家であり、教授対象とした学生達や同僚の教員等もこれら3民族で構成されていた。

　特に1969年5月13日にマレーシアで直接体験したマレー人対中国人の対立暴動は、マレーシアの政治・社会・教育政策を変化させる動因となり、民族問題の深刻さを考えるきっかけとなった。この事件の後、マレー化政策が浸透し、勤務先のマラヤ大学でも外国人教員はマレー語を学習するようにと

いう通達が来て、私は初級上レベルまで勉強した。

　マレーシアで何度か教育調査させてもらったが、1957年に京大東南アジア研究センターのスタッフとマレー農村の調査をしたことがある。その時、私はマレー人児童と中国人児童の比較調査を行い、帰国前にマレーシアの調査審議会のメンバー達の前で調査結果を発表させられたが、その結果に対し厳しい指摘を受け民族比較の困難さを味わった。

(3) タイ

　マレーシアに比べるとタイにおける調査は遂行し易かった。南タイ地域を除けば基本的に大きな民族問題はみられない。タイでは独立を維持してきた歴史的伝統によるのか、国語であるタイ語が普及している。公式文書、教育、マスコミ等においても外国語に依存する割合は低い。タイ研究にはタイ語の習得が必要であり、そのために国立教育研究所に勤めた時、特別に東京外国語大学においてタイ語を2年間余り学習させていただいた。

　1984年に数ヶ月にわたり北部、東北部、中部、西部、南部地域における地方教育行政と学校経営の比較調査を行うとともに、教育機会の地域格差、国民統合と教育内容の関連、地方教育の特質などを調べタイ教育に対する理解を深めることができた。その時、地方、特に農村では標準語が通じないとういうことも分かった。また、同国内でも地域によって大きな相違や差異のあることも認識した。

　地方教育調査を行った際に、教育発展における寺院の役割の大きさを認識した。それと同時にいくつもの村において寺院の僧長、僧、小学校の校長の話を聞いていて、小学校と寺院の関係が微妙に変化してきていることがわかってきた。小学校に対する村の財政的援助は多くの地方で長い間（戦前から戦後にかけ1970年代まで）寺院を通して行われていたが、最近は、寺院のみでなく村の学校運営員会、村長、村人自身が直接援助することも多くなってきている。村人たちの学校への関心が高まった証拠でもある。

　タイの私学研究を行っている時に、1918年（仏歴2461年）の最初の私立学校法のタイ語原文版を、国立図書館、文部省図書館、大きな大学図書館などで探したが見当たらず途方に暮れていた。そのことを聞いていた文部省私学教育局の課長さんが、翌年の調査に行った時に同法の原文が私学教育局の局長室の書棚にあったといって嬉しそうに見せてくれて、感謝したことを覚

えている。タイに限らず、多くの途上国では歴史的資料の保存が整備されておらず、文献資料を探しにくいという現実がある。中には、折角見つけた資料文書が暑さと湿気のため紙がくずれ、丁寧に扱わないと破れてしまうこともある。途上国における地域研究・比較研究の困難さを示す事例といえよう。

比較教育の研究

(1) 宗教・道徳教育及び言語教育

　国別の教育特色を比較する研究として、1980年代の後半に第三世界における国民統一と宗教・道徳教育、および東南アジア諸国における言語教育を取り上げ、調査研究を実施した。前者では、東南アジア諸国（フィリピン、タイ、マレーシア、インドネシア）のみならず南アジア（インド）、中南米諸国（メキシコ、ブラジル）及びアフリカ諸国を対象にした。私はタイを担当し、他国のケースは各地域の専門家7人に研究を依頼した。その中で、主に各国における宗教・文化の歴史と伝統を踏まえた上で、宗教・道徳教育の特色と国民統一に関わるナショナリズムとの関係を明らかにした。

　また、筆者は1985〜1986年にタイ、フィリピン、マレーシア、インドネシアにおいて高校生に対する世界観・社会観調査を行った。その結果、宗教・道徳への理解において各国の高校生の間に共通性と相違性のあることが判明した。

　後者については、東南アジアのフィリピン、タイ、マレーシア、シンガポール、インドネシア、ミャンマー、スリランカを対象に、各国における言語教育の歴史と現状を国語、公用語、民族語、教授用語との関連を考察しつつ検討した。宗教・道徳教育の場合と同様に、多民族国家の特性から多言語使用と国民統一の関係が注目された。タイ、ミャンマーでは国語を教授用語にして少数民族の母語を認めなかった。マレーシアでは小学校においてマレー語、中国語、タミル語学校の設立を認可しているが、中等学校ではマレー語に限っている。シンガポールは国際国家を目指して英語を教授用語とするが、民族語の使用も認めている。フィリピンでは、フィリピン語と英語によるバイリンガル教育を行っている。

　このようにいずれの言語が教授用語になっているのか、またその教授用語を選択するに当たっていかなる要因が作用しているのか、それらの分析が興味深かった。たとえば、民族構成、多数民族と少数民族の関係、宗主国にお

ける主要言語の影響などである。
　これらの研究成果は、「東南アジア諸国における言語教育——多言語社会への対応」(筑波大学教育学系比較・国際教育研究室、1991年)にまとめた。

(2) 南南教育協力

　近年、開発途上国の中にも経済的、社会的に発展の著しい国が現れている。東南アジアではタイ、マレーシア、シンガポールなどである。それらの国々は、従来、先進国から様々な援助を受けていたが、1990年代頃からより発展していない周辺国(カンボジア、ラオス、ミャンマーなど)に対して各種の援助を行うようになってきている。
　たとえば、タイは、経済、農業、保健分野に加えて教育分野においてもラオスやカンボジアに援助を行うようになってきた。ラオスの初等・中等教員や教育行政官に対する研修をタイの大学や教育省で行っている。いくつかの教員研修に対し、日本のJICAやNPOが協力しているケースもある。理数科教員の研究に限れば、同様なプログラムがフィリピン・マレーシア—アフリカのケニア・ウガンダ—日本の関係にもみられる。このように途上国間援助に先進国が関係している場合、三角協力とも結ばれる。2国間教育協力は、近年、ベトナムとラオスの間にも看取される。このような開発途上国間、あるいはそれに先進国が関与するケースも含めて南南教育協力と称される。
　筆者は、この種の南南教育協力の比較研究を2007年頃から、主に、タイとラオス・カンボジア、フィリピン・マレーシアとケニア・ウガンダなどのアフリカ諸国、それらに日本の協力が加わるケース、並びにベトナムとラオスの援助協力を調査研究した。この研究においては、援助協力し合う開発途上国の教育、文化、経済状況を理解しておく必要がある。先進国による教育援助、いわゆる南北教育協力に対し、南南教育協力のメリット、デメリットを考察する際に、上述の理解が不可欠と思われる。いずれにしろ、今後の国際教育協力を考える上で、重要なアプローチになるであろう。ラオス教員が研修を日本で受ける場合と日本で受けない場合を比較考察すると、交通費や宿泊費、講師手当などの経済的な相違、ラオスとタイが同じ仏教文化を背景にもつこと、また、ラオス語とタイ語の類似性から両国の人々は容易にコミュニケーションを取ることができるという文化的背景などを把握しておく必要がある。

(3) 日本の教育経験の発信

　筑波大学において開発途上国の教員や教育行政官の研究生に対し、日本の教育、文化に関する講義を行った経験から、日本の教育の現状を外国人留学生、研究生向けに整理した『バイリンガルテキスト：日本の教育――教育制度と教育教科』（学研、1998 年）を発行した。その後、再編し『バイリンガルテキスト：現代日本の教育――制度と内容』（東信堂、2010 年）を刊行した。また、日本の教育経験を含めて企画したものが、ＪＩＣＡで検討され『日本の教育経験――途上国の教育開発を考える』（東信堂、2005 年）として発行された。これらのテキスト、研究報告は、日本教育の特色を海外に発信し、外国人の日本教育理解を深めるのに役立っている。

　この企画と関連して日本の教育経験が外国においていかに活用されているかということに関心を抱き、2 種類の比較調査を行った。第一は、1984 年にアジア系の元留学生と元就学生約 1000 人を対象としたアンケート調査である。同アンケートは、韓国、中国、フィリピン、タイ、マレーシア、シンガポール、インドネシアの 7 ヶ国へ、英語と母語による用紙を郵送して実施した。内容として、日本の教育・文化の特色は何であるか、及びそれらの特色を自国で活用しているかを問うた。その結果、興味深い回答が返ってきた。たとえば、多くの韓国人は日本の道徳や躾をすばらしいと考えている。マレーシアやタイ人の多くは、日本人は読書好きで記録の保存を重視する活字文化をもつと指摘した。一方で、東南アジアの元留学生達は、日本にはまだ男女差があると判断していた。

　第二には、学校教員や教育行政官に対し東南アジア諸国で各種の調査をした時に、日本の教育経験の中で何が活用されているのかを問うてきた。その結果、タイにおいては、教育法、運動会（バンコクの私立学校）、学校の図書室、マレーシアでは道徳教育（非宗教的）、インドネシアではＰＴＡ、校歌、並びにフィリピン、タイ、マレーシアにおいて理数科教育、授業研究などが挙げられ興味深く思った。これらのことは、今後、日本がいかなる教育経験を外国（特に途上国）へ発信していけばよいのかを考える際に、参考になるものと考えられる。

(4) 比較教育研究と地域研究

　国や地域間の比較教育研究、あるいは教育協力研究を行う際には、基本的

に対象国、対象地域における教育・文化・社会を深く理解しておくことが重要と思われる。そうでなければその研究は底の浅いものに終わってしまうであろう。地域研究は、本来、学際的、総合的に地域の事情を探究するものであるから教育の背景を知る上で有用である。

たとえば、前述の日本の教育経験から、なぜ韓国において道徳や躾、タイにおいて教育法・私立学校の運動会・学校の図書室、マレーシアにおいて道徳教育、インドネシアにおいてＰＴＡ・校歌、マレーシア・タイにおいて読書・記録保存が選ばれるのか。また、それらの経験が各国においていかなる意義を有するのかについて、各国の教育・文化・社会に対する深い認識がなければ理解できないし、適切な解釈もできないであろう。

比較教育研究と地域研究は、それぞれの研究が互いに有機的に連動して進めばその奥行きが深くなり、視界の幅が広くなるものと思われる。

第IV部

地域との関わりを基盤とする比較教育学

第15章　比較教育学とその周辺領域における南アジア教育研究

日下部達哉

はじめに

　本章では、最初に「南アジアの教育研究」に関する、国内外における比較教育学と地域研究領域における研究傾向と現状を分析したのち、南アジア現地の教育研究者が、教育をいかに研究しているか、バングラデシュを事例に比較検討する。

　南アジアをフィールドとする教育研究は、比較教育学にとどまらず、社会学、人類学、開発諸学、地域研究などの諸領域で行われているし、これらに加え、地理学や防災学といった領域でも、現地の教育の在り方が調査研究される場合がある。こうした「南アジアの教育研究」の分野の拡がりを語ることは筆者ではとても手に負えないし、同じ「南アジア」といっても、インドやネパール研究に従事する研究者の関心と、バングラデシュのそれとは、日ごろ読むコア・ジャーナル、典型的な分析枠組み、フォーカスする問題意識などすべての面においてかなり異なっており、やはりここでは手に負えない。そこで、いびつな形ではあるが、日本の教育研究誌として日本比較教育学会が発刊している『比較教育学研究』、日本南アジア学会が発刊する『Journal of the Japanese Association for South Asian Studies』及び『南アジア研究』、イギリスで出版されている比較教育学の学術誌『Compare』から抜粋した南アジア教育研究論文34本、現地の教育関連学術誌の一つであるバングラデシュの『Teacher's World』を取り扱う。現地の学術誌は、インドやネパールなどでも、同様のジャーナルなどが発刊されていて、分析対象にできたが、筆者の専門外といえ、かつ紙幅と時間の関係上、国を絞らざるを得なかった。

　また、本章では、視点は異なっていても、南アジアの教育の在り方を中心に据えて解明しようとする、いわば目的論的に「南アジアの教育研究」に焦

第15章　比較教育学とその周辺領域における南アジア教育研究　345

点を絞り議論を進める。それゆえ、たとえば、一本の論文中に、わずかに南アジアの記述があるものなどは分析の対象から外している。少なくとも南アジアの国をタイトルに据え、メインの分析対象にしているか、数カ国の比較研究の中に南アジアの国が入っているものだけを分析対象とした。また中心的には1990年代以降の動向分析を行う。これは特に南アジアの研究が盛んになるのが2000年以降で、2000年以降の研究史を描くからには、90年代からの描写が重要と考えたためである。むろん、それ以前のものも、重要な研究は多いため、できるだけ網羅的に分析対象には入れている。

　最終的には、これら分析を通じ、日本の比較教育学の南アジア研究傾向を浮き彫りにしていく。最初に断っておかねばならないのは、本章によって比較教育学や地域研究分野における南アジア教育研究の地平が何らか拓けるわけではもちろんない。むしろ過去の先達の業績に立脚しつつ、今後の方向性について分析しようとするものである。その意味からいけば、本書の趣旨からは外れるかもしれない。

1．日本の地域研究と比較教育学分野における南アジア教育研究の現状

1　教育研究空白地帯からの脱却—地域研究分野における南アジア教育研究の現状

　日本の大学・研究機関における「地域研究」は、1941年の東京（帝国）大学東洋文化研究所設立を皮切りに、多くの大学や研究機関で発展してきた。2011年8月現在、地域研究の代表的組織ともいえる地域研究コンソーシアム（Japan Consortium for Area Studies）への加盟組織は、93に上る[1]。これだけ「地域研究」が行われているということは、定義も困難であるが、本章では、ひとまず操作的に「個々の地域を研究単位とし、当該地域を総合的に理解しようとする研究領域」とする[2]。このコンソーシアムの構成組織の一つである日本南アジア学会において、南アジアの地域研究は中心的に議論されている。南アジア学会が設立されたのは、1988年と学問分野の中では比較的若く、学会誌が創刊から22号まで出版されている。この中で教育について研究対象となった論文が掲載されたのは、研究ノートも含めると、佐々木（Sasaki

2004)、南出（Minamide 2005）、南出（2008）、の三本である。研究の評価は論文数によるべきでは全くないが、80-90年代の南アジアにおいて多種多様な教育的営みが存在していたことを考えれば、日本の地域研究における南アジア教育研究は、上記個別のモノグラフを除いて長期間、空白地帯であったといわざるを得ないだろう。

　しかし2009年から、日本南アジア学会のメンバーを中心に、新しい科研グループが立ち上がり、本格的な南アジアにおける教育研究が開始された。押川文子京都大学教授を研究代表とする、科学研究費補助金（基盤B）「南アジアの教育発展と社会変容——『複線型教育システム』の可能性」という研究チームは、フィールドこそ各メンバーがフィールドとするインド、バングラデシュ、パキスタンの3カ国に限定されているが、おもに日本南アジア学会の研究者たちが、比較教育学、文化人類学、政治学、経済学など、それぞれの専門的視点から、現地の教育を分析するスタイルをとっている。南アジア地域研究において、教育の解明を目的とする研究グループが立ち上がることは、それまでの空白を埋める画期的なことであった。また、多分野の専門家が多く集う地域研究領域では、ひとたび教育を研究し始めると、多角的視点から当該地域の教育をとらえることができるという地域研究ならではの特性もある。

　また、この科研グループは、2009年に開催された第22回日本南アジア学会全国大会（北九州市立大学）のテーマ別発表で、「変動する社会と『教育の時代』」と題する発表を行い、各報告内容はその後、学会紀要である『南アジア研究』第22号の特集として掲載された[3]。その中で、代表の押川は、今日の南アジアにおける「拡大の規模とスピード、関心の在り方、学校制度や教育行政における取り組み、そして関わるアクターの多様化においても、従来の様相を一変させる」教育発展の在り方に対する強い関心を打ち出している（押川2010：66）。これから紹介する四つの研究は、基本的にミクロの視点から調査されているものであり、初等教育段階と高等教育段階が基本的に分断されている教育制度の「周縁」における実態の側面を描いている。おそらく日本の南アジア教育研究で、現在の南アジアの教育に関して最も盛んに分析を進めている研究グループの一つといえるだろう。

この科研のメンバーの 1 人である小原は、インドの教育における『影の制度』を検討している。小原は無認可学校の存在を「影の制度」と呼び、法制度的側面とともに、フィールドワークによってその実態にもアプローチした。この研究は、デリーをフィールドとしており、公立学校の拡充が不十分な中で発展した私立学校の中に含まれる無認可学校（Unrecognized School）に焦点を当てている。本研究で無認可学校は、「学校教育法規などに規定される認可条件を満たしていないため、政府からの財政支援がない上、児童の進学に不可欠である修了証明書の発行権をもたない」学校とされている（小原 2010：75）。これが、子どもの教育権の保障問題に取り組むNGO、Social Justice によって裁判に訴えられている。判決は、デリー高等裁において、「閉鎖すべき」とされ、最高裁では「政府の管理下で統制すべきである」とされた。しかし 2010 年に施行された、子どもの無償義務教育権利法では再び閉鎖を求められている (75-80)。小原が無認可学校の存在を「影の制度」と呼ぶのは、こうした教育法制度的側面のゆらぎにもかかわらず、無認可学校が実態として機能しているからである。その一つの側面は、貧困層の教育意識の高まりによる教育希求の動きである。人々は、不十分な公立学校の教育よりも、英語での教育が施され、主に富裕層が通う私立よりも授業料の安い無認可学校に通おうとする。認可か無認可であるかどうかにかかわらず、保護者は進学の可否を正確に把握している。もう一つの側面は、無認可学校は学校経営を目的とする者、定年退職者、主婦業との両立など、貧困層の教育意識への高まりをとらえた人々が職を求めるという側面である (78-79)。小原の研究は、こうした「実態としての機能」が無認可学校を増加させていることを指摘している。

　また、日下部は、バングラデシュのアリアマドラサ（aliya madrasa）とコウミマドラサ（qawmi madrasa）について報告している（日下部 2010：82-89）。バングラデシュでは、教育を求める人々に対して、普通学校教育の経路と、マドラサというイスラーム神学校の経路が開かれている。しかし、マドラサにはアリアマドラサとコウミマドラサの 2 種類があり、アリアマドラサは教育省マドラサ教育委員会（Madrasa education board）によって統括され、ナショナルカリキュラムを完全に担保することで、教員給与が政府から支給されてい

る。またコウミマドラサは、アラビア語、ペルシャ語、ウルドゥー語を教授用語とした独自のカリキュラムを実践している。そのためナショナルカリキュラムを担保しておらず、政府とは別の、首都ダッカにあるコウミマドラサ委員会（Qawmi madrasa board）が試験などを実施している。ここで特筆すべき大きな違いは、やはり学位の問題であろう。アリアマドラサはナショナルカリキュラムを完全に担保しており、宗教科目はエクストラカリキュラムとして実施されているため、中等教育レベルでは、卒業生に普通学校教育と同じ SSC（Secondary School Certificate）と、HSC（Higher Secondary Certificate）が発行される。しかし、コウミマドラサは独自の学位授与システムを有しており、これが公には認められていない。疑うべくもなく、このことがコウミマドラサの不利な点であるが、実態は、バングラデシュ東部ではコウミマドラサの増加が著しい。ちなみに、アリアマドラサについては1970年に1,518校であったものが、2000年には7,279校になっていることがわかっており（日下部2010：87）、こちらも増加傾向にある。しかしコウミマドラサは、現在正確な校数が把捉されていない。2009年に実施した、ダッカのコウミマドラサ委員会の事務局長に対するインタビューによれば、バングラデシュ全体で1万校は超えているだろうと推定していた。概ねであっても仮に1万校以上あるとすれば、相当数の子どもたちがコウミマドラサにコミットしていることが推測できる。多くのコウミマドラサにおけるインタビューでは、生徒のほとんどが貧困層からきているらしい。また、デリーのような裁判ではないが、80年代から政府側とコウミマドラサ側との交渉の存在が指摘されている。このバングラデシュのマドラサの研究においても、貧困層といわれる人々の側からの教育希求と、教育制度供給側の機能不全との狭間で、コウミマドラサはその不全状態を補うかのように「もう一つの教育制度」として機能している。

　また、南出は、バングラデシュにおける子どもたちの中等教育への定着の低さに着目し、彼ら彼女らの中での「学校の意味」について研究している（南出2010：90-99）。南出が農村部で調査した38名の子どもたちのうち、29名が中学校に進学し、「留年しながらもなんとか通い続けた子どもは約39％で、留年しながらもなんとか10年生までを終えた子どもは38人中15人であっ

第15章　比較教育学とその周辺領域における南アジア教育研究　349

た」(93)。南出はさらに、インタビューによって、子どもたちにとって中学校は小学校と異なり、勉強も難しくなり「なんとなく通う」「友達と遊ぶのが楽しくて通う」といったインセンティブで通うのは不可能であること(95)、さらに「学歴神話」が現状では不明瞭性が強く、彼らの意識の中ではほとんど機能していないこと、女子が結婚しても、実態としては婚家と実家を行き来する場合があり、婚姻状態を続けながらも通学できる人々もいることを明らかにした (95)。南出は、学歴や教育への投資が、職業機会と関係しているかどうかわからない、教育制度が機能不全である中、外部要因である大人ではなく、子ども自身の視点を確保し、不安定な社会に彼ら彼女らがいかに対応しようとしているのかという側面を照射した。

　針塚は、インド、ニューデリーにおける路上生活経験のある子どもに対して教育機会を提供する活動をしている NGO のフィールドワークから、NGO がいかにストリートの子どもたちを啓発し、自らの将来を考えるように「カウンセリング」を行ったり、「モチベート」を行ったりしているか、という事例研究を行った（針塚 2010：100-106）。この研究で針塚は、インドにおけるノンフォーマル教育が有する教育機能について詳述している。調査対象である SBT という NGO の職員は、ストリートの子どもたちが、SBT の中で自分の居場所をもてるように、また将来を見据えた教育の意義を理解することができるように「カウンセリング」や「モチベート」を行う。結果として子どもたちが路上生活を止めるよう選択を促し、「メインストリーム」の教育へいざなっていく(101-103)。その過程をつぶさに観察した針塚は、「教育が普及した社会では、初等教育段階の教育に関する選択・決定を、子ども自身が行うことは想定されていない。しかし、路上で生活する子どもたちは、『メインストリーム』の子どもが拒否することのできない形で与えられる教育を、自らの選択として経験している」(104) と述べる。

　上記四研究は、もともと別個のものとして取り組まれていた研究を、研究代表である押川がとりまとめ、位置づけを行ったものである。押川は、上記のような政府や人々の教育への動き全般がでてきていることについて「教育の時代」とよび、現状でできる限り、南アジアにおける様々な教育的変化をとらえようとしている。

実はこの研究傾向は、のちに述べる『Compare』の分析の中でみられたものと軌を一にしている。急速に拡大する南アジアの教育を多くの研究者がとらえようとする動きは、日本だけではない。

さて、この科研研究会では、比較教育学をメインとする研究者だけではなく、政治学、経済学、制度論など、地域研究らしい、多様なアプローチをとって教育を分析するスタイルとなっている。また、南アジア教育の現状分析だけではなく、科研グループ結成時の早い段階で、東アジア（中国）、東南アジア（マレーシア）との比較を目的として、比較教育学の専門家を研究会に呼んで講演会も行っている。本来、筆者はこうした研究は、比較教育学に期待されている役割ではないだろうかと考えているが、比較教育学における南アジア関係の研究蓄積が他分野にも貢献しているという点で意義があると考えられる。

2 歴史研究から定点観測的研究へ──日本の比較教育学における南アジア教育研究

90年代から2011年までに、日本比較教育学会の学会誌である『比較教育学研究』に収録された南アジア教育の関連論文は11本、「特集」における論文は2本である（ただし、一国研究か、比較対象に南アジア地域を明示的に含む研究以外は除く）。これらをいくつかのカテゴリに大別することは難しいが、歴史の中の日印関係及び日印英関係における教育借用に焦点を当てた論文が、まずカテゴライズできる。上田論文（1990）では、明治期の日印関係において、原綿の最大の供給先となった日本にインド民衆が興味を持ったことを挙げ、インド総督府に命じられて、1904年4月から日本の教育事情を調査し、後に『近代日本の教育制度』を刊行した英国人ウイリアム・ヘースティングス・シャープの調査報告をつぶさに検討している。シャープの報告書は徹底して日本の教育の記述を試みており、最後に日印比較を行っている。そこで、(1)日本の制度は規格化されていること、(2)教育の場面での国語の使用、(3)定型化された道徳教育、(4)体育教育が必須でしかも量的に大変多いこと、(5)学校への出席義務、(6) 各段階における入学年齢の制限、(7) 広範囲な科目、(8) 大規模な公開試験を実施していないこと、(9) 奨学金・報償制をとって

いないこと、(10)補助金の導入によって制度の拡張をやっていないこと、(11) あらゆる種類の組織的な技術教育、(12) 教育財政制度、などを浮き彫りにしたことを明らかにした（上田 1990：109）。上田は、さらに報告書がイギリスとベルギーに配布されていったことを明らかにしている（110-111）。また、弘中論文（1995）では、インド女子大学（現在 S.N.D.T 女子大学）が、東京の日本女子大学に範を求めてつくられたということに関する詳細が記されている。研究では、インド女子大学の創設者となるカルウェは、インドで女子の高等教育機関設立に関する研究を進めていた 1915 年半ばに、日本女子大学の設立された 1901 年から 1912 年までの発展を物語る『日本女子大学校の過去現在及び未来』(1912)の英語版を入手し、「日本女子大学が西洋の模倣に出るのではなく、『その根本原理を定めこれと一致する女子教育の計画を立て、女性の必要に応えよう』としている点」(26)などに感銘をうけ、独自の学位の名前を創るなど、創意工夫も加えて、あえて政府の公認を受けずに開学、発展を遂げたことが記されている。

　これら二研究は、比較教育学に登場するクラシカルな南アジア教育研究といえる。日印関係史や日印英関係史の中の教育といった研究は、日本の南アジア地域研究分野ではみられず（イギリス文学におけるインド記述に関する研究などは存在する）、比較教育学ならではの研究といえる。また歴史研究の流れでいえば、現代史研究ともいえる北村論文（2000）がある。これは東パキスタン時代のバングラデシュの政治エリートであるバナキュラーエリートの台頭に着目した研究である。この論文では、現在のバングラデシュが東パキスタンであった 50、60 年代を通じ、英語ではなくベンガル語で教育を受けてきたバナキュラーエリートたちが、「夢の国」であったはずの南アジアのイスラーム国家の一部東パキスタンが結局、西パキスタンから搾取される対象にしかならなかった現実に失望し、ベンガル人としてのアイデンティティを追求し、中央政府に対する抗議運動を行った様子が描かれている。

　こうした歴史研究がある一方、90 年代半ばから数年おきに、南アジア各地域の教育事象を、フィールドワークによって解き明かそうとした諸研究が登場する。これはここ 20 年間における一定の傾向であるといえ、この間、採択された論文は 6 本で、採択はされなかったものの、投稿された論文を含

めば、さらに多くの南アジア教育研究がなされていることになるだろう。こうした背景には、世界における途上国を対象とした開発援助の高まりがあるものと推察される。教育分野でも90年、タイのジョムティエンで「万人のための教育世界宣言」が採択され、日本でも南アジア各国を調査しようという機運が高まったと考えられる。南アジア各国は、独立以後、どの国も教育計画を有し、それら計画が調査対象にもなったし、南アジアの多彩な現場で、リアルな教育の現状が調査対象にもなった。また、NGOやODAへの参画などによって政策立案や、実際の教育普及に関わった人々が多く論文を書く動機にもなったはずである。

　武井論文（1995）では、インド・アンドラプラデーシュ州における教育の質改善のためのインド政府、英国政府、州政府の共同プロジェクトであるAPPEP（Andhra Pradesh Primary Education Project）に関する詳述と意義に関する分析を行っている。また、赤井論文（1998）では、インド・ハリアナ州の公開試験における、集団で行う不正（Mass copying）、金銭授受、有力者からの圧力による合否操作、試験問題漏洩などの不正行為撲滅運動の具体策を含む試験改革を検討した。運動実施直前の93年とそれ以降の公開試験を比較すると、ハリアナ州公開試験における8学年、10学年、12学年の合格率が下落したこと、かつ不正と疑われる者の摘発もあった。赤井は、校長にインタビューし、「住民の不正行為への不満を解消する『運動』の実施が正しい選択である」と考えられていることを明らかにした（78-79）。さらに赤井は、2001年にもインドの県教育研究所（DIET）における初等教員養成に関する論文を著し、地域における初等教員養成の歴史と現状を活写した（赤井2011）。

　また、小原論文（2009）では、2008年時点でのデリーの学校数4,742校が、無認可学校約1,200校を含んでいないことを指摘し、無認可学校は全体の20％にも及ぶことを指摘した。さらにデリー・シャードラ地区の無認可学校の詳細なフィールドワークに基づき、無認可学校台頭の背景と存続メカニズムについて分析している。また小林論文（Kobayashi 2009）では、インド農村の教育へのコミュニティ参画において教育プログラムが農村レベルの教育開発に何をもたらしているのか、NGOとディストリクトのプログラムを対比

しつつ議論している。

　さらに日本の比較教育学における南アジア研究の範囲は、インド以外の国々にも及んでいる。畠は、2002年と2006年の論文で、ネパールのカースト／エスニック・グループ間の教育格差問題を実態に即して考察した（畠 2002、2006）。また日下部論文（2003）は、バングラデシュにおいて拡充された初等教育制度が、村人にいかに受容されているかを、4農村の国内比較分析から明らかにしようとした。

　またこれらとは異なり、イギリスにおけるバングラデシュ系生徒の低学力問題を取り扱った川野辺論文（1992）もある。これはどちらかといえばイギリスの研究といえるかもしれないが、日頃、バングラデシュの子どもに接している筆者からみても、比較の視点から興味深く読める。

　こうしてみると、日本の南アジア教育研究では、現地語による調査や資料によって、継続的または断続的な定点観測がなされ、その成果が取り上げられることが多いことがわかる。基本的には研究者の現地への興味関心に端を発しているもので、課題発掘型の研究が多いといえる。

2．「現在学」としての南アジア教育研究―Compare掲載論文の南アジア教育研究の分析

　次に、イギリスの『Compare』における南アジア教育研究を概観したい。本来であれば『Comparative Education』、『Comparative Education Review』などもここでの対象とすべきであるが、結果はおそらく膨大なものになるため、別稿に譲りたい。『Compare』出版元は、イギリスではあるが、英語でもあることから世界各国から南アジア関連の論文が投稿、採択されている。1975年から現在までで34本の南アジア教育研究論文が採択され、34本中、29本が2002年以降のもの、という近年における増加傾向ははっきりしている。2002年以前は、数えるほどしかなかった南アジア関連論文が急増したのは、とりもなおさず、急拡大する教育セクターの動きは制度側からみても、人々の側からみても、予想外のことが多く、そこに研究者としての関心が集中していると考えられる。また、DFID（英国国際開発庁）の新教育戦略など、

『Compare』誌において推奨されているテーマや教育の動きにかなった動向が南アジアで多く観察されていることも明らかである。この研究機運は、先述の日本の地域研究分野で高まっている教育研究の機運と、軌を一にしている。これらの研究が増加してきているのは、身分制度や性差などが現在も根強く存在している南アジアで高まっている「教育熱」をどうとらえればいいのかという、研究者らの研究欲求の表れであろう。むろん、経済成長著しいインドについては、非常に論文が多いと考えられる。

2002年以降の急速に論文数が増加した一群を分析対象とすると、インドを対象としたものが14本と圧倒的に多く、バングラデシュ3本、ネパール3本、パキスタン3本、スリランカ1本、南アジア全体を対象としたものが1本、2カ国ないし数カ国の比較研究4本である。残念ながら、紙幅の都合上、インドに焦点を当てざるをえない。

インド14本の中で、最も存在感が大きいのが、私立学校関連（4本）、マドラサ関連（1本）、NGO学校関連（1本）といった、教育のプライベートセクターを論じた研究である。いずれも2006年以降のもので、アシュレイ（Ashley 2006）による、学校が学校外の子どもたちに教育を提供する「アウトリーチプログラム」に関する私立学校と公立学校の比較研究、シャルマ-ブライマーとフォックス（Sharma-Brymer & Fox 2008）によるインド女性の語りを現象学的に分析し、彼女らが"educated woman（教育を受けた女性）"について、活動的で変化を求める女性の新しい在り方を認識しながらも、インドにおける伝統的な生活の中で身につけてきたeducated womanの在り方と、新しい在り方との間にコンフリクトやテンションがある様を描写した研究などの論文が採択されている。これらは、インドの教育制度の拡充により、人々や学校を経営する人々の意識が変化していることを示す論文である。また、教育熱が膨張し、その結果として、政府の力が弱いインドで、教育を希求する人々をすくい取りきれず、様々な非公認教育セクターが勃興していることがよく示されているのが、以下の研究群である。

メフロトラとパンチャムキ（Mehrotra & Panchamukhi 2006）は、インドの学校を①政府立学校、②政府補助私立学校、③無補助私立学校、④無認可私立学校に分類し、インド国内8地域の比較を行った。その結果、農村部では

人々が政府立学校に行くシェアが高く、都市部では政府立学校のシェアが落ちてきていること、インドのプライベートセクターは、OECD 諸国よりも高いこと、歴史的にケララ州では、私立学校に補助を出すことで教育開発を進めてきたこと、ただし、インドでは私立学校がジェンダー格差と社会格差の是正に追い風であるとはいえないことなど明らかにした。さらにプライベートセクターは、政府が企図したよりも明らかに膨張し続けていることも明らかにした (438)。この研究に呼応するかのように低学費私立学校 (Low Fee Private School: LFPs) の研究が 2 本掲載されている。ヘルメ (Härmä 2009) は、LFP がインドの農村部であっても拡大していること、また、通わせている保護者たちは政府立学校よりも満足を感じていることを明らかにしている。しかし一方で、約半数の親たちは、LFPs さえも行かせられない保護者たちであり、LFP が、カーストやジェンダー格差を是正するような公正なオプション (equitable option) となるには程遠いことに言及した。また、先に述べた小原の研究も、『Compare』に採択されている。デリー高等裁と最高裁の判決については、先述したとおりであるが、小原 (Ohara 2012) の中で、デリーの無認可学校、教師、保護者へのインタビュー調査を行い、その詳述をし、無認可学校は認可学校への「インフォーマルな橋渡し」であることを突き止め、無認可学校が、その法的不適切さなど意に介しない実質的正統性 (practical legitimacy) を獲得してきたことなどを明らかにした。

　また、別種の学校ともいえるが、インドのマドラサを論じたジェフリーら (Jeffrey et al. 2008) の研究や、小規模 NGO 学校を論じたブルーム (Blum 2009) の研究など、インド教育研究は急速に充実してきているといってよい。このほかにもティラク (Tilak 2002) によるインドの知識社会化と援助を論じた研究、ロジャーズ (Rogers 2002) による、インドのポスト・リテラシーを論じた研究など、動きが盛んな南アジアの教育について研究している。また、サントシュとパータサルティ (Santosh & Parthasarthi 2006) やティラクは、インド人研究者でもあり、現地研究者の声も反映されてきている。

　バングラデシュ、ネパール、パキスタン、スリランカを研究した他の論文も、基調としては、教育の発展が進んだゆえに起こるプライベートセクターの勃興、ジェンダー格差、階層格差などを研究対象としている。基本的に

『Compare』では、南アジアに限っていえば、歴史研究的なものは登場せず、いわば「現在学」としての教育現象を分析する形となっている。

3．現地研究者の考える教育学―バングラデシュの事例から

　バングラデシュの場合、教育事業を取り扱うNGO（CAMPE、BRAC等）やグラミンバンクが、ドナーへの報告のため、教育事業に関する報告書をだしているが、公的機関である国立教育政策研究所（National Academy for Educational Management: NAEM）やダッカ大学教育研究所（Institute of Education & Research, University of Dhaka: IER）も多くの教育学関連出版物を発刊している。

　このうちダッカ大学IERが発刊する『Teacher's World』というジャーナルは、比較的、研究者独自の関心に基づいて書かれている傾向が高い。

　ここでは、バングラデシュ人研究者が教育にどう関心をもっているかを中心的に分析したい。このジャーナルに寄稿するのは、発刊元であるダッカ大学IERの教員がほとんどであるが、バングラデシュの大学で教育学をまともに研究しているのもダッカ大学だけなので、本ジャーナルをおさえることは、バングラデシュの教育学研究の要点をおさえたことにもなるといえる。

　対象とするテーマ性は非常に広く、IER自体の役割を議論するもの、教育行政論や学校経営論、カリキュラム論、そして私がみて興味深かった、イギリスやインドや日本などの教育視察の成果を論文にした比較教育学的研究も掲載されている。また、農村部における教育を論じた教育社会学的研究や、地方における教育の在り方を論じた教育制度学など、教室や学校の外のこと、つまり、社会と教育のつながりについての論文も割と掲載されている。また、NGOの研究なども掲載されているが、NGOが発刊する、内容の全てが成功例の報告書とは異なり、批判的検討も行われている。

　バングラデシュ人によるバングラデシュの教育研究なので、必然的に非常に詳細な情報が掲載されている。511名の農村部小学校教員のプロフィールを詳細に調べたシディクル（Siddiqur 1989）の研究や、各タナ（郡）におかれた郡教育事務官の役割を調査したローシャン（Roushan 1982）の研究などは、綿密な調査に基づいた極めて詳細な情報をつたえている。

また、この『Teacher's World』では、1991年以降、教育開発関連の論文が出始めてはいるものの、教育政策の側面で、日本やイギリスで研究や出版がかなり盛り上がりをみせたほどには、取り扱われなかったといってよい。むしろ農村部の教師の特性や教育行政の在り方、小学校のドロップアウトの量的分析など、ミッション・オリエンテッドなものではなく、研究者の関心に基づいたアカデミック・ドリヴンな姿勢が貫かれていた。2005年あたりからは、女子教育や障がい者教育など、福祉の観点からの教育が多く取り扱われるようになっている。女子教育については、カムルンネサ（Kamurunnnesa 1993）による女性の識字の状況を分析した研究や、実際にインタビューを行って女性の教育アクセスとドロップアウト問題を調査したムビナ（Mubina 2002）の論文など女性研究者の手による論文がさかんに登場してきている。また、年代を経るごとに、掲載される論文の質は向上し、単に叙述だけではなく、より分析的な論文が掲載されるようになっていった。

　一方で、なぜ未だに登場しないのか、というトピックもある。それは、マドラサ（イスラーム神学校）の研究である。イスラーム国家であるバングラデシュの教育制度には、マドラサが、公的教育制度として組み込まれている。しかし、手元にある『Teacher's World』のすべてをみても、マドラサについて言及されたトピックはない。バングラデシュの教育開発でNGOが活躍したのは非常に有名だが、まったく同じように宗教セクターも、この国の教育開発に貢献している。何本かの論文が掲載されていてしかるべきではないだろうか。こと、宗教教育に関する研究は、海外のジャーナルにおいてより論究がなされている。また、これは不思議に思うのだが、執筆者たちは、バングラデシュに住んでいるにもかかわらず、いくつかの研究を除き、あまり現地調査を行っていない。むろん、ダッカ大学の実情は、一人の大学教員が150-200人の学生指導をしていたりするので、実情を知る筆者としては同情しているが、ぜひ、億劫がらずにフィールドに出かけてほしいものである。

　このジャーナル総体としてみると、各論文は欧米出自の理論や枠組みといったものにはあまりとらえられておらず、国内の教育トピックを解明、解説する類の論文が多かった。だからよけいなバイアスがなく、丁寧な説明が展開されている。こうしてバングラデシュ以外の南アジア教育研究と比較す

ると、バングラデシュ人がバングラデシュの研究をしているのだから、バングラデシュ国外の研究者からみれば丁寧に映る一方、拙論も含めて、特に開発的視点からのバイアスがかかったバングラデシュ国外からの教育研究は、どうしても相対的に大味にならざるをえない。むろんバングラデシュ人にない視点も包摂しているので、一概なことはいえない。しかしもう少し双方の往復運動があってよいのではないだろうか。

おわりに

　以上簡単ではあるが、日本、イギリス、バングラデシュの南アジア教育研究について、検討してみた。比較をしてみると、やはり日本の『比較教育学研究』では、研究者個人が現地語による調査や資料研究を行った、定点観測的研究が蓄積されており、対象範囲も広いことがわかった。
　比較教育学分野では、東南アジアや東アジア地域の教育研究などで組織的な、多人数による研究が多く進められているが、南アジア地域に関しては、現時点でそういった動きはみられない。また、これまで「比較教育学研究の回顧と展望」といった企画でも、学会誌の特集の際にも、インドが分析の範疇に加えられることはなかった。おそらく、南アジアの広大さと多様性のわりには、まだ研究者の数が足りていないということであろう。
　一方、南アジア地域研究分野では、長らく空白であった教育研究も、押川氏の科研グループがきっかけとなり近年、多くの研究者の関心が寄せられ、学問領域横断的な研究が進められてきている。この動きは、イギリスの『Compare』に出てきている南アジア教育研究の機運と軌を一にしており、南アジアに生まれた「教育の時代」をいかにとらえればよいのか、考える機会が増加してきているといえる。
　バングラデシュの『Teacher's World』をレビューした結果、この中の論文は、バングラデシュ人によるバングラデシュ教育研究で、各論文には詳細な情報が掲載され、マドラサの研究がないといった問題点も包含していたが、言い換えれば、トレンドに流されないアカデミックドリヴンな研究をしているといえる。残念ながら日本の紀要でも『Compare』でもバングラデシュ関連論

文は圧倒的少数だったので、ここで傾向をつかむことはできない。その意味でいびつな形での比較となってしまった。しかし一ついえるのは、バングラデシュにこうした研究蓄積があるにもかかわらず、『比較教育学研究』や『Compare』のバングラデシュ関連論文で、筆者を含め、バングラデシュ人による研究があまり引用、参照されていたわけではなかったことである。この傾向が他の国々の南アジア教育研究に当てはまるのかよくわからないが、外国の教育研究を行う際に重要になるのは、「調査対象国・地域の中で、いかに教育が議論されているのか」にひとまず注目することであろう。少なくとも南アジア教育研究では、現地の研究者との研究交流、理論・実践の往復運動をもっと盛んにしていくことが重要ではないだろうか。

注

1 地域研究コンソーシアム HP. http://www.jcas.jp/links/index.html［2011年10月28日閲覧］
2 地域研究コンソーシアム主催研究会で、京都大学地域研究統合情報センター共同研究プロジェクトである地域研究方法論研究会がまとめた、「地域研究とは？」という項目では、以下の三つの特徴があげられている。
   ①地域研究とは、現実世界が抱える諸課題に対する学術研究を通じたアプローチ。
   ②地域研究とは、既存の学問的ディシプリンが現在の研究環境に十分に対応できていない側面があるとの立場に立ち、既存の学問的ディシプリンを内から改良・改造しようとする試み。
   ③第三に、地域研究とは、「地域」として切り取られた研究対象に対する総合的な研究を通じてその地域の固有性を理解した上で、それをその地域の特殊性として語るのではなく、他地域との相関性において理解できるような語り方をする試み。
3 本節の記述は基本的に、日本南アジア学会が発刊する『南アジア研究』第22巻（2010）における特集の一つとして編まれた「変動する社会と『教育の時代』」の内容に沿ったものとなっている。

引用文献

赤井ひさ子(1998)「インドの公開試験における『不正行為撲滅運動』——ハリアナ州の場合」『比較教育学研究』24、69-85ページ。
―――(2001)「インドの県教育研究所(DIET)における初等教員養成：卒業生への

調査から」『比較教育学研究』27、178-194ページ。
上田学(1990)「教育制度をめぐる日印英の相互関係――シャープの報告書を中心に」『日本比較教育学会紀要』16、103-112ページ。
押川文子(2010)「変動する社会と『教育の時代』」『南アジア研究』22、66ページ。
小原優貴(2009)「インドにおける貧困層対象の私立学校の台頭とその存続メカニズムに関する研究――デリー・シャードラ地区の無認可学校を事例として」『比較教育学研究』39、131-150ページ。
―――(2010)「インドの教育における『影の制度』――デリーの無認可学校の機能要件と法的位置づけの検討」『南アジア研究』22、75ページ。
川野辺創(1992)「イギリスにおけるバングラデシュ系の生徒の低学力問題」『比較教育学研究』18、65-78ページ。
北村友人(2000)「東パキスタン時代におけるバングラデシュの政治的エリート――バナキュラーエリート台頭の背景と構造」『比較教育学研究』26、207-225ページ。
日下部達哉(2003)「バングラデシュにおける初等教育受容の研究――イスラーム宗教学校マドラサとの関係を軸に」『比較教育学研究』29、169-185ページ。
―――(2010)「『教育の時代』とマドラサ」『南アジア研究』22、82-89ページ。
武井敦史(1995)「インド・アンドラプラデーシュ州における初等教育計画に関する一考察――初等教育援助のあり方をめぐって」『比較教育学研究』21、121-132ページ。
南出和余(2008)「『ブジナイ』にみる子ども域――バングラデシュ農村社会における子どもの日常」『南アジア研究』20、53-76ページ。
―――(2010)『選択としての学校教育――バングラデシュ農村社会における中等教育就学を中心に』『南アジア研究』22、90-99ページ。
畠博之(2002)「ネパールにおけるカースト／エスニック・グループ間の教育格差――格差の実態とその要因を探る」『比較教育学研究』28、179-196ページ。
―――(2006)「ネパール・タライ地方の被抑圧者集団の教育問題――教育格差の実態と学習阻害・促進要因を探る」『比較教育学研究』32、46-66ページ。
針塚瑞樹(2010)「路上生活経験のある子どもの『教育の機会』とNGO－ニューデリー、NGO 'SBT' の事例から」『南アジア研究』22、100-106ページ。
弘中和彦(1995)「国際教育交流研究の手法――日印関係を視軸に」『比較教育学研究』21、23-30ページ。
Ashley Laura Day (2006) "Inter-School Working Involving Private School Outreach Initiatives and Government Schools in India". *Compare.* 36(4), pp.481-496.
Begunt Kamiunnessa (1993) "Situation of Female Literacy in Bangladesh." *Teacher's World.* 16, pp.67-72.
Blum Nicole (2009) "Small NGO Schools in India: Implications for Access and Innovation."

Compare. 39(2), pp.235-248.
Chowdhury Roushan Ara (1982) "Role of the Assistant Thana Education Officers in the Administration of Primary Education in Bangladesh." *Teacher's World.* 13 (7), pp.59-68.
Härmä Joanna (2009) "Can Choice Promote Education for All? Evidence from Growth in Private Primary Schooling in India." *Compare.* 39(2), pp.151-165.
Jeffrey Craig, Roger Jeffery and Patricia Jeffery (2008) "School and Madrasah Education: Gender and the Strategies of Muslim Young Men in Rural North India." *Compare.* 38(5), pp.581-593.
Khondkar Mubina (2002) "An Empirical Assessment of Women's Limited Access to Education and Higher Rate of Drop out." *Teacher's World.* 24-25, pp.127-134.
Kobayashi Tomoko (2009) "What Can Community Participation Bring About? - Lessons from Two Primary Education Programmes in India". *Comparative Education-Bulletin of the Japan Comparative Education Society.* 39, pp.109-130.
Mehrotra Santosh and Parthasarthi R. Panchamukhi (2006) "Private Provision of Elementary Education in India: Findings of a Survey in Eight States." *Compare.* 36(4), pp.421-442.
Minamide K. (2005) "Children Going to Schools: School Choice in a Bangladeshi Village." *Journal of the Japanese Association for South Asian Studies.* 17, pp.174-200.
Ohara Yuki (2012) "Examining the Legitimacy of Unrecognised Low-Fee Private Schools in India: Comparing Different Perspectives." *Compare.* 42(1), pp.69-90.
Rogers Alan (2002) "Post-Literacy and Second-Stage Adult Learning in India." *Compare.* 32 (2), pp.149-170.
Rahman Siddiqur (1989) "A Profile of Primary School Teachers." *Teache's World.* 13 (7), pp.1-8.
Sasaki H. (2004) "School Choice and Divided Primary Education: Case Study of Varanasi, UP state, India." *Journal of the Japanese Association for South Asian Studies.* 16, pp.17-39.
Sharma-Brymer Vinathe and Christine Fox (2008) "Being an Educated Woman in India: A Phenomenological Approach to Narratives." *Compare.* 38(3), pp.321-333.
Tilak Jandhyala B.G (2002) "Knowledge Society, Education and Aid." *Compare.* 32(3), pp.297-310.

第16章　欧州・中東をみる比較教育学
──欧州とアジア、または文化の狭間で

丸山英樹

　本章は、私たちのもつ準拠枠が文化比較の際、とくに翻訳・解釈において常に影響していることを扱う。少なくともその準拠枠に気づくことで、質問紙の開発、調査結果の解釈、フィールドワークの実施をより質の高いものにできるだろう。一つの例として、著者自身の経験を記しながら、主に欧州と中東の間に位置するトルコという国と欧州在住移民も含むトルコ人を一つの手がかりとする。

1.「亡霊」は常にそばに

1　つきまとう「亡霊」

　私たちは自らがかかえる「亡霊」から逃れることはできない。「亡霊」は足を引っ張ることも、支えてくれることもある。「亡霊」とは国家レベルの環境から個人レベルの経験まで、思考を含むその人すべてに影響するみえない何かを指すといえよう[1]。本章において示される論点は、常に著者の限られた経験と想像を基盤としている。たとえば、日本人であること、日本での生活と限られた海外経験、受けた研究トレーニングなどがその基盤を構成するわけである。これらの総体を「亡霊」と呼ぶとすると、私たちはそれから完全に逃れることはできない。日本で英語教育を受けた日本人であるために、ＬとＲの発音の違いが聞き取りにくいといった細かな欠点はともかく、少なくとも著者の視点は「ある日本人の視点」となり、記述されるものはその視点からみた現象ということになる。

　さて、「亡霊」に邪魔されるとは、いかなる場合であろうか。その人がもつ資質だけでなく、外見が典型的な例として挙げられよう。東アフリカの僻

地で被植民時代の話でしかムズング（異邦人）について知らない現地の人が、初めてムズングに遭遇した場合、非常に緊張した面持ちで対応することになるだろう。なぜなら、白人の存在が自らの命の危険を感じさせるためである。著者は協力隊時代、地方都市で現地の人と著者との会話に、歩いてきた白人のカナダ人が加わった時、突如として現地の男性が話を止め、うつむく姿を目撃した。その知り合いだったカナダ人女性と著者は「普通に」挨拶し、彼を紹介したにもかかわらず、彼は一度も顔を上げず、彼女と目を合わせることもしなかった。後に、カナダ人は「ここの男性はシャイだ」と言い、彼は「気分が良くない」と著者に語った。だが、こうした外見の例はわかりやすいだけに、対処が容易であるかもしれない。やや難しい例として、日本人学生が日本語に堪能な中国人留学生との意思疎通ですれ違いを感じることが挙げられる。日本語で話して相手が日本人の感覚が通じると錯覚し、日本の文脈が優勢な場面では留学生の振る舞いが問題視されることがある。このような傾向は帰着理論（Attribution Theory）と呼ばれ、自民族中心主義によって自らの所属先と自身を正当化させがちである。これらのように、自らの存在を他人がどうとらえているのかという外的な側面に限らず、自らの視座では認識できないところで判断に影響している。

　逆に、「亡霊」に支えられる時とは、メリットになる場面である。上のアフリカの例でいえば、現地の人が白人でないムズングには本音を吐くことができ、著者も米国で存在を否定される人種差別を受けた経験があったため彼が顔をうつむけた理由に思いを巡らせ、確認するために真摯に話を聞けたことが該当する。他に日本のパスポートは国境を越えるにあたり比較的制限が少なく、別室へ連れて行かれることは稀である。「日本人は真面目で、日本のテクノロジーはすごい」という風評だけで、または援助の入っている途上国では「JICA」という単語を使うだけで救われることもあろう。明確でない日本の外交も、一部の国を除けば海外で露骨に命を狙われる危険性を下げている。日本人の外国語下手も、場所によってはむしろ安心感を与えることになる。礼儀正しい態度はその地において権威に敬意を払うことになり、信頼感を獲得することになったと中東の国でいわれたことがある。米国の文化人類学者ホール（Hall 1973, 1976）による古典的な分類、「高文脈」文化[2]にさ

らされている日本人は、欧米など理路整然と主張することが重視される「低文脈」文化圏では高く評価されなくても、見えないルールが多く存在し、権威主義的な場面が少なくない途上国においては比較優位にあるといえるかもしれない。

2　各人の秘められた宝を使う

　このように、後天的に獲得できる知識と技能だけでなく、個人の生得的資質であるソフトなものまでを総動員して研究する立場は、本田（2005）が指摘したように、それが強要されるハイパー・メリトクラシー下の環境であると批判的にとらえることもできるであろう。私たちは、必要な研究能力は大学院で誰もが習得できると頭では理解しているつもりであるが、実際のところ、習得したはずの技能が現場では理屈通りにいかなかったり、習得する公的機会をもたなかった「専門外」の者の方がうまくいく場面に遭遇することもある。結局、調査対象者から信頼され、幅広い情報を引き出すことが研究の質を高めることにつながるのであれば、研究者個人の強みをすべて動員するしか選択の余地がないことも多い。大学院で獲得できる技能には限界があり、実際の場面で相手に迷惑をかけ、時に苦い経験をし、高い代償でもって習得する技能の方が多いわけである。

　研究者は生涯学習者であると著者は認識しているため、暗黙知を含めたインフォーマルに修得した知識と技能は、その蓄積によって本人の資質と相互作用的に、より高められると考える。そして、これがフィールドワークだけでなく、文献調査においても、他人の研究発表を拝聴する時にも、研究の勘として発展していくのではなかろうか。たとえば、生まれも育ちも日本で、田舎の国立大学を卒業した者は世界の名だたる著名な研究者から直接指導を受ける機会には恵まれないもしれない。しかし、たとえば、学部時代の友人たちのもつ日本国内の教員または企業人として「一般的な」経験を、彼らの性格や背景に裏付けられた生きた情報として得られることは、日本の研究者として恵まれた状況にあるとも考えられる。

　経済発展の度合いに関係なく、世界のほとんどの社会において中間層が最大の構成員であることから、その平均あるいは中央値となる対象集団の背景

について身をもって共感できること、また日本を説明する際に相手から同様に寄せられる期待に応じることができること、それらは無意識であってもフィールドにおいて強い支えとなる。たとえば、教員免許取得を卒業要件とする教育学部を卒業し、どのような環境であれ教壇に立った経験は、子どもたちに対する思いなど教員としてのある程度の普遍的な意識を共有することができ、聞き取り調査の際に、後述するように信頼関係の構築を手助けするだろう。または、OECD–PISA のような大規模調査の分析においてさえ、目立つ数値や統計処理の結果の解釈に役立つ。このやや負け惜しみのように聞こえる「強み」は、「亡霊」を味方にするための、小さな、だが有効なメンタリティである。

2. 異文化間比較の限界と可能性：イーミック（emics）とエティック（etics）から

1 比較パラメータとリソース

　比較教育学の主な研究方法として近田（2011）は、政策研究、地域研究、「コミットメント・アプローチ」による研究を整理した。前者二つはこれまでどおりの研究手法として取られていたもので、本書で示される開発研究系と地域研究系に該当する。両者の違いは対象や具体的な調査手法において見られるものの、いずれも研究者はアウトサイダーとして位置づけられている。他方、コミットメント・アプローチでは研究者がパートナーとして目的達成に協力する志向性を持つことが大きな特徴である。これは研究の設定が現地で見られる課題に基づく一定のミッションを伴った状態で、研究成果を課題解決のために用いることが意図されており、研究者は協力者または当事者として責任を負う。

　ここで、従来の政策研究及び地域研究の手法が経済発展の度合いに関係なく対象国を扱うことを容易にするのに対して、コミットメント・アプローチは途上国が対象として想定されることを確認しておきたい。たとえば、ある先進国における課題解決に、呼ばれもしない限り、日本人研究者個人がコミットすることは極めて稀であることが予想される。そのため従来の二手法をコミットメント・アプローチと同じ側面で比較することは困難であるかもしれ

ない。

　本来であれば「亡霊」を味方につけるべく、日本語を母語にする者は玉虫色に表現される日本の教育政策に関する資料を読み解き、歴史を含む背景と国内の地域研究の蓄積を応用して、海外の対象を扱うことができるはずだ。しかし、数年間の教育過程で可能な範囲が限られていたり、職場で求められる雑務に忙殺されるなど、研究対象となる地域の把握（理解ではない）に個人の資源を使い果たすことも多々ある。研究対象が個別に設定されていることが比較をますます困難にし、個別設定ゆえに共同研究チームを構築して体系的な比較の着眼点を開発することに注力できなかったことが、同時に比較を推し進めることを妨げなかっただろうか。このことは、ブレイのキューブ・モデルが最近改めて翻訳（杉村監修 2007=2011）されたことからも、日本の研究者の間では比較のパラメータに大きな注意が払われなかったことを示唆する。

2　リテラシーは文脈に

　ところで、フィールドワークを行う際に最初に求められる技能は、現地の言語を運用する能力である。しかし、たとえば英語の検定試験で測定できるような言語運用だけではほとんど使い物にならないことをフィールドで痛感することになる。これは、通常、言語能力に加えて、習慣や規則性を含む、そこの文化についての知識に欠けているためだとされる。ソシュールが音素のつながりである「意味するもの（significant）」とその文化における文脈概念である「意味されるもの（signifié）」を記したように、言葉は社会的・文化的に規定された意味のほか、実際の口語（parole）での意味が存在する。たとえば単純に「警察犬」は、それ自体は意味されるものであるが、「警察の犬」は口語レベルでは「回し者」という意味になる。そのため、フィールドワークとその記述をこなすためには、文法的な言語能力だけでなく、文化を把握する必要がある。

　国際的な「万人のための教育（Education for All）」は機能的識字（リテラシー）の習得を主な目標の一つとし、それは普遍的な価値観ととらえられる。しかし逆説的に、私たちの方こそ現地のリテラシーを価値あるものとして認識で

きていない可能性も否定できない。これはギー（Gee 1990）が指摘するように、文脈のないリテラシーは存在しないためである[3]。文化比較において、日本語と日本の文脈を世界の中で誰よりもわかるはずの日本人が所有する資源を使わない手はないのではないか。現地で協力してくれる研究者・カウンターパートは、日本の情報を求めているうえに、相互作用による研究・行政シナジーを通常求めるためである。これまで暗黙知としての「亡霊」の影響は逐時見られたかもしれないが、より意識化することによって、日本でみられる課題や解決策に対して常に思いを巡らせ、現地では意見交換をしながら、時に助言を得ることは、フィールドワークがもたらす利点であろう。だが、文脈または文化の把握には、このうえない限界が横たわることを次に確認しておこう。

3　橋渡しの問題

　言語学者パイク（Pike 1967）と人類学者ハリス（Harris 1976）はフィールドにおける外部の者と内部の者からの視点について議論を展開し、前者を etic（エティック）、後者を emic（イーミック）として概念化した。etics は phonetics（音声学）に由来し、メタ言語や比較のためのあらゆる言語の音素や特徴を記述するために用いられ、それによって外部から研究することである。他方、emics は phonemics（音韻論）から着眼され、内部から行動を研究する、特定の言語の特徴を記述するための方法として使われている。etics は文化一般で、emics は文化特有のものという分類もされることがある。ただし、この対概念はあまりにも使われるようになり、誤用も存在することが指摘されている（Headland et al. 1991：Chapter 1）。

　文化人類学者は、現地に住み込んで現地語を学び、現地の考え方や価値観など emic をともに生活することで獲得していく。そして帰国して、今度は他人に伝えるために日本語や英語で記述することになり、それは etic となる。その際、表現する言語の意味に十分注意を払う必要が発生する。たとえば、日本人にとって「家族（emic）」と「family（etic）」の比較は、米国人にとっての「family（emic）」と「家族（etic）」であり、家族の中にある三つの人間関係（husband-wife 夫婦、filiation 親子、siblings 兄弟姉妹）のうち、米国では最初

の関係が、日本では2番目の関係が「家族」という考えの基になっているためである。そして重要になるのが、帰国して伝えようとしている書き手の使う日本語が etic として使われていても、読者のもつ言葉の理解がそれぞれの emic であることから、共有理解がより深まるような記述が必要である点だ。人類学者は参与観察と厚い記述で行うが、自分の解釈、つまり自らの etic が入ってしまう危険性を認識している。

　実際のところ、文化間において概念を同等のものに翻訳・解釈することは極めて困難である。ある文化の特徴（emic）を完全に伝えること（etic）は不可能であるためだ。たとえば、「徳を積む」の日本語の意味は人知れず善行を施すことであるため、他人に対して良い行いをする一人のムスリムの姿をみた日本人が、その行為を「他人のため」に行ったと解釈するかもしれない。だが、本当の人生である来世の入り口に立たされた時、そのムスリムは善行が悪行より上回って天国行きの審判を受けることを望むゆえ、あの行為は「自分のため」であったことを見落とすかもしれない。しかし同時に、他人のためではなかったという否定もできず、完全に自己中心的な動機による行為ではないものの、日本語の見返りを求めない「徳を積む」行為とは異なることになる。仮にその行為者にインタビューできたとしても、その者からは「社会的な望ましさ（social desirability）」による模範的な回答が想定されることから、emic である「本音」は語られた瞬間に etic となる可能性がある[4]。そして、こうした現象を日本語という当事者にとっての外国語で表現することは、すでに外部の視点である etic が強くなるため、正確な情報を共有することが相当に困難になる。

4　文化比較における工夫

　そのようなことから、異文化を扱う心理学者ベリー（Berry 1969）は、他の文化を研究することは外から押しつけられた（imposed）etic となってしまうが、それを emic にする必要があるとする。つまり、異文化の中で何が起こっているのかについて自分の考えを一度留保し、観察に徹することで emic に近づき、最終的には生成された（derived）etic にすることで表現できる可能性が高まるのである。しかしこの作業はまず自分の概念を脇に置く必要があ

るため、つまり現地の言葉で現地のことを説明して記述しないといけないため、大きな忍耐が求められる。異文化心理学を扱う渡辺（1980）は、eticとemicをおさえていない比較研究の論文が少なくないこと、同じアンケート内容を単純に訳しただけでは比較に耐えないことを指摘する。記述とはeticsとemicsの戦いである。

比較研究で用いる枠組みを作る際、eticsとemicsを考慮して基準・尺度を用いることは不可欠である。質問紙の開発では、文化によっては「どちらでもない」に回答が集中しがち、または明確な「はい・いいえ」に偏ることがあるならば、その二つの文化の間では尺度が同じとはいえない。たとえば、OECD–PISAで使われる参加者の背景情報を収集する生徒質問紙の開発は、多国籍の専門家グループによって重層的に内容が決定される。すなわち、どの地域においても普遍的な概念を含む質問内容（imposed etic）から始めて、異なる集団間で相違点をあぶり出し、概念を絞り込み、応用のきく内容（derived etic）とすることを心がけている。仕上がった質問紙をさらに参加国の使用言語に翻訳する際には、必ず発生する誤差を少しでも埋めるために、質問紙では内容すべての逆翻訳、または英語とフランス語の質問紙を翻訳し、その結果を比較し、対象言語の表現を修正するという質保証を行っている[5]。

フィールドワークにおける工夫として、文化通訳者を確保しておくことは非常に重要である。私たちがいかに現地の言葉を習得しても、とんでもない誤解をもったままである危険性は常に存在する。さらに、観察者は自らのetic枠組みでしかみえていないので、まずはそのことを認知したうえで、一旦は自分の考えを置いておいて、現地の環境であるemicsに浸かることが求められる。心理学では自己や自分の価値観を客観的にみるメタ認知がコミュニケーションにおいて重要だと取り上げられることがある。異文化環境においては、それをさらにみるメタ–メタ・レベルの自分をもつことで柔軟性を担保できる。

最後に、受けた教育の影響も指摘しておきたい。私たちに限らず、途上国の研究者も欧米の研究書物を読んでいる場合が多く、すでに欧米のeticsが分析視座に入っている可能性は高い。せっかく現地で見つけた「有能な」通訳者による現地文化についての解説は、私たちの解釈できる範疇でしか理解

できないため、通訳者と私たちの間で通用する etics となったものだけが伝わることになる。それをさらに、私たちが最も得意とする言語に「翻訳」して記述するとなると、当初の emics がどこまで残せるのであろうか。

念のため確認しておく。この etic と emic の議論は比較を扱う学問でしばしば扱われるが、米国発祥の歴史を持つ。すでに読者は気づかれているだろう。本節の文章は etic であり、著者の emic を完全に表現していない上に、この議論のような構造的解釈が etic となっており、私たちの理解や解釈に偏りを発生させている危険性は常に拭えないことを。

3．先進国でも途上国でもないトルコ

1 「欧州の先進国」を目指したものの

ここで著者の研究対象であるトルコを取り上げていこう。トルコ共和国の国土は、欧州（3%）とアジア（97%）からなる。文化的にも両者の間にあることを示す遺産も多い。イスタンブルは象徴的で、たとえば、歴史的建造物の中でもスルタンアフメト・ジャーミィ（ブルーモスク）に対峙する世界遺産のアヤソフィアは、文化的価値を認めたメフメト 2 世が正教会大聖堂の壁に漆喰を乗せてモスクとして使用させた経緯を持つ。ロシアが地中海へ出るための経路であるボスポラス海峡もイスタンブルにあり、近年は中東と中央アジアから欧州への人とモノの移動が増加し、トルコの地方都市も NATO の最前線、あるいは重なる湾岸戦争・事変における軍事基地と兵站、欧州に対してロシアが戦略的に天然ガスを提供するようになると新規開発の油田やガス・パイプラインの拠点となるなど、常に地政学的要所として東西南北からの攻防が展開された国である。20 世紀最大の帝国であったオスマン帝国は中東をはじめ、北アフリカや東欧、西欧方面ではウィーンにまで迫るほど巨大であったことから、現在のトルコへ留学する者も少なくない。しかし平和路線を貫いた 1923 年の建国以降のトルコ共和国は、主要国に比べ常に周辺に位置した[6]。近年までトルコはグローバル化や EU 加盟申請過程などの外圧を国内状況の変化に利用することができた。たとえば、教育開発の点では国内格差と男女格差の解消へつなげた。数度の経済危機に巻き込まれなが

らも、経済成長もめざましく、2011年の日本との関係でいえば、経済インフラとしての電力確保のため原発輸入を決定したことが話題になっている。

　教育が常に人を対象とすることから、またトルコ国民には多様な背景を持つ者を含むことから、より高い質の研究を目指すならば私たちは現地に赴き、対話を繰り返す必要があろう。たとえば、トルコの教育改革の一環で教科書内容が毎年のように変更され、また教授法も一斉授業から児童中心主義が突然導入された。これらは政策文書においてあまり触れられないが、教育現場においては大きな課題になった。かつては "eti senin kemiği benim"「肉はあなたのもの、私は骨を」と親は教師の前で自分の子どもを任せ、教師の権威が存在した。しかし、保護者が教育効果を進学と関連させて理解するようになり、不慣れな教科書と教授法を強要されるベテラン教師が効果的でないととらえられ、学校の増設にあわせて任命される若手校長が増加したことで世代間の確執も強まった。こうしたemicsについてフィールドで直接裏を取ることは研究者本人にとっても有益である。

　現在、トルコにおける発展観は、ゆらぎが見られる、あるいは二極化しているといえる。世俗主義が主導権をもっていた時期、つまり建国から2000年頃までは、どちらかというと単一的発展観による動機が強かった。すなわち、外発的発展、もしくは経済的に裕福になることが大きな目的であった。しかし、トルコにおいても新自由主義によるルールが一般的になると、限られた福祉政策を補完していたインフォーマルな相互扶助の人間関係が軽薄になった都市部では、不利な立場の者がより不利な状況へ追いやられた（Buğra and Keyder 2005）。例えば、都市部では通塾の可否など家庭の経済環境が進学に影響していることがトルコ人の間で実感されるようになった。このような状況下、宗教保守系政党による地道な貧困対策や奨学金制度が、その支持を拡大させることになった。今日はイスラーム主義がより幅広く、以前より公に表現できるようになり、同時に経済発展も続いていることから、人々は厳格な世俗主義の維持に以前ほど価値を見出さなくなってきている。

　しかしながら、一見それは内発的な選択のようであるが、実は巧妙に仕組まれているとも指摘できる。つまり、一部の民衆はイスラームを自ら選んでいるようであるが、実のところ、他の選択肢を奪われている状況下にある。

高度経済成長は続くものの、国内失業率10％を越え、大学卒業者はさらに就職が困難な状況下にあって、家庭の経済資源の投入を多く求める進学競争を正当化しない家庭も増えてきた。地方出身の都市部居住者は親族ビジネスや個人貿易商等を行うことが多く、とくに女子の場合、大学進学による社会上昇を常に必要ととらえない家庭もある。公的な福祉政策が弱まる中、草の根の活動を展開し続ける現政権政党の周辺団体は、これらの社会階層との関係構築を強化していることになる。たとえば、地味と思われていたスカーフもファッショナブルなデザインのものが多く生産され、国内一流メーカーも競うように販売を始め、ファッションショーを開催することでより若い女性の消費と支持を拡大することに成功し、以前より女性の空間は保守的な流れに親和性、あるいは正当性をもつようになったともいえるのである[7]。

2　先進国を目指すのか、唯一無二を目指すのか

　これまで周辺及び欧州諸国との関係が決して順調ではなかったトルコにおいて、国民はEUからの圧力を常に漠然と感じていた。彼らの中で中産階級がある程度増加し、同時に、ネットワークの拡大によりアクセスできる情報が多様化したことで、唯一の選択肢であった世俗主義政党の腐敗が暴露されるようになり、権威やこれまでの経済発展モデルに対する疑問や、従来からの政治不信がより強まった。同時にイスラーム教義に従ったムスリムの生き方、在り方を問いかける説得力も増した[8]。現政権政党は議会で単独決議を可能とするほど国政選挙で勝利した後、首相職と大統領職を抑え、さらにその任期延長のための憲法改正も国民投票によって信任された。いわば、「勝ち組」のルールに従った方が幸せかもしないという感覚が広く共有されるようになっている。

　それまで世俗主義政党が長年蓄積してきたEU加盟交渉の展開を成果として得ることができ、またその交渉による民主化要求の名のもと「多文化化」を推し進める、イスラーム主義を基盤にもつ現政権は、欧米方面だけでなく、天然資源の獲得も視野に入れたパン・トルコ主義の拡大対象である中央アジア、米国主導の軍事的（政治的）介入による反米感情を追い風として、宗教面から交流が可能な他の中東諸国、さらには宗教保守層が以前から交流を

持っていた東南アジア方面との関係を深化させている。このような国是の危機を回避できない状況に陥ったことは、世俗主義側の外交下手による責任も大きい。なぜなら、トルコの一部が「キリスト教クラブ」と呼ぶ EU への加盟申請プロセスでは後発の東欧諸国に追い越され、「特権的パートナー」などという差別的な扱いを受けるようになるまで進められなかったのであるから。

確かに EU 未加盟でもトルコと欧州の関係は深化している。だが決して良好になっているわけでもない。まず、かつてオスマン帝国が目指した欧州には、今やノルウェーの総人口より多いトルコ系移民が存在する。彼らの伝える（etic 化された）欧州はトルコの中で歪んだものとなることが少なくない（emic 化）。1960 年代から欧州諸国で出稼ぎを行う者は、確かに本国へ物的資産をもち帰ったが、現地での日常生活では過酷な扱いをされ、移民となった者の中で生活に不満を持たない者はいないほどであった。欧州で移民に対する排他的な動きが目立つ中、トルコ移民は防御としてイスラームにより依拠するようになり、双方の間のコミュニケーションが低下することは、両者にとって課題を大きくすることになるであろう。

トルコ国内においても、欧州諸国やそこに住む者との多様な乖離を痛感するトルコ人が増え、反動としてのナショナリズムをさらに強化する可能性は高まる。例えば、それまで現地のトルコ人しかいなかった格安の「未開」ビーチに欧米からの観光客が押し寄せ、イスラーム教義からは考えられない「服装」で日光浴を楽しむようになり、ローカルな規範に大いに挑戦することとなった。同時に、観光客の落とす「わずかな」金によって地元の経済格差を生み、嫉妬深いトルコ人を増やした。

トルコ人は、幾度となく政治に幻滅し、しかし教育に希望をもってきた。アタテュルクも教育に力を注いだことはよく知られている。トルコの家庭においては日本人には甘やかしているようにみえるほど子どもを大切にし、しかし学校では厳しく教育を受けることが、かつての一般的な子育てであった。今の家庭教育はそれほど変化していなくても、学校教育では子どもの創造性を育む方針が広がっている。このことが、メディアの影響もあり、節度ある男女関係や目上への敬意が失われ、欧米の若者のような「乱れた」態度を助

長しているととらえる保護者も存在する。とくに女子の場合、保護者はイスラーム教義を背景に学校が危険な場所と考える場合もある。だが、同時にグローバル化の波はトルコ全土を飲み込んでおり、この先、トルコ人がどのような国を目指していくのかが問われている時期にある。

4．あなたの「亡霊」は？

1　誰のための研究か

　著者がこの5年ほど追いかけているのは、トルコ人の中でも欧州在住の移民である。彼ら・彼女らからトルコ語で話を聞くことは、著者の不完全な言語能力をもってしても、示唆に富むことが多い。たとえば、ナショナリズム（想像の共同体）は国家という枠組みでのみ解釈されるとは限らず、国境をいとも簡単に越えてつながる移民のネットワークの構造は、まさに「第一世界の中の第三世界」（Hardt and Negri 2000：5）」を垣間見る経験となり、大変な興奮を味わうことになった。欧州諸国に在住するトルコ系移民の場合、移住してすでに数世代目となることもあり、滞在先の国籍をもつ者も多い。しかし、社会も彼ら自身も、その国の人間とは思っていないことが少なくない。同時に、その国の人間になろうと努力している者も、そうなることを意図的に避けている者もいる。

　こうした現実が存在する中で、国別に情報をまとめ、平均を計算し、せいぜい属性としての「移民の背景」に分類する程度の教育調査[9]だけに頼ることは、比較教育を扱う研究上、危険が伴う。たとえば、国別比較調査と概念的分類として、ホフステード（Hofstede et al. 2001）が世界的に実証研究を行い、大きな成果を上げた。だが、本人も限界を承知しているとおり、この調査は世界的大企業の従業員を所属国別に調査したものである。確かに一般的傾向としては国別の分類がeticとして共通理解のためには最適かもしれないし、また、政策の分析単位として説明責任に適切かもしれない。

　他方、フィールドで研究に協力してもらう場合、恩返しとは呼ばないまでも、その研究が現地の人々にどういう意味があるのかを自問することは無駄ではないだろう。たとえば、誰も扱わなかった微視的な資料であればあるほ

ど、高度な独自性をもつ調べものができるであろうが、それを共有できる相手は限定的か存在しないリスクもある。これは、同じ教育を対象としていても研究分野が異なる研究者同士の場合にも当てはまる。また、短期間で業績を挙げる選択肢しかもたない若手研究者ではなく、質の高い研究を行うことができる研究者の場合、より社会的意義の深さについて考慮する余裕をもつ方が望ましいだろう。なぜなら、今井（1990）が指摘したように、「差異化」から入り、「一般化」を経て再度「差異化」へとつなげる臨床的な研究姿勢があってこそ、研究の公共性が確保されるためである。

2　「亡霊」の比較・相対化

「途上国の教育研究など日本に役立つのか」という質問に対する真っ当な反論はまだ見当たらないが、少なくとも途上国研究は先進国における課題にも示唆深いことは自明となっている。例えば、米国の貧困対策にマイクロクレジットが有益であることは、当地の内容（emic に近い）よりも手法（etic に近い）に応用可能性があることを示す。

だがやはり、こうした「役立つかも知れない」という小さな希望を胸に「途上国」を追いかけても、フィールドでは多くの限界に直面する。たとえば、とくに外国慣れしていないトルコ人が相手の場合、権威主義的傾向は強まるため、日本人の「若者」にみられがちな調査者にどこまで事実・本音を語るかは疑問が残る。また科学が普遍性を追求するものであるとしても、研究が追いつけないほど現場は動いており、個人の能力を超えていることもしばしばである。

しかし、そうした壁に直面しても、お互いが励まし合うことができるフィールドでの出会いを経験すれば、常に前向きになることができる。当然それには時間をかけた関係性の構築が必要だ。信頼関係を築く過程で、トルコ人からは「結婚してるのか、子どもはいるのか。両親は元気か。日本はどうだ。何のために調べているのだ」のような質問が浴びせられ、それをうまくしのぐ必要がある。日本人だというだけで、フィールドで最初から歓迎されることは大変ありがたい話だが、彼らから本当の信頼を得る道は想像より険しい。

また自分の研究者としての可能性を感じる時にも研究動機を維持すること

が容易になるだろう。たとえば、欧州ムスリム移民の場合、受入社会と移民出身の研究者たちは当事者同士であることからも、間で展開される議論は理性を装いながら感性的な動機が含まれることが少なくないようにみえる。その中間に、図々しく第三者が割って入ることができれば、それは強みである。

　そして、何よりも日本比較教育学会（JCES）のような発表と交流の場をとおして、自らの研究の学術的意味と研究動機を高めることが重要であろう。相対的にJCESは幅広い研究発表を受け入れている。しかし学会では、発表時間も限られていたり、同時間帯で近接した発表内容が重なるなど、発表者が求めるだけの深い議論が展開できない場合も少なくない。

　そこで重要になるのは、ノンフォーマルな研究発表の場である。しかも、それは所属に関係なく、研究上の興味関心を共有する者たちが自主的に集まる場を指す。対象とする国・地域を限定しているものの、その一つの例として「第三世界の教育研究会[10]」がある。この研究会は1983年から東アジアを除く途上国の教育研究を扱う若手研究者が中心となって始められた。今や名称は古風になったが、現在も毎月一回2本の発表がなされている。途上国の教育研究及び国際教育協力を扱う研究者・実践家の多くがこの会で発表し、活躍している。比較教育学についてフォーマルな教育を受けていなくても、この会で指導・助言を受けることにより、研究内容を深化させ、自らの「亡霊」を相対化できるであろう。

3　研究者の倫理か、テクニックか

　よそ者がやってきて何かを調べていく態度に、歴史的に苦い経験を持つトルコ人の多くは警戒する。そのため最初に可能な限りの信頼関係の構築が、他のフィールド同様、重要である。効率良くデータを収集し、雑誌に英語か日本語でほぼ一方的に報告し、学術的に評価を受けることが研究者の「義務」であるならば、研究の質を保証するためにより効果的な、すなわち現地のルール（emic）にしたがった方法で協力を得るしかない。むしろ、それによって副次的に収集される、自らが耳にする生きた情報が研究の幅と深さを拡げる潜在性を高めることになるからである。

　だが実際には、簡単には直接的な情報を確実に入手できるとは限らない。

大抵の場合、こちらの要求に対して相手が客人として受け入れ、相手の損得勘定の結果、ある程度の情報を出してくるためである。こうした相手の好意に甘えていることを認識せずに調査を進めるならば、いつまでもお客さんでいるため、理解は表面的になりがちである。

　海外の状況を理解することは不可能に近いことを、すでに etics/emics 議論で確認した。同時に、教育研究は人間を相手にしており、また難しいことに人間は不変でもない。日本人の高文脈文化による感受性（sensitivity）は、語る側に対する想像力など、相手を同じ人間であると捉える態度を取るために有益であるとすると、先進国か途上国かという分類ではなく、目の前の相手はどのようなコミュニケーションをとるのかを見定め、それに応じたアプローチを使い分ける努力によって、より込み入った協力を得ることが可能になるかもしれない。少なくともトルコ人の場合、事象の正義のうち、正しさよりも仁義の方が優先されることがあり、欧州などの正論を重視する集団とは違和感が存在することが見え隠れする時がある。それに気づいた時、「押しつけた（imposed）etic」として最初は試してみるが、対話のプロセスで相手に通じる emic へと変換し、こちらが使用できる「生成された（derived）etic」を確保することができる。このプロセスは時間がかかる（Gudykunst 2003：155）が、異文化を扱う者はタフでないと務まらないとしかいいようがない。

　フィールドでの出会いを思い出しながら記述する際、単純に「この文章を読んだ相手は納得してくれるだろうか。それとも浅はかだと怒り、または笑うだろうか」と自問することで、研究者としての姿勢が問われるのであろう。日本のことを調べに来た外国人がそう簡単に理解できるとは思えないと日本人がいうならば、それは対象フィールドにおいても全く同じことが想像される。研究者、特に人間を相手にする教育研究者は、さらに異文化を扱うのであれば、なおのこと謙虚にあらねばならいと考えられる。

注
1 『想像の共同体』の続編、アンダーソンの『比較の亡霊』（1998=2005）では、いかに私たちが歴史的・文化的に拘束されているかが扱われている。

2 様々な規定要因を言語化することが少なく、非言語によるコミュニケーションが多いため、文脈が言語以外の要因に高度に含まれている。「KY」という表現はこの特徴の典型である。
3 ただし、Gee は "discourses" という表現を用いている。
4 さらにいえば、「クルアーンにそう書かれてある」などの理由で自らが正確な動機を認識していない場合など、当の本人も自分の emic が分からないことさえあるだろう。
5 しかしそれでも、著者の経験の範囲では、一般的に OECD をはじめ、UNESCO、UNICEF、世界銀行などの国際機関が実施する世界的な調査質問紙においては、あちらを立てればこちらが立たないような事態が発生する。したがって尺度幅を統一することは非常に困難となり、同じ質問紙での測定は厳密には成立しないこととなる。なお、国別に横並びの比較表では注記を読み飛ばしてはならないといえよう。
6 そのためか、日本比較教育学会においてトルコを扱う者は少なく、また著者が学生の時、トルコの教育について研究するため留学すると言うと、「トルコの教育を研究する価値はない」とヒースロー空港のトランジットで一緒になった方から、ご丁寧なコメントまでいただいたほどである。
7 詳細は Çınar, A. (2005) *Modernity, Islam and Secularism in Turkey: Bodies, Places, and Time.* University of Minnesota Press. を参照
8 例えば 1999 年に 2 万人の犠牲者を出したマルマラ地震、2011 年に邦人も犠牲になったヴァン地震は神罰であるという主張も見られた。
9 PISA は生徒のパフォーマンスと参加者の背景により注目しており、これまでの大規模調査の中でも質的側面を大変重視しているが、日本政府内におけるその成果の扱われ方は今のところ非常に単純な水準で終わっている。
10 http://3rd-world-education.blogspot.com/ または http://twitter.com/3rdworlded/ を参照。毎月の例会における発表も随時募集している。

参考文献

今井重孝(1990)「比較教育学方法論に関する一考察──『一般化』志向と『差異化』志向を軸として」『比較教育学研究』16、19-29 ページ。

近田政博(2011)「比較教育研究のジレンマと可能性──地域研究再考」『比較教育学研究』42、111-23 ページ。

本田由紀(2005)『多元化する「能力」と日本社会──ハイパー・メリトクラシー化のなかで』NTT 出版。

丸山英樹(2011)「欧化から多様化へ──トルコの教育」『内外教育』6074、10-3 ページ。

渡辺文夫(1980)「Etic-Emic 論と異文化心理学」『福島大学教育学部論集』32(3)、63-68 ページ。

Anderson, Benedict (1998) *The Spectre of Comparisons. Nationalism, Southeast Asia and the World*. Verso =2005 糟谷啓介・高地薫他訳『比較の亡霊——ナショナリズム・東南アジア・世界』作品社。

Berry, John W (1969) "On Cross-Cultural Comparability." *International Journal of Psychology*. 4, pp.119-28.

Bray, Mark, Bob Adamson and Mark Mason (eds.) (2007) *Comparative Education Research: Approaches and Methods*. Hong Kong University Press =(2011)杉村美紀ら訳『比較教育研究——何をどう比較するか』上智大学出版。

Buğra, Ayse and Çaglar Keyder (2005) *Poverty and Social Policy in Contemporary Turkey*. Bogazçi University Social Policy Forum; http://www.spf.boun.edu.tr/docs/WP-Bugra-Keyder.pdf, 2011/8/14 閲覧。

Çınar, A (2005) *Modernity, Islam and Secularism in Turkey: Bodies, Places, and Time*. University of Minnesota Press.

Gee, James P (1990) *Social Linguistics and Literacies: Ideology in Discourses*. Routledge.

Gudykunst, William (2003) *Cross-Cultural and Intercultural Communication*. Sage Publications.

Hofstede, Geert (2001) *Gulture's Consequences: Comparing Values, Behaviors, Institutions and Organizations, Across Nations*. 2nd Edition, Thousand Oaks CA: Sage Publications.

Hall, Edward T. (1973) *The Silent Language*. Anchor Books.

——— (1976) *Beyond Culture*. Anchor Books.

Hardt, Michael and Antonio Negri (2000) *Empire*. Harvard University Press =2003 水嶋一憲ら訳『帝国』以文社。

Harris, Marvin (1976) Historyand Significance of the Emic/Etic Distinction. *Annual Review of Anthropology*. 5, pp.329-350.

Headland, Thomas N., Kenneth Pike, and Marvin Harris, (eds.) (1991) *Emics and Etics: The Insider/Outsider Debate (Frontiers of Anthropology)*. Sage Publications.

Pike, Kenneth L. (1967) *Language in Relation to a Unified Theory of the Structure of Human Behavior*. 2nd ed., Mouton (First edition in three volumes: 1954, 1955, 1960).

第 17 章　東アジアをみる比較教育学

小川佳万

はじめに

　筆者が日本比較教育学会と関わり始めたのは 1990 年代前半に遡るが、当時は大学院学生であったため、学会に出席しても著名な先生には恐れ多くて近づくことはできなかった。ただし、そこですぐに感じたのは、各大学には漠然としたカラーがあり、その先生は「一族郎党を率いる親分」であるということであった。したがって、当時の大学院学生を見ると彼らの「親分」の顔はすぐ浮かんできた。こうした印象はすでに過去のものであるかもしれないが、それでも今なお、様々な意味で「親分」、すなわち指導教授の影響は絶大であると思う。以前から東アジアの教育を研究対象とする者は常に一定数を有しており、伝統も備えている。もちろん、東アジアの教育を研究する者が「伝統」的な教育事情を紹介するタイプなのかどうかは別の話である（山田 2011：149）。ただ、もしその「伝統」に影響をあたえているものがあるとすれば、それはまぎれもなくこの「親分」たちであると思う。筆者はその「親分」たちの論文や著作を念入りに検討することから自身の研究を出発させたことは間違いないからである。

　こうしたことを述べさせていただいたのは、筆者に対する編者からの要望が、「日本で育った『地域研究』研究者としてのこれまでとこれからを語る」というものであり、それならば当然のことながら、「親分」たる指導教授との関係に触れることが中心となるからである。ただし、予め断っておきたいことは、筆者はこれまで様々な経験を積んできたが、今後成すべき課題も山積しているということである。以下では、そんな研究者として未熟な人間による奔放な論述スタイルになってしまうことをまずはお許しいただきたい。また、筆者の研究の出発点は中国である。ただ、中国留学後、アメリカにも

留学し、現在の職場での環境要因から、かなりの頻度で様々な国へ赴く必要に迫られて調査を行ってきた。各国でそれぞれ貴重な経験をさせていただき、それぞれの国に対して「思うところ」もあるが、本章で求められているのは「東アジア」に関してであるため、以下では主として中国教育研究との関係で論じていくことにしたい。

以下、本論では、第一に中国教育研究についてトレーニングを受けた研究室の状況について、第二に比較教育学と教育学や地域研究についての筆者自身の考え方について、第三に研究成果の発信について論じていくことにしたい。

1．研究室

1　外国語

現在アジア諸国を主たる研究フィールドにしている人の初発の関心は様々であろう。ある人は高校や大学での当該国の学習を通してその地域に関心を抱くようになり、またある人は偶然その地域を旅行したことが契機であるかもしれない。ただし、このような初発の関心が何であっても、そこから学問的な関心や研究対象にまで高めるにはそれなりの装置が必要である。それは、いうまでもなく専攻やプログラムであり、日本の場合研究室である。筆者による理系の研究室を対象とした拙論で明らかにしたとおり、研究に対する基本的なアプローチ方法やスタイルはここで身に付けることになる（小川2008：40-43）。文系であってもこの点について異論は無いと考えられる。その際、特に指導教授の考え方は陰に陽に学生のその後の学問観形成に直接影響を与えることになる。

筆者が在籍した研究室の指導教授には、いくつかの教育指導上の特徴があった。最初に指摘すべきことは、外国語文献の正確な読解を非常に重視していたことである。少なくとも筆者が学部・大学院に在籍していた期間、演習はすべて英語の文献読解であった。どの国を対象にしようとも、まずは英書の読解力が必要である。同じ外国語でも英語には他とは比較できないほどの重要性と汎用性があるが、これは東アジアを対象とする者にとっても同様

であると思う。どの研究室の演習も大差ないと思われるが、その時間は各学生に担当章が割り当てられ、その内容をレジュメにして説明していた。これを学部・大学院と継続するとそれなりに力がついてくることを自分でも感じた。ただ、その後アメリカに留学した際は、報告すべき量が「章」ではなく、「冊」であることが多かった。「この本の内容を5分で説明しなさい。」と突然教員から求められた時には、その理不尽さに閉口した。これは、プロセスを重視する日本と結論を明確にすることを重視するアメリカ、もっと卑近ないい方をすれば、細部を重視する日本と常に大局からものをみるアメリカとの教育スタイルの違いの一端を示していると思う。

　ただし、外国研究の場合、英文が正確に理解できれば十分かといえばそうではない。当然のことながら現地語の習得が不可欠であり、調査研究という点では英語よりも重要な外国語となる。筆者の場合は中国語であったが、ひたすら辞書を引きながら勉強していたことを思い出す。現在は人気のある中国語だが、1980年代はそれほどでもなく、学習教材も十分とはいえなかった。辞書は中国で出版されたものを購入したし、限られた教材のテープをひたすら聞いた。そんなとき当時日本で出版されていた数少ない日本の中国語辞典である『岩波中国語辞典』の著者であった倉石武四郎の『中国語五十年』(1973) から多くの刺激を受けたことを思い出す。指導教授も「英語で現地を訪問しようとするのは傲慢である。」とか、「毎日中国語の文献を読んでいるか。」と学部時代の私に問いただしていたのを思い出す。語学の学習には様々な方法があり、現在では多様な媒体での学習も可能であるので自分にあったスタイルを確立すればよいと思う。

　この点に関連して、当時読んでいた『社会科学入門』(1985) の著者である猪口孝は、近著でも「国際政治学の分野に入りながらも、英語以外の外国語をもう一つも頭に入れたことないし突っ込んだことのない人は、モグリだと考えた方が良いくらいである。なぜかというと、国際政治学の扱う主題はとにかく異質な考え、異様な心理の展開を土着の文脈で分析する必要があるからである。言語は文化そのものである。言語を学ぶことなくして、何の理解が得られようか。」(猪口 2011：134) と論じているが、この引用文の「国際政治学」という語を「比較教育学」に入れ替えても十分当てはまると思う。

その後、中国に関する論文を英語と中国語で読み進めてわかったことの一つは、同じ内容であっても、両言語ではニュアンスがやや異なってくることである。かつて中国語の論文をそのまま英語に訳した雑誌を読む機会があり、その中にはすでに中国語で読んだものもあったが、その際同じ論文でも、当該事項について受ける印象がかなり異なっていたことを覚えている。可能であれば日本語の論文も含めて、多くの言語の論文に目を通して、情報の「確認」や「相対化」を図っておくことが良いと思う。東アジア地域の先行研究は当時から存在していたが、数が限られていたので教育だけではなく、政治や経済を扱ったものまで検討した。もちろん、その大部分は現地語のものとなることはいうまでもない。兎にも角にも文献の正確な読解がまずは重要なのである。

2 留学及び現地調査

もう一つ指導教授が重視していたことがフィールドワークであり、そのための留学の勧めであった。実際、指導教授は「私の研究室（比較教育学）の学生（特に大学院生）には、自分の研究する現地（フィールド）に出かけることを、できることなら一年以上の留学を勧めている。」（馬越、1998：114）と記している。こうした指導教授の勧めもあり、私を含めて研究室のメンバーの多くは留学した。その留学にも、短期・長期、学位取得型・調査型、等々いろいろな形態があり、個人のニーズに合わせて選択されるが、アジア地区への留学の場合、学位取得型ではなく、調査型が以前も現在も主流ではないかと考えられる。現在はかなり外国が身近になったが、それでも留学となると一定期間日本を離れることになり、経済的な面も含めて様々な決断を迫られることになる。とくに、大学院学生であっても短期間に研究成果が求められる昨今では、留学自体がプラスに働かないばかりか、マイナスにさえなりうる。

したがって、留学ではなく、短期の調査を継続的に行えばよいのではないかという人もいる。たとえば、1週間程度の出張だと、調べることを予め決め、そのことだけに集中して情報を収集することになるであろう。順調に事が運べば（ただし今でもそれほど期待できないのが実情である）、それはそれで効率

的な調査が可能となる。とおり一遍のことしか書かれていないか、もしくはそもそも当該事項に関して文献の存在しないところではこの調査は極めて重要である。20年ほど前に比べてかなり状況は改善されてきたといえ、これで十分ともいえる。

　ただし、それでも地域研究を行う場合、留学というものが重要な意味をもってくると思う。では、留学の利点とは何か。それは、第一に、語学の上達が早くなることである。もちろん現地で真剣に勉強しての話であるが、中国語音に囲まれる生活は短期間に一定レベルにまで高めたいと考える人には望ましい環境であるといえる。第二に、教育問題に関して、現地では何がより重要な問題かがわかってくることである。現地で生活していると、研究関心以外のことにも遭遇することになる。それは往々にして不愉快なことが多いのであるが、それが地域全体の理解と社会の中での教育問題の位置付けに役立つことになる。こうした様々な経験は特に重要である。そして第三に、何よりも重要な点として、調査の仕方を少しずつ経験できることである。アポイントメントのとり方から始まる一連のいわゆる調査作法は国や地方により多様である。筆者のこれまでの経験からしても調査を行いやすい国とそうでない国があった。ただ、調査には様々なレベルで、いわゆる「ゲートキーパー」が不可欠であり、そうした人たちへどうしたらアクセスできるのかが次第にわかってくる。一旦現地での関係が築ければそこからさらに人間関係を拡げていくことも可能となる。この現地調査の私自身の「作法」についてはあまりに具体的すぎて（一般性がない）本章の趣旨からそれることになるので割愛するが、筆者自身さまざまことを経験させていただいた。アポイントメントがなくても調査が可能であった地域や、申請してもかなり警戒されていた未開放地区（外国人立ち入り禁止地区）へも行った。文字に残しにくいことも多々経験した。筆者自身、現地体験を経て本格的な研究を開始したが、「現地感覚」、いい換えれば、当時さかんにいわれていた「皮膚感覚」が特に初期の段階で重要であるという考え方は今も変わっていないし、現地でのデータが決定的に重要であることも同様である。通り一遍の説明では絶対に理解できない現実があることがわかったのである。

　もちろん指導教授も指摘する通り、「本格的な研究をするには、フィール

ドで得た成果を先行研究や理論に照らして吟味し、相対化する作業をしなければならない。・・・現地調査で得たデータの『意味』を読み解き、解釈を深化させるには、先人の残してくれた優れた書物を徹底的に読むことが重要である。」(馬越 1998：115) と述べている。これはよくいわれる理論とデータとの往復である。この点はかなり時間を要する作業となるが、まずは自分でデータをとる喜びと苦労を身をもって体験する必要があると思う。

2．東アジア研究と比較教育学

1　教育学と比較教育学

　いうまでもなく、比較教育学は教育学の下部領域である。したがって比較教育学は、教育学との関係から考えていかなければならない。学部に入って最初の教育学入門の時間に、教育学は「当為の学」と「存在の学」から構成されていることを学ぶ。説明するまでもなく、前者が教授の学、すなわちペダゴジーであり、後者が教育の科学、すなわちエデュケーショナル・サイエンスである。この二分法では、比較教育学は後者に属することは誰もが否定しないであろう (ただし絶対ではない)。後者の祖としてのデュルケイムの「教育を事実として扱う」が端的に示しているように、比較教育学の目的は、子どもに「どう教えるか」ではなく、教育が「どうなっているのか」を解明することにあるからである。

　以上の分類をもう少し詳しくすれば、たとえば中内敏夫 (実際、筆者が最初に教科書として購入させられたものは彼のものであった) は、「教育学の分化は、同じ教育という現象に対してたてる問いの違いから発生する」として、「ａ．教育とはなにか (概念の解明)、ｂ．教育はいかにおこなわれている (きた) か (教育の事実とこれを規定する条件および教育の規定する事実の解明)、ｃ．教育の事実をどうつくり、どうおこなうか (狭義の教育学)」に区分している (中内 1988：25)。この三分類によれば、比較教育学は、二番目のｂにあたることがすぐわかる。それは、最も新しい比較教育学関連のテキストにおいても、明示こそされていないが、つまるところ「教育がいかにおこなわれているか」を解明することが比較教育学の中心的課題であると指摘しているからである

（ブレイら 2011：15-40）。

　したがって、上記三分類のbにあたる比較教育学の主たる目的は、「教育の事実を規定する条件と教育の規定する事実」について明らかにすることになる。前者は、政治・経済力、産業構造、技術水準、人口動態、学芸の性格、宗教意識などであり、これは一般に、社会「規定」や「バックグラウンド」と呼ばれている。教育学ではとくに、これら外的条件とつながりながら教育の内側から条件づけるものの解明も大切である。それが教育の「構造」であり、もっともみえやすいものが「教育制度」である。そしてさらにその下にもう一つ、教育の事実を制約するみえにくい条件があり、それは社会と家族のつくりあげているフォーマルな、あるいはインフォーマルな「構造」である。このみえにくい構造は、さらに二層にわけられ、職能、交通通信網、信仰、労働手段、文化志向などの共有で結ばれる比較的みえやすい構造と、そのさらに底に、教育の慣行とか心性とよばれるものがひろがっている。それらは必ずしも意識されていないが、規定力はかえってつよい（中内 1988：25-27）。つまり、比較教育学の目的は、「教育制度」の解明だけではなく、このみえにくい「慣行」や「心性」というものの解明が重要なテーマということになり、それができれば教育学の発展に貢献することになるのである。

　次に、後者の教育の規定する事実についても、中内のものを引用する。

　　教育の規定する事実論には、大別して二つの考え方がある。ひとつは教育のつくりだす事実は政治秩序や産業構造、そのイデオロギーなど社会的諸事実の文化のうえでの再生産以上でないという考え方である。もうひとつは、そこに、同じく再生産であるにしても創造的再生産をみる考え方である（中内 1988：28）。

　この二分法では、教育学は当然のことながら後者の目的的規定説の立場に立つことはすぐにわかるであろう。

　　教育の事実が社会によって条件づけされることは事実だが、このさい

社会とよばれている人びとの生き方や関係のあり方は、どの時代どの地域にあっても一枚岩ではなく、その複数の生き方と関係の多元的な複合体なのだから、そのどれに自らを規定させるかによって、教育は、社会の古い事実を再生産する保守的規定条件にもなるし、逆に新しいそれを再生産してゆく進歩的規定条件にもなるとの論法である（中内1988：30）。

　ここからは、たとえば教育を受けることによって個人がどう変化したのか、地域がどう変化したのかという重要な課題を明らかにすることが教育学にとっての重要なテーマとなることがわかるであろう。
　筆者自身はそれほど感じなかったが、学部学生の頃、比較教育学とそれ以外の講座（教育哲学、教育史学、教育方法学、……）との間に、かなり距離があるとよく言われた。この発言の根拠は比較的単純で、他講座が日本のことを研究対象にしているのに対して、比較教育学が外国のことを対象にしていることによるものであった。ただ、今から考えると、外国を研究対象にしていることに加えて、前者ではない、すなわちペダゴジーではないという意味で距離があったと思われたのではないかと推測する。学校現場の子どもの学びに関わることこそ教育学であるという風潮があったように思われるからである。いずれにせよ、この中内の分類から導かれる研究課題を追究することが、比較教育学の研究目的（の一つ）であり、教育学の研究目的（の一つ）ということになる。したがって、対象が日本であるか、外国であるかは本質的な問題ではないと思われる。その一方、今なお的外れな発言にも時々対処しなければならないことも事実である。21世紀に入っても「（欧米ではない）中国の教育を講義で教える必要がありますか」と質問されることもあるからである。

2　地域研究と比較教育学

　次に、地域研究との関係から考えていくことにしたい。地域研究は、研究対象が一般的に海外であり、その点比較教育学と一致する。その地域研究の特徴としては、対象をできるだけ正確に把握することであり、「『地域』の理

解は、総合的な手法によって可能」(坪内 1993:55) ということになる。つまり、教育における地域研究とは、言語を含めて社会や文化を総合的に把握する中での地域理解、教育という事実を規定する条件や、教育の規定する事実を解明することにあると考えられる。したがって比較教育学とは「教育面での地域の徹底的な解明」ということになる。

次に、比較教育学の一部が地域研究であるとすれば、高谷がいみじくも指摘しているとおり、その目標は「その『地域』の人達が、世界を見つめているその目で自分も該当『地域』を描き出してみせるということである。……『地域』の側に立って見るべきだと繰り返し思う」(1993：40-41)。つまり、比較教育学における地域研究とは、地域の中で主として教育面を対象とすることであるが、基本的な問題関心は共有しているはずである。したがって、地域の側に立つということは、この場合、できるだけ現地の教師、子ども、親の視点から地域を描き出すことになる。そこから対象国がどうみえるのかを解明することこそが重要である。この点が、同じ外国を研究対象としている教育行政学や教育制度学の研究とは異なる点であると思われる。

このことを別の角度から指摘することも可能である。文化人類学者の青木保が、異文化理解には三段階があり、「自然レベル」(寒くなれば衣服を着るというのはどの文化も共通していること)、「社会レベル」(社会的な習慣や取り決めの理解)、「象徴レベル」(社会特有の価値なり、行動様式)にわけられるという。青木は、この「象徴レベル」の理解を特に重視している (青木 2001：142-151)。この点を敷衍すれば、教育現象を通して異文化を理解するということは、最後の「象徴レベル」を理解するということであり、少なくとも比較教育学と地域研究に親和性を感じる研究者はそこを目指すべきということになる。これは、先の中内の議論では、「慣行」や「心性」を解明することと繋がり、高谷の議論では「地域の側に立つ」ということに繋がると考えられる。

こうしたある地域の総合的な解明が目標である地域研究という視点に立つなら、論文のタイトルが「A国における・・・」となることは当然であると思う。「教育借用」の時代ではない今、国別比較は非常に困難ということはほぼ共通認識であり、地域研究の研究対象が国の下部にある地域や事象であるからである (ブレイら 2011：1-13)。しかも、最近の論文や著書をみてもこ

うした論文は、都市と農村、伝統的な学校に対する新しい学校、マジョリティとマイノリティ等、比較の手法を駆使しているようにもみえる。比較という方法をより前面に出すべきかもしれないが、それでもなぜ国同士でないと比較といわないのかは不思議である。

　また、その「明らかにする」対象地域がアジアである場合、もう一つ別の問題が加わってくる。周知のとおり、日本と近隣東アジア諸国は古代以来長い交流の歴史を有しており、ある時期は憧れの対象として、ある時期はその逆として存在してきた。いずれにせよ常に関心の的であったといえ、相手を理解するための研究が延々と続いてきたといえる。とくに中国に限ってみれば、支那学以来の長い伝統があり、日本における中国研究の伝統と蓄積はかなりあると評せられる。それは筆者が中国と関わりをもち始めた1980年代後半からも折に触れて研究動向をレビューした本が出版されるほどであった（野村ら、1990）ことからも窺える。もちろん、学問領域でいえば、主として歴史学、政治学、経済学、国際関係学等の専門家が研究を重ねており、それを「地域研究」の枠組みに入れるかどうかは慎重を期する。いずれにせよ、彼らの関心はそれぞれの学問分野に固有の研究課題の解明にあるといえるが、それを通して究極的には「中国を理解したい」ということに尽きると思う。

　ただし、これまでの長く複雑な交流の歴史から、必ずしも中国を異文化としてきちんと理解してきたとはいえないところに問題の根の深さがあり、「中国をどう認識するか」は古くて新しい問題として今なお横たわっている。たとえば、「アジアの地理を習う時に、そこに人間がいるということを教えない」（竹内1993：445）といみじくも発言した竹内好の第一世代から続く、いわば永遠のテーマであると思う。このグローバリゼーションが進展する21世紀初頭であっても、この問題は基本的に変わっておらず、むしろ「中国を全体的に本当に理解しなくてはならない時代に、これからますます強くなってくる」（青木2001：158）との指摘のとおりなのである。筆者は、これまで中国に主たる関心を示し、対象を明らかにしようとしてきた。それなりに中国が少し明らかになってきたが、より理解できるようになったかと言えば全く自信がない。現実の動きに筆者の理解が追いついていないというのが実際のところである。したがって、我々の研究の究極の目的は、東アジア教育の

新たな認識を目指すものであり、新たな「中華世界」像を提示することにあると思う。これこそが中国研究に貢献することであると思う。

3 日本の特徴

　研究方法の講義で、ある対象を複数の技法を組み合わせて多面的にとらえることを目指すトライアンギュレーションというものを習う（メリアム 2004：138-139）。データや資料に関してもそれらを相対化するためにも、第三の視点をもつことの大切さを示しているが、同じように研究対象を多面的にとらえるためにも比較の「三角測量」は重要である。たとえば中国の教育を対象とする場合、往々にして「日本と中国」という二国間でものを考えやすい。これに他の一国が入ることは、中国の教育事象の相対化に極めて有効であると思う。

　最近、東アジア諸国をたびたび訪問し、制度的な面をとくに調査する場合、アメリカの事例が非常に有効であることを身をもって経験してきた。たとえば、中国の学校改革について調査していると、統制のとれていない改革に日本からはみえるが、アメリカの動向を知っていると、一定の規則に基づいて変化しているようにみえることがある。韓国や台湾では、教授や教員から直接「アメリカからヒントを得ている」と聞くこともある。これは以前にもたびたび指摘されていたことであるが、グローバル化に伴って東アジア諸国がアメリカ化に向かっているといえる例なのではないだろうか。

　この点は論文スタイルにも現れていると思う。中国や台湾の論文を読んだり、大学院への授業参加や実際に授業を行ってみてわかったことは、論文や研究スタイルは、日本よりもアメリカに近いということである。アメリカでトレーニングを受けた教授が多いという理由からか（実際、台湾の大学教授の経歴を調べていた時、ある組織は9割がアメリカで博士学位を取得していた）、そもそもそちらがスタンダードなのかは不明であるが、日本の比較教育学の論文スタイルとは異なっていることは確かである。

　そのアメリカであるが、筆者が留学して分かったことの一つは、研究上の特徴として、その位置付けを特に重視しているということである。アメリカの大学での指導教授も、常にある教育事象が世界の文脈の中でどこに位置づ

いているのかを気にしていたことと一致する。筆者自身の限られた経験の範囲内でしかないが、アメリカでは、まず筆者自身の見方や理論的なフレームワークを提示することが求められる。自分がどこにいるのか、どのライン上にいるのかを先に明らかにしないと読み手は落ち着かないのである。したがってまずは、「この研究は、フェミニズムの見地から……」のようにフレームワークを明らかにすることが求められている。

　ただし、こうした方法だと、先行研究の成果に対して何を加えたのかということが特に重視され、調査内容の深度は重視されていない（本当は詳細な調査を行っているのかもしれないが、少なくとも論文には反映されていない）。誤解を恐れずにいえば、結果のみが重視され、途中のプロセスの精度や妥当性が軽視されているという問題がある。しかも結論ありきの調査になりやすいので、見えるものを見ていない可能性も出てくる。この点、西野も指摘しているとおり、「一般的な傾向から外れるものを誤差・偏差として除外して処理するのではなく、そのズレ、逸脱にこそ焦点を当てるべきなのではないか。」（西野 2011：135）という指摘は的を射ていると思う。

　その一方、日本の論文の一般的傾向として指摘できることは、西野の指摘の裏返しでもあるが、細部にこだわりすぎているとか、理論的な自覚が欠如しているという批判がしばしばなされている（竹熊 2001：8-9）。俗ないい方をすれば、退屈な論文が多いということになる。こうした批判に対しては、真摯に耳を傾けなければならないとしても、ある程度は日本的な特徴として発信も可能ではないかと思っている。これまで東アジア(特に中国と台湾関連)に関する英語の論文や書籍を読んできたが、日本語の論文が英語のものに比してレベルが低いということは決してないと思う。むしろその逆で、ある程度詳細な調査結果が提示されている論文は、比較教育学研究全体の発展に大いに貢献していると思う。日本の中国研究のレベルは一般に高いといわれているが、教育の分野でもその点は当てはまるのではないか。

　また、教育学領域でこれだけ世界中の教育を研究している国はそれほどないのではないか。これは日本が誇るべき財産であると思う。グローバル化の中で日本が埋もれないためには俗にいう「個性化」、「種別化」が必要である。比較教育学領域ということに限っていえば、日本が世界に誇れるのは、やは

り、こうした地域研究の深度と広がりにあるのではないだろうか。「金太郎飴」のように国の特徴が出ないよりは、「日本的」として世界に発信していってもよいと思う。もちろん、そのためには英語の文献にすることも検討していかなければならない。そうすれば読者層が格段に広がることは確かである。ただし、現在の日本語論文の内容をそのまま英文にして、英語圏の雑誌に受け入れられるかどうかは別の問題であり、その折り合いは今後の検討課題であることは間違いない。

3．研究成果の発信

1　研究成果の還元

　研究成果を報告する場として真っ先に浮かぶのは学会での報告である。筆者の発表部会は、「アジア部会」か「東アジア部会」、もしくは「中国部会」である。大した発表内容ではなくても、学生だった当時かなり緊張していた記憶がある。大家が何人かいらっしゃる時はとりわけ緊張した。その緊張がどこから来ていたのかというと、博学な先達に対して、知識量が少ない筆者が果たしてまともな報告ができるのかというものであった。この問題は現在でも解消されたわけではないが、とりあえず最初から目標の人が見える形で存在することは恵まれていると思う。それは「伝統」ということでもあるが、そのメリットとしては、発表者が予想していなかった角度から質問が飛んでくることであり、また実績のある大家が報告をどう認識したのかについて確認できることである。平たくいえば、自分の研究の位置付けを明確にする絶好の機会となる。

　その後、日本比較教育学会だけでなく、他の学会も含めて、年次大会を運営する機会が何度かあって、各部会にはそれぞれ特徴があることがわかってきた。部会によっては聴衆者も含めて完全な「仲間うち」だけのところもあり、その場合緊張せずにすむという面もあるが、「発表者個人の今後の研究のため」ということになるとやはり各方面から時には厳しい意見を頂いた方が本人のためであると今は思っている（もちろん大学院学生の時はそんなことを考える余裕はなかった）。

次に、フィールドの対象となっている地域や人々への還元の問題がある。最近、地域研究が政策に役立つかどうかが議論されているが、これにはどれだけ生産的なことなのか疑問に感じている。教育学研究と政策研究はもともと次元の異なるものであり、少なくとも教育学研究は、よく指摘されるように研究成果から「どうすべきか」には答えられないからである（Gay and Airasian 2000：23）。既述のとおり、少なくとも地域研究に親和性を感じる者にとっては、比較教育学研究は対象が「どうなっているのか」を解明することが目的であり、それが教育学に貢献することであり、アジア研究に貢献することになる。それ以上のことは範囲外であるといわざるを得ない。さらにいえば、相手国に依頼されるならまだしも、自分の研究が他国の政策立案に益すると考えて研究を行うものは、少なくとも教育学研究者にはいないのではないか。

ただし、それでも研究還元の問題は重要である。対象国や地域に対してどのように成果を還元していくのかについては、常に頭の中にいれておくべきであろう。筆者の主たる研究対象が中国や台湾であるので、中国や台湾の研究者や受講生の前で「中国の教育は……」とか「台湾の近年の改革動向は……」と筆者なりの研究成果を披露することにしている。残り時間でしつこいほど熱心な質問攻撃と批判を受け、まさに「火だるま」状態になったことが何度もある。大学院学生時代のテーマが民族問題であったせいもあるが、以前は議論していて大声で怒鳴られたこともあった。外国の研究をしている人間は、まずはその外国に研究成果を、「どう分析したのか」、もっと平易にいえば「どう見えたのか」を報告して少しでも還元すべきだと考えている。批判的な質問をして来るということは、こちらのいうことを真剣に聞いてくれている証拠であり、自分の今後の研究のためにも極めて貴重な機会でもあると考えている。

特に地理的な近さも影響して、他地域よりも東アジアはこうした交流発展の可能性が高いといえる。この点は指導教授も「少なくとも研究対象国（の研究者）に研究成果が認知されない者は本当の研究者ではない。」と仰っていたことを思い出す。この点と関連して、将来は英語での発信だけではなく、中国語でも論文をどんどん発信していく必要があると考えている。また、こ

れまでの個人的な交流からわかったことは、中国人研究者だから中国教育について、日本人より深い考察ができているとは限らないことである。もちろん対象や現地の人々には謙虚に、かつ真摯に向き合わねばならないが、課題の設定や調査の精度等によって日本人でも十分「戦って」いけると思う。筆者以外の同僚たちの論文を読む限り、少なくとも東アジアの研究者は十分そのレベルに達していると思う。

2　後継者養成

　日本の研究大学、すなわち博士課程のある大学で教育研究に携わっている者の重要な使命の一つは後継者養成にあることは間違いない。筆者は博士課程を有する現在の職場に着任以来、晩年の指導教授にお会いするたびに、最初の一言が「(指導学生に) 博士号をもう授与しましたか」とか「アジアの後継者をきちんと養成していますか」であったことを思い出す。これは一夜漬けで何とかなる定期試験とは本質的に異なる手間暇のかかることである。指導教授は、生前アメリカと日本との違いを教師と生徒の関係だと散々繰り返していた。指導教授の最後 (と思われる) の文章にはこれまで学生を「調教」してきたと書かれてある (馬越 2010：45)。そのくらい手間暇をかけたということをいいたかったのだろう。第1節で、研究室の特徴を述べたが、その最大の特徴は、実は指導教授が「赤ペン先生」であったことである。同じ研究室のメンバーはこの点を否定しないであろう。とにかく学生指導に熱心であった。

　筆者にとってその言葉は、かなり心理的な負担となったが、逝去された今、その意味が理解できるようにもなってきたと思う。おそらく、指導教授は広く学問の継承と発展を考えておられたと思うし、さらにいえば東アジアを研究する研究者が先細って行くのを危惧されていたのかもしれない。学部・大学院時代にお世話になった潮木先生も「大学の先生の仕事は、結局は後継者を育てることだ。」と言及されている (潮木 2009：201)。

　ただし、東アジア地域研究の後継者養成はそれほど簡単ではない。既述のとおり、まずは言語の習得が決定的に重要な意味をもつ。文献を現地語で読めるレベルでないと話にはならない。中国語で調査を行えない人間を中国研

究者だとは誰も認めないであろう。したがって、これを、いつどのように学んでもらうかである。大学院入試で第二外国語が廃止されたことも影響してか、それを真剣にやってきた人が少ないのだ。言語の習得から始まるのが比較教育学であるとすると、入口の時点から心細い。中国語以外のアジア地域はさらに深刻ではないかと想像する。そのため、教員側が戦略的に動かないといけないと考えている。

　また、その後継者養成に関しては、まずは日本人のそれを継続的に育てることはいうまでもない。ただし、グローバル化の時代、指導学生は日本人だけとは限らない。東アジアに関しては、留学生教育でも大いに関係しているという特殊性がある。特に大学院の留学生はその傾向が強いが、それは留学生の大半が中国からであり、さらに韓国、台湾等を含めるとほぼ全てといえるほど出身国が偏っているからである。したがって、アジア地域を視野に入れた後継者養成という地道な努力が、比較教育学の発展への貢献であると思う。

　最後に、教育という点で一言述べさせていただきたい。現在、比較教育関連の講義をすることになって、あらためて強く感じることは、講義や演習では、一国だけを詳しく論ずるというわけにはいかないことである。たとえば、筆者の得意分野が中国や台湾だからといって、それだけでは学生たちが納得せず、そこにジレンマが生まれる。そのため、他の研究者の論文等を読み込んで準備をしていくのであるが、質問は予想外のところから飛んできてうまく答えられないのである。そのため、筆者はできるだけ多くの国を訪問し、その国の学校を小学校から大学までできるだけ訪問するように心がけている。こうして何とか納得できる授業のための情報と論理を収集するように努めている。何となくおもしろいと思っていたものも、学生相手では、常に「なぜか」について系統立てた説明が求められる。全学教育で理系の学生が受講者である時にはとりわけ、理路整然とした説明が必要である。こうした経験をしてみて、比較教育学を専攻している者は、得意とする領域を深めつつも、常に世界的な視野からさまざまな事象を見極める努力をしなければならないと思う。

おわりに

　以上、東アジアの教育研究についての個人的な立場から述べさせていただいた。はからずも恩師の紹介になってしまった感もあるが、本論で筆者が最も述べたかったことは、研究の継続・発展は一人でできることは稀で、様々な人たちからの指導や助け、あるいは刺激を大いに要するということである。それは、最初は指導教授であろうが、後には学会の先輩であり、同僚であり、学生でもある。グローバル化の時代海外の研究者もすでに身近な存在になりつつある。こうした「良き人々」に恵まれた研究者は、最も重要な「研究インフラ」が整備されているといってよいと思う。研究は究極的には「人の繋がり」であると考えるからである。

　最後に個人的なことを述べさせていただくことをお許しいただきたい。編者から本章の原稿執筆を依頼されてほどなく、筆者の地域は未曾有の大震災に遭遇した。インフラが機能不全に陥るなかで、私自身「生きること」や「生きていくこと」について真剣に考えさせられた。そしてその直後、教育研究上の目標でもあり、支えでもあった指導教授が逝去された。もうお叱りの手紙や電話がこないかと思うと無念でならない。その恩師から「アジアを研究する後継者を育ててくれ」といわれてきた弟子の一人として指導教授の遺志を受け継ぐことが私の使命だと思っている。また、自分自身の能力に限界があることを認めつつも、アジア地域に真摯に向き合い一生懸命研究していくことが学恩に報いることだと思っている。

参考文献

青木保(2001)『異文化理解』岩波書店。
猪口孝(2011)『実証政治学構築への道』ミネルヴァ書房。
―――(1985)『社会科学入門』岩波書店。
潮木守一(2009)『転換期を読み解く』東信堂。
馬越徹(2010)『斗筲の記』(非売品)。
―――(1998)「教育」『AERA Mook アジア学のみかた』朝日新聞社、114-115ページ。
小川佳万(2008)「アメリカの大学における研究室の特質に関する一考察――日本の研究室との比較において」『アメリカ教育学会紀要』19、38-50ページ。

倉石武四郎(1973)『中国語五十年』岩波書店。
高谷好一(1993)「二章『地域』とは何か」矢野暢(編)『地域研究の手法』弘文堂、23-45ページ。
竹内好(1993)『日本とアジア』ちくま学芸文庫。
竹熊尚夫(2001)「比較教育学と地域教育研究の課題」『比較教育学研究』27、5-15ページ。
坪内良博(1993)「三章　専門分野と地域研究」矢野暢(編)『地域研究の手法』弘文堂、49-69ページ。
中内敏夫(1988)『教育学第一歩』岩波書店。
西野節男(2011)「国際教育開発と比較教育学研究の可能性──映画「ラスカル・プランギ」によせて」『比較教育学研究』42、124-139ページ。
野村浩一他(編)(1990)『岩波講座 現代中国〈別巻2〉現代中国研究案内』岩波書店。
ブレイ・マーク、ボブ・アダムソン、マーク・メイソン(2011)「序章」マーク・ブレイ等(編)『比較教育研究』上智大学出版、1－13ページ。
ブレイ・マーク(2011)「第1章　比較教育研究のアクターと目的」マーク・ブレイ等(編)『比較教育研究』上智大学出版、15-40ページ。
メリアム、S.B(2004)『質的調査法入門』ミネルヴァ書房。
山田肖子(2011)「日本の比較教育学における伝統と多様化──学会員アンケートと学会誌掲載論文の傾向分析から」『比較教育学研究』42、140-158ページ。
Gay L.R. and Peter Airasian (2000) *Educational Research: Competencies for Analysis and Application.* Merrill Prentice Hall.

第18章　アフリカをみる比較教育学
——新興研究領域の成熟に向けて

山田肖子

　近年、日本でアフリカの教育研究に関心をもつ人々が急激に増加している。日本では、1970年代にケニアッタ大学で客員教授を務められた故豊田俊雄氏をはじめ、以前からアフリカの教育について報告・研究が行われていたが、それらは外国教育の事例報告やアフリカ地域研究者が時折行う教育への言及といった形の散発的なもので、長い間、比較教育学の学会誌でも年次大会でもこの地域に関する研究が取り上げられることはなかった。しかし、90年代以降、アフリカ教育研究は急速な成長を見せ、比較教育学会の中で、サブサハラ・アフリカを研究対象とする人々は、未だに少数派ながら、確実に存在感を増していることは、既に第I部でも述べたところである。このようにアフリカ教育研究者が増加した背景として、日本のアフリカに対する援助額が90年代以降急激に増加し、開発や援助の対象としてアフリカへの関心が高まったことは無視できないだろう。筆者自身、まさに90年代以降のアフリカ教育研究者であるが、アフリカに最初に縁があったのは、国際開発協力の業務としてである。国際協力の仕事をするうち、研究を深めたくなり、米国で博士号を取得した。主専攻は比較国際教育学、副専攻はアフリカ研究であった。

　本書第I部で提示したアンケートや学会誌掲載論文の分析に照らせば、明らかに日本の古くからある比較教育学者とは異なるタイプに属する筆者が、本書を編ずるに当たり、自らの研究者としての出自の正統性を主張することは極力避けてきた。米国で比較教育学の薫陶を受けたことやアフリカを主な研究対象地域とすることは、私が日本の比較教育学を見る際の比較軸になっている。このことは、本書で複数の著者が、自らが属した研究室や地域部会での指導の影響を強く受けていると述べているのと同様、当然である。しか

し、筆者が、万一、自分の受けた訓練のほうが勝っているという態度に見えたとしたら、対話は成り立たないと思った。日本の比較教育学の「地平」を若手・中堅の研究者が揃って「拓く」という本書のタイトルに忠実であるため、筆者は自らの色を抑えてきた。

しかし、本書の原稿が出揃うにつれ、各章の執筆者が自らの研究姿勢を問い、立場を明らかにする中で、筆者が、あくまで距離を置いて客観的分析者であろうとすることは、逆に比較教育学の担い手としての自己表明をしない、無責任な行為のように思われてきた。第IV部は、伝統的な日本の比較教育学講座出身の、いわゆる「地域研究型」の研究者を中心に構成することが当初の趣旨であったが、敢えて「伝統的でない」筆者が一章を書くこととしたのは、このような経緯からである。

本章では、まず、アフリカ教育研究がどのように発展してきたかを、日本及び海外における研究例を引きつつ紹介することとする。海外の研究といっても、多くは英語圏(英米)のものとなるが、米国や英国の研究環境に身を置いた筆者の知識の偏りとしてご容赦いただきたい[1]。国内外の研究の歴史的展開を概観した後、本章では、近年の比較教育学分野におけるアフリカ研究の傾向と背景を検討することとする。こうして分野を概観する中に、筆者のアフリカ地域研究へのこだわりや当該分野の今後の展開についての見解が、自ずと明らかになるのではないかと思う。

1．日本におけるアフリカ教育研究の歴史的展開

日本とアフリカのつながりは、文献上、安土桃山時代まで遡ることができると言われており、古くはポルトガルのキリスト教布教師が連れてきた黒人が織田信長に献上された記録があるという(藤田 2005)。また、鎖国時代には出島に黒人水夫が出入りした。アフリカ東海岸では、日本の古伊万里の破片が出土することもあるといい、日本人が直接アフリカを訪れた記録は定かではないものの、環インド洋の交易網で、日本とアフリカは遠くつながっていたのである。明治期になると、ヨーロッパ行きの客船がアフリカ南端の喜望峰を回ってヨーロッパへ一般旅行者を運ぶようになり、1880年代頃から、

アフリカ東南部に日本人のからゆきさんや旅芸人、写真家やコックなどの小商いをする個人が散在するようになった（青木 2000）。しかし、これら定住者の存在は日本ではほとんど知られておらず、日本にアフリカの情報を伝えるのは、ヨーロッパからのニュースや文学と、ヨーロッパへ行く途上に船で寄航した学者、文人、政治家等がアフリカについて書いた文章に限られていた。

青木澄夫氏からの聞き取りによれば、「アフリカ教育研究」のような系統だったものはないながら、旅行者の記述の中に、教育に関する言及が散見されるという。たとえば、思想家・小島威彦の『喜望峰に立つ―アフリカ紀行』（1940）には教育に関する言及があり、同行した深尾重光が発表した写真集『南海の明暗―印度洋・アフリカ・内南洋・紀行写真』（1941）には、英領西アフリカの女子学校の写真が掲載されている。他にも、洋行した研究者、教育者等の見聞記には、学校や教育についての記述もまばらに残っているようである。そのほか、日清・日露戦争後に高まった植民地経営への関心から、外務省刊行の各種報告書に「土人」の教育に触れている個所がある可能性があるという。これら明治から第二次大戦期までにアフリカについて日本人が残した文章の多くは、ヨーロッパ人が形成した「暗黒大陸アフリカ」のイメージをそのまま当てはめた没個性の「土人の国」としてのアフリカを再現したものが多かった。

戦後になり、日本アフリカ学会が設立されたのは 1964 年である。日本のアフリカ研究の草分けは、京都大学を中心とする類人猿の生態学・社会学的調査や狩猟採集民の生態人類学的調査、アジア経済研究所の研究者等が行う農村調査、東京外国語大学アジア・アフリカ言語文化研究所を中心とする言語、文化、歴史にかかる人文社会調査、名古屋大学の地質調査等、50 年代後半から 60 年代に着手されたものであろう。その後、研究分野は年とともに拡大していったが、この学会を支えてきたのは、生態・文化人類学、歴史学、言語学、文学、地理学や総合的な手法を用いた農村研究等の研究者が中心で、アフリカ社会を広く分析する中で、教育に言及することはあっても、教育自体を研究の主題とするものはほとんどなかった[2]。

国会図書館の図書目録を検索すると、数少ない文献の中に、「教育科学運動」で知られ、国立教育政策研究所長も務めた城戸幡太郎氏の「アジア・アフ

リカの開発と日本の教育」(1957)がある。また、社会教育を専門とする岩井竜也氏によるアフリカの成人教育についての論考(1963)及び石堂豊氏によるナイジェリアに関する一連の論考(1968ほか)など、国際比較を専門としない教育学者による研究があることが興味深い。また、原田種雄・新井恒易編著『現代世界教育史』の中に、五十嵐良雄氏によるアフリカ諸国に関する短い章がある(1981)。

　戦後アフリカ教育研究の黎明期に関わった研究者として、今日最もよく知られているのは、アジア経済研究所に在籍しておられた故豊田俊雄氏ではないか。豊田氏は、日本のODA草創期に、教育分野の戦略策定のための調査・研究に従事し、1970年代に、ケニアッタ大学で客員教授を務めている。ただし、豊田氏がアフリカの教育について論考を発表したのは、確認できる限り、1980年代後半以降である(1987)。80年代末から90年代初頭にかけ、丹埜靖子氏(1990)がケニア、川床靖子氏(1989)がタンザニアの教育について教育制度や実態を詳しく伝える著書を発表している。また、90年代も半ばを過ぎると、対アフリカODAの増加に伴い、教育開発政策や援助政策のマクロ分析、理数科の教授法や教員研修といった、教育開発プロジェクトで日本が強みを発揮してきた分野での実践的調査研究などの文献が増加してくる(澤村2003、黒田2004、武村2008、原2011)。

　これら、教育開発に関係の深いアフリカ研究については、後段で詳しく述べることとして、アフリカ地域研究全体の中で、教育がどのように扱われてきたかを概観しておこう。歴史学、人類学、社会学、言語学等のテーマは、教育と重なる部分が多い。たとえば、キリスト教の布教史は、アフリカの学校教育史そのもので、ミッショナリーによる教育に反発して独立学校が設立されたことが民族自決の機運を高めるきっかけになった地域も少なくない(三藤2005)。言語学や文学の大きな関心事であるアフリカ諸言語での表現は、教育の場で用いられる教育言語とも密接に関わるアイデンティティの問題である(砂野2007)。また、社会学や人類学で、都市のストリートチルドレン(鈴木2000)や農村社会の青年グループ(佐々木2000)、狩猟採集民の子どもの生育(高田2005；亀井2010)等を分析対象とする日本人研究者がいるが、子どもや若者がどのように仲間と関わり、独自の遊びや若者文化を形成していくか

は、社会の中での学びに深く関わっている。このように、現代の学校教育に限ると見落としがちだが、アフリカ地域研究において、学びに関わる活動は幅広く研究されているのである(山田 2009)。

さて、日本ではこのように、1990年代に教育開発という研究分野が出現するまでは、アフリカ社会を作り上げる諸要素の一つとして、教育は副次的な研究テーマとして扱われることが多かった。では、欧米では、アフリカの教育はどのように研究されてきたのであろうか。日本でアフリカ研究が長年、あまり拡大しなかった要因の一つとして、歴史的・文化的な接点が少ない(少なくとも一般的な認識の中で)ということが挙げられるだろう。それに対して、アフリカとヨーロッパ、アメリカの関わりの歴史は長い。奴隷貿易、植民地支配といった経済、軍事、政治面での関わりは、人や物、文化の流れを生み、支配のための研究が求められた。また、アフリカから強制的に移住させられた奴隷の子孫の間に広がるアフリカ回帰の願いが政治運動や研究の原動力となった。さらに、植民地時代末期から、多くのアフリカの国が独立し、「アフリカの10年」と言われた1960年代頃には、アフリカ諸国のエリート階層による民族自決を謳った様々な論考が発表され、その中には「植民地教育が人の心を支配する」ことを批判するものも少なくなかった。欧米及びアフリカにおけるアフリカ教育研究は、こうした様々な動機や背景をもった人々によって、長い年月にわたって蓄積されてきたのである。そこで、次節では、日本以外でのアフリカ教育研究の歴史を簡単に見ていくことにする。

2. 欧米、アフリカでのアフリカ教育研究

ヨーロッパにおけるアフリカ教育研究は、植民地時代から活発に行われていた。当初は、キリスト教ミッショナリーがアフリカにおいて布教とともに行った教育実践のため、学校教育のモジュールや教授法を伝達することが主目的であったと思われる。19世紀前半から、ドイツのプレスビテリアン派のバーゼル布教団は、学校農園を運営したり、職業技術を教える等、技能重視の教育を提供し、対照的に、メソジスト派の布教団は、ヨーロッパ的な教養教育を行ったと言われている。一部のヨーロッパ人が、アフリカの資源を

求めて探検したり、キリスト教の布教活動のために内陸部に入り込んだ時代から、19世紀後半になると、ヨーロッパ列強が国レベルで領土獲得競争をするようになり、それに伴って、統治のために、現地の伝統社会や文化、言語について多くの調査が行われた。教育研究は、そうした流れの中で、ヨーロッパやアメリカの教育モデルをアフリカに適応させるために、アフリカの社会の在り様や教育ニーズを見極めるといった、政策的意図の強いものが多かった。英国植民地省には、1925年に「熱帯アフリカ教育諮問委員会(Advisory Committee on Native Education in Tropical Africa)」が設立され、女子教育、教育言語、職業技術教育、エリート教育、宗教教育等、様々な分野の検討会による委託調査や、提言文書が作成された。英国・国際宣教者評議会(International Missionary Council)の『International Review of Mission』や、アメリカの『Journal of Negro Education』といった学術誌が定期刊行され、アジアでのミッション教育やアメリカの黒人教育とともに、アフリカ教育にかかる論文も多く掲載されている(Yamada 2009, 2008)。

　植民地時代には、政策を推進するための情報整備という側面が強かったアフリカ教育研究であるが、アフリカの多くの国々が植民地支配から独立した1950年代後半から60年代には、植民地時代の教育についての客観的な分析が行われるようになった。イギリスやフランスといった宗主国の植民地教育政策のマクロ的分析(Hillard 1956、Scanlon 1966など)、国ごとの教育制度や高等教育、中等教育といった教育段階ごとの歴史的分析(Graham 1971、Ashby 1966など)、それに、植民地時代にミッショナリーや植民地政府によって作られた名門校の教員がまとめた学校史なども、50〜60年代に多く出版されている。

　60〜80年代には、先進国(旧宗主国)とアフリカ新興国の歴史的関係を、抑圧—被抑圧の関係ととらえるマルクス主義的な立場の教育研究が少なくなかった。一つの流れは、アフリカ人研究者によるポスト植民地主義的な思想運動である。アフリカの独立運動の思想的指導者の中には、植民地時代にヨーロッパ人が行った学校教育が、アフリカ人の心に、ヨーロッパ中心主義的価値観と自らの文化をさげすむような屈折をもたらしているとして、批判する者が少なくなかった。アフリカらしい独自の教育を求める言説は、多様な言

語集団による言語空間、文字での表現を求める言語学や文学の世界での運動や、汎アフリカ主義等の政治思想とも深く関連していた。イギリス支配下のケニアで育ったングギ・ワ・ジオンゴは、教育を通して伝えられる植民地言語が支配を実体化しているとの認識から、学校の言葉と生活の言葉の乖離を、戦場の暴力に対置して「教室の暴力」と呼んだ（ングギ 1987）。そして、70年代以降は、植民者の言語でなく、自らの母語であるギクユ語で文学を発表し、アフリカの民族性を表現した。このほか、日本にも研究者がいるセネガルのセンベーヌ・ウスマン、ナイジェリアのウォーレ・ショインカ等、ナショナリスト文学には教育に関する言及や示唆も少なくない。また、南北アメリカやカリブに住む黒人も含め、アフリカに起源をもつ人々の連帯を提唱した汎アフリカ主義は、教育思想にも大きな影響を与えたのである。

　しかし、アフリカのこうした批判的教育言説の悲哀は、学校教育という制度そのものが、エチオピア正教の教会やイスラム教のモスク等において、伝道や宗教の担い手の育成を目的として行われていた一部の例外を除き、外生的にヨーロッパがアフリカに制度的支配を行うようになった19世紀以降に出来上がったものだということである。もちろん、社会の規範や集団の歴史・文化を伝える口承の教育は発達していたが、西洋化する中で伝統自体が変質し、口承の教育も社会的根拠を失ってしまう場合も出てくる。さらに、現在、政治、経済、学問の中心的な担い手は、ヨーロッパ人の学校に通うことで、もともとあった伝統的首長制におけるヒエラルキーとは全く異なる規範や制度の中で形成されたエリート階級の子孫である。独立後に、多くのアフリカの思想家や教育者が夢想した「学校教育のアフリカ化」は、政治思想として、強いメッセージ性をもつ反面、それが学校教育の枠組みの中で考えられている時点で限界があり、社会サービスを担う政府の意思決定の中枢では、エリートをエリートたらしめてきたヨーロッパ言語による教養教育を是とする態度が根本にある。また、大衆レベルでも、学校は社会的栄達の第一歩とみるために、学校が家で教えられないようなことを教える異質な空間であることを、むしろ望む傾向がある。こうしたことから、現在でも、「教育をアフリカ化すべき」という議論は度々起こるが（Tedla 1995 ほか）、そのために具体的に何を行うか、という点になると、研究者も実務者も、学校で伝統的な衣装を着

て儀式を行う日を決めたり、伝統的な舞踊や音楽を学校の活動に取り入れるといった、形式的な伝統主義に留まった提言や実践が多い（山田 2004）。

　もう一つのマルクス主義的な教育研究の流れは、欧米の援助を批判するタイプのもので、この類の研究は、70～80年代に活発であったが、現代でもしばしばみられる。援助機関は、アフリカで学校を建設し、そこで特定の教材や教育モデルを普及しようとしたり、奨学金を提供してアフリカの将来を担うような若者を欧米に留学させることによって、ソフトパワーによってアフリカへの影響力を維持しようとしているといった批判的論考である。古くは、フェルプス・ストークス基金やカーネギー、ロックフェラーといった米国の教育援助活動を植民地支配的であると批判したバーマン（Berman 1971 など）やキング（King 1971）などがその例である。教育援助に対する近年の研究にもマルクス主義の流れを汲む世界システム論や従属論的なものは多い（たとえば、Brock-Utne 2000）。アフリカの教育が、極めて高い援助依存の中で、グローバル・スタンダードに集約されていっていることは否定できない事実だからである。しかし、そのような単純な援助押しつけ論では、アフリカ諸国の政府や大衆も積極的に国際標準にあった教育を望んでいる状態を説明しきれず、最近は、それぞれの国の事情や政策プロセスをより詳しく観察し、国際的言説が国内にどのように取り入れられたかを分析するようになっている。

　さて、時代を80年代に戻すと、当時の時代性を反映した研究のもう一つの流れは、アフリカの社会主義体制国家における教育の研究であろう。キューバやニカラグアなどの南米国と並んで、アフリカのタンザニアやギニアなどを事例とし、社会主義国家がどのように教育というチャンネルを用いて政治的イデオロギーを伝達し、社会の構造変化をもたらしたかについて、とくにアメリカ人によって研究が行われた（Carnoy and Samoff 1990 など）。これらの国において、教育の場を明示的に政治変革のための思想教育の手段と位置づけたことが、民主主義社会の教育研究者の関心を惹いたことは想像に難くない。

　なお、タンザニアは左傾化した国の中では、外部者による教育研究が比較的多いケースであるが、それは、初代大統領ニエレレが、アフリカ社会主義の思想に基づいた、識字を中心とする独自の教育モデルである「自立のため

の教育(Education for Self-Reliance)」を実践したことで注目されていたためであろう。ユネスコは、成人識字教育を積極的に推進したが、そうした動きの背景には、ブラジルのフレイレやタンザニアのニエレレなど、途上国の政治家や教育者が実践した識字教育があることも忘れてはならない。

3．現代のアフリカ教育研究

1　国際的動向

　1980年代半ばから、多くのアフリカの国々は、世界銀行・IMFが推進した構造調整計画を受け入れ、社会主義体制を取っていた国家も、次々と国際機関や西側諸国の援助を受け始めた。このことにより、アフリカ諸国は、社会主義―民主主義の二つの陣営に色分けされていた時代から、経済発展や識字率、就学率といった指標の高低でランク付けされる時代に入ったと言える。構造調整以降、援助機関と被援助国政府の間の政策協議のチャンネルが標準化され、政策と資金及び技術援助がパッケージ化されるに伴い、アフリカの援助依存は高まった。とくに、1990年代に入って、貧困削減戦略や「万人のための教育」国際開発目標が合意されてから、教育分野に流入する援助額は劇的に増大した。アフリカには、これらの戦略や開発目標で重点が置かれた基礎教育(初等＋前期中等)の普及度が低い国々が集中しており、国際社会は、こうした国々の教育アクセスを拡大するという共通の目標に向かって援助を集中させたからである。

　アフリカ研究の蓄積の厚い欧米では、教育に関する研究も、歴史、社会学、人類学等様々な分野で行われており、援助関連の分野に限定されるわけでは全くないが、それらは、「アフリカ教育研究」というまとまった場所で発表されているというよりは、様々なディシプリンやテーマ別のジャーナルに散らばっているように思う。『Comparative Education Review』、『Comparative Education』、『Compare』、『International Journal of Educational Development』等の比較教育学関連の主要なジャーナルに掲載される多くのアフリカ地域に関する論文は、現代のアフリカの教育課題や援助をテーマにしている。その要因としては、この地域の教育研究に関する限り、国際社会の関心がそこに集中

しており、研究費獲得が日本以上に難しい欧米やアフリカ諸国において、政府や国際機関等の資金が得られる分野で研究力を競う力学が働くということが挙げられるだろう。

　イギリス、アメリカ等、先進国の大学も、補助金削減が続き、外部資金を獲得することが大学教員の重要な仕事となったが、純粋に学術的な研究や人文学的研究のための補助金は限られており、途上国教育研究に関わる多くの人々が、国際機関、自国の二国間援助機関等の公募に応募している。たとえば、イギリスで国際開発分野で実績のあるサセックス、エジンバラ、ケンブリッジ、イーストアングリアといった大学は、英国国際開発省（DfID）が公募したテーマ別多国間共同研究の資金を獲得し、アフリカ、アジア各国の研究者と連携して「教育と技能形成」「教員養成の質」といった様々な共通のテーマで国際比較研究を行っている[3]。

　このように、援助と極めて近い関係で行われる研究が増大しているのと同時に、援助による教育の画一化、外部主導に対する批判的論考も多いことは既に述べた通りである。ただし、世界システム論的批判は、「援助の押しつけ」とレッテルを貼って、複雑な状況を単純化しすぎるきらいがあり、また、ポストモダニズム的な相対主義は、結論なき事例紹介になりがちであり、極めて現実的な援助実践のための調査とは批判の土俵がかみ合わないところがある。情報としての調査と、論説としての研究の格差を埋めていくことは、アフリカ教育研究の一つの課題かもしれない。

2　アフリカへの援助の増加と日本におけるアフリカ教育開発研究

　さて、日本では、前述のように、歴史学、社会学、文学、言語学等の分野で教育に関わる内容の論考を発表する研究者や、時折アフリカに目を向ける教育学者もあったが、教育を主題とするアフリカ地域研究者も、アフリカに地域的な焦点を置く教育学者も 90 年代まではほとんどいなかった。90 年代以降に急速に高まったアフリカ教育研究への関心は、当該地域への援助の高まり抜きには考えられない。

　アフリカへの援助の集中は、教育分野だけのことではなかった。2005 年 7 月に英国グレンイーグルズで開催された G8 サミットにおいて、2010 年ま

でにアフリカ向け援助を倍増することが合意されるなど、とくにこの10年ほどは、「開発援助の主対象はアフリカ」という潮流が国際的に形成されていった。また、日本においては、1993年より5年に一度開催されているアフリカ開発会議(Tokyo International Conference on African Development: TICAD)[4]も、アフリカへの関心を高めるうえで重要な役割を果たしている。2008年に開催された第4回アフリカ開発会議(TICAD IV)は、アジア、アフリカ、援助国

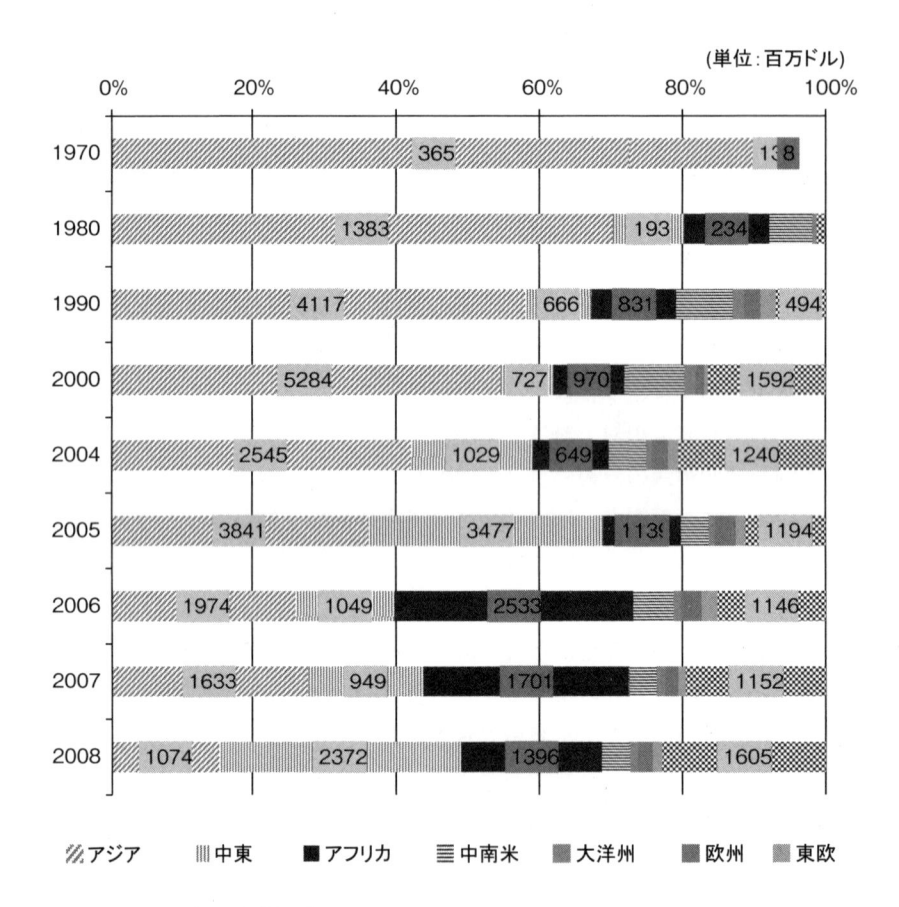

(単位:百万ドル)

年	アジア	中東	アフリカ	中南米	大洋州	欧州	東欧	複数地域
1970	365							138
1980	1383		193	234				
1990	4117		666	831			494	
2000	5284		727	970				1592
2004	2545	1029	649					1240
2005	3841	3477	1139					1194
2006	1974	1049	2533					1146
2007	1633	949	1701					1152
2008	1074	2372	1396					1605

凡例：アジア／中東／アフリカ／中南米／大洋州／欧州／東欧／複数地域にまたがる援助等

図18-1　日本の二国間ODAの地域別配分の推移（支出総額）

出所：外務省（2010）

を合わせ51カ国の元首と50のNGOの代表、延べ3000名もの人々が参加し、参加人数は過去3回を上回っただけでなく、メディアでも頻繁にアフリカについての情報が発信され、日本におけるアフリカへの関心は未曾有の高まりを見せたのである。

　こうした国内外の状況を受け、日本のアフリカに対する二国間ODAは、2000年代に入って急激な増加を見せている(図18-1)。とくに2005年グレンイーグルスサミットの直後の金額の伸びが著しい。日本はグレンイーグルスにおいて、アフリカに対するODAの倍増を約束し、2008年のTICAD IVにおいては、福田首相(当時)が2012年までに、さらにアフリカへの援助額を倍増させることを約束した。このようにして、日本の二国間ODAに占めるアフリカの割合は2002年の8.7%(583.75百万ドル)から2006年には34.2%(2532.98百万ドル)を占めるまでになり、ODA予算削減の中でもアフリカ向けだけは特別扱いという状況であった。ここ数年間のODA総額の削減の影響でアフリカへの支援額も2006年をピークに減少しているが、支出純額では、日本が長年支援を集中させてきたアジアと同等あるいはそれをしのぐ規模を占めている(2008年にはイラク、アフガニスタン支援で中東への配布が一時的に増えるも、その後減っている)。TICADを通じて、アフリカに関する報道や関心が高まったこと、同時に、援助のニーズや産業界の関心が高い割に、事業実施に必要な具体的な情報や人材が不十分であることが、アフリカ研究に関心のある人材が増え続ける背景要因の一つとも考えられる。

　『比較教育学研究』に最初に掲載されたアフリカに関する論文は1996年、浜野の「世界銀行による構造調整と教育改革過程——ガーナにおける教育部門調整を事例として」である。この論文は、海外からの援助がガーナというアフリカの被援助国の教育改革に及ぼした影響を論じたもので、まさに開発援助の流れから出た研究と言っていいだろう。浜野論文を含め、2011年の第43号までに『比較教育学研究』誌に掲載されたアフリカ地域の論文は9本である[5]。これらの論文の執筆者は、開発研究の中核を担う人物も若手も含むが、日本や海外の援助機関の業務や青年海外協力隊の経験者がほとんどである。その中で、歴史・文化的な研究アプローチを取る谷口は、開発研究とは若干趣が異なると言えるかもしれない。また、馬場や渋谷など、研究テー

表18-1　開発系ジャーナルと「比較教育学研究」で1990年以降に掲載された論文の地域比較

	比較教育学研究	開発系学術誌
ジャーナル全体	320	137
アラブ諸国	3 (0.9%)	1 (0.9%)
サブサハラ・アフリカ	9 (2.8%)	48 (45.3%)
ラテンアメリカ・カリビアン	11 (3.4%)	14 (13.2%)
中・東部ヨーロッパ	8 (2.5%)	0 (0.0%)
中央アジア	4 (1.3%)	0 (0.0%)
東アジア・パシフィック	143 (44.7%)	30 (28.3%)
南・西アジア	14 (4.4%)	9 (8.5%)
北アメリカ・西欧	114 (35.6%)	4 (3.8%)
その他、地域特定なし	14 (4.4%)	0 (0%)

出所：Yamada and Liu (2011) を基に作成。

マや手法に一貫性があるものの、アフリカ地域だけに研究対象を絞っているわけではない執筆者もいる。いずれにせよ、1990年以降に『比較教育学研究』に掲載された論文総数（一般研究論文、特集や課題研究などの依頼論文を含む）320本に対し、アフリカ地域を取り上げたものは、そのうち3％にも満たない。第2章でも述べたように、アンケート結果からも、アフリカを研究関心地域として挙げているものが増加している中で、『比較教育学研究』は、こうした学会員の志向性に対応してきたとは言えない側面がある。

では、アフリカに関心のある比較教育研究者は、どのように研究成果を公表してきたのであろうか。表18-1は、国際開発に関する論文を多く収蔵していると思われるジャーナル2誌（『国際開発研究』（国際開発学会編）と『国際教育協力論集』（広島大学教育開発国際協力研究センター編））と『比較教育学研究』掲載論文で取り上げている地域を比較したものである。『国際開発研究』は1993年創刊、『国際教育協力論集』は1998年創刊であり、1990～2011年までをカバーした『比較教育学研究』とはサンプルの領域が異なる。また、『比較教育学研究』特集や課題研究も含めた論文数であるのに対し、「開発系」のジャーナル2誌は一般研究論文で教育について書かれているものだけを取り上げているので、サンプル数にばらつきがあるが、地域割合の大きな違いは見てとれるだろう。

開発系2誌では、サブサハラ・アフリカが実に半数近くを占めている。特

に『国際教育協力論集』を刊行している広島大学教育開発国際協力研究センターが、アフリカの大学やアフリカ人研究者との連携に力を入れ、当該地域の教育開発に関する論文を多く掲載するという機関の特性もあるが、このようなジャーナルが、アフリカ教育研究者に発表の場を与え、新規参入を促進してきたことが窺える。

おわりに——アフリカ教育研究の「場」と今後の展望

　比較教育学会員で、『比較教育学研究』には論文を発表しなくても、他所で発表しているケースは少なくないと思われる。筆者自身、アフリカ研究や開発研究のジャーナルや海外の比較教育学のジャーナルには論文を発表しているにも関わらず、今日に至るまで、『比較教育学研究』では、学会動向分析は書いたが、アフリカ研究の論文は発表していない。留学から帰国した当初に投稿し、「門前払いされた」トラウマが尾を引いているように思う。植民地教育史の研究で、今思えば、極めて「日本の比較教育学的」だったかと思うが、投稿規定の違反だったか、今となってはよく思い出せない理由で、送付後10日ほどで返送されてきた。日本の学会誌の文化に慣れていなかったと言えばそれまでだが、そういうことも含めて、日本の比較教育学の世界には、私の分からないところに地雷が沢山埋まっている気がした。そして、そういう自分の何が場にそぐわないのかを教えてくれる先生も先輩もいなかった。

　研究活動は、研究者自身が行うものだが、居場所を確保するため、研究の方向性に修正も加える。それは比較教育学講座で職を得ることが難しい現在の若手が他領域に居場所を求めていく状況とも同根である。私の場合、それは、アフリカ教育史から開発研究に軸足を移すことであった。もともと開発援助の実務をやっていて途中から研究者を志した私にとって、それは抵抗感のないことだったが、一方で、「もっと歴史を続ければいいのに、もったいない」と言ってくださる方に、「環境的に本業で歴史は続けられない。余裕があれば是非」と言い続けた自分がいた。海外で学位を取った、開発援助の実務に関わっている、アフリカを調査対象地としている、ということで、「典型的開発系」とくくられることに、「自分の研究者としての本質に関係ない」

と割り切ったようで、どこかで釈然としていなかった。

　自分が30歳を目前にして、博士課程に進学して研究者になろうと思ったきっかけがある。アフリカのある国で、教育援助の事業を開始するための予備調査に関わっていたときのことだ。援助機関の調査団としての仕事で、「ここで上手く教育ニーズをアピールすれば、学校を建設してもらえる」ということは住民も重々承知の上での聞き取り調査だった。判で押したように、学校が足りない、皆が学校を望んでいる、という発言の奥に、言語が異なったり、違う意見を言って黙らされてしまう人がいるのは分かった。開発プロジェクトの調査で見えるものだけ見ていては社会の本当の姿は分からない、と思ったのが研究者を志した動機であった。歴史をやったのも、植民地時代に、アフリカに学校を導入したときの言説を解きほぐすことから、開発言説の根源を捉えようと思ったからだった。「開発」を否定するわけではないが、無条件に是としているわけではない。実際、国際開発の実務に携わる人々の間でも、単純化した議論が難しいことは十分認識されている。それでも「おそらく正しい」と思われる方向に事業を進めるのが実務者だとしたら、落とし穴や問題点を整理して指摘するのが研究者の役割かもしれない。現在、日本でアフリカ教育研究を行う人々は、援助の実務と極めて近い距離にいる場合が多いが、そのことが、EFA（万人のための教育）国際目標の正義を妄信しているとか、社会コンテクストに無関心だといったこととは同義でない。むしろ、国際アジェンダを視野に入れ、業界用語も咀嚼したうえで、それらを鵜呑みにせず、批判的かつ分析的であることができるし、そのことを研究活動の質によって証明していかなければいけないと思っている。批判的であるための要件として、「土地勘がある」ことは重要であろう。歴史、文化、政治、社会の様々な要因が、教育政策や行政を同じように実施しても、国や地域によって異なる結果を生む。なぜ異なったかは、背景を知らなければ見えないことがある。私が、教育開発に関わりつつも、アフリカ研究者であることにこだわる一つの理由がそこにあるように思う。

　この分野の急成長を象徴するかのように、2008年には、内海成治氏や澤村信英氏の声掛けによって、年に2回、『アフリカ教育研究フォーラム』が開催されるようになった。それから、4年未満の短い期間に、アフリカ教育研

第18章　アフリカをみる比較教育学　413

究は、関わる大学院生や若手研究者の数も、発表の質も向上した。第一回目はほとんど教員の発表で、学生発表は8件に過ぎなかったが、2011年10月の会合では、発表は30件、参加者数56名にまで増加した。研究が先細る分野も少なくない中、国際開発学会では、例年、教育開発に関するセッションが多く組まれるようになった（平成23年度は42セッション中5つが教育開発（院生セッション含む）である）。その中でもアフリカに関する発表は年々多くなっており、比較教育学会でも、「教育と開発」「アフリカ」と銘打った部会はほぼ毎回設置されるようになっている。また、この『アフリカ教育研究フォーラム』は、2010年に『アフリカ教育研究』誌を創刊し、現在第2号まで出ている。自らが関わりつつ思うことは、これらの活動が活発に行われる背景には、分野の成長に伴い、量だけでなく、質を高めるための切磋琢磨の必要性が認識されるとともに、既存の発表の場では足りなくなった新興グループが新しい居場所を開拓するダイナミズムがあることである。このような場が、この本の中で、他地域の研究者が比較教育学会年次大会での地域部会や比較教育学講座をもつ主要な大学が合同で行うゼミなどが果たしてきたと述べている、次世代養成と一定の傾向をもった研究の蓄積につながっていくのだろうと思われる。ここから育っていく若手研究者への期待は大きいが、それとともに、場を形成し、おこがましくも指導する立場にある者として、私は自分の研究において前進を止めないこと、若手の研究を矮小化せず、個性と良さを見出す見識を磨くことが必要だと自らを戒めている。

注
1　米国インディアナ大学教育学部の博士課程在籍中に、博士論文調査のため、英国ロンドン大学オリエント・アフリカ研修所(School of Oriental and Africa Studies: SOAS)に1年在籍した。
2　東京外国語大学アジア・アフリカ言語文化研究所は、言語研究の観点から、1967年にアフリカの言語教育に関する資料として「アジア・アフリカ諸国国語教育資料目録」をまとめている。
3　DfIDは、教育を含む主要なセクターについて、それぞれ5〜10程度のテーマを提示し、それらのどれかに関する研究プロポーザルの提出を呼び掛ける「systematic review」という方法で、援助機関の問題意識に基づく学術研究の蓄積を目指している。

4 TICADは、アフリカの開発をテーマとする国際会議で1993年以降、日本政府が主導し、国連、国連開発計画(UNDP)及び世界銀行等と共同で開催している。5年に1回の首脳級会合に加えて、閣僚級会合等を開催しており、2013年には第5回開催が決まっている。

5 浜野隆(1996)「世界銀行による構造調整と教育改革過程：ガーナにおける教育部門調整を事例として」(一般研究論文)；飯田優美(2001)「タンザニアの成績優良地域における初等教育――地域社会の実践と小学校の調停機能に着目して」(一般研究論文)；澤村信英(2004)「ケニアにおける初等教育完全普及への取り組み――無償化政策の現状と問題点」(一般研究論文)；澤村信英(2005)「アフリカ地域における教育開発の現状と課題――国際協力は貧しい人々の役に立っているのか」(依頼論文)；渋谷英章、古川和人(2006)「タンザニアの義務教育における意思決定と費用負担――コミュニティの参加を中心に」；谷口利律(2009)「仏語圏西アフリカ諸国における二言語教育：導入の理念と現状」(一般研究論文)；川口純(2010)「マラウィにおける教員養成課程の変遷に関する研究：教員の社会的地位とモチベーションに注目して」(一般研究論文)；Makiko Nakamuro(2010) "What kinds of educational inputs foster the completion of primary education?: the Case of the Kagera Region of the United Republic of Tanzania"(一般研究論文)；馬場卓也(2010)「開発途上国における学力国際調査の意義と可能性：アフリカ3カ国における数学教育を事例として」(一般研究論文)。

引用文献

青木澄夫(2000)『日本人のアフリカ「発見」』山川出版社。

五十嵐良雄(1981)「アフリカ諸国」原田種雄、新井恒易 編著『現代世界教育史』ぎょうせい。

石堂豊(1968)「アフリカ新興国の大学拡張運動――ナイゼリヤのイバダン大学の場合」『日本の社会教育』11号、197-214ページ。

岩井竜也(1963)「西欧で注目されたアフリカ成人教育」『月刊社会教育』7巻2号。

外務省(2010)『ODA白書2009年版』外務省。

亀井伸孝(2010)『森の小さな〈ハンター〉たち：狩猟採集民の子どもの民族誌』京都大学学術出版会。

川床靖子(1989)『タンザニアの教育事情――アフリカに見るもう一つの日本』ほるぷ教育開発研究所。

城戸幡太郎(1957)「アジア・アフリカの開発と日本の教育」『教育』7巻、17-25ページ。

黒田則博編(2004)『アフリカにおける内発的な教育開発の可能性に関する総合的研究』文部科学省科学研究費補助金研究成果報告書。

小島威彦(1940)『喜望峰に立つ――アフリカ紀行』ヨーロッパ問題研究所。

佐々木重洋(2000)『仮面パフォーマンスの人類学——アフリカ，豹の森の仮面文化と近代』世界思想社。
澤村信英編(2003)『アフリカの開発と教育：人間の安全保障をめざす国際教育協力』明石書店
三藤亮介(2005)「ケニア独立運動の原点：『独立学校』の役割」戸田真紀子編『帝国への抵抗：抑圧の導線を切断する』世界思想社、55-95 ページ。
鈴木裕之(2000)『ストリートの歌——現代アフリカの若者文化』世界思想社。
砂野幸稔(2007)『ポストコロニアル国家と言語：フランス語公用語国セネガルの言語と社会』三元社。
高田 明 (2005)「ブッシュマンは自然を覚えて旅をする」水野一晴編『アフリカ自然学』古今書院、183-194 ページ。
武村重和(2008)『教育革命：理数教育を通して』「今、アフリカに求められる科学教育」編集委員会
丹埜靖子(1990)『ケニアの教育——文献からのアプローチ』アジア経済研究所。
豊田俊雄(1987)『第三世界の教育』アジア経済研究所。
原雅裕(2011)『西アフリカの教育を変えた日本発の技術協力：ニジェールで花開いた「みんなの学校プロジェクト」の歩み』ダイヤモンド・ビッグ社
藤田みどり(2005)『アフリカ「発見」——日本におけるアフリカ像の変遷』岩波書店。
深尾重光(1941)『南海の明暗——印度洋・アフリカ・内南洋・紀行写真』アルス。
山田肖子(2009)『国際協力と学校——アフリカにおけるまなびの現場』創成社新書。
———(2004)「アフリカにおける内発的な教育理念と外生的カリキュラムの適応に関する課題」『国際教育協力論集』第 7 巻第 2 号、1-13 ページ。
ングギ・ワ・ジオンゴ著、宮本正興・楠瀬桂子訳(1987)『精神の非植民地化：アフリカのことばと文学のために』第三書館。

Ashby, Eric (1966) *Universities: British, Indian, African - A study in the ecology of higher education*. London: Weidenfeld and Nicolson.

Berman, Edward (1971) "American Influence on African Education: The Role of the Phelps-Stokes Fund's Education Commission." *Comparative Education Review,* June, 132-145.

Brock-Utne, Birgit (2000) *Whose Education for All: The Recolonization of African Mind*. New York: Falmer Press.

Carnoy, Martin and Joel Samoff (1990) *Education and Social Transition in the Third World*. Princeton: Princeton University Press.

Graham, C.K. (1971) *The History of Education in Ghana*. London: Frank Cqaqss and Company Ltd.

Hillard, F.H. (1957) *A Short History of Education in British West Africa*. London: Thomas Nelson and Sons Ltd.

King, Kenneth James (1971) *Pan-Africanism and Education: A Study of Race, Philanthropy and Education in the Southern States of America and East Africa*. Oxford: Clarendon Press.

Scanlon, David. G. (ed) (1966) *Church, State, and Education in Africa*. New York: Teachers College Press.

Tedla, E. (1995) *Sankofa: African Thought and Education*. New York: Peter Lang.

Yamada, Shoko (2009) "'Traditions' and Cultural Production: Character Training at the Achimota School in Colonial Ghana". *History of Education*. 38(1), pp.29-59.

────── (2008) "Educational Borrowing as Negotiation: Reexamining the influence of American black industrial education model on British colonial education in Africa". *Comparative Education* 44(1), pp.21-37.

Yamada, Shoko and Jing Liu (2011) "Between Epistemology and Research Practices: Emerging Research Paradigms and the Tradition of Japanese Comparative Education" in Weidman, John and William James Jacobs (Eds). *Beyond the comparative: Advancing Theory and Its Application to Practice A Festschrift in Honor of Rolland Paulston*. Sense Publishing Co.

私の比較教育学研究の途

望田研吾

比較教育学との出会い

　私が比較教育学を学び始めたのは学部2年の時からですので、比較教育学研究の途に入って45年ほどになります。時々「どうして比較教育学を専攻するようになったのですか」と尋ねられますが、比較教育学との出会いは、1965年4月九州大学教育学部に入学したことがきっかけでした。周知のように九州大学教育学部は、1952年、わが国で初めて比較教育学講座が設置された学部です。また教育文化の比較研究を目的とする教育学部附属比較教育文化研究施設(比研)も置かれていました。当時としては他にあまり例がない現地調査による比較研究などもさかんで、九州大学教育学部はわが国の比較教育学研究のセンターでした。もともと外国、とくに欧米の文化に強い関心をもっていましたが、外国の教育や文化の研究を中心とする比較教育学に、他の専門にはない魅力を感じたのです。

イギリス研究のスタート

　当時、比較教育学講座では権藤與志夫先生が、比研では益井重夫先生と井野正人先生が比較教育学の授業をされていて、イギリス留学のご経験もある権藤先生はイギリス教育の講義もされていました。教育学部では卒業論文が必須でしたが、比較教育学専攻の場合はどの国を研究するかを決めなければなりません。もともと私の関心が欧米にあったことや権藤先生がイギリス教育の研究をされていたということもあって、結局イギリスを専門にするようになったのです。「なぜイギリスを研究するようになったのですか」ともよく聞かれますが、イギリスを専門とするようになったのはこうした偶然によるものだというのが本当のところです。イギリスの教育の中で卒論のテーマを何にするかというときに、当時、比研に助手としておられた馬越徹先生にも相談して、パブリック・スクールを選びました。当時、パブリック・スクールについてはイギリスでもそれまでの歴史的研究に加えて、教育社会学や組織社会学などの視点からの研究もさかんになって、一つの学校制度をみていく場合に新しい視点を提供するものとしても、興味あるテーマと思えたので

す。その後、修士課程、博士課程に進学しましたが、博士課程当初は、当時改革が進展していたイギリスの総合制中等学校改革についての研究を進めることになりました。平等理念を標榜しパブリック・スクールとは対極に位置する総合制中等学校への改革は、当時イギリスでは最大の論争的問題でしたし、また早期選別制度の廃絶を掲げた総合制中等学校にも大いに惹かれたからでした。

ロンドン大学留学

　比較教育学研究の厳しい訓練を受けるとともに、イギリス教育研究にも本格的に取り組む契機となったのは、1975年8月から1年間のロンドン大学留学でした。当時、ロンドン大学教育インスティチュート比較教育学科にはブライアン・ホームズ教授がおられました。ホームズ先生は、「問題研究法」を提唱され1960年代半ばから学問としての比較教育学方法論の確立を目指されていた世界的リーダーの一人で、教育インスティチュートは比較教育学研究の世界的拠点の一つでした。ホームズ先生のゼミでの厳しい指導や、講義とはいいながら時間の大半はディスカッションに当てられる刺激に満ちた授業に本当に魅了されました。ロンドン大学では修士課程に入学したので修論を書き、最終試験を受けなければなりませんでした。修論のテーマを何にするか、ホームズ先生に相談したところ、私が以前からイギリスの中等教育改革を研究していたこともあって総合制中等学校への改革を研究することにしました。この時以来、イギリスの中等教育改革研究は私の研究の中核を占めています。2日間にわたって行われる修士課程修了のための最終試験は英語が母語の学生にとってもかなりのハードルでした。留学生仲間たちとそのための勉強会をつくって過去問の練習に取り組んだのも、今思い出すと懐かしい思い出です。教育インスティチュートでは、ホームズ先生の他、アメリカから帰国していたロバート・コーワン先生や教育インスティチュートにも出講していたキングズ・カレッジのエドモンド・キング先生の講義やゼミを受けたことも大変貴重な経験となりました。比較教育学研究の途に入った早い時期にこうした世界的に著名な比較教育学者から直接教えを受ける機会をもてたことを、今でも大変幸せなことだと思っています。

現代教育改革の研究

　ロンドン大学留学以後は修士論文を発展させ、1920年代から現代に至るまでの中等教育改革に関わる政府、政党、教員団体などによる政策などの分析を主とするイギリスの中等教育改革研究をさらに進めました。こうした研究を1993年に九州大学に提出した博士論文『現代イギリスにおける中等教育改革に関する研究』としてまとめました。この研究は文献資料が中心でしたが、博士論文以後の研究は、次々に進行する現代教育改革の実態をリアルタイムで解明することに焦点を置いたものとなりました。私は、比較教育学研究の魅力は、あくまで時間軸として現代を中心に据え、そこで生じている教育事象をビビッドに浮き彫りにすることにこそ、あるのではないかと思っています。こうした研究では、現地調査が最も重要なものとなります。私の若い時代には現地調査が困難なため、文献を用いた研究が主流でした。しかし、現在の比較教育学研究では現地調査が必須の要件として考えられるようになったといってもいいでしょう。博士論文以後の私のイギリス教育研究でも、研究スタイルはイギリスの学校への訪問調査が主体となりました。イギリス現地調査で訪問した学校は、ロンドンはもちろん、南西部のデボンやコーンウォールといった農村地域を含むほぼイングランド全域の70校以上に上ります。その後、「スペシャリスト・スクール（専門中等学校）研究」、「中等学校の多様化・個性化政策に関する国際比較研究」、「リーディングエッジ・スクール研究」さらに「トラスト・スクール研究」などの科研により、イギリスの中等学校に関わる重要な改革について研究を行ってきました。

イギリスの魅力

　私のこれまでの比較教育学研究を振り返りますと、研究の出発点は学部卒論のパブリック・スクール研究でした。以来40年以上にわたって今もイギリス教育研究に取り組んでいます。このように長い間、研究対象としてイギリス教育に取り組んできた大きな理由は何かを改めて考えてみました。比較教育学研究では研究対象の国が好きでなければわざわざ苦労して研究に取り組むという気はおきないのではないでしょうか。比較教育学研究者が一つの国を専門とする場合、やはりその国に強く惹かれることになると思います。私が長い間、イギリスを研究してきた根本のところは、イギリスという国、

イギリスの文化や教育、そしてその人々にずっと惹かれてきたからではないかと思っています。私は、長い間イギリスとつきあってきましたが、その間一度も不快な経験をしたことがありません。1年間の留学の時のホームズ先生を初めとする教育インスティチュートの人々、何度となく行った学校訪問調査での校長先生たちや生徒たちの温かなホスピタリティが何よりも心に残っています。長い間イギリス研究を続けてこられたのも、見知らぬ日本の一研究者からの訪問調査の申し出を、いやな顔を一つ見せずいつも快く引き受けてくれた多くのイギリスの校長先生たちのお蔭であると本当に感謝しています。

海外調査と留学の楽しみ

　比較教育学は外国教育研究を主とするものですから、海外調査や留学の機会は他の専門に比べて多くなりますが、それは比較教育学研究の大きな楽しみでもあります。私が比較教育学研究者としての大半の時間を過ごした九大教育学部では、伝統的に海外現地調査がさかんで、そこでの海外調査にも何度か参加しました。その中で一番印象に残っているのは、1990年に九大シルクロード学術調査隊の一員として行ったシルクロード学校調査です。その調査では、新疆ウィグル自治区の首都ウルムチから約800km離れた旧ソ連国境沿いのイニンに空路行く予定でした。しかし空港に着くと理由は不明でフライトがキャンセルになったために、その道のりをランドクルーザーでジュンガル盆地の砂漠地帯を抜けて陸路、途中野生のラクダの群れに会ったり、神秘的なサリム湖の湖面に驚嘆したりしながら9時間ほどで走破しました。車のものすごい振動で腰が痛くなったりはしましたが、普通の海外調査では決して味えない「シルクロード探検」の気分をたっぷり味わうことができた得難い体験でした。

　カリフォルニア大学バークレー校への訪問研究員としての第2の留学も、私にとっては実りの多いものでした。留学したのは1987年8月からですが、日本の大学でのアメリカの社会や文化に関する講義を増やそうとしていた日米友好基金が提供するフェローシップによって、1983年の『危機に立つ国家』後の教育改革の研究を目的とするものでした。私の身分はロンドン大学留学の時とは違って、訪問研究員なので比較的時間に余裕がありました。そのため、一緒に行った子どもたちが通った幼稚園でのボランティアや小学校での

ESL教員の補助、PTA役員など親としての活動の方にも大いに力を入れました。生の教育現場経験は比較教育学研究者にとっては重要なものだと思っていますので、アメリカの学校を内側からみることができたこの経験は貴重なものでした。

学会での仕事

私のこれまでの比較教育学の研究生活を振り返ってみて、改めて感じることは学会活動が占める大きな比重です。九州大学在職中の28年間に、日本比較教育学会、アジア比較教育学会、九州教育学会という地方学会、全国学会、国際学会のそれぞれ事務局長と会長を務めましたが、それらの在任年数をあわせると延べ20年になります。とりわけ会員数が現在1000人以上になった日本比較教育学会は、九州大学教育学部長であった平塚益徳先生が創設され、また権藤與志夫先生も会長を務められ、さらに私の前の会長で、会長としての任務を果たす上で丁寧に指導していただいた今は亡き馬越徹先生も比研におられたなど、九大教育学部とは関わりの深い学会です。その日本比較教育学会で長年にわたって事務局長、紀要編集委員長、研究委員長、平塚賞運営委員長、そして会長として学会運営に参画し、日本の比較教育学研究の発展に微力ながら貢献できたことを、九州大学教育学部で比較教育学研究に志し、比較教育学研究の途を歩んだものとして大変嬉しく思っています。

印象深いもう一つの経験は、アジア比較教育学会の創設に携わったことです。アジア比較教育学会は、アジアにおける比較教育学の発展を主な目的として1965年5月に創設されました。いうまでもなく欧米とは異なり、教育学研究においてアジアでは国や地域によって大きな違いがあるために、アジアを一つにまとめる学会の創設にあたっては多くの解決すべき課題がありました。その中で「一つの中国」問題も深刻な問題でした。アジア比較教育学会のベースとなる有力な国内学会の中に中国比較教育学会と台湾比較教育学会が含まれていましたが、教育学関連の学会の場合でも中国政府は台湾側が国として代表となることを認めませんでした。そのため、アジア比較教育学会は国別の学会を母体にするのではなく、個人が自由に加入でき、また理事を出す母体として国ではなく、会員の「居住地」を代表するといったような苦肉の策を編み出し「一つの中国」の問題を回避したのです。アジア比較教育学会創設への参画は、国際学会とりわけ多様なアジアを基盤とする国際学会を組

織する場合の大きな困難と、それを克服しての達成感を感じることができた体験でした。

ねがい

　こうして改めて私の比較教育学研究の途を振り返ってみたとき、その途は日本の比較教育学研究が発展途上から成長した段階へと進んでいった時期と重なるのではないかと思っています。日本比較教育学会の大会も、私の若い時のように参加者全員が同じ所に泊まって昼も夜も議論するといったアットホームな宿泊研修のようなものから、1000人以上の会員を擁し分科会が多数設けられる大会へと変わりました。少なくとも数の上では日本の比較教育学研究は発展してきたことは確かです。ただ、量の発展が必ずしも質の向上につながらないことはいうまでもありません。多くの先達の尽力によって築かれたわが国の比較教育学研究が、若い世代の人々のさらなる努力によって、21世紀にいっそう大きく伸びていくことを願っています。

あとがき

　本書のモチーフは、日本の比較教育学が拡大発展してきたこれまでと、そこに集う人々の多様性を描こうとすることである。多様な比較教育学研究者が、緊張感をもちつつ互いに向き合って共に働きかけ合い、より豊かな比較教育学の「これから」を構想するための基盤となることを目指したものである。そのため、日本比較教育学会を研究対象として、紀要論文マッピングと会員アンケートの結果から、今まで当事者として意識されていなかった実態を明らかにした。アンケートから抽出された因子別に章立てを構成し、日本の比較教育学のこれまでとこれからを考えるという視点は、刺激的で魅力ある試みであると感じ、私は本書企画に参加した。

　本書のような企画が今必要とされたのは、逆説的ではあるが、日本の比較教育学が拡大発展してきたことに伴って生まれた危機意識からである。規模だけが拡大し、求心力を失ってダイナミクスが拡散してしまうという恐れである。身近に思い当たるような類似の他学会の例があるのもたしかである。比較教育学はグローバルに躍動する世界と次世代を担う世界中の子どもたちの生を相手にしているだけに、喫緊の教育課題に取り組んだり(社会的価値)、教育の本質問題に切り込んだり(学術的価値)と、不断に精一杯の成果を世に問い続けなければならない。そのようなときこそ、比較教育学がどのような学問であるのかについて、共通理解できる基盤を構築し、その上で力強い研究が引き続き実現できるように、強固で機能的な研究ネットワークを維持発展させなければならない。比較教育学は言うまでもなく教育学の一領域であるが、その中でさらにサブセクトを形成して狭い中で境界を固持するようなことは避けなければならないし、学会活動や論文発表自体が自己目的化するような事態はなおさらにあってはならない。しかしながら、近年、大学院教

育において課程博士号を積極的に取得させる指導の方針転換があってから、若手研究者の研究テーマが微細化し、テーマが求める研究方法よりも短期間で成果が出しやすい研究方法が好まれてしまう傾向が強まっている。細かなところで自他の違いを研ぎ澄ませ、サブセクト化した小さな世界に閉じこもりたくなる誘惑は強まるばかりである。本書の執筆陣の多くは、研究者としての自立の時期に多かれ少なかれそのような波に揉まれ、何らかの形でくぐり抜けてきた若手・中堅世代である。次世代の比較教育学を担う学生を指導する立場にも立っている。比較教育学という学問になにがしかの愛着や帰属意識をもち、本書企画の趣旨に結集した人々である。

　そうした本書の編者がなぜ山田肖子さんとこのあとがきの筆者である森下稔なのか。出身大学やフィールドなどのプロフィールに共通項が見当たらない二人の組み合わせを不審がる読者もおられるに違いないが、本書の趣旨から見れば、比較教育学に集っているということ以外に交差しない二人が「共働」で編者を務めていることにその意義と価値を見いだしていただきたい。ただし、山田さんが「新興」の代表者で、森下が「伝統」の代表者とステレオタイプには切り分けられたくはない。第18章で山田さんが綴られているのを読むと、日本の比較教育学に居場所を探していたという、ある意味でディアスポラ的な境遇にあった山田さんが、日本の比較教育学はいかなる学問かを問うことに自らの存在証明を得たくて、本書企画を立ち上げたのであろうと感じられる。一方私は、工学系の大学に職を得たことで比較教育学の後継者を直接養成する立場になく、さまざまな研究者間のネットワーク構築に貢献することに自らの存在価値を見いだそうと微力を尽くしてきた。山田さんが私に編者に加わるよう説得を始めたのは、本書の構成がほぼ固まった後であった。私の目指す立ち位置をよく分かっていたからだと思う。私は、企画には賛同し、執筆者となることにはためらいがなかったが、編者になることについては、読者に「伝統」の代表者と思われるのではないかと恐れて、その説得に動揺を隠せなかった。しかし、本書の構成に第IV部を追加するという形で編者としての役割を果たせることになったため、最終的には受け入れることにした。

　第II部と第III部は、論文マッピングや学会員アンケートから抽出された因

子に基づいて構成されている。因子分析は、当事者の意識していない構造や背景を因子として表出させることに意義があり、鋭さがある。しかし、返す刀で当事者には受け入れがたい論理や説明を加えてしまうこともあり、注意が必要である。本書企画で言えば、日本の大学の教育学部出身で、大学院で比較教育学を専攻してきた者としては、所属する大学院専攻や専門学会の要求するスタンダードに到達することを地道に目指してきた道のりが換骨奪胎されたと読まれたのではいけないと、私は主張したのである。特定の地域での調査や研究の能力を高めるようにと、研究室や学会の地域部会で相当に鍛えられてきたからである。そこで、「地域との関わり」を掲げた第Ⅳ部の追加を提案し、実現に至った。

　第Ⅰ部から第Ⅳ部まで、18の章がある。これらは外国との対比も含めて日本の比較教育学の今日を描き出したものである。私たち比較教育学研究者は、互いの他者理解に基づいて、今後の比較教育学がどのような地平を拓くべきか、考えていくことができると願いたい。したがって、ここでは各章における議論から性急な結論を導くことは行わない。「比較」という方法だけを掲げて、多様な出自の、多様な関心をもつ人々を同士、仲間とすることができるのは、比較教育学の最大の強みと考えられる。肝心なことは、私たちが出会う場があり、人と人とが結びついて研究ネットワークが構築されることである。それがあってはじめて、これからの比較教育学の展望が拓けると確信できる。本書の出版は、そのスタートラインに立つために必要な共通の基盤を提示するものである。

　ところで、比較教育学において研究者同士が出会い、向き合うための場が最も大切であるという私の考えは、私の独創では決してなく、恩師や先達の方々から学びとってきたものである。

　私が比較教育学を志したのは、九州大学教育学部で権藤與志夫先生に出会ったことから始まった。卒業論文をご指導いただき、ご退官後もアジア比較教育学会設立のための募金活動に、運転手兼秘書見習い役で随行させていただいた。先生は、地場企業の重役方に、学会設立の意義を「アジアの皆さんから学ぶため」と説いておられた。アジアを指向した国際都市を目指し始めていた福岡において、アジア諸国地域を対等なパートナーと位置づけ、直

接顔の見える関係を構築し、互いに学び合うことの重要性とその揺籃の地として福岡を位置づけることを熱心に語られた。

　権藤先生のご退官後は、望田研吾先生にご指導いただいた。望田先生はイギリス、私はタイと、研究対象のフィールドは全く異なっていたが、私の書く論文の最初の読者として熱心にかつ厳しくご指導いただいた。タイの事情に詳しくない読者を想定して書く訓練になったという意味で、指導教官が変わったこともかえって幸いだったと感じている。また、望田先生は、京都大学の江原武一先生、名古屋大学の馬越徹先生とともに、三大学の合同ゼミを企画された。それまで年1回の学会で出会うだけであった各大学の比較教育学研究室の学生同士が、一泊二日の日程でより深い関係を構築することが期待された。先生方は企画をゼミ生に任せ、組織やイベントの運営能力を培う場ともされた。この三大学セミナーは、1993年に始まって今日まで継続しており、私自身もゼミOBとして可能な限り参加させてもらっている。ここで出会った名古屋と京都の仲間が私の研究者生活を支えてくれる大きな財産となっているからである。第1回の幹事は、名大の近田政博さん、京大の南部広孝さんと九大の私であった。会のおわりに、私は次年度に第2回を開催する提案の中で、「30年後には自分たちが学会の中心メンバーにならなければならない」と発言したところ、馬越先生から叱られた。「そんなに先ではだめだ。君たち若手が支えなければならない。今すぐのつもりでいなさい」と。この言葉を折にふれて思い起こし、若手でありながらも学会のあり方や比較教育学全体のことにも目を向けることができた。私にとってこのセミナーは、研究者としてのネットワーク構築の意義と必要性を学んだ原点である。

　山田さんとの出会いの場は、東京で開催されている第三世界の教育研究会であった。同会は1984年に発足したものであるが、私は東京に職を得た1999年から参加した。会長（当時）の豊田俊雄先生はすでに名誉教授となられていたが、大変熱心に毎月ご参加されていた。20年を超えるこの研究会はいまでも私的な集まりの性格を変えていない。豊田先生が何より大事にされたことは、研究者同士が直接対面し、じっくりと時間をかけて研究を語り合うことであり、例会後の懇親会での腹を割っての歓談にも終わりまでおつきあいくださり、大いに楽しまれた。私は、2003年から2009年まで幹事を

務めさせていただいた。幹事の役割の一つは、毎月の発表者を2名準備することであった。教育開発分野の会員のみなさんにも積極的に声をかけ、日本比較教育学会で私が馴染みの方々との出会いの場になるよう、2名の発表者の組み合わせに腐心したつもりであった。豊田先生は、私の意図をよくご理解くださり、支えていただいた。山田さんには、2005年12月の例会でご発表いただき、それ以来のおつきあいとなった。本書執筆陣のなかで、発展途上国を研究対象とする方の多くともこの研究会で親しくさせていただいている。出会いと交流の場を地道に支えてこられた豊田先生は2009年末に天寿を全うされた。本書をご覧になれば、きっとお喜びいただけたに違いない。

　研究会の幹事を引き受けるなど、研究者のつながりを大事にすることに積極的になったのは、2000年、西村重夫先生の突然のご逝去がきっかけだった。このことについては、2010年、追悼エッセイ集に一文を記したのでここでは詳述しないが、生前の西村先生とのつながりが、機会はたくさんあったにもかかわらず十分でなかった悔いである。私たちは生きている間にたしかなつながりをもつようにすべきだと、心の痛みとともに強く感じたものである。

　ちょうどその当時、各大学の大学院では、課程博士を取得させる指導が本格化し、大学院生の論文投稿や就職に関する競争的な状況が強まっていた。若手の研究テーマがオリジナリティを求めるあまり微細化し、短期間に成果を出しやすい研究手法への誘惑が強まり、博士号取得が目的なのか、学問上の貢献が目的なのか、よく分からなくなる懸念があった。論文の中身が独りよがりになるばかりでなく、狭い範囲に尖るばかりで、就職では幅広い授業科目担当能力が求められることに対応できなくなるという問題性を感じていた。個人のテーマを深く追究することは当然のこととしても、突き詰めたその先に普遍的な価値が見出されなければならず、同時に幅広く教育という事象をとらえる慧眼が身につかなければ、若手の就職がますます難しいものとなると考えていた。異質なもの同士が接することによって突破口が開けるのではないかと、微力な私でも手助けできればと願っての研究会運営であった。

　「よってたかって比較教育学」。2012年春の九州大学定年退職を前に、稲葉継雄先生が2011年10月の三大学セミナーの場で、どういう比較教育学が望ましいのか、端的に表された言葉である。本書にふさわしいと思うので、

引用させていただく。「よってたかる」のが日本の比較教育学の「伝統」であるというのであれば、この「伝統」を護りたい。本書が拓こうとした比較教育学の地平には、この「伝統」がふさわしい。

そして、私たちは何に「よってたかる」べきか。多くの教育をめぐる現実と課題が私たちの前に広がっている。本書に先立って出版された『比較教育学事典』(日本比較教育学会編、東信堂、2012年)を紐解けば、その広がりを実感できるであろう。その中で、比較教育学固有の問題の一つとして、民族と国家との関わりにおける教育を取り上げておきたい。馬越先生が私に宛てた最期のメール(2011年2月25日付)で次のように記されたことを紹介して、筆を擱きたい。

民族(部族)と国家との問題は、まだまだ「出口」のない状態が続いている。

2012年10月

編者の一人として　森下稔

謝　辞

　本書を締めくくるにあたり、このプロジェクトに関わって下さった多くの方々にお礼を申し上げたい。乾美紀(兵庫県立大学)、小原優貴(日本学術振興会特別研究員)、大塚豊(広島大学)、小松太郎(ミネソタ大学)、櫻井里穂(広島大学)、澤村信英(大阪大学)、森田敦郎(大阪大学)、大和洋子(東洋英和女学院大学)；大学院生　赤田拓也、岩月彩香、呉屋淳子、島津侑希、松井佳代、馬渡ふじ香、劉靖(以上、名古屋大学、当時)、谷口利律(早稲田大学、当時)(五十音順)の各氏のご協力にここで感謝を述べたい。

　また、お名前を個別に挙げることはしないが、本書刊行に至るまでに、関連する学会発表や論文、及び本書の原稿に対し、多くの方からコメントやアドバイスをいただいた。それらの全てを消化することは出来ていないかもしれないが、今後の精進の糧とさせていただきたい。

　本書のような冒険的な企画は、これまで比較教育学の関連書を多く世に出されてきた東信堂にお願いするより他ないと執筆陣一同で思いを定めていた。下田勝司氏には、本書の意義にご賛同いただき、快くお引き受けいただくとともに、進捗の節目ごとに力強い激励をちょうだいしたことは無上の幸いであった。

　最後に、本書が比較教育学の発展に意義をもつものであるとするならば、これまで比較教育学を育み、発展させてこられた多くの内外の先達方や恩師のたゆまぬ努力の上に立つものであることを銘記して、深く感謝申し上げる。

編　者

事項索引

ゴチック体はその項目がまとめて説明されている頁を示す。

ア行

アイデンティティ　　20, 25, 41, 48, 118-119, 202, **264-268**, 285
アカデミック・ポリティクス　　266
アジア経済研究所　　169, 400-401
アフリカ開発会議（TICAD：Tokyo International Conference on African Development）　　408
アフリカ学会　　400
アフリカ教育研究　　398-403, 406-407, 411-413
アフリカ教育研究フォーラム　　412-413
アメリカ化　　390
アメリカ国際開発庁　　248
アンケート　　5-6, 47-69, 79-80, 84-92, 215-216, 218, 228-229, 340, 369
イスラーム　　211-214, 217, 324, 347, 357, 371-373
一国・地域の研究　　220
一般化　　40, **174-175**, 183, 186-187, 192-193, 375
一般性　　183, 217-219
イデオロギー　　117, 136, 251, 277, 386, 405
イノベーション　　219, 282-283
異文化間比較　　365
意味するものと意味されるもの　　366
インタビュー　　53-54, 215-216, 331, 368
エスノグラフィー　　135, 205, 211
演繹的研究　　175
欧州トルコ移民　　373

カ行

外国教育　　29-30, 111, **117-118**, 146, 156, 182, 186, 267, 421
外国語文献　　93-94, 381
開発　　23-25, 42, 60, 82, 112, 128, 160, 196-197, 212, 244-247, 272, **295-311**, 317-319, 323-330, 352, 401-402, 406-413
開発援助　　60, 114, **295-296**, 352, 408-409, 411
開発研究　　5-6, 60, 82, 183, 233-234, 281-282, **295-311**, 409-411
解放理論　　195, 198-199, 205
学際　　3-4, 107-108, 147, 305, 309, 341
学習指導要領　　324
学術志向　　67, 264
学問論・手法分析型　　54, 56-58, 303
仮説　　21, 55-58, 179, 215-216, 218, 225, 304
課題研究　　34, 39, 41-42, 48, **71-83**, 90, 94-100, 333, 410
学会誌　　7, 9, 47, 57, 71-72, 74-77, 86, 93-96, 235, 237, 259-263, 274, 301, 345, 350, 358
葛藤パラダイム　　131
葛藤理論　　127, 134, 201
慣行　　386, 388
観察型　　54, 58
機能主義　　134, 198-200, 202-203
帰納的研究　　175, 188
教育開発研究　　40, 205-206, 281-282, 295-311, 329, 407
教育拡大　　198-200, 212-213
教育基本法　　315

教育協力	25, 82, 295, 306, 339-340		66-68, 76-77, **84-86**, 154-159, 179, 210, 235, 267, 279, 402
教育経験の発信	340	（研究の）学術的価値	264
教育権	336-337	（研究の）社会的価値	181, 264, 269
教育実践研究	172, 176-177, 185-189	研究補助金	8
教育スタイル	382	言語	92-96, 103, 114, 138, 147, 166, 169, 173, 202-203, 211, 218, 250, 263, 284, 286, 296, 366-370, 394-395, 400-401, 403-404
教育生産関数	203-205		
教育制度	20, 27, 148, 276, 316, 348-350, 353-357, 386, 403		
教育段階	23, 54, 82, **90-91**, 314-315, 403	言語教育	338-339
		現象学	106, 247-248, 304
教育と社会型	77, 95, 304	効果的な学校	204-205
教育内容	59, 258-269	後継者養成	394-395
教科教育学	259, 269	構造	137, 166-167, 181-182, 200-202, 225, 250, 374, 386
教師・教授法型	58-59, 65-66, 303		
均衡パラダイム	131	構造機能主義	195-196, 200, 205-206
近代化	42, 149, 195, 211, 251, 262, 298	高等教育	13, 56, 82, 90-91, 150-151, 156, 188, 212, 228-232, 259, 271-286, 328, 351
近代化論	8, 26, 30, 41-42, 134-135, **195-197**		
近代主義	193, 201	コールマン報告	202-204
近代の憲法	252	国際アジェンダ型	60, 67-68, 89, 94, 303
近代の文法	251-252	国際化	40, 95, 156, 279-282
グローバリゼーション	30, 149, 154, 156, 213, 330, 339	国際開発学会	295, 413
		国際関係論	282
グローバル化	40, 79, 82, 95-96, 185, 188, 243, 279, 283-284, 331, 391, 395-396	国際教育	23-26, 40, 111-115, 142, 151, 235, 306
		国際理解	79, 102, 151
グローバル人材	282	国民国家	42, 182, 188, 189, 211, 251
経済発展	42, 168-169, 197-198, 211, 213, 372, 406	国民統合	169, 211-212, 337
		国連ミレニアム開発目標（MDGs）	295, 323
芸術教育	330		
計量的手法	248	コスモポリタン	283
ゲートキーパー	384	コロンボ・プラン	307
研究志向	51, 84, 95, 149		
研究室	9, 146, 168-169, 381-383, 398	**サ行**	
研究対象国	43, 64-67, 87, 89, 262, 299, 393	差異化	40-41, 183, 192, 375
研究テーマ	8, 13, 52-54, 58, 62,	産学連携	283

残差	88-89	青年海外協力隊（JOCV）	409
参与観察	54, 58, 215-216, 331, 368	政府開発援助（ODA）	60, 295-296, 401, 409
ジェンダー	13-14, 60-61, 82, 314-332, 355	世界教育フォーラム	295, 307
ジェンダー不平等指数（GII）	325	世界銀行	22-23, 60, 131, 169, 197, 248, 298, 308, 406
システム論	40, 131, 405, 407	世界経済フォーラム	325-326
自然レベル	388	セクシュアリティ	330-332
持続可能な開発のための教育（Education for Sustainable Development：ESD）	308	先進国	67, 166-167, 215, 251, 262, 339, 370, 372, 403
実証型	54, 64-67	存在の学	385

タ行

大学教授職	276, 288
第三世界	78, 113, 338, 374
第三世界の教育研究会	78, 376, 427
代表性	216-219
多言語社会	339
脱中心化	254-255
多変量解析	229, 231-234, 247-248
多民族国家	211, 336, 338
男女共学	314-315, 317-318
地方教育調査	337
地域研究	8, 14, 29, 40, 83, 167, 179-180, 183, 185-187, 221, 296, 297, 301, 304, 340-341, 344-346, 365-366, 380-381, 384, 387-389, 401-402
中華世界	390
中東	362-363, 370
ディシプリン	10, 105-109, 116, 118, 120, 179-180, 265, 268
定量的研究	224-225, 227, 229-233, 247-248
定量的手法	209-210, 225, 247
データ収集	51, 54, 56, 58, 64, 66-68, 84

実践志向	67
指導教授	380-384, 390, 393-394, 396
社会学	131, 192-193, 205, 219, 228-229, 275-277, 320, 418
社会研究	180
社会的収益率	23, 197
社会的地図	126, 128-130, 134
社会理論	55-56, 140, 192-205
社会レベル	388
従属論	22-24, 26, 134, 405
従属理論	177, 198
生涯学習	30, 364
少数民族	211, 338
象徴レベル	388
植民地	211, 251, 306, 400, 402-405, 411-412
植民地化（脱植民地化、新植民地化、再植民地化を含む）	148
進化論	131
新植民地主義	161
心性	386, 388
人的資本論	42, 134, 195-197, 200, 298
人文社会科学	284
頭脳循環	283
政策・制度型	53, 56, 59, 66-67, 85-86
制度研究	5, 281

定性的研究	209, 214	比較教育学講座	14, 29, 399, 413, 418
定性的手法	209-211, 215	『比較教育学事典』	32, 429
伝統的教育	211	比較教授学	115-118
当為の学	385	比較・国際教育情報データベース	36
東京外国語大学アジア・アフリカ言語文化研究所	400	比較しない比較教育学	39, 220
東南アジア	30, 51, 336-340	比較調査	280, 299, 337, 340, 374
トライアンギュレーション	390	東アジア	30, 37, 50-51, 56, 159-160, 167, 380-396
三点比較	185, 187	ヒト・モノ・コスモス	252

ナ行

南南教育協力	339
二次資料型	54
日本教育史	329
日本比較教育学会	4, 21, 27-43, 47-48, 63, 80, 114, 167, 220, 226, 258-260, 276, 295-296, 316-318, 328-330, 350, 376, 380, 422-423
ニュー・パブリック・マネジメント	278
人気度	86-87, 90
認識論	101, 106, 108-111, 119-120, 128, 138, 252
熱帯アフリカ教育諮問委員会（Advisory Committee on Native Education in Tropical Africa）	403
ネットワーク	43, 82, 107-109, 118-120, 149, 153, 169, 283, 372, 425-426

ハ行

ハイブリッド	10, 182
博士論文	329, 330, 420
汎アフリカ主義	404
反欧米意識	262
比較教育（学）	255
『比較教育学研究』	21, 48, 57, 74-75, 230, 259-261, 263-264, 299, 301, 350, 358, 409-411

批判的エスノグラフィー	135
批判理論	135
ヒューマニスト	135
平塚賞	37, 329
広島大学教育開発国際協力研究センター	295, 410
フィールド	39-40, 131-132, 166-168, 172-173, 176-189, 214-222, 247, 280-281, 296, 299, 304, 357, 365-367, 371, 374-377, 388, 393
フィールドワーク	29, 37, 40, 93, 166, 180, 187-188, 209, 219-220, 304, 329, 351, 366-367, 369, 383
フェミニズム	201, 317-318, 320, 322
フェルプス・ストークス基金	405
複眼的思考	221-222
ブルカ	324
文化人類学	367, 388
分析単位	54, 56, 66, 91-92, 175-179, 186-187
文脈	140, 210, 275, 283-284, 306, 363-364, 366-367, 382
保育政策	331
北米	22, 26, 49, 51, 126-127, 234, 297
アメリカ	7-8, 112, 114, 156, 160, 315, 319-321, 382, 390-391, 403, 421-422
ポスト構造主義	132, 135, 193, 201-202, 243

ポストモダニズム	27, 55, 126, 134, 136, 193, 201-202, 407
ポストモダン	27
ボローニャ・プロセス	278
翻訳的適応	283-284

マ行

マッピング	5, 26, 84, 128-133
マルクス主義	135, 195, 198-202, 403, 405
万人のための教育（Education for All： EFA）	22, 60, 199, 212, 295, 307, 323, 352, 366, 406, 412
ミッショナリー	401-403
民族語	338
モード２	285

ヤ行

ヨーロッパ	7, 112-113, 115-116, 234, 336, 400, 402-404
欧州	27, 277, 280, 286, 315, 362, 370, 373

ラ行

ラディカル機能主義	134
ラディカルヒューマニズム	135
ラテンアメリカ	36, 88, 238-239
リテラシー	355, 366-367
リプロダクティブ・ライツ	330
留学	30, 48, 156, 168-169, 219, 279, 380-384, 405, 418-421
留学生	30, 79, 95, 232, 279-282, 340, 363, 395

欧字

Chinese Comparative Education Society	149
Chinese Comparative Education Society-Taipei	151
Comparative and International Education Sosiety：CIES	22-26, 111, 119, 127, 149, 234, 322-323
Comparative Education Review	7, 12, 22, 127-128, 146, 235, 237, 353, 406
Comparative Education Society of Asia：CESA（アジア比較教育学会）	43, 153, 167, 169, 422
Comparative Education Society of Hong Kong：CESHK	152-154, 157-160
Compare	235, 242, 344, 353, 355, 358-359, 406
EFA グローバルモニタリング報告書（EFA Global Monitoring Report）	308
Emic	367-371, 376-377
Etic	367-370, 375-377
ERIC（アメリカ教育省教育データベース）	14, 321
Hermeneutik	253
International Journal of Educational Development	12, 235, 244, 299, 406
PASEC	248
SACMEQ	248
SAS	227
savage	254
SPSS	227
World Council of Comparative Education Societies：WCCES（世界比較教育学会）	28, 43, 101-105, 111, 115, 117, 119, 120-121, 167, 183

人名索引

ア行

アドルノ	253
天野郁夫	225
アルトバック	80, 205, 214
石附実	34, 40, 210
市川昭午	29, 39, 80, 183
今井重孝	40, 80, 183
馬越徹	29, 31, 41, 179, 183, 185, 210, 213, 221
大塚豊	32, 40, 180, 213, 230
沖原豊	228

カ行

鹿島茂	225
川田順造	184–185
権藤與志夫	42, 418, 422

サ行

ジョージ・サカロポロス	22-23
セン、アマルティア（Amartya Sen）	326

タ行

タイラー	254
豊田俊雄	398, 401, 427
トロウ	276

ナ行

永井道雄	225
中島半次郎	175
ニエレレ	405–406

ハ行

ピアジェ	250, 254
樋口長市	314
平塚益徳	28, 37, 77, 316, 422
フーコー（Foucault, M）	136, 201
フレイレ（Freire, P）	199, 406
ポパー	253

マ行

マーティン、ジェイン・ローランド（Jane Roland Martin）	328
マルク＝アントワーヌ・ジュリアン	20

ヤ・ラ・ワ行

吉田熊次	316
ラトゥール	252
Gluck, Carol	251

執筆者紹介（50音順）

犬塚　典子（いぬづか　のりこ）（**14章**）
1960年生まれ。京都大学女性研究者支援センター特任教授。慶應義塾大学大学院社会学研究科後期博士課程単位取得退学。東北大学大学院法学研究科、九州大学女性研究者キャリア開発センターを経て現職。博士（教育学）。
主要著作：『アメリカ連邦政府による大学生経済支援政策』（単著、東信堂、2006年）。辻村みよ子・矢野恵美編『Gender and Law in Japan』（共著、東北大学出版会、2007年）。

馬越　徹（うまこし　とおる）（**コラム1**）
1942年生まれ（故人）。九州大学教育学部助手（比較教育文化研究施設）、文部省大臣官房調査課事務官、広島大学・大学教育研究センター助教授、名古屋大学大学院教育発達研究科教授、桜美林大学大学院国際学研究科教授、名古屋大学名誉教授、日本比較教育学会会長（2001-2004）歴任。博士（教育学、名古屋大学）
主要著作：『韓国近代大学の成立と展開—大学モデルの伝播研究』（単著、名古屋大学出版会、1995年）。『比較教育学—越境のレッスン』（単著、東信堂、2007年）。『アジア太平洋高等教育の未来像』（監修、東信堂、2005年）。『韓国大学改革のダイナミズム—ワールドクラスへの挑戦』（単著、東信堂、2010年）。

小川　啓一（おがわ　けいいち）（**10章**）
1966年生まれ。神戸大学大学院国際協力研究科教授（教育経済、教育財政、教育政策と計画）。世界銀行教育エコノミストを経て現職。コロンビア大学Ph.D.
主要著作：Comparative Analysis on Universal Primary Education Policy and Practice in Sub-Saharan Africa: The Cases of Ghana, Kenya, Malawi and Uganda（共編著、Sense Publishers、2012年）『教育統計学【基礎編】——「万人のための教育」に向けた理論と実践的ツール』（共著、学文社、2009年）。『途上国における基礎教育支援（上）——国際的潮流と日本の援助』（共編著、学文社、2008年）。『国際教育開発の再検討——途上国の基礎教育普及に向けて』（共編著、東信堂、2008年）。

小川　佳万（おがわ　よしかず）（**17章**）
1965年生まれ。東北大学大学院教育学研究科教授。名古屋大学大学院博士後期課程単位取得満期退学。博士（教育学）。専門はアジアの教育改革、大学院教育の国際比較。
主要著作：『社会主義中国における少数民族教育——「民族平等」理念の展開』（単著、東信堂、2001年）。『東アジアの教育大学院——専門職教育の可能性』（単編著、広島大学高等教育研究開発センター、2010年）。『東アジアの高大接続プログラム』（単編著、広島大学高等教育研究開発センター、2012年）。『アジアの教員——変貌する役割と専門職への挑戦』（共編著、ジアース教育新社、2012年）。

鴨川　明子（かもがわ　あきこ）（**9章**）
1974年生まれ。山梨大学大学院教育学研究科准教授。2006年早稲田大学大学院教育学研究科博士後期課程単位取得退学。博士号（教育学）。早稲田大学国際学術院大学院アジア太平洋研究科助教等を経て、2012年10月より現職。専門はマレーシア教育研究。
主要著作：『マレーシア青年期女性の進路形成』（単著、東信堂、2008年）。『アジアを学ぶ——海

外調査研究の手法』（単編著、勁草書房、2011 年）。Ramlee Mustapha 他編、Education for Diverse Learners（共著、Universiti Putra Malaysia Press、2010 年）。村井吉敬編『アジア学のすすめ——第 2 巻　アジア社会・文化論』（共著、弘文堂、2010 年）。

北村　友人（きたむら　ゆうと）（1 章、13 章）

1972 年生まれ。上智大学総合人間科学部教育学科准教授（教育社会学、国際教育開発論）。ユネスコ、名古屋大学大学院国際開発研究科を経て現職。カリフォルニア大学ロサンゼルス校（UCLA）Ph.D.

主要著作：『国際教育開発の再検討——途上国の基礎教育普及に向けて』（共編著、東信堂、2008 年）。The Political Economy of Educational Reforms and Capacity Development in Southeast Asia（共編著、Springer、2009 年）。『揺れる世界の学力マップ』（共編著、明石書店、2009 年）。『激動するアジアの大学改革——グローバル人材を育成するために』（共編著、上智大学出版、2012 年）。

日下部　達哉（くさかべ　たつや）（15 章）

1973 年生まれ。広島大学教育開発国際協力研究センター准教授（バングラデシュの教育研究、大学院国際協力研究科「途上国の比較教育学」担当）。2004 年九州大学大学院人間環境学府単位修得退学後、日本学術振興会特別研究員 PD（京都大学）、早稲田大学イスラーム地域研究機構を経て現職。博士（教育学）。専門は南アジア地域研究。

主要著作：『バングラデシュ農村の初等教育制度受容』（単著、東信堂、2007 年）。大橋正明・村山真弓編『バングラデシュを知るための 60 章【第 2 版】』（共著、明石書店、2009 年）。望田研吾編『21 世紀の教育改革と教育交流』（共著、東信堂、2010 年）。

黒田　一雄（くろだ　かずお）（1 章、13 章）

1966 年生まれ。早稲田大学大学院アジア太平洋研究科教授（国際教育開発論、比較国際教育政策）。Overseas Development Council、広島大学教育開発国際協力研究センターを経て現職。コーネル大学 Ph.D.

主要著作：『国際教育開発論——理論と実践』（共編著、有斐閣、2005 年）。Mobility and Migration in Asia Pacific Higher Education（共編著、Palgrave Macmillan、2012 年）。『アジアの高等教育ガバナンス』（単編著、勁草書房、2012 年）。

近藤　孝弘（こんどう　たかひろ）（11 章）

1963 年生まれ。早稲田大学教育・総合科学学術院教授（政治教育学、歴史教育学）。東京学芸大学、名古屋大学を経て現職。東京大学博士（教育学）。

主要著作：『ドイツ現代史と国際教科書改善』（単著、名古屋大学出版会、1993 年）。『国際歴史教科書対話——ヨーロッパにおける「過去」の再編』（単著、中公新書、1998 年）。『自国史の行方——オーストリアの歴史政策』（単著、名古屋大学出版会、2001 年）。『ドイツの歴史教育』（単著、岩波書店、2005 年）。『東アジアの歴史政策』（単編著、明石書店、2008 年）。

杉村　美紀（すぎむら　みき）（7 章）

1962 年生まれ。上智大学総合人間科学部教育学科准教授。東京大学大学院教育学研究科博士課程単位取得満期退学。東京大学博士（教育学）。専門は人の国際移動と多文化社会の教育研究。国立教育研究所（現国立教育政策研究所）研究協力者、広島大学教育開発国際協力研究センター客員研究員を経て現職。

主要著作：『マレーシアの教育政策とマイノリティ——国民統合のなかの華人学校』（単著、東京大学出版会、2000 年）。西川潤・平野健一郎編『国際移動と社会変容』（共著、岩波書店、2007 年）。『比較教育研究——何をどう比較するか』（共訳、上智大学出版、2011 年）。

鈴木　愼一（すずき　しんいち）（コラム 2）
1933 年中国長春市生。早稲田大学助手・講師・助教授・教授を経て 2003 年から早稲田大学名誉教授。教育学博士。ヨーロッパ比較教育学会名誉会員。専門は英国教育制度・政策・思想、教師教育、教育科学。
主要著作：Colin Brock & Jenny Heish eds, Education in Japan（Eds）（共著、Continuum、2012 年）。Asian Perspectives on Teacher Education（共編著、Routledge、2010 年）。"Transforming Popular Consciousness through the Sacralisation of the Western School: the Meiji School House and Tenno" Comparativ, 2/3 巻 19 号（共著、ライプチヒ大学出版、2009 年）。

西村　幹子（にしむら　みきこ）（2 章）
1972 年生まれ。国際基督教大学教養学部准教授（教育社会学、国際教育開発論）。国際協力事業団ジュニア専門員、国際開発コンサルタント、神戸大学大学院准教授を経て現職。コロンビア大学 Ed.D.
主要著作：Comparative Analysis on Universal Primary Education Policy and Practice in Sub-Saharan Africa: The Cases of Ghana, Kenya, Malawi and Uganda（共編著、Sense Publishers、2012 年）。『ジェンダーと国際教育開発—課題と挑戦』（共編著、福村出版、2012 年）。Jacob, James W. and Hawkins, John（Eds.）. Policy Debates in Comparative, International, and Development Education（共著、Palgrave Macmillan、2011 年）。

服部　美奈（はっとり　みな）（9 章）
1964 年生まれ。名古屋大学大学院教育発達科学研究科准教授（教育人類学）。1997 年名古屋大学大学院教育学研究科博士課程単位取得満期退学。岐阜聖徳学園大学講師、助教授を経て現職。博士（教育学）。専門はインドネシア、イスラーム教育研究。
主要著作：『インドネシアの近代女子教育——イスラーム改革運動のなかの女性』（単著、勁草書房、2001 年）。『変貌するインドネシア・イスラーム教育』（共著、東洋大学アジア研究センター、2007 年）。江原武一・南部広孝編著『現代教育改革論——世界の動向と日本のゆくえ』（共著、放送大学教育振興会、2011 年）。『アジアの教員——変貌する役割と専門職への挑戦』（共編著、ジアース教育新社、2012 年）。

浜野　隆（はまの　たかし）（8 章）
1967 年生まれ。お茶の水女子大学大学院人間文化創成科学研究科准教授。1994 年名古屋大学大学院教育学研究科博士課程単位取得退学。東京工業大学、武蔵野大学、広島大学を経て現職。専門は教育社会学。
主要著作：『発展途上国の保育と国際協力』（共著、東信堂、2012 年）。『国際協力論入門——地域と世界の共生』（単著、角川書店、2002 年）。勝間靖編著『テキスト国際開発論』（共著、ミネルヴァ書房、2012 年）。潮木守一編著『ベトナムにおける初等教育の普遍化政策』（共著、明石書店、2008 年）。

丸山　英樹（まるやま　ひでき）（16章）
1971年生まれ。文部科学省国立教育政策研究所国際研究・協力部総括研究官。青年海外協力隊、広島大学大学院国際協力研究科博士課程前期修了を経て現職。専門はノンフォーマル教育、トルコ教育研究。
主要著作：「トルコ移民のノンフォーマル教育による社会参加とエンパワメント」『比較教育学研究』第44号（単著、東信堂、2012年）。Non-formal Education for Sustainable Development in Turkey, Adult Education and Development, No.70（単著、DVV/IIZ、2008年）。「国際的に認知される言語の多様性と欧州の言語教育政策の背景」『国際理解教育』Vol.16（単著、明石書店、2010年）。

村田　翼夫（むらた　よくお）（コラム3）
1941年生まれ。京都女子大学発達教育学部教授（比較・国際教育学担当、東南アジアの教育研究）。1971年京都大学大学院教育学研究科博士課程単位取得後退学。京都大学教育学部、マラヤ大学、国立教育研究所、筑波大学教育学系、大阪成蹊大学を経て現職。2008年京都大学博士（教育学）。
主要著作：『東南アジア諸国の国民統合と教育──多民族社会における葛藤』（単編著、東信堂、2001年）。『タイにおける教育発展──国民統合・文化・教育協力』（単著、東信堂、2007年）。『バイリンガル・テキスト：現代日本の教育──制度と内容』（共編著、東信堂、2010年）。

望田　研吾（もちだ　けんご）（コラム4）
1947年生まれ。九州大学名誉教授。中村学園大学教授。九州大学教育学部、人間環境学研究院教授を経て現職。教育学博士。前日本比較教育学会会長。前アジア比較教育学会会長。
主要著作：『現代イギリスの中等教育改革に関する研究』（単著、九州大学出版会、1996年）。Maria Manzon 他編, Common Interests, Uncommon Goals:Histories of the World Council of Comparative Education Societies and its Members（共著、Springer、2007年）。『21世紀の教育改革と教育交流』（単編著、東信堂、2010年）。『比較教育学事典』（編集委員、東信堂、2012年）。

森下　稔（もりした　みのる）編者（1章、9章）（編者紹介は奥付参照）

山田　肖子（やまだ　しょうこ）編者（序章、2章、3章、18章）（編者紹介は奥付参照）

山内　乾史（やまのうち　けんし）（10章）
1963年生まれ。神戸大学大学教育推進機構／大学院国際協力研究科教授（教育計画論、高等教育論）。広島大学助手、神戸大学専任講師、助教授、准教授を経て現職。神戸大学博士（学術）。
主要著作：『戦後日本学力調査資料集全Ⅲ期全25巻』（共監修、日本図書センター、2011～2013年）。『大学生の学力と高等教育の質保証（Ⅰ）』（単編著、学文社、2012年）。『「共通一次世代」は教育をどう語るのか』（単著、ミネルヴァ書房、2011年）。『ネットいじめはなぜ痛いのか』（共編著、ミネルヴァ書房、2011年）。『国際教育協力の社会学』（単編著、ミネルヴァ書房、2010年）。

米澤　彰純（よねざわ　あきよし）（12章）
1965年生まれ。名古屋大学大学院国際開発研究科准教授（高等教育研究、教育社会学）。東京大学、経済協力開発機構、広島大学、大学評価・学位授与機構、東北大学を経て現職。東北大学より博士（教育学）。
主要著作：『高等教育の大衆化と私立大学経営』（単著、東北大学出版会、2010年）。『大学のマネジメント　市場と組織（リーディングス日本の高等教育　第7巻）』（単編著、玉川大学出版部、

2011 年)。アルトバック・バラン『新興国の大学戦略』(監訳、東信堂、2012 年)。『日本の大学の外国人教員：その行動と意識』(共著、広島大学高等教育研究開発センター、2012 年)。

マーク・ブレイ (4 章)
　香港大学比較教育学教授。ケニア、ナイジェリアの中等学校、エディンバラ、パプア・ニューギニア、ロンドンの各大学に在籍後、1986 年より現職。2006 年から 2010 年にかけて香港大学を離れ、ユネスコ国際教育計画研究所長に就任。香港比較教育学会、WCCES の会長および北米比較・国際教育学会、アジア比較教育学会の理事を歴任。
　主要著作：『比較教育研究――何をどう比較するか』(共編著、翻訳版 = SUP 上智大学出版、2011 年)。『比較教育学――伝統・挑戦・新しいパラダイムを求めて』(単編著、翻訳版 = 東信堂、2005 年)。

W　ジェームズ・ジェイコブ (5 章)
　1972 年生まれ。ピッツバーグ大学国際教育開発准教授及び国際教育研究所長。UNDP、ユネスコ、世界銀行、政府教育省等、官民の様々な機関において、多面的かつ複合的に研究を行ってきた。カリフォルニア大学の国際教育開発センター副センター長を経て、2007 年より現職。カリフォルニア大学 Ph.D.
　主要著作：Overcoming AIDS: Lessons Learned from Uganda (共編著、Information Age Publishing、2006 年)。Inequality in Education: Comparative and International Perspectives (共編著、Springer、2008 年)。Beyond the Comparative: Advancing Theory and its Application to Practice (共編著、Sense Publishers、2011 年)。PolicyDebates in Comparative, International, and Development Education (共編著、Palgrave Macmillan、2011 年)。Indigenous Education: Language, Culture, and Identity (共編著、Springer、刊行予定)。

マリア・マンゾン (4 章)
　香港大学比較教育学研究センターリサーチ・アソシエート。世界比較教育学会 (WCCES) 新規参加学会選考臨時部会メンバー。CIEclopedia の編集に携わり、2005 年には WCCES の事務局長補佐を務めた。
　主要著作：Common Interests, Uncommon Goals: The Histories of the World Council of Comparative Education Societies and its Members (共編著、Springer Netherlands、2007 年)。Comparative Education at Universities World Wide (共編著、Bureau for Educational Services、2008 年)。Comparative Education: The Construction of a Field (単編著、Springer、2011 年)。2011 年の同著作は、その包括的アプローチと斬新な概念化の手法が高く評価されている。

莫　家豪 (モク・カ・ホー) (6 章)
　香港教育学院・外事担当副学長、文理学院長、比較政策講座教授。ブリストル大学で、東アジア研究主任教授として、東アジア研究センターを設立。後に、香港大学で社会学部副学長、社会政策教授を経て、現職。中国に関する豊富な知識を活かし、社会学、政治学、公共政策学等の学問分野の枠組みにとらわれない、創造的、包括的研究を行っている。

ジョン・ウェイドマン (5 章)
　1945 年生まれ。ピッツバーグ大学教育学部教授 (国際教育開発研究)。アウクスブルク大学、マセノ大学、名古屋大学国際開発研究科で客員教授を歴任。アジア開発銀行、USAID のプロジェクトのコンサルタントも行っている。シカゴ大学 Ph.D.
　主要著作：Post-Secondary Education and Technology: A Global Perspective on Opportunities and Obstacles

to Development（共編著、Palgrave Macmillan、2012 年）。Beyond the Comparative: Advancing Theory and its Application to Practice（共編著、Sense Publishers、2011 年）。Socialization of Graduate and Professional Students in Higher Education: A Perilous Passage?（共著、Jossey-Bass、2001 年）。Higher Education in Korea: Tradition and Adaptation（共編著、Routledge、2000 年）。

〈4-6 章　翻訳者〉

荻巣　崇世（おぎす　たかよ）
　　ミシガン州立大学教育学部博士後期課程（カンボジアの教員政策、教師の学び）

川口　純（かわぐち　じゅん）
　　早稲田大学大学院アジア太平洋研究科博士課程修了。学術博士。(途上国の教員養成政策、インクルーシブ教育)

古川　範英（ふるかわ　のりひで）
　　インディアナ大学教育学部、人類学部博士後期課程（マラウイの高等教育、教育人類学）

編者

山田　肖子（やまだ　しょうこ）
1968年生まれ。名古屋大学大学院国際開発研究科准教授（教育政策研究、アフリカ研究）。民間財団、国際開発コンサルタント、広島大学、政策研究大学院大学を経て現職。インディアナ大学Ph.D.
主要著作：『国際協力と学校―アフリカにおけるまなびの現場』（単著、創成社、2009年）。Multiple Conceptions of Education for All and EFA Development Goals: The processes of adopting a global agenda in the policies of Kenya, Tanzania, and Ethiopia（単編著、VDM Publisher、2010年）。『ガーナを知るための47章』（共編著、明石書店、2011年）。『産業スキルディベロプメント：グローバル化と途上国の人材育成』（共編著、日本評論社、2008年）。

森下　稔（もりした　みのる）
1967年生まれ。東京海洋大学大学院海洋科学技術研究科海洋工学系准教授（教職課程担当）。1997年九州大学大学院教育学研究科博士課程単位取得後退学。鹿児島女子短期大学、東京商船大学を経て現職。専門はタイ教育研究。
主要著作：北川隆吉監修、北原淳他編『地域研究の課題と方法―アジア・アフリカ社会研究入門　実証編』（共著、文化書房博文社、2006年）。平田利文編著『市民性教育の研究―日本とタイの比較』（共著、東信堂、2007年）。望田研吾編『21世紀の教育改革と教育交流』（共著、東信堂、2010年）。

比較教育学の地平を拓く――多様な学問観と知の共働

2013年2月28日　初　版　第1刷発行　　　　　〔検印省略〕

＊定価はカバーに表示してあります。

編者 ⓒ 山田肖子・森下　稔／発行者　下田勝司　　　印刷・製本　中央精版印刷

東京都文京区向丘1-20-6　郵便振替00110-6-37828
〒113-0023　TEL (03)3818-5521　FAX (03)3818-5514　　株式会社　東信堂　発行所
Published by TOSHINDO PUBLISHING CO., LTD
1-20-6, Mukougaoka, Bunkyo-ku, Tokyo, 113-0023, Japan
E-Mail : tk203444@fsinet.or.jp　http://www.toshindo-pub.com

ISBN978-4-7989-0126-8 C3037　　ⓒ S. YAMADA, M. MORISHITA

東信堂

日本比較教育学会編 比較教育学事典 一二〇〇〇円

森山田下肖稔子編著 比較教育学の地平を拓く——多様な学問観と知の協働 四六〇〇円

馬越徹 比較教育学——越境のレッスン 三六〇〇円

M・ブレイ 馬越徹・大塚豊監訳 比較教育学——伝統・挑戦・新しいパラダイムを求めて 三八〇〇円

馬越徹・大塚豊監訳 世界の外国人学校 三八〇〇円

末藤美津子編著 多様社会カナダの「国語」教育（カナダの教育3） 三八〇〇円

福田誠治 国際教育開発の再検討——途上国の基礎教育 三八〇〇円

北村友人他編著 関口礼子他 小浪充他編著 中国教育の文化的基盤 二四〇〇円

大塚豊 中国大学入試研究——変貌する国家の人材選抜 二九〇〇円

大塚豊監訳 顧明遠 中国高等教育独学試験制度の展開 三六〇〇円

南部広孝 中国の民営高等教育機関——社会ニーズとの対応 三二〇〇円

鮑威 「改革・開放」下中国教育の動態 五四〇〇円

阿部洋編著 中国の職業教育拡大政策——背景・実現過程・帰結 四六〇〇円

呉琦来 中国の後期中等教育の拡大と経済発展パターン——江蘇省の場合を中心に 三八二七円

劉文君 ドイツ統一・EU統合とグローバリズム——江蘇省と広東省の比較 五〇四八円

王傑 中国高等教育の拡大と教育機会の変容 三九〇〇円

木戸裕 現代中国初中等教育の多様化と教育改革 六〇〇〇円

楠山研 教育における国家原理と市場原理——チリ現代教育史に関する研究——教育の視点からみたその軌跡と課題 三六〇〇円

斉藤泰雄 オーストラリアの言語教育政策——多文化主義における「多様性と」「統一性」の揺らぎと共存 三八〇〇円

青木麻衣子 オーストラリア学校経営改革の研究——自律的学校経営とアカウンタビリティ 三八〇〇円

佐藤博志 バングラデシュ農村の初等教育制度受容 三六〇〇円

日下部達哉 中央アジアの教育とグローバリズム 三二〇〇円

嶺井明子・川野辺敏編著 マレーシア青年期女性の進路形成 三八〇〇円

鴨川明子 「郷土」としての台湾——郷土教育の展開にみるアイデンティティの変容 四七〇〇円

林初梅 戦後台湾教育とナショナル・アイデンティティ 四六〇〇円

山﨑直也 四〇〇〇円

〒113-0023 東京都文京区向丘1-20-6
TEL 03-3818-5521 FAX 03-3818-5514 振替 00110-6-37828
Email tk203444@fsinet.or.jp URL:http://www.toshindo-pub.com/

※定価：表示価格（本体）＋税

東信堂

転換期を読み解く——潮木守一時評・書評集	潮木守一	二六〇〇円
大学再生への具体像	潮木守一	二五〇〇円
フンボルト理念の終焉?——現代大学の新次元	潮木守一	二五〇〇円
いくさの響きを聞きながら——横須賀そしてベルリン	潮木守一	二四〇〇円
大学教育の思想——学士課程教育のデザイン	絹川正吉	二八〇〇円
原理原則を踏まえた大学改革を	舘昭	二八〇〇円
改めて「大学制度とは何か」を問う	舘昭	二一〇〇円
原点に立ち返っての大学改革	舘昭	二六〇〇円
国立大学法人の形成	大﨑仁	三六〇〇円
国立大学・法人化の行方——自立と格差のはざまで	天野郁夫	三六〇〇円
転換期日本の大学改革——アメリカと日本	江原武一	三八〇〇円
大学の責務	立川明・坂本辰朗 D.ケネディ著 井上比呂子訳	三二〇〇円
大学の財政と経営	丸山文裕	三二〇〇円
私立大学マネジメント	㈳私立大学連盟編	四七〇〇円
私立大学の経営と拡大・再編	両角亜希子	四二〇〇円
大学の発想転換——一九八〇年代後半以降の動態——体験的イノベーション論二五年	坂本和一	二五〇〇円
ドラッカーの警鐘を超えて	坂本和一	二五〇〇円
30年後を展望する中規模大学 マネジメント・学習支援・連携	市川太一	二五〇〇円
大学のカリキュラムマネジメント	中留武昭	三二〇〇円
戦後日本産業界の大学教育要求 経済団体の教育言説と現代の教養論	飯吉弘子	五四〇〇円
教育機会均等への挑戦 授業料と奨学金の8カ国比較	小林雅之編著	六八〇〇円
アメリカ大学管理運営職の養成	高野篤子	三二〇〇円
[新版]大学事務職員のための高等教育システム論 ——より良い大学経営専門職となるために	山本眞一	一六〇〇円
アメリカにおける多文化的歴史カリキュラム	桐谷正信	三六〇〇円
現代アメリカの教育アセスメント行政の展開 マサチューセッツ州(MCASテスト)を中心に	北野秋男編	四八〇〇円
現代アメリカにおける学力形成論の展開 スタンダードに基づくカリキュラムの設計	石井英真	四二〇〇円
スタンフォード21世紀を創る大学	ホーン川嶋瑤子	二五〇〇円

〒113-0023 東京都文京区向丘1-20-6
TEL 03-3818-5521　FAX03-3818-5514　振替 00110-6-37828
Email tk203444@fsinet.or.jp　URL:http://www.toshindo-pub.com/

※定価：表示価格（本体）＋税

東信堂

子ども・若者の自己形成空間——教育人間学の視線から	髙橋勝編著	二七〇〇円
文化変容のなかの子ども——経験・他者・関係性	髙橋勝	二三〇〇円
関係性の教育倫理——教育哲学的考察	川久保学	二八〇〇円
グローバルな学びへ——協同と刷新の教育	田中智志編著	二〇〇〇円
教育の共生体へ——ボディ・エデュケーショナルの思想圏	田中智志編	三五〇〇円
人格形成概念の誕生——近代アメリカの教育概念史	田中智志	三六〇〇円
社会性概念の構築——アメリカ進歩主義教育の概念史	田中智志	三八〇〇円
教育の自治・分権と学校法制	結城忠	四六〇〇円
教育による社会的正義の実現——アメリカの挑戦 (1945-1980)	D.ラヴィッチ著 木藤美津子訳	五六〇〇円
学校改革抗争の100年——20世紀アメリカ教育史	D.ラヴィッチ著 末藤・宮本・佐藤訳	六四〇〇円
教育における国家原理と市場原理——チリ現代教育政策史に関する研究	斉藤泰雄	三八〇〇円
ヨーロッパ近代教育の葛藤——地球社会の求める教育システムへ	太田美幸編	三二〇〇円
多元的宗教教育の成立過程——アメリカ教育と成瀬仁蔵の「帰一」の教育	前田一男編	五八〇〇円
ミッション・スクールと戦争——立教学院のディレンマ	大森秀子	三六〇〇円
未曾有の国難に教育は応えられるか——「じひょう」と教育研究60年	新堀通也	三二〇〇円
演劇教育の理論と実践の研究——自由ヴァルドルフ学校の演劇教育	広瀬綾子	三八〇〇円
教育の平等と正義	K.ハウ著 大桃敏行・中村雅子・後藤武俊訳	三三〇〇円
〈シリーズ 日本の教育を問いなおす〉 拡大する社会格差に挑む教育	西村和雄・大森不二雄編	二四〇〇円
混迷する評価の時代——教育評価を根底から問う	倉元直樹・木村拓也編	二四〇〇円
教育における評価とモラル	西村和雄・大森不二雄 倉元直樹・木村拓也編	二四〇〇円
地上の迷宮と心の楽園——日本とイタリアと	西村稔之編	二四〇〇円
〈コメニウス セレクション〉	J.コメニウス 藤田輝夫訳	三六〇〇円
〈第1巻〉《現代日本の教育社会構造》(全4巻) 教育社会史	小林甫	七八〇〇円

〒113-0023 東京都文京区向丘1-20-6　TEL 03-3818-5521　FAX 03-3818-5514　振替 00110-6-37828
Email tk203444@fsinet.or.jp　URL:http://www.toshindo-pub.com/

※定価：表示価格（本体）＋税